KB242340

사람을 보는 지혜

— 초보에서 실용까지 —

■ 저자 | 소리 素履 이부길 李扶佶

자동차 손해사정사무소에서 일하면서
매일 사고와 부상을 접하게 되었다.
이런 고통을 미연에 방지할 수 있다면
얼마나 좋을까 하는 생각이 들었고
우연히 관상학이라는 책을 접하면서
상학에 관심을 갖고 꾸준히 공부하게 되었다.
어느덧 10년이란 세월이 흘렀고
새로운 눈으로 사람을 보기 시작했다.
이 책은 초보자도 일상생활에서 자유롭게
사용할 수 있도록 만들었다.
누구나 편하게 활용하여
행복한 인생을 살아갔으면 한다.

전화 | 011-9841-2214

사람을 보는 지혜

1판 1쇄 인쇄일 | 2006년 10월 20일

1판 1쇄 발행일 | 2006년 10월 26일

발행처 | 삼한출판사
발행인 | 김충호
지은이 | 이부길

등록일 | 1975년 10월 18일
등록번호 | 제13-47호

서울·동대문구 신설동 103-6호 아세아빌딩 201호
대표전화 (02) 2231-4460
팩시밀리 (02) 2231-4461

값 20,000원
ISBN 89-7460-112-5   03180

신비한 동양철학 · 73

사람을 보는 지혜

이부길 편저

삼
한

오늘도 태양은 어김없이 떠오르고 무거운 몸뚱이는 눈을 뜬다. 해 뜨면 열심히 일하고 태양이 서쪽 하늘로 지면 달이 뜨고 피곤한 몸을 이끌고 눈을 감고 잠을 잔다. 어제도 변함없이 이렇게 살았고, 오늘도 내일도 누구도 이런 과정을 되풀이 하지 않는 사람이 없다.

양(陽)의 기운이 오면 여기에 감응해서 만물의 영장부터 애벌레 까지 천지자연과 만물과 사람이 하나되어 움직인다. 양(陽)의 기운이 가고 음(陰)의 기운이 오면 몸 속에 있는 세포와 핵, 정자와 난자, 뇌, 본능, 아무도 모르게 감추고 있는 전생의 행동이 나타난다.

나는 어찌하여 그 많은 세월 중에 오늘 여기 태어나 이런 모습을 받고 살아가는 것일까? 눈도 예쁘고 코도 복이 듬뿍 담긴 얼굴로 태어나지, 무슨 업을 지어 이런 몸뚱이를 받아 돌고돌아가는 음양(陰陽)의 수레바퀴를 헤어나지 못하고 하늘의 천라(天羅)와 땅의 지망(地網)을 뚫지 못하고 또 돌고돌아 만물의 상(象) 가운데 사람의 상(相)을 받아 여기에 서 있고 앉아 있고 누워 있다.

일하고 밥 먹고 똥 싸고 유식한 말이라도 해볼까 하여 현자의 말씀을 기억하고 되새긴다. 어떤 얼굴이 공부도 잘하고 예쁜 배우자

를 얻어 행복하게 살아가는 얼굴일까 생각도 해본다. 때로는 풋내
나는 철학자로 변신해 인생을 고민해보고 단식도 해보고 신과 통
하는 주문도 외워 육신통 중에 하나라도 얻고 싶어 몸부림친다.

　그동안 고생이 아까워 이런 것 모르고 사는 사람이 더 행복하게
잘 살더라고 위안도 해본다. 책을 봐도 이해되지 않아 서울역 거지
와 압구정에서 부귀공명 누리는 사람의 얼굴이 궁금해 며칠을 헤
매본다. 남편 몰래 바람피우는 여자의 얼굴이 궁금해 카바레도 가
보고, 그 유명한 강남제비도 봤다. 성을 팔고사는 집창촌을 기웃거
리며 엉터리 실력으로 감정도 해본다. 공사장에 나오는 사람은 어
떤 얼굴일까 궁금해 같이 일하고 말하고 밥도 먹어본다. 목욕탕에
서 벌거벗은 사람의 모습을 보면서 열심히 공부하고, 탑골공원에서
인생의 온갖 일을 체험한 사람들의 얼굴을 살펴본다.

　사람을 보면 궁금해서 견딜 수가 없다. 이것도 전생의 내 업인가
싶다. 기회가 되면 마지막 껍데기 육신을 태우는 화장터에서 어리
석은 눈때를 벗는 기회가 있으면 한다. 마지막으로 가는 인간의 모
습은 어떤 모습이고 무슨 향이 날까 궁금해진다. 사람은 누구나 태
어나 성장하고 늙어 결국에는 땅으로 돌아간다.

이렇게 작은 얼굴에 사연도 많고 비밀도 많아 신통(神通)하면 하늘의 비밀을 풀어헤쳐 사람들을 놀라게 한다. 역(易)은 모든 우주의 미래를 기제(旣濟)로 다듬어 미제(未濟)로 남겨놓는다. 신통(神通)한 사람들이 하나같이 남기고 가는 말이 있다. 사주는 관상만 못하고 관상은 마음만 같지 못하다. 아직 개봉되지 않는 역(易)의 미제(未濟)를 미리 알고 싶어 하고 궁금한 것이 사람이다.

현자는 하늘이 준 천명(天命)을 알고 있기에 부귀에 연연하지 않는다. 예로부터 자신의 명(命)을 아는 사람은 하늘을 원망하지 않는다고 했다. 사람이 태어나는 것은 선택사항이 아니다. 만물의 영장인 사람이 자신의 의지와 상관없이 어느 시대, 어느 나라, 어느 곳, 어느 집안, 어떤 부모를 만난다. 전생에서 이미 쌓은대로 주어진 숙명이 있고 하늘이 나에게 잘 사용하라고 준 운(運)과 명(命)이 있다. 이것이 우리가 흔히 말하는 운명이다.

그리고 사람은 마음을 다스리는 심명(心命)이 있다. 마음의 명(命)은 자신만이 소통하는 유일한 우주의 무형의 에너지이기 때문에 잠시도 잊으면 안된다. 관상학은 사람의 상(相)으로 마음을 살피는 학문이니 조심해야 한다. 숙명과 운명을 거부한 사람은 심명

(心命)을 잘 다스리기 바란다. 또 아무리 숙명과 운명이 좋아도 심명(心命)이 탁하면 좋다고 평가할 수 없다.

오늘도 하늘이 음양을 가르치기 위해 태양이 뜨고 지면 달이 또 어김없이 뜬다. 태양과 달이 매일 음양을 가르치고 있건만 부끄럽게도 나는 아직 음양 초보딱지를 떼지 못한 상태다. 이런 어리석은 나에게 항상 격려와 질책을 하는 고마운 사람들이 있기에 내 마음이 따뜻하고 편안하다.

그림작업을 하느라 고생하신 녹당, 서울대학병원 미소천사 정진경, 항상 아름다운 옷을 만드는 김현아, 공부와 결혼한 서문결, 벼는 고개를 숙일 때 많은 생명을 살린다는 박혜주, 제주도 나성만두 김성복, 어려울 때마다 신세진 죽마고우 양범수, (주)이포트 김성훈님, 소미 허정님, 뒤죽박죽인 원고와 천학비재한 원고를 밤새 정리하느라 고생하신 출판사 여러분에게 고마움을 전한다.

병술년 개운산 소리재에서

1장. 관상이란 무엇인가

고대부터 동양의 현자들과 술사들은 하늘로부터 이어온 인간의 모든 파일을 파악하고 복잡하게 얽혀 있는 일을 미리 알고 싶어 연구해왔다. 이런 결과로 인체의 신비, 우주와 인간의 변화, 생장소멸의 연장선에서 인간의 화와 복을 예단하는 관상학과 현대과학은 새로운 길을 걸어왔다.

한 사람의 철학·유전·생리·병리·심리·위생·영양·해부 등의 요인을 분석하여 인격·성품·개성·덕행·건강·지혜·판단·능력·가정환경·정서 등 많은 요소를 궁통득실(窮通得失)·충간현우(忠奸賢愚)·부귀빈천(富貴貧賤)을 완벽하게 단언할 수는 없어도 어느 부분에서는 누구나 고개를 끄덕이게 만들었다.

사람은 누구나 모년 모월 모일 모시에 하나의 형상을 이어받고 태어나 살아간다. 또 모든 존재는 각각의 이름이 붙여져 불려진다.

우연하게 하나의 생명으로 태어났으나 모두 자신의 위치가 있고 정해진 길이 있다. 이런 보이지 않는 길을 보려고 수련과 어려운 고행을 통해 인간의 영(靈)은 새로운 경지와 하늘의 파일을 읽고 싶어하는 사람들이 탄생되었다.

이런 파일을 분석하고 미래를 예언하는 책들은 천기누설이라 하여 일반인은 접근이 불가능했지만 눈부신 과학의 발전으로 누구에게나 균등한 기회를 주는 사회가 되었다. 요즘은 서점에 가보면 길흉화복을 점단하는 책들이 많다. 관심과 시간만 있으면 누구나 관상학에 쉽게 접근할 수 있고 이해할 수 있다.

인간은 피부색으로 백인·황인·흑인으로 나눈다. 그 다음은 키가 큰 사람, 작은 사람, 이마가 넓은 사람, 눈이 큰 사람 등의 특징으로 구별하기도 한다. 좋은 유전자만 받고 태어난 사람이 없듯이 우리는 자신에게 주어진 환경에서 노력하며 변화시켜 나가야 한다. 그리고 현대생활에서 가장 중요하다고 할 수 있는 대인관계를 원만하게 하기 위해서는 상대방을 파악할 줄 아는 눈을 가져야 한다.

관상을 볼 때는 자세하게 살펴야 실수가 없다. 가끔 텔레비전에서 역학의 적중률을 실험하려고 노숙자를 데리고 철학관을 찾는 것을 볼 수 있다. 노숙자가 아무리 깨끗하게 목욕을 해도 하루아침에 찰색이 바뀌지는 않는다. 관상은 눈에 금방 띄는 외모도 중요하지만 외모 속에 감춰진 깊이를 알아야 신비한 맛을 느낄 수 있다.

사람은 팔이 없으면 다리의 수고로움이 배가 되고, 다리가 없으면 팔의 수고스러움이 배가 된다. 신체의 변화는 정신의 변화를 수반

한다. 그래서 신체에 정신의 기틀이 있고, 정신은 신체와 하나가 되면 놀라운 능력을 발휘한다. 신체의 약한 부분도 하루 몇 시간씩 투자하여 보충하면 장점으로 바뀌는 부분도 있다.

그러나 가장 어려운 것은 개인마다 영(靈)이 다르다는 점이다. 비록 이론이 같아도 영기(靈氣)와 영혼(靈魂)이 다르기 때문에 전혀 다른 판단이 나오기도 한다. 가장 보편적이고 일반적인 방법은 외모를 관찰하는 것이다. 우선 격국(格局)의 기질과 신색(神色)을 살피고, 다음으로 모양·골격·오관·사지를 살피고, 그 다음에는 모발과 피부, 생식과 배설기관, 물상 등을 살핀다. 그리고 오행(五行) 목화토금수(木火土金水)의 생극(生剋)과 운의 흐름과 춘하추동을 살펴서 판단해야 한다.

관상을 보는 방법은 매우 다양하다. 크게는 면상(面相)·수상(手相)·골상(骨相)으로 보는데, 의가(醫家)에서는 맥박의 기운을 측정하는 맥상(脈相)도 있다. 심장에서 모세혈관까지 보내지는 힘과 기운이 길흉을 좌우한다고 보는 것이다. 맥이 20번 뛰고 1번 쉬면 수명이 2년을 넘기지 못하고, 30번 뛰고 1번 쉬면 3년 후의 곡우를 넘기지 못한다는 말은 경험에서 나온 것이다.

사람은 형상으로 표현되는 것도 있지만 마음은 몸 안에서 일어나는 모든 기운을 주관하기 때문에 가장 중요한 주인이다. 그래서 안과 밖에서 일어나는 모든 일을 세밀하게 관찰하지 않으면 엉뚱한 판단을 하게 된다. 외상에 치우치면 가장 중요한 마음을 잃어버리고, 내상만 강조하면 신묘한 묘리를 잃어버린다.

유행가 가사 중에 '사랑은 아무나 하나'라는 말처럼 관상도 아무나 보는 것이 아니다. 많은 사람들이 도전하여 노력하지만 쉽게 되지 않는다는 말을 많이 한다. 책 몇 권으로 사람의 오묘한 인생을 다 밝히기 어렵다는 것이다. 그러나 자신의 장점과 단점을 잘 파악하여 흉은 피하고 길은 취하는 것이 관상의 매력이라고 생각한다.

1. 사독(四瀆)

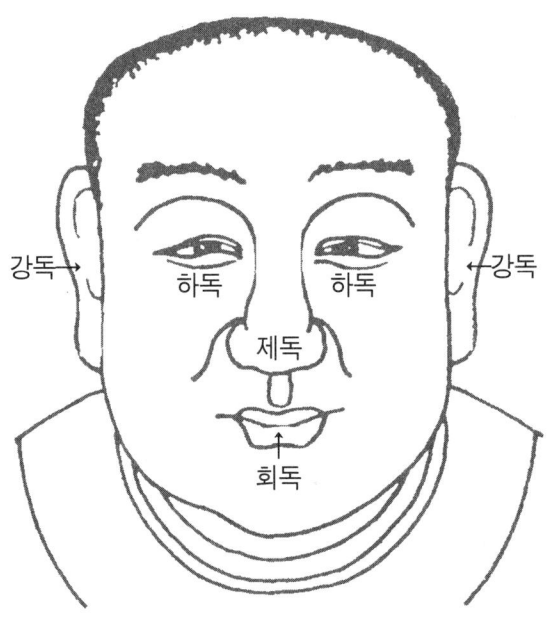

사독(四瀆)이란 이목구비를 말한다. 중국의 4대 강에 비유해 귀는 강독(江瀆), 눈은 하독(河瀆), 입은 회독(淮瀆), 코는 제독(濟瀆)으로 보는 것이다. 옛부터 물은 인류와 밀접하고 관상학에서는 돈으로 보았다. 따라서 사독(四瀆)을 잘 보면 재물상태를 알 수 있다.

이목구비를 자연의 독(瀆)에 비유하여 얼굴을 보고 길흉을 예단하였다. 물은 잘 흘러야 막히지 않고 막하지 않고 서로 통하면 밝게 빛나고 빛이 나야 깨끗한 법이다. 물이 죽으면 태양이 밝게 비추어도 탁하게 보이고 생명이 살아가지 못한다.

사독(四瀆)은 모두 특성이 있다. 강독(江瀆)은 남북으로, 하독(河瀆)은 동서로, 제독(濟瀆)은 높은 곳에서 낮은 곳으로 흘러가는 상하의 특징이 강하다. 회독(淮瀆)은 위 삼독(三瀆)을 모두 귀일(歸一)시키는 지정학적인 위치에 있다.

가뭄이 들면 땅이 쩍쩍 갈라지듯이 사독(四瀆)에 주름이나 상처가 있으면 같은 현상으로 해석하여 흉하게 본다. 동양인은 사독(四瀆)이 황색이며 반질반질해야 최고로 보는데 검으면 물이 넘쳐 수해를 입는 격이 되어 흉하다.

— 강독(江瀆)이 부실하면 총명하기는 하나 일생을 가난하게 살며 주위의 인정을 받지 못한다. 강독(江瀆)이 두툼하고 깊으면 지혜가 심원하고 덕이 있어 주위사람에게 칭송을 듣고 50대에 재물이 늘어난다.

— 하독(河瀆)이 검붉은 색을 띠거나 주변에 잡스런 티가 많으면 자손 때문에 눈물이 마를 날이 없다. 건강은 요통이나 생식기관에 질병이 자주 발생한다. 하독(河瀆)이 두툼하고 흠이 없으면 자손 때문에 집안에 경사가 생기고 부하직원으로 인하여 경영

이 순조롭다.

— 제독(濟瀆)은 땅이 마르고 거친 황무지를 개척해 둑을 쌓고 강을 만들어 스스로 땀을 흘리며 새로운 생명을 만들어 가는 곳이다. 제독(濟瀆)이 지나치게 높아 날카로우면 계곡이 깊게 파여 생명이 살아가기 힘들고, 반대로 너무 낮으면 기후의 작은 편차에도 가뭄과 홍수를 반복하듯이 인생의 기폭이 커 힘들게 살아간다.

— 회독(淮瀆)은 덕을 펴고 위엄을 다스리는 기관으로 일신의 영화에 아주 민감한 곳이다. 회독(淮瀆)이 틀어지거나 지나치게 튀어나온 사람은 말년이 고독하고 친분을 맺는 교우가 없어 쓸쓸하게 지낸다. 회독(淮瀆)이 붉고 깨끗하면 만사가 순조롭다.

2 오악(五嶽)과 오지(五地)

오악(五嶽)이란 동악(東嶽 : 태산·타이산), 서악(西嶽 : 화산), 남악(南嶽 : 형산), 북악(北嶽: 항산), 중악(中嶽 : 숭산)으로 나누며, 동서남북의 산을 관찰하여 부와 귀를 보는 곳이다. 높고 울창한 산에 신비한 힘이 있듯이, 오악(五嶽)이 균형을 이루면 사람도 신령한 힘을 갖는 법이다.

만약 오악(五嶽)이 너무 낮으면 뒷동산처럼 포근하고 편안한 느낌은 있지만 신비한 힘이 없다. 산이 깊어야 계곡도 있고, 계곡이 있어야 논과 밭으로 물이 흘러 풍성한 수확을 기대할 수 있는 것

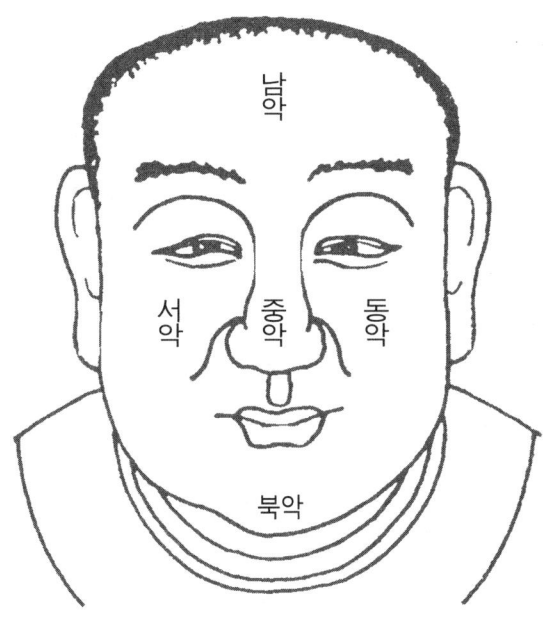

이다. 따라서 사람사람의 얼굴도 우뚝한 곳과 들어간 곳이 분명해야 좋고, 산이 낮으면 신령스러운 기운이 감돌지 않듯이 사람의 얼굴도 고저의 구분없이 속이 훤히 들여다보이면 속없는 사람이 되기 쉽다.

— 동악(東嶽)은 인(仁)을 보는 곳으로 어진 사람인지 교만한 사람인지를 파악한다. 남자는 왼쪽이 양(陽)에 해당하여 관찰자의 오른쪽이 되고, 여자는 반대로 보면 된다.
— 서악(西嶽)은 의(義)를 보는 곳이다. 언행일치와 비밀을 얼마나 믿고 지킬 수 있는 곳이기도 하다. 그 사람의 뒷 행실을 살피는

곳이다. 여성은 반대로 보면 된다.

— 남악(南嶽)은 예(禮)를 주관하는 곳이다. 황도궁(黃道宮)으로 오화(午火)에 위치하여 태양의 맑고 흐름의 정도를 보는 곳으로 예의범절이 바르고 깍듯한 사람일수록 흠이 없고 밝게 빛이 난다. 남녀동일하다.

— 북악(北嶽)은 지(智)를 살피는 곳이다. 어려운 일이 닥쳤을 때 이에 굴하지 않고 좋은 책략이나 계책을 내는 곳이다. 북악(北嶽)이 약하면 남에게 의지하는 습관이 있다. 남녀 모두 같다.

— 중악(中嶽)은 신(信)을 보는 곳이다. 믿음과 진실을 보는 곳이기 때문에 일명 신용장으로 봐도 될 정도로 중요하다. 중악(中嶽)이 낮으면 작은 일은 잘 하나 분에 넘치는 일을 하면 꼭 문제가 생긴다. 남녀 모두 동일하다.

오악(五嶽)이 아무리 발달했어도 오지(五地)와 균형을 이루지 못하면 오악(五嶽)의 가치가 떨어진다. 오지(五地)란 산림(山林)·천택(川澤)·구릉(丘陵)·분연(墳衍)·원습(原濕)을 말한다. 산림이 너무 빽빽하면 빛이 투과하지 못하여 생물이 살기 어렵듯이, 사람도 머리카락이 너무 많으면 융통성이 없어 고집만 앞세우니 대인관계에 문제가 많다. 그리고 물이 흐르는 곳이 너무 깊게 패이면 사나움이 많고, 얕으면 고기가 살지 못하듯이 사람의 얼굴도 조화를 이루어야 만사가 순조롭다.

만일 물이 흐르는 곳만 있고 저장소가 빈약하면 평생 재물을 모

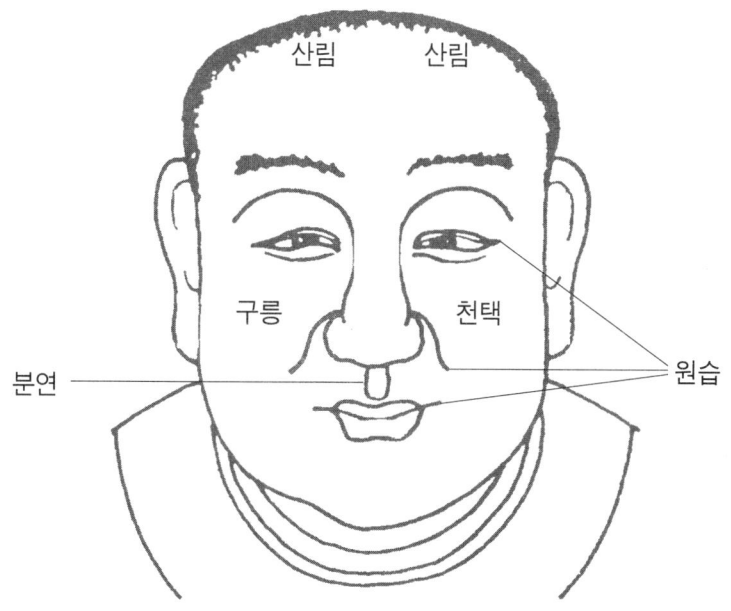

으지 못한다. 하늘이 있으면 땅이 있고, 땅은 높고 낮음이 있듯이 오악(五嶽)과 오지(五地)는 조화를 이루어야 한쪽으로 치우치지 않는다. 역(易)에 천존지비(天尊地卑)하니 건곤(乾坤)이 정의(定矣)요, 비고이진(卑 高以陳)하니 귀천(貴賤)이 위의(位矣)라는 말이 있다.

— 산림(山林)은 인체에서 털에 해당한다. 산(山)과 산림(山林)은 항상 떨어질 수 없는 관계에 있다. 나무가 없는 산은 생명체가 살기 어렵듯이 사람도 적당한 산림(털)이 있어야 한다.

— 천택(川澤)은 산에 나무가 있으면 내가 흐르게 된다. 내를 따라

못이 형성된다. 산과 나무, 그리고 내와 못이 있으면 촌락이 형성된다. 사람의 얼굴로 보면 눈이 튀어나왔는지 법령의 깊이, 인중의 상태, 턱의 형태에 따라 천택(川澤)을 보고, 다음으로 얼굴의 주름에 따라 천택(川澤)을 구분하기도 한다.

— 구릉(丘陵)은 악(嶽)을 따라 크고 작은 상태에 따라 언덕이 형성된다. 오악의 주변이 구릉(丘陵)이 된다. 오악(五嶽)이 지나치게 높고 주변 구릉(丘陵)이 함께 발달하지 못하면 인생이 무미건조해지기 쉽다. 이마만 지나치게 튀어나왔거나 광대뼈만 튀어나와 살집(丘陵)이 형성되지 못하면 복록이 자연히 감소한다.

— 분연(墳衍)은 물의 흐름 상태를 보는 곳이다. 물이 잘 흐르려면 반드시 제방이 필요하다. 제방과 물의 흐름과 깊이 속도를 보는 곳이다.

— 원습(原濕)은 물의 상류보다 하류에 더 많다. 사람의 얼굴에서도 물의 흐름이 가장 중요한 곳은 하류에 해당한다. 법령의 끝, 코의 끝, 인중의 끝, 입꼬리의 끝, 눈 꼬리의 끝이 원습(原濕)에 해당한다. 그러나 습(濕)이 지나치면 도리어 인생이 꼬인다는 것을 알아야 한다.

3. 십이궁도(十二宮圖)

십이궁도(十二宮圖)란 1년이 12달이듯 사람의 얼굴을 명궁(命宮)·형제궁·부처궁(夫妻宮)·자식궁·재백궁(財帛宮)·질액궁

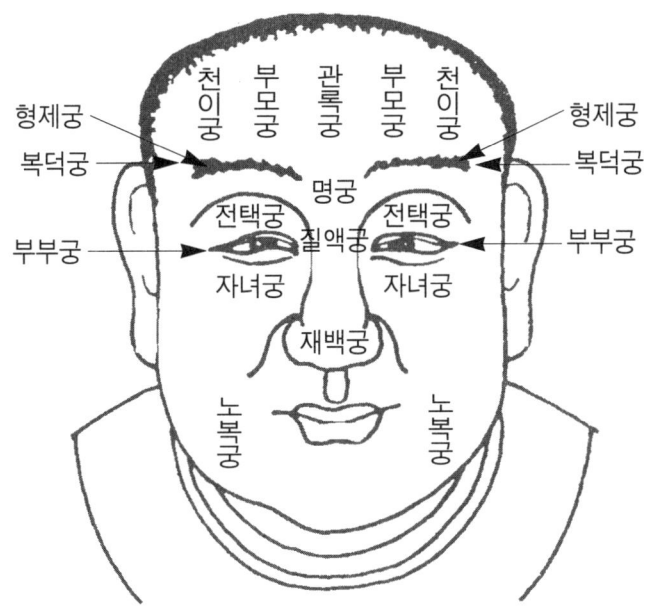

형제궁 복덕궁 부부궁 천이궁 부모궁 관록궁 부모궁 천이궁 형제궁 복덕궁 부부궁 명궁 전택궁 질액궁 전택궁 자녀궁 자녀궁 재백궁 노복궁 노복궁

(疾厄宮)·천이궁(遷移宮)·노복궁(奴僕宮)·관록궁(官祿宮)·전
택궁(田宅宮)·복덕궁·부모궁 12가지로 나누어 본 것이다. 십이궁
도(十二宮圖)의 좋고 나쁨을 살피려면 우선 어떤 부위에 흠이 있
는지, 어느 부위가 치우치고 발달하지 못했는지를 보아야 한다.

 고서에 이르기를 십이궁도(十二宮圖) 중 수장에 해당하는 명궁
(命宮)이 거울처럼 맑고 깨끗해야 정신이 맑고 학문에 달통한다고
했다. 아침에 일어나면 얼굴을 잘 살펴본 후 하루를 시작하기 바란
다. 십이궁도(十二宮圖)의 묘용을 알려면 자미두수(紫微斗數)를 응
용할 줄 알아야 한다. 이에 관한 책은 여러 가지가 나와 있으니 참
고하기 바란다. 십이궁도(十二宮圖)에 상처나 주름이 생기면 해당

하는 부분의 문제와 잡음이 끊이지 않는다.

— 명궁(命宮)은 제2의 마음을 보는 곳이다. 평생 운로를 보고, 천
  지인(天地人)의 통로로 항상 맑고 깨끗하게 관리해야 좋다. 명
  궁(命宮)이 빛나면 소원의 성취도가 좋다는 의미다. 그러나 명
  궁(命宮)이 아무리 맑고 깨끗해도 재백궁(財帛宮)이나 관록궁
  (官祿宮)의 기운이 약하면 크게 출세하지 못한다.
— 형제궁은 형제의 수를 나타내고 인체의 호르몬과 관계가 있다.
  눈썹이 좋은 사람은 외가와 좋은 인연을 맺기도 한다. 여성의
  경우 음모와 관계가 있다.
— 부부궁은 부부의 화목한 관계를 보는 곳이다. 만약 세 개의 굵
  은 선이 확연하게 보인다면 금전문제나 부부의 성적인 문제가
  대두된다. 불륜이나 사통을 하면 이곳의 색상이 변하게 된다. 첩
  과의 관계가 좋은 사람은 하나의 선이 굵고 길게 나와 있다.
— 자식궁은 자손의 길흉과 건강상태를 보는 곳이다. 맑고 깨끗하
  고 색상이 윤택하면 좋고 약간 두툼한 형상을 제일로 본다. 성
  형에 잘못된 지식으로 인하여 이곳에 손상을 입히면 자손의 길
  흉이 다르게 된다. 꼭 전문가와 상담이 필요한 부분이다.
— 재백궁(財帛宮)은 재물을 보는 곳이다. 현금의 흐름이나 상황을
  살피는 곳으로 재물에 대한 욕망, 일에 대한 강단을 본다. 재백
  궁(財帛宮)이 작거나 흠이 있고 낮은 사람은 돈이 들어오면 건
  강의 지장을 초래하거나 수명과 관계가 있다.

— 천이궁(遷移宮)은 자수성가할 수 있는 척도를 보는 곳이다. 천이궁(遷移宮)은 일명 역마(驛馬)로 보기도 하고 외국과의 활동 관계를 본다. 이곳이 넓고 확 트여 보여도 색이 어둡고 상처나 흠이 있다면 무조건 좋게 평가하면 실수하기 쉽다.

— 질액궁(疾厄宮)은 질병에 대한 내성이나 척추나 중추신경계통을 보는 곳이다. 이곳에 주름이 있거나 낮은 사람은 평생 잔병을 몸에 안고 살아가게 된다.

— 노복궁(奴僕宮)은 사업이나 경영을 하는 사람은 소홀히 넘어갈 수 없는 부분이 된다. 이곳이 윤택하고 좋으면 자신보다 능력 있는 종업원이 들어와 회사를 발전하게 만들고 부흥시킨다. 노복궁(奴僕宮)이 약하면 자신의 기술이나 노하우를 통해 활동하는 편이 좋다.

— 관록궁(官祿宮)은 세상은 녹(祿)이 있어야 살아간다. 특히 관록(官祿)은 더 중요하다. 일반 사업체라고 한다면 녹(祿)이지만 국가와 관계되는 일을 하는 사람은 관록(官祿)이라고 보면 된다. 도톰하고 탄력 있고 윤택하게 빛나면 좋다.

— 전택궁(田宅宮)은 부동산운을 보는 곳이다. 만약 전택이 쏙 들어갔거나 흠이 있어 상처가 있다면 꼭 문제가 발생하게 된다. 서양은 전택(田宅)에 자유롭고 동양은 집착이 강한 이유가 전택궁(田宅宮)의 차이가 많기 때문에 나타나는 현상이다. 그러나 전택궁(田宅宮)은 부동산운을 보는 곳으로 승장(承漿)과 지각(地閣)이 함께 좋아야 성공할 수 있다.

— 복덕궁(福德宮)은 감정상태를 보는 곳이다. 부자와 가난한 사람의 물질이 아니라 각자 가지고 있는 감정의 차이에 따라 행복과 불행을 보는 장소다. 고로 사람과 사람의 사이에서 일어나는 은원관계(恩怨關係)와 유형의 자산이 아닌 무형의 자산을 평가하는 곳이다. 그러나 이곳이 아무리 좋아도 재백궁(財帛宮)이 약하거나 흠이 있으면 복이 작다.

— 부모궁은 일명 일월각(日月角)이라고 하며 부모와의 관계를 나타내거나 현재 처해있는 시대와 자신을 보는 곳이다. 이곳이 좋면 순풍에 돛을 달고 하루 밤에 천리를 갈 수 있다. 이곳이 흠이 있거나 요철처럼 울퉁불퉁하면 가정환경이나 부모의 환경이 악조건으로 바뀐다.

4. 구주(九州)

구주(九州)란 낙서(洛書)의 구궁(九宮)을 참고하여 천하를 9가지로 나눈 것처럼 사람의 얼굴을 구분한 것이다. 기주(冀州)·연주(兗州)·청주(靑州)·서주(徐州)·예주(豫州)·형주(荊州)·양주(揚州)·옹주(雍州)·양주(梁州)로 나누며, 황색을 띠어야 길하다.

— 기주(冀州)가 풍만하고 좋으면 전택이 많으나 결함이 있으면 항상 재화가 따른다.

— 연주(徠州)가 좋으면 일생이 평안하나 결함이 있으면 빈천하다.

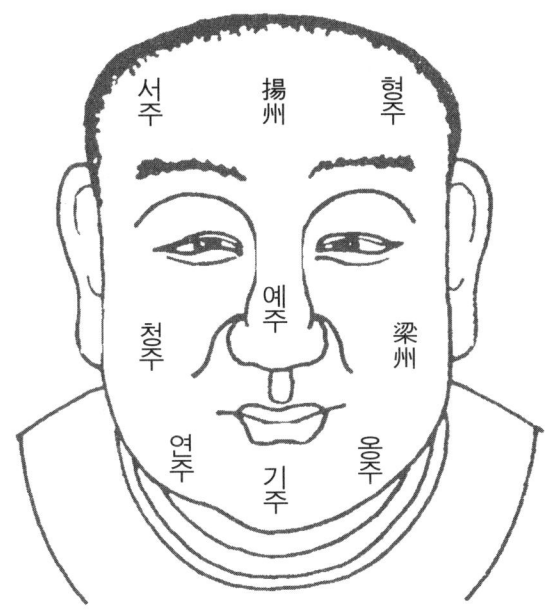

— 청주(靑州)가 풍만하고 윤택하면 돈을 굴리는 일에 능하다.

— 서주(徐州)가 좋으면 좋은 딸을 얻으나 결함이 있으면 마음 상하는 일이 자주 생긴다.

— 양주(揚州)가 좋으면 의식이 풍족하나 결함이 있으면 진퇴를 자주 반복한다.

— 형주(荊州)가 풍만하고 좋으면 문장이 뛰어나나 결함이 있으면 지혜가 부족하다.

— 양주(梁州)가 풍만하면 의리와 신의가 있으나 결함이 있으면 인정이 없다.

— 옹주(雍州)가 풍만하면 관록이 좋으나 결함이 있으면 항상 시비가 많다.

5. 삼정(三停) · 삼주(三柱) · 삼광(三光)

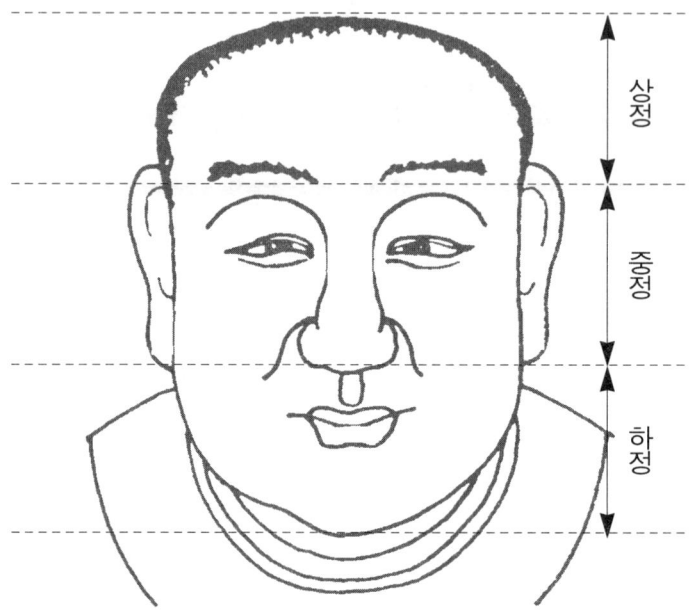

상정

중정

하정

　삼정(三停)은 얼굴을 상정(上停)·중정(中停)·하정(下停) 3부분으로 나누어 보는 것으로, 고르게 분포해야 길상이다. 상정(上停)이 좋으면 초년운이 길하고, 중정(中停)이 좋으면 중년이 길하고, 하정(下停)이 좋으면 말년이 길하다.

　삼주(三柱)는 머리·코·다리를 말한다. 머리는 수주(壽柱)라고 하며 수명을 주관하고, 코는 양주(樑柱)라고 하며 동량의 재목 여부를 판단하고, 다리는 동주(棟柱)라고 하며 중임을 이행하는 기준을 본다. 삼광(三光)은 이마·코·턱을 말하며, 윤택하고 밝아야 안락한 인생을 보낼 수 있다.

6. 팔학당(八學堂)

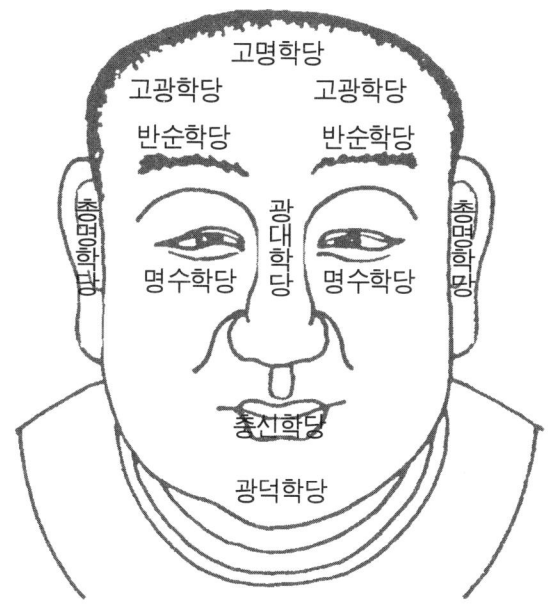

고명학당

고광학당　　　　고광학당

반순학당　　　반순학당

총명학당　광대학당　총명학당

명수학당　　명수학당

충신학당

광덕학당

　팔학당(八學堂)이란 얼굴을 고명학당(高明學堂)·고광학당(高廣學堂)·광대학당(光大學堂)·명수학당(明秀學堂)·총명학당(聰明學堂)·충신학당(忠信學堂)·광덕학당(廣德學堂)·반순학당(班笋學堂)의 8가지로 나누어 보는 것이다.

― 고명학당(高明學堂)은 머리가 둥글고 이골(異骨)이 높아야 길하다.

― 고광학당(高廣學堂)은 용감하고 총명하게 생겨 뼈가 윤택하고 모가 진듯 솟아나야 길하다.

— 광대학당(光大學堂)은 인당(印堂)이 평평하고 상처나 흔적이 없어야 길하다.

— 명수학당(明秀學堂)은 눈은 빛나고 검은 부위가 많으며 맑은 기운이 깊이 감추어져 있어야 길하다.

— 총명학당(聰明學堂)은 귀가 전체적으로 홍백색을 띠어야 좋다.

— 충신학당(忠信學堂)은 이가 가지런하고 촘촘하여 서리와 같이 순백색으로 희고 깨끗해야 좋다.

— 광덕학당(廣德學堂)은 혀가 길며 붉은색을 띠고 혀에 줄이 길어야 좋다.

— 반순학당(班唇學堂)은 가로로 뻗어 가운데가 절도가 있으며 쌍으로 합하듯이 되어야 좋다.

7. 오성(五星)과 육요(六曜)

오성(五星)은 목화토금수(木火土金水)를 말한다. 오악(五嶽)이 형(形)을 정하고, 오성(五星)이 상(象)을 만들어야 비로소 형상(形象)이 된다. 오성(五星) 중 어느 한 부위가 조화를 이루지 못하면 20년간 지체되어 힘들다. 오악(五嶽)은 생극제화(生剋制化)를 하지 못하나 오성(五星)이 있으면 여러 가지 변화가 찾아온다.

— 토성(土星)은 도톰하고 실해야 능히 장수한다. 만약 토성(土星)이 작고 목성(木星)이 크고 길면 목극토(木剋土)하여 수명을 보

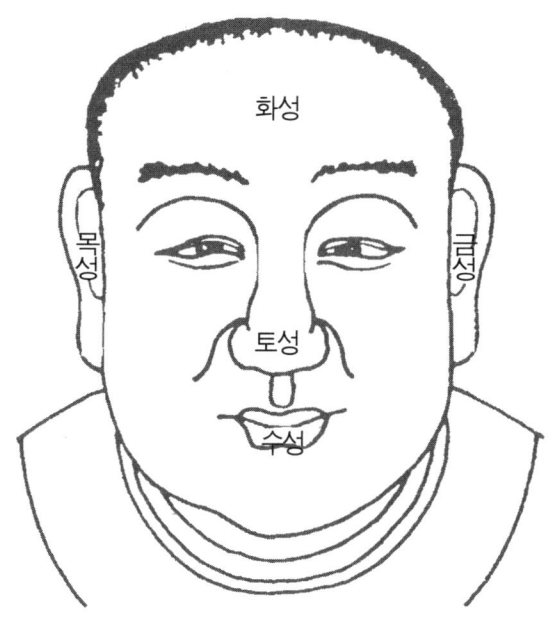

존하기 어렵다.

— 화성(火星)은 높고 밝아야 녹(祿)이 높고 권세가 빛난다. 만약 이마가 좁고 검푸르면 관록(官祿)이 오래가지 못한다. 그러나 귀가 목생화(木生火)하고 두 눈에 흑백이 분명하면 소년시절 어려움은 있어도 작은 성취를 이룬다.

— 금성(金星)은 만물의 보배를 감추는 곳에 해당한다. 만약 귀가 뒤집어지고 이마가 지나치게 높으면 화극금(火克金)하여 소년 시절 반드시 어려움이 따른다. 그러나 토성(土星)이 좋으면 화생토(火生土)·토생금(土生金)으로 통관(通關)되어 소기의 목적은 이룬다.

— 수성(水星)은 입을 뜻하고 입이 큰데 이마가 작은 사람은 수극
화(水剋火)하여 50세 이후 큰 어려움을 겪게 되는데 다행히 수
생목(水生木)하고 목생화(木生火)하면 명예가 빛나고 이름을
날린다. 목(木)은 귀를 뜻하기 때문에 귀를 잘 살펴야 실수가
없다.

— 목성(木星)은 오른쪽 귀로 약간 청색이 감돌아야 좋다. 만약 귀
가 뒤로 넘어갔거나 상처가 있으면 태교가 잘못되거나 유소년
시절 부모에게 시련이 다가온다.

육요(六曜)는 나후(羅睺) · 계도(計都) · 태양(太陽) · 태음(太陰) ·
월패(月孛) · 자기(紫氣)를 말한다. 사람도 자연의 법칙에서 예외일
수 없으니 얼굴을 오성(五星)과 육요(六曜)에 맞게 이름을 정한 것
이다.

— 나후(羅睺)는 왼쪽 눈썹을 말하며, 빼어나고 길게 뻗어 있으면
멀리까지 이름을 날린다.

— 계도(計都)는 오른쪽 눈썹을 말하며, 가지런하게 제도되어 있으
면 형제가 어질다.

— 태양(太陽)은 왼쪽 눈을 말하며, 진광(眞光)이 나타나면 복록이
창성한다.

— 태음(太陰)은 오른쪽 눈을 말하며, 눈동자가 까맣고 밝게 빛나
면 벼슬을 한다.

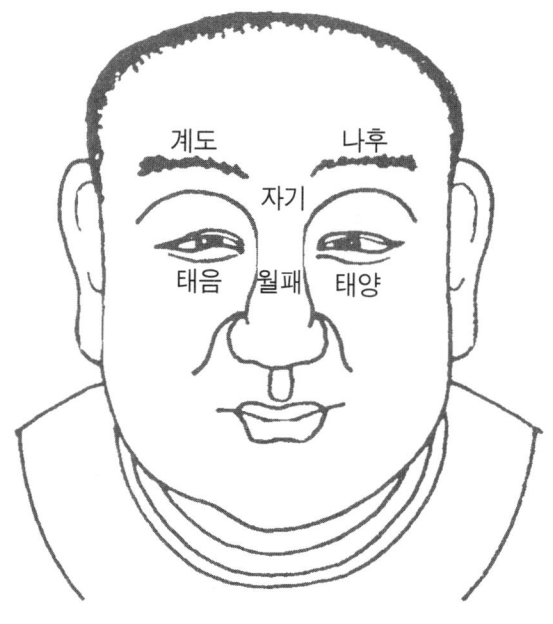

— 월패(月欁)는 산근(山根)이라고도 하며, 높고 바르며 곧게 뻗어
  있으면 의식이 풍족하다.
— 자기(紫氣)는 인당(印堂)을 말하며, 원만하고 밝게 빛면 높은
  직책을 얻는다.

8. 오관(五官)

오관(五官)이란 얼굴을 채청관(採聽官) · 보수관(保壽官) · 감찰관
(監察官) · 심변관(審辨官) · 출납관(出納官)으로 나누어 본 것이다.

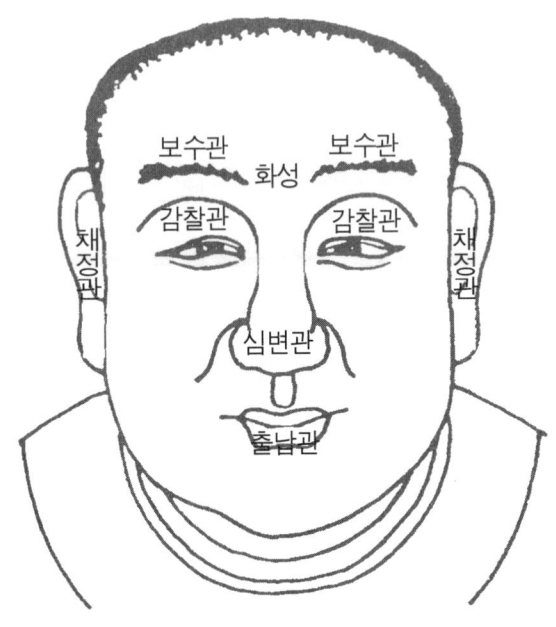

— 채청관(採聽官)은 귀는 말하며, 소리를 듣고 판단하는 곳이다. 귀가 뒤로 넘어갔으면 상대의 말을 들을 때 신중한 마음을 가져야 한다.

— 보수관(保壽官)은 눈썹을 말한다. 사람은 나이가 60세가 넘으면 수명을 보호하려고 호르몬의 분비와 함께 변화가 오기 시작하여 길이가 달라진다.

— 감찰관(監察官)은 눈을 말한다. 사물이나 격물의 기본이 눈에서 시작되니 눈이 잘못되면 모든 것이 수포로 돌아간다.

— 심변관(審辨官)은 코는 말하며, 분별력을 살피는 곳이다. 매의 코처럼 휘었거나 어린아이처럼 아주 낮으면 여기에 맞는 기능

이 발달한다.

― 출납관(出納官)은 입을 말하며, 금전이나 물건을 사용하는 마음
   을 살핀다.

9. 오급(五急)과 오악(五惡)

오급(五急)이란 5가지 급한 것으로 신기(神氣)·언어·걸음·음
식·희노를 말한다. 이것을 모두 갖추면 건강에 문제가 많고 장수
하기 힘들다. 오급은 우리가 살아가면서 멀리 해야 될 습관이다.

― 신기(神氣)가 급하면 망령되이 행동하기 쉽다. 망령되이 행동하
   면 수명을 재촉하게 된다. 신(神)은 고요하되 정밀해야 한다. 기
   (氣)는 일정해야 사람이 하는 일에 귀(鬼)가 오지 않는다.
― 언어가 지나치게 빠르고 급하면 정령이 없어 허부한 말 속에
   생명이 없다. 말 한마디에 생명을 실고 움직이느냐 아니면 귀
   (鬼)가 오느냐는 그 사람의 마음에 달렸다.
― 걸음이 지나치게 빠르거나 가벼우면 귀(鬼)가 사람의 약점을
   알고 쉽게 달라붙는다. 걸음이 급하면 수명을 재촉하게 된다.
― 음식은 식복을 주관한다. 때문에 모든 생명의 에너지로 우리에
   게 가장 귀중한 산물이다. 음식을 급하게 먹으면 사람에게 신령
   한 기운이 없다. 음식을 정성스럽게 먹지 않는 사람은 천하게
   살아간다.

— 희노(喜怒)가 급한 사람은 감정의 동물이다. 감정이 크게 움직이는 사람은 이미 마음에 귀(鬼)가 침범하였다는 증거에 해당한다. 쉽게 자살충동을 느끼는 사람은 희노의 교차가 크게 움직이는 사람이다.

오악(五惡)은 투망살(鬪亡殺)·졸폭살(卒暴殺)·자적살(自吊殺)·흉폭살(凶暴殺)·강시살(扛屍殺)을 말하며, 복과 수명을 손상시키고 단명하게 만들기 때문에 미리 대처해야 한다.

— 눈에 핏기가 있고 옆눈으로 보면 투망살(鬪亡殺)이라고 한다.
— 미간이 짧고 눈이 우는 것 같으면 졸폭살(卒暴殺)이라고 한다.
— 코가 꺾이고, 준두(準頭)가 직선이며, 머리는 비스듬하고, 양처럼 사물을 보면 자적살(自吊殺)이라 한다.
— 근육이 가지런하지 않으면 흉폭살(凶暴殺)이라 한다.
— 입술과 눈이 오그라든 모양이면 강시살(扛屍殺)이라고 한다.

10. 오장(五長)과 오단(五短)

오장(五長)이란 머리·얼굴·몸·손·다리가 다른 사람에 비하여 긴 경우를 말한다. 5부분이 모두 조화를 이루고, 뼈나 모양이 풍성하고 청수하며 윤택하면 길상으로 본다.
오단(五短)은 머리·얼굴·몸·손·다리가 다른 사람에 비하여 짧은 경우를 말한다. 이런 사람이 뼈와 근육이 작고 윤택하면 융화와 기교에 능하고, 공경(公卿)의 상이다.

눈·코·입·귀·머리·음성·얼굴·몸이 모두 크면 팔대(八大)라 하며 부귀를 겸하고, 팔소(八小)는 위의 모든 것이 짧고 작은 경우를 말하며 부귀가 끊어지지 않는다. 그러나 단 한 가지라도 해당하지 않으면 빈고함을 이루 말할 수 없다.

11. 오체(五體)와 오로(五露)

오체(五體)는 인체를 5가지로 나누어 보는 것이다. 나누는 방법은 여러 가지가 있다. 첫째는 근(筋)·맥(脈)·육(肉)·골(骨)·피모(皮毛)로 나누기도 하고, 둘째는 좌슬(左膝)·우슬(右膝)·좌수(左手)·우수(右手)·두수(頭首)로 나누기도 하고, 셋째는 상정(上停)·중정(中停)·하정(下停)·머리(頭)·사지(四肢)로 나누기도 한다. 그러나 관상학에서는 세번째 것으로 이해하면 된다. 오체(五體)가 조화롭지 않으면 일생이 빈곤하다.

오로(五露)는 눈이 튀어나오고, 콧구멍이 하늘을 보고, 귀가 뒤로 넘어가고, 입술이 뒤집히고, 목젖이 튀어나온 것을 말한다. 눈이 튀어나온 사람은 수명이 짧고, 귀가 뒤로 넘어간 사람은 무지하고, 콧구멍이 하늘을 보는 사람은 노상에서 죽고, 입술이 뒤집힌 사람은 악사하고, 목구멍이 튀어나온 사람은 복이 박하다. 그러나 이 5가지 모두를 갖추면 오히려 부를 누린다. 이것이 관상의 묘리이다.

삼첨(三尖)은 머리·코·입이 뾰쪽한 것으로 천한 상으로 본다.

육극(六極)은 다음과 같다. 첫째, 머리는 큰데 목이 작으면 가난하며 요절한다. 둘째, 얼굴은 큰데 머리가 작으면 빈천하다. 셋째, 살집은 좋은데 목소리가 작으면 자식에게 문제가 생기고 만년에 가난하다. 넷째, 등이 얇고 살이 없으면 빈한하고 자식을 두지 못한다. 다섯째, 흉부가 지나치게 깎인 사람은 만년에 복이 없다. 여섯째, 다리와 종아리에 살집이 없으면 노년에 가난하고 자식을 두지 못한다.

12. 오령(五靈)과 오례(五禮)

오령(五靈)이란 신령한 5가지 동물로 기린·봉황·거북·용·백호를 말하고, 이런 형상을 하면 부귀와 수명을 모두 누린다고 본다.

오례(五禮)란 하늘이 내린 5가지 신령스러운 성품으로 인(仁)·의(義)·예(禮)·지(智)·신(信)을 말하며, 고루 갖추면 길흉과 생사를 초월할 수 있는 것으로 판단한다.

13. 칠문(七門)과 칠성문(七星文)

양쪽 눈썹 머리 부분을 궐문(闕門), 두 눈 끝부분을 간문(奸門), 양쪽 귓구멍 전에 있는 명문(命門), 코 전체를 비량(鼻梁)이라고 한다. 위 칠문(七門)이 좋으면 부귀를 겸한다. 한고조 유방이 오른쪽 다리에 72개의 점이 있다고 해서 칠성문(七星文)이라는 명칭이 붙여졌다. 아마 72개의 형태가 북두칠성 형태로 되어 이렇게 불려졌지 않았나 생각한다.

『조선왕조실록』에 인조 1년 3월 13일 "탄강할 때 붉은 광채가 빛나고 이상한 향내가 진동했으며, 그 외모가 비범하고 오른쪽 넓적다리에 검은 점이 무수히 많았다. 선묘(宣廟)께서는 이것이 한고조의 상이니 누설하지 말라고 하면서 크게 애중하여 궁중에서 길렀고, 친히 소자(小字)와 휘(諱)를 명하고 깊이 정을 붙여 광해가 좋아하지 않았다. 장성하자 총명하고 어질고 효성스럽고 너그럽고 굳건하여 큰 도량이 있었다. 여러 번 자급이 올라가 능양군(綾陽君)에 봉해져서는 더욱 겸양하면서 덕을 길렀다"는 기록이 있다. 허벅지에 72개의 점이 있다는 것은 인간의 형상이 우연하게 얻어지지만 이런 상(相)을 받기가 얼마나 어려운가를 알 수 있다. 고로 칠성문은 왕의 상(相)을 나타낸다고 봐도 무리가 없을 듯하다.

14. 일점지심(一点之心)

7척의 몸은 1척의 얼굴만 못하고, 1척의 얼굴은 3촌의 코만 못하고, 3촌의 코는 1점의 마음만 못하다는 말이 있다. 7척의 몸보다 중 1척의 얼굴이 중요하고, 3촌의 코보다 1점 마음이 더 중요하다는 뜻이다. 아무리 찌그러지고 삐뚤어진 얼굴도 마음에 따라 길흉이 달라지고 인생이 달라진다는 충고다.

색성향미촉(色聲香味觸)이 없는 마음을 읽는다는 것은 한 가지 변화에서 만가지 변화와 천만 가지 행동을 측정하는 것이다. 이런 까닭에 술사의 눈빛은 얼음보다 차가워야 하고, 태양보다 뜨거워야 하며, 움직임은 세상의 어떤 사물보다 고요해야 하고, 절망하고 실의에 빠진 사람에게는 자연의 봄바람처럼 따뜻한 기운을 말할 수 있어야 진정한 술사이다.

15. 얼굴 13부위도

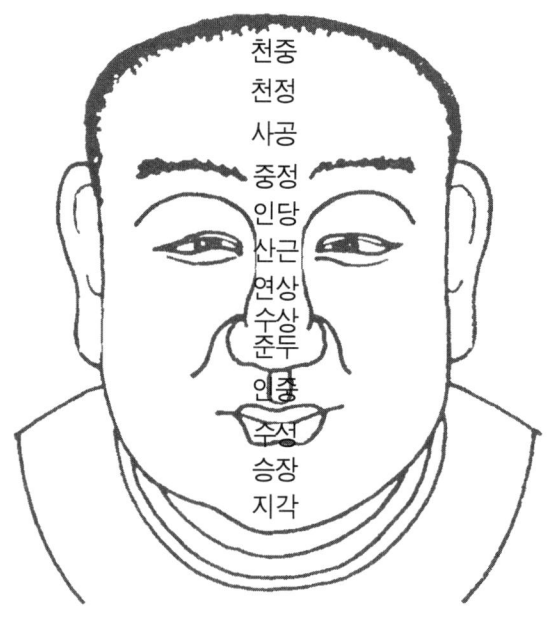

천중
천정
사공
중정
인당
산근
연상
수상
준두
인중
준설
승장
지각

얼굴은 하늘과 땅, 그리고 사람이 하나로 통하는 관문에 해당한다. 얼굴의 기준이며 관상학에서 가장 중요하게 다루는 부위다. 이곳을 중심으로 남자는 좌(양 : 陽) 우(음 : 陰)로, 여자는 우(양 : 陽) 좌(음 : 陰)로 움직이면서 길흉을 만들어낸다. 만약 이곳을 중심으로 전체적인 좌우대칭을 이루지 못하고 균형이 깨지면 일 년은 좋고, 다음 일 년은 흉하다.

관상학적으로 13부위는 백인의 얼굴이 가장 완벽하고, 다음은 황인종, 그 다음은 흑인이다. 그러나 코의 넓이는 황인종이 가장 좋다. 이곳은 개인의 능력을 보는 중요한 척도다. 만약 13부위는 좋은데 얼굴이 조화를 이루지 못하면 자신을 보호하는 환경이 깨진 것이다. 반대로 13부위가 나쁜데도 편안하면 자신의 생각과 시기가 조화를 잘 이루었다는 뜻으로, 능력보다는 운이 좋은 사람이다.

— 천중(天中)은 머리카락과 이마가 시작하는 자리다. 사회적인 지위의 고저를 측정한다. 높고 잘 발달했으면 초년에 일찍 성공하고 이름을 날린다. 만약 이마에 상처가 있거나 쏙 들어갔으면 노력에 비하여 결과가 적다. 찰색이 어두우면 태양이 오궁(午宮)에서 먹구름이 낀 것처럼 모든 일이 지체되어 답답하다. 이곳은 부보다는 귀를 주관한다.
— 천정(天庭)은 천뢰(天牢)라고도 한다. 위에는 천중(天中)이 있고, 아래에는 사공(司空)이 있다. 뼈가 솟아 있고, 일월각(日月角)이 함께 비추면 능히 삼공위에 오른다. 그러나 결함이 있고 검은점이 있거나 색이 밝지 않으면 꿈을 이루는데 지장이 많다.

― 사공(司空)은 귀천과 지위를 보는 곳이다. 뼈가 솟고 반질반질하면 최고로 본다. 그러나 여기부터 인당(印堂)까지 붉은색이 감돌면 흉하고, 사공(司空)에 검은색이 감돌면 소송으로 큰 재물이 나간다. 여자는 천중(天中)·천정(天庭)·사공(司空)이 발달하고 흠이 없으면 남편이 삼공까지 오르나, 이곳에 문제가 있거나 푹꺼져 있으면 남편이 그 자리를 오래 지키지 못한다.

― 중정(中正)은 관리의 고하나 진퇴를 본다. 여기가 어두우면 직장인은 일이 중첩되어 힘들고, 송사가 있는 사람은 뜻하지 않은 변수로 패소한다.

― 인당(印堂)은 풍만하며 넓고, 평평하며 바르고, 아름답게 윤이 나고, 거울처럼 반질반질하며 융기되고, 약간 도톰하면 최고로 본다. 인당(印堂)에서 준두(準頭)로 쭉 내려와 난대정위(蘭台廷尉)까지 기운이 뻗어 있어야 귀하고, 위로는 천중(天中)으로 기운이 소통되어야 모든 일이 순조롭다. 28세 이전에 결혼한 사람이 여기에 잔털이 많거나 보기 흉하면 이혼을 많이 한다.

― 산근(山根)은 눈과 눈 사이가 좁아 이곳이 날카로우면 신경질적이며 형제가 고통을 당한다. 재백궁(財帛宮)의 뿌리이고, 오악(五嶽) 중 중악(中嶽)에 해당하여 동서남북의 기운과, 위로는 하늘 아래로는 땅과 연결되는 아주 중요한 부분이다. 현재는 자본주의 사회이므로 재백궁(財帛宮)의 근본은 한층 더 가치가 있다. 여기에 상처나 주름이 생기면 금전문제가 생길 수 있으니 항상 관리를 잘해야 한다.

— 연상(年上)은 질병을 보는 곳이다. 살보다 뼈가 먼저 보이거나 칼처럼 날카로우면 평생 고생만 한다. 이곳은 중앙 토(土)이기 때문에 푸른빛이나 검은빛이 보이면 가장 흉하고, 검은점이 있어도 흉으로 판단한다.

— 수상(壽上)은 수명의 장단과 일의 길흉을 판단하는 곳이다. 솟아오른 모습이 좋으면 업무능력도 좋고 일에 대한 스트레스를 이겨낸다.

— 준두(準頭)는 심성·지혜·덕·능력을 보는 곳이다. 모가 나거나 각이 지지 않고 둥그렇게 생겨야 좋다. 인당(印堂)에서 쭉 밑으로 뻗어 코의 끝부분으로, 악산인지 아닌지도 판단한다. 산이 너무 날카로우면 사람이 덕이 없다. 보기에 흉하면 교정하는 것도 좋다.

— 인중(人中)은 자손의 길흉과 집안의 운세를 보는 곳이다. 경영인은 회사나 상품, 직원들과의 관계를 나타낸다.

— 수성(水星)은 식성과 대인관계를 보는 곳으로, 천중(天中)에서 내려와 입에서 머문다. 물(水)은 지혜를 뜻하고 생명을 싹틔우기 때문에 이곳이 좋으면 많은 생명을 살린다. 위아래 입술이 짝짝이거나 틀어졌으면 부모의 은덕이 없고, 입이 튀어나왔으면 자신의 입으로 복을 버리는 격이 된다.

— 승장(承漿)은 음식의 기운이나 약물의 반응상태를 나타내는 곳이다. 질병치료를 받는 중인데 이곳이 색이 좋지 않다면 약이 효과가 없다는 뜻이 된다. 또 겨울에 술을 많이 먹고 동사할 위

험을 판단하기도 한다. 우리 몸에는 음양(陰陽)으로 임맥(任脈)과 독맥(督脈)이 있다. 임맥(任脈)의 최종적인 상황을 살피는 곳이 승장(承漿)이므로 약(藥)의 반응을 쉽게 알 수 있다.

― 지각(地閣)이 풍만하고 좋으면 만년에 큰 재물을 얻는다. 부동산 여부를 보기도 하는데, 만일 이곳이 빈약한데 땅을 많다면 항상 몸이 아프고, 하는 일이 끝에 가서 뜻밖의 상황 때문에 망치게 된다. 지각(地閣)이 짧거나 없는 사람은 장사를 해도 꼭 망하는 집으로 들어간다. 이런 사람은 다른 어떤 조건보다도 햇빛이 잘 들어오는 집을 찾기 바란다.

유년운(流年運)에서 어느 달에 무슨 일이 발생하게 되는지 확인하기 위해서는 구궁도(九宮圖)에 의한 달(月)을 측정하는 방법도 있지만 13부위도를 기준으로 어떤 달에 일이 발생하게 될지 참고하는 방법도 있다.

― 인당(印堂) : 정월·2월(立春, 雨水, 驚蟄, 春分) 인월(寅月)과 묘월(卯月)에 해당한다. 인묘(寅卯)는 청색을 나타내기 때문에 인당(印堂)이 윤택하고 빛나면 소원이 성취된다. 반면 흰색을 띠거나 황색이 나타나면 금극목(金克木), 목극토(木剋土)에 해당하여 경영자는 손실이 일어나고 관록자는 구설이 따른다. 그런데 천중(天中), 천정(天庭), 사공(司空)이 밝게 빛나면 위기를 모면하고 반대로 이곳까지 색이 어두우면 퇴직한다.

— 산근(山根) : 3월(淸明, 穀雨)이 있고 진월(辰月)이다. 진월(辰月)은 청명(淸明)으로부터 12일은 목기(木氣)로 보고 다음 18일은 토월(土月)로 계산하여 황색이 주관한다. 만약 산근에 뾰루지나 흑암색이 감돌면 주식을 투자한 사람은 미리 경계를 뜻하고 경영자는 손실이 발생하게 된다. 후 18일에 황색이 감돌고 빛이 윤택하면 좋은 결실을 맺는다.

— 년상(年上)·수상(壽上) : 4월(立夏, 小滿)이 있고 사월(巳月)이다. 맹하지절(孟夏之節)로 화기(火氣)로 접어들고 적색에 해당한다. 만약 이 절기에 흑암색이 감돌거나 백색이 보이면 건강이나 금전적인 대차관계에서 큰 손실을 본다.

— 준두(準頭) : 5월(芒種, 夏至)가 있고 오월(午月)이다. 이곳에 뾰루지가 나타나면 이 절기에 화극금(火克金)하여 지출이나 보증을 서면 소송으로 해결하는 일까지 가게 된다. 만약 윤택하게 빛이 나오고 은은하면서 연하게 붉은색이 나오면 진행하는 일이 두 배 아니면 일곱 배의 이익을 얻는다.

— 인중(人中) : 6월(小暑, 大暑)가 있고 미월(未月)이다. 이 절기(節氣)도 진월(辰月)과 마찬가지로 절입 12일과 후 18일로 나누어 본다. 12일은 화월(火月) 후 18일은 토월(土月)로 본다. 경영자는 색이 어두우면 노사관계에 문제가 발생한다. 일반인은 물과 음식을 조심해야 한다. 인중 주변이 지저분하거나 색이 탁하면 대장질환으로 고생한다.

— 수성(水星) : 7월(立秋, 處暑)가 있고 신원(申月)에 해당한다.

입술색이 검거나 검푸른 색이 감돌면 이 절기에 남의 모함을 받거나 작은 실수가 큰 문제를 불러오게 되는 일이 발생한다. 만약 이 절기에 입술이 자주 트거나 갈라지면 한 달 동안 뜻하지 않는 고생을 하거나 상가를 출입하게 된다.

— 승장(承漿) : 8월(白露, 秋分)이 있고 유월(酉月)에 해당한다. 금기(金氣)가 극에 이르는 달로 승장(承漿) 부위에 색이 어둡거나 뾰루지가 발생하면 간이나 담에 이상이 있다는 뜻이다. 이곳에 붉은색 뾰루지가 크고 오래 가면 금전현상이 악화된다는 의미이다. 만약 산소를 이장하고 이곳 부위가 밝게 빛난다면 혈처가 좋게 자리 잡았다는 뜻이다. 미혼자가 상대를 소개받았다면 음식으로 인한 실수가 되니 술을 과하게 먹어 이성을 잃고 행동할 수 있다는 의미도 된다.

— 지각(地閣) : 9월(寒露, 霜降)이 있고 술월(戌月)에 해당한다. 한로(寒露) 절입으로부터 12일은 금(金)에 해당하고 후 18일은 토월(土月)에 해당한다. 이곳에 자황색이 나타나고 윤택하면 이 절기에 좋은 부동산이나 가택에 경사가 따른다. 색이 어두우면 종업원의 관계나 노사관계가 쉽게 풀리지 않고 오래 간다.

— 사공(司空) : 10월(立冬, 小雪)이 있고 해월(亥月)에 해당한다. 이 절기는 맹동지절(孟冬之節)로 수기(水氣)가 강하게 작용할 때다. 수(水)는 지혜를 뜻한다. 이 곳 부위가 윤택하면 자신의 아이디어나 계획이 반영되어 중임을 맡게 된다. 이곳은 특히 녹학당(祿學堂)이 있는 곳으로 항상 윤택해야 녹(祿)이 손상되지

않게 된다.

— 천정(天庭) : 11월(大雪, 冬至)이 있고 자월(子月)에 해당한다. 백색이나 흑색이 나타나면 상대에게 모함을 받거나 경쟁사와 관계에서 패배한다. 이곳은 관록궁(官祿宮)이 자리 잡고 있기 때문에 직장인은 자신의 자리가 위태로워진다. 아니면 지방으로 이동한다.

— 천중(天中) : 12월(小寒, 大寒)이 있고 축월(丑月)에 해당한다. 소한(小寒)으로부터 12일은 수(水)에 해당하나 후 18일은 토월(土月)에 해당한다. 황도궁(黃道宮)으로 보면 오궁(午宮)에 해당하기 때문에 검은색이 나타나면 수화교전(水火交戰)으로 크게 폭발한다. 화재나 재앙이 있으니 여행을 삼가고 몸을 잘 보전하라. 그리고 천재지변으로 인해 피해가 있게 됨을 뜻한다. 특히 항공기에 대한 주의가 필요하다. 일반인이라고 한다면 문서 속에 도둑이 있는 형상이므로 계약 때문에 손해보지 않도록 조심해야 한다.

16. 13부위도 운기 연령

1. 7년 주기도

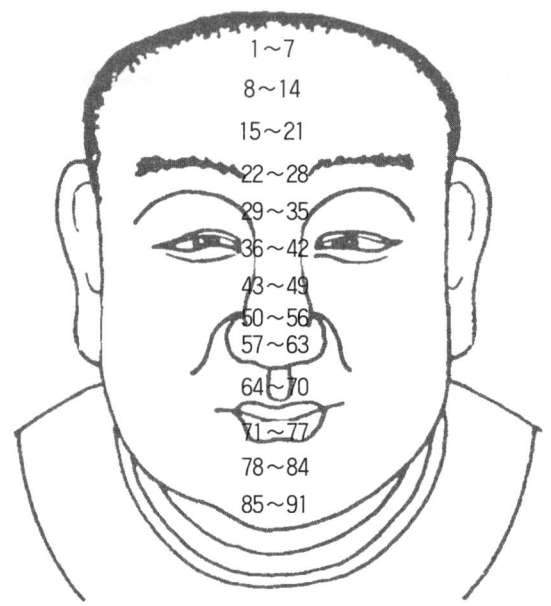

2. 5년 주기도

사람은 우주의 기운과 교감하므로 하늘의 5가지 기운이 크게 작용한다. 이런 원리는 하도의 숫자와 위치를 파악하면 된다. 1·6은 북쪽으로 턱에 해당하고 3·8은 동쪽으로 좌관골(관찰자 위치: 여자는 반대)에 해당하고, 2·7은 이마에 해당하고, 4·9는 우관골(관찰자 위치: 여자는 반대)에 해당한다. 그리고 중앙토(土) 코는 5·10(0)이다. 사람의 오관 중 어느 쪽이 좁거나 치우치면 해당하는 나이에 흉이 나타나고, 유난히 좋으면 좋은 일이 생긴다.

발생운기도

부위	턱(1,6)	우관골(3,8)	좌관골(4,9)	이마(2,7)	코(5,0)
나이	1~6	3~8	4~9	2~7	5~10
	11~16	13~18	14~19	12~17	15~20
	21~26	23~28	24~29	22~27	25~30
	31~36	33~38	34~39	32~37	35~40
	41~46	43~48	44~49	42~47	45~50
	51~56	53~58	54~59	52~57	55~60
	61~66	63~68	64~69	62~67	64~70

여자는 좌관골 3·8세, 우관골 4·9세로 돌아간다. 음과 양은 순역 (順逆)으로 움직인다.

3. 3년 주기도

얼굴의 13부위도를 중심으로 좌측, 우측을 본다. 대칭을 이루지 못하거나 사고로 흉터가 있으면 2년은 좋으나 1년은 고생하고, 13부위도 흉하고 얼굴 한쪽만 좋으면 2년은 고생하고 1년만 편안하다.

4. 9년 주기도

남자의 우관골은 묘(卯), 좌관골은 유(酉)에 해당한다. 턱은 북을 나타내는 자(子)로 보고, 오(午)는 이마를 나타낸다. 중앙은 토(土)로 얼굴에서는 코와 같다. 월은 진술축미(辰戌丑未)로 본다. 더 자세히 말하면 30일 가운데 18일이 토(土) 기운이 가장 강하게 작용

낙서

☴	☲	☷
☳		☱
☶	☵	☰

괘명

巽	離	坤
震		兌
艮	坎	乾

12지신과 방향

辰巳	午(南)	未申
卯(東)		酉(西)
丑寅	子(北)	戌亥

한다. 또 8방의 길흉을 대신하여 나타낼 수 있다. 위의 낙서(洛書)의 원리를 적용하여 얼굴을 자세히 관찰하여 어떤 부위가 발달하고 흠이 있는지 살펴 9년 주기를 알 수 있다. 그리고 상처의 끝부분이 어디를 향하는지에 따라 그곳에 문제가 생긴다. 따라서 뾰루지나 상처 끝부분이 어디를 향하는지를 잘 살펴야 실수가 없다. 만약 둥글면 해당하는 달에 문제가 생긴다. 예를 들면 다음과 같다.

	♀	

① 리(離)궁 오(午)월에 뾰루지가 자(子)방향을 향하면 자(子)월인 12월에 문제가 생긴다. 자(子)는 9궁의 감(坎: ☵)을 나타내고, 질병으로는 신장이나 방광에 문제가 생기고, 문서나 서류는 함정에 빠져 많은 손해를 본다. 턱은 주거를 나타내는데 12월에 이사나 이동하면 고생한다.

② 뾰루지나 지저분한 것이 9궁의 자리에 있으면 해당하는 달에 문제가 생긴다. 만약 동쪽(震, 卯) 방향에서 윤이 나면 3월의 출행에서 좋은 결과를 얻을 수 있다.

③ 자신의 궁이 아무리 좋아도 상대방 궁의 색이 어두우면 이익이 작다.

④ 오(午, 離)궁은 윤이 나고 좋은데 손방(巽方)이나 곤방(坤方)에서 빛을 잃으면 작은 소원을 이루고, 두 곳이 모두 좋으면 많은 이익이 생긴다.

2장. 음양오행(陰陽五行)과 괘(卦)

1. 음양오행(陰陽五行)

하늘은 양(陽), 땅은 음(陰)이다. 그리고 사람은 하늘과 땅의 기운과 감응해서 서로의 기운이 교차하고 소통하기도 한다. 세상은 음양(陰陽)의 도(道)를 단 한순간도 벗어나지 못한다. 작게는 티끌에서부터 큰 물건, 생물이나 무생물, 우리가 속해 있는 태양계, 더 나아가 은하계의 커다란 우주까지 음(陰)이 음(陰)과 감응하기도 하고, 음(陰)과 양(陽)으로 변화를 주기도 하고, 양(陽)과 양(陽), 양(陽)과 음(陰)으로 세상의 상(象)을 만들어낸다.

사람은 음양(陰陽)의 기(氣)를 받아 살아가며 천지의 형상을 닮는다. 우리의 모습도 부모와 자식이 닮아있듯이 천지의 기운을 닮지 않은 것은 단 한 가지도 없다. 음양(陰陽)은 5가지의 기운을 전달하는 방법이 있다. 춘하추동의 4가지와 중간에서 균형을 맞추고 벗어나지 않게 잡아주는 하나를 더하여 5가지 기운이 존재한다.

주역(周易)의 하도(河圖)를 보면 목화토금수(木火土金水) 5가지 기운을 음양(陰陽)으로 나누어 구분했다. 만물은 오행(五行)을 갖추고 서로 작용하는 법칙이 일정하지 않아 평생을 연구해도 끝이 없다. 사람의 형상도 여기서 벗어나지 못한다.

사람의 신체도 자연이 양(陽)의 기운에서 움직이면 이에 감응하여 변하고 호르몬 등 각종 현상이 나타난다. 아주 작은 동물이나 식물까지도 자연의 음양과 함께 움직인다. 똑같은 실험이라도 양(陽)의 기운을 가졌다면 낮의 실험은 잘 되나 밤의 실험은 예측하지 못한 결과가 나타날 수 있다. 이와 반대로 음(陰)의 기운으로 자연이 움직이면 천지만물이 모두 여기에 감응하여 움직인다. 건강의 음양(陰陽)도 마찬가지다. 현대인의 비만도 입을 통해 들어오는 양(陽)의 건강만을 생각하고, 항문을 통해 나가는 음(陰)의 부분을 강조하지 않기 때문에 생기는 불균형이다.

지구상에는 수많은 언어가 있고, 언어의 음양(陰陽)은 자음과 모음으로 형성되어 있다. 음양(陰陽)이 변하면 인간의 감정이나 사물·자연·역사·지명·이름에 관한 단어가 두꺼운 사전으로 대신한다. 세상의 음양(陰陽)은 어느 누구도 이런 조화를 벗어나지 못한다. 관상학을 알기 전에 음양(陰陽)의 이해가 먼저 필요하다. 사람의 음성도 하늘에 고기압이 있을 때 공명주기가 크거나 멀리 가는 것을 좋아한다. 유행가나 리듬감도 이에 감응하여 교감한다.

반면에 하늘에 저기압이 있을 때 공명주기가 짧고 파장주기가 민감한 반응을 보이고, 사람의 감성적인 부분을 자극한다. 사람들은 우연히 자신의 감정을 자극하는 음악과 일치되었다고 하지만 음양(陰陽)을 알고 활용하면 소리는 많은 사람에게 훨씬 좋은 점수로 사랑받게 될 것이다.

만일 춘하추동을 알고 신곡을 발표하면 훨씬 좋은 효과를 얻을 수 있다. 만물이 준동하는 봄에 슬프고 애달픈 노래를 부른다는 자체가 사랑받을 수 없는 조건이다. 이런 노래는 쌀쌀한 바람이 불어올 때가 훨씬 효과적이다. 봄에는 생기가 있으나 박자나 리듬감이 너무 빠르지 않은 것이 좋다. 봄은 희망에 관한 기대가 많을수록 감응이 빠르게 나타난다.

하도(河圖)

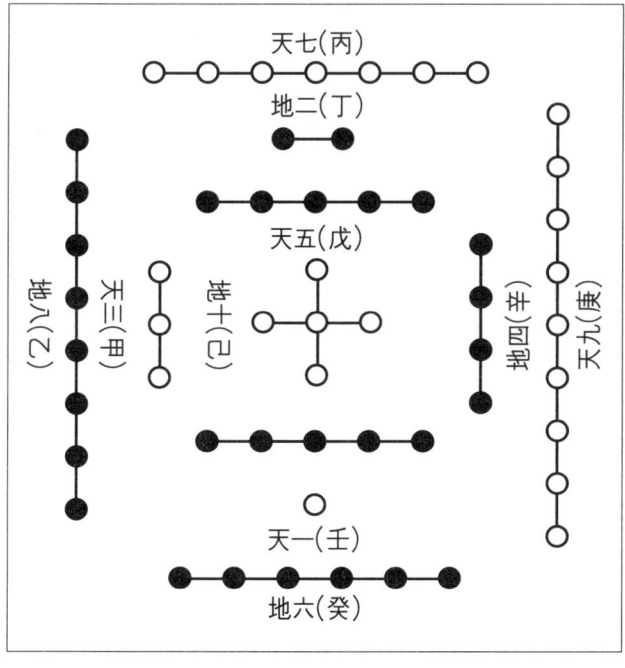

3과 8이 음(2·4·6·8·0)과 양(1·3·5·7·9)으로 짝을 이루어 동쪽에 있기 때문에 3과 8은 목(木)에 해당하고, 계절로는 봄을 나타내며, 청색에 해당한다. 2와 7은 음(2)와 양(7)로 구성되어 음양을 맞추고, 남쪽에 있기 때문에 여름의 화(火)를 나타내며, 적색에 해당한다.

여름의 뜨거운 기운이 가을로 바로 이동하면 화(火)의 기운과 금(金)의 기운이 충돌이 일어난다. 그래서 성인이 5와 10의 기운을 중앙에 심어 토(土)를 만들어 서로 생(生)하게 만들었다. 5는 강한 양양의 기운이 있어 뜨거운 흙에 해당하고, 인체에 비유하면 피부에 해당한다. 10은 음(陰)에 해당하기 때문에 음음의 기운이 흘러 차가움을 전달한다. 인체에 비유하면 근육에 해당한다. 토(土)를 잘 이해하면 현재 유행하는 자연식의 웰빙을 100% 활용하는 방법을 알 수 있다.

땅의 음양(陰陽)을 살짝 들쳐보자. 굴곡이 심하지 않은 지역을 평야라 하고, 평지보다 높은 곳을 구릉이라 한다. 계곡이나 홈이 패인 곳은 음기(陰氣)가 강하게 흐르고 있기 때문에 음(陰)과 짝이 되는 강한 양(陽)의 기운이 있는 식물이 좋다. 언덕이나 구릉에 있는 식물은 바람이나 햇빛의 양이 많기 때문에 음기(陰氣)가 강한 식물이 자라게 된다. 똑같은 씨앗이라도 땅이 다르면 기운이 다르고 먹는 사람의 오장과 육부가 다르면 감응이 다르게 나타난다.

자연의 음양(陰陽)을 이해하는 것이 건강을 지키는 좋은 방법이다. 같은 배추·무라도 생산지에 따라서 기운의 차이는 천차만별이다. 고냉지 배추가 무겁고 속살이 꽉찬 이유도 자연의 음양(陰陽)이 조화를 이루었기 때문이다. 몸에 열이 많은 사람이나 차가운 사람은 이런 기본적인 음양(陰陽)을 이해하여 건강을 지켜야 된다.

예를 들어 인체의 음(陰)에 해당하는 간·심·폐·신·비에 이상이 오면 양(陽)에 해당하는 음식으로 음양(陰陽)을 조절하면 된다. 반대로 양(陽)에 해당하는 위·대장·방광·소장·담에 이상이 있거나 기능이 떨어지면 음(陰)에 해당하는 음식으로 음양(陰陽)의 중화를 이루면 된다. 더 전문적인 부분은 오행(五行)의 색(色)에 따라 각 장부의 기능이 연결된다.

목(木 : 간·담)은 청색, 화(火 : 심장·소장)는 적색, 토(土 : 비장·위장) 황색, 금(金 : 폐·대장) 흰색, 수(水 : 방광·신장) 검은색으로 장부를 분류하여 각 음식의 색(色)과 장부의 기능을 연결한다.

예를 들어 여자는 폐경이 되면 여성호르몬이 분비되지 않아 양(陽)의 기운이 증가하여 남성적인 기질로 변한다. 이럴 때 음기(陰氣)가 강한 에너지를 섭취하면 폐경기를 늦출 수 있다. 물론 더 자세한 부분은 전문가와 상의해야 된다. 운동도 양(陽)에 해당하는 신체의 변화를 추구한다면 음식은 음(陰)에 가까운 것을 섭취하여 음양(陰陽)의 균형을 이루어야 건강하다.

사람의 길흉도 찰색으로 알수 있듯이 땅도 색을 잘 살피면 음양(陰陽)을 이해하는데 많은 도움이 될 것이다. 물론 하늘도 마찬가지다. 하늘의 기운이 어떻게 움직이며 변하는가를 살펴보면 얼굴의 변화를 알 수 있다.

뜨거운 여름 햇빛을 받고 껍질이나 피부가 완성되고, 토(土)는 4의 음(陰)과 9의 양(陽)을 생(生)한다. 4와 9는 가을에 해당하기 때문에 봄과 여름에 자란 결과를 맺기 위해서는 단단하고 딱딱해지기 시작한다. 가을의 기운을 응축한 단단한 과일이나 음식은 위기나 위험에 대응하는 기운을 준다. 과일이나 채소의 껍질에 영양이 많은 것도 오행(五行)의 토(土)가 감싸는 기운이 강하기 때문이다.

만일 껍질을 버리면 토(土)를 버리는 것이다. 토(土)는 사람의 장부와 연결하면 양토(陽土)는 위장, 음토(陰土)는 비장에 해당한다. 꺼칠꺼칠하고 맛이 떨어지더라도 토(土)를 버리면 진정한 웰빙을 할 수 없다. 과일을 먹을 때 껍질을 버리고 속만 먹는다면 과일 속에 있는 오행(五行)의 기운 중 토(土)를 버리는 것이기 때문이다.

금(金)은 1과 6을 도와준다. 과일 열매를 자세히 보면 딱딱하고 단단함 속에 부드러운 씨앗이 들어 있다. 씨앗의 단단하고 강한 부분이 양(陽)에 해당한다면 핵은 음(陰)에 해당한다. 음양(陰陽)은 우리 생활과 매우 밀접하다. 1·6은 북쪽을 뜻하고, 차갑고 무거운 기운을 뜻한다. 만일 너무 가볍고 지긋한 맛이 없으면 수(水)의 성분이 떨어지는 사람이다.

하도(河圖)를 통해 숫자가 나오고 위치가 나타난다. 목(木)이 약한 사람이 3·8의 기운을 받으면 후천적으로 조화를 이룰 수 있다. 집도 3층이나 3으로 시작하는 번지가 좋다. 3은 양(陽)에 해당하기 때문에 하늘은 갑(甲)이고, 지지(地支)는 인(寅)에 해당한다. 8은 음목(陰木)이기 때문에 천간(天干)은 을(乙)이고, 지지(地支)는 묘(卯)에 해당한다. 나머지 오행(五行)도 이렇게 추론하면 된다.

사람도 형체에 따라 오행에 비유하면 다음과 같다.

목(木)은 성장하는 기운이 강하기 때문에 키가 크고, 성격이 어질고 두터워 사람이 많이 따른다. 신체도 어느 한쪽으로 치우치지 않고 골고루 발달한 사람이 많다.

화(火)는 가볍고 부드러워 위로 올라가는 성질이 강하다. 그래서 머리도 크고 얼굴도 붉다. 센스가 있고 욕망이 강하나 남에게 지면 잠을 자지 못한다. 처음에는 낯설어하며 머뭇거리나 불이 붙으면 강한 에너지가 분출되듯이 실력을 마음껏 발휘한다.

금(金)은 단단하게 응축되는 기운이 작용하기 때문에 키가 작지만 함부로 대하기 어려운 사람이다. 동서양을 막론하고 세상의 역사를 뒤흔들고 창조한 사람들은 키가 작다. 이는 조직을 단단하게 하고 과감하게 진격하는 기운이 금(金)에 있기 때문이다. 조직의 수장들을 눈여겨 보면 이해할 수 있을 것이다.

수(水)는 낮은 곳으로 흐르는 특징이 있다. 물은 입으로 받아들여 밑으로 흘러 방광을 타고 떨어진다. 수(水)의 기운이 강하면 방광 이하가 잘 발달한 사람이다. 이런 사람은 쉬지 않고 항상 활동하나 순발력이 약한 것이 단점이다. 수(水)의 기운이 강한 사람은 죽을 때까지 책과 인연을 떼지 않는다.

토(土)는 중앙에서 4개의 기운을 조절하여 싸우지 않도록 달래는 역할을 한다. 어떤 조직이든 토(土)가 있으면 분쟁을 잘 조절하여 원만하다. 토(土)가 인체의 기운과 감응하면 배와 등이 일정하다. 사람을 측면에서 관찰하면 쉽게 알 수 있다. 등이 두꺼우면 토(土)의 양(陽)이 강한 사람이고, 배가 발달했으면 토(土)의 음(陰)이 발달한 사람이다.

단순하고 간단한 이론이지만 조직의 활동·열정·의리·신용·지혜를 골고루 발전시키고, 하늘과 땅의 조화를 이루기 위해서는 이런 부분을 활용할 줄 알아야 한다. 이해가 더 필요한 부분은 추가로 기술하기로 하고, 먼저 목(木) 중에 목화토금수(木火土金水) 오행(五行)이 또 있다는 사실을 알아야 한다.

나무가 성장하는 것은 목(木)의 목(木)이고, 꽃이 활짝 피는 것은 목(木)의 화(火)가 있다는 뜻이고, 단단한 열매와 껍질은 토금(土金)의 기운이 작용한 탓이다. 딱딱한 껍질 속에는 씨의 핵을 보호한다. 금(金)은 수(水)를 생하는 기운이 있다는 것을 알 수 있다. 낮은 곳으로 흐르는 물은 나무를 만나면 높은 꼭대기까지 올라간다. 이는 목(木)의 기운을 만났기 때문이다. 자꾸만 위로 성장하는 목(木)을 만나면 변화가 일어난다.

인체가 성장하고 자라는 것은 오행(五行)의 목(木)의 기능이 있다는 것을 알 수 있고, 남자가 여자보다 평균 키가 크다는 뜻은 양(陽)의 기능이 발산하고 팽창하는 부분이 강하다는 뜻이다. 응축하고 수렴하는 것은 음(陰)에 있다. 여성이 본능적으로 감싸고 보살펴주는 행위는 음(陰)의 기운이 충만하고 강하기 때문이다.

1. 상생(相生)

木生火	火生土	土生金	金生水	水生木

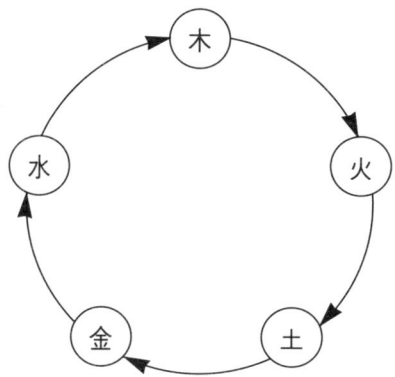

목생화(木生火)·화생토(火生土)·토생금(土生金)·금생수(金生水)·수생목(水生木)는 원으로 돌아가 서로를 도와주고 북돋아주는 관계다. 그래서 목(木)은 수(水)의 도움을 받고, 화(火)를 도와준다. 화(火)는 목(木)의 도움을 받고, 토(土)를 도와준다. 토(土)는 화(火)의 생을 받고, 금(金)을 도와준다. 금(金)은 토(土)의 생을 받고, 수(水)를 도와준다. 수(水)는 금(金)의 도움을 받고, 목(木)을 도와준다. 하나를 얻으면 반드시 하나를 도와주는 구조로 서로 싸우지 않고 순행한다.

내 얼굴이 목형체(木形體)인데 목소리가 화성(火聲)이면 목(木)이 화(火)를 생(生)해 좋은 관계는 유지하나, 수음(水音)에 가까워야 목소리가 얼굴을 도와 더 좋은 에너지를 전달받을 수 있다. 나머지도 이와 같이 생각하면 된다.

2. 상극(相剋)

| 木剋土 | 土剋水 | 水剋火 | 火剋金 | 金剋木 |

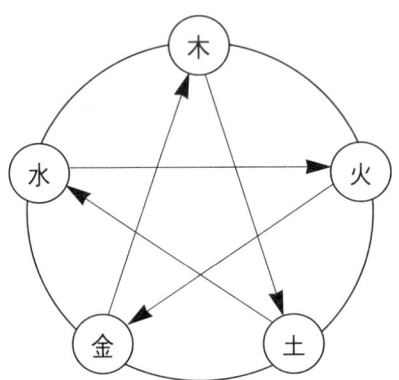

　나는 누구를 이기지만 누구에게 꼼짝하지 못한다. 서로 상대적인 관계 속에서 중심을 잡으려고 움직이는 우주공간의 기운이라고 생각하면 된다. 자연 생태계가 파괴되지 않는 것은 상극구조가 한쪽으로 편향되지 않기 때문이다. 서로 극하는 관계에서 평형이 깨지면 자연의 대재앙을 초래하듯이 사람의 상(相)과 성(聲)도 이런 관계를 유지한다. 음성은 내 몸에서 나온 에너지이지만 나를 돕기도 하고 해치기도 한다. 그리고 서로의 소리구조에 따라 대인관계나 일의 성취도가 달라진다.

　그림에서 보는 것처럼 금극목(金剋木)·목극토(木剋土)·토극수(土剋水)·수극화(水剋火)·화극금(火剋金)·금극목(金剋木)으로 이루어졌다. 금(金)은 목(木)을 이기고 목(木)은 다시 토(土)를 이긴다. 토(土)는 수(水)를 제어하지만 수(水)는 화(火)를 이긴다. 화

(火)는 금(金)을 이기지만 금(金)은 목(木)을 극한다. 하나를 이기면 반드시 다른 하나에게 지는 구조로 이루어진다.

 얼굴이 금형체(金形體)인데 목소리가 목성(木聲)이면 금(金)이 목(木)을 극하기 때문에 얼굴이 소리의 에너지를 파괴시킨다. 이런 사람은 어질지 못하다. 만약 음성이 화성(火聲)이면 내 몸에서 나오는 소리가 얼굴의 기운을 상하게 만들기 때문에 흉하다. 이런 사람은 의리가 없다. 나머지도 이와 같이 추론하면 된다.

■ 상극이지만 나에게 필요하면 최고의 조화를 이룬다.

금왕득화(金旺得火) 방성기명(方成器皿) : 금기(金氣)가 왕성한데 화(火 : 용광로)를 얻으면 비로소 그릇이 된다. 얼굴은 금형체(金形體)이며 기운이 강하고, 몸은 화기(火氣)를 이루면 상극이나 오히려 대성한다. 그런데 목소리가 수(水)이면 화(火)가 필요한데 불을 꺼버리는 결과가 되기 때문에 종합적인 구성에서는 좋지 않다.

화왕득수(火旺得水) 방성상제(方成相濟) : 화기(火氣)가 왕성한데 수(水)를 얻으면 비로소 제도된다. 얼굴에 화(火)가 가득한데 몸까지 화형(火形)이면 신경과민 등 정신적인 질병이 따른다. 이런 사람은 몸이 수형(水形)이어야 강한 화기(火氣)와 조화를 이룬다.

수왕득토(水旺得土) 방성지소(方成池沼) : 수기(水氣)가 왕성한데 토(土)를 얻으면 비로소 못과 늪을 이룬다. 물은 토(土)의 극을 받지만 물줄기가 강해지면 흙을 파고 강둑을 무너뜨린다. 이렇게 왕한 물은 반드시 토(土)로 제방을 튼튼하게 해야 못이나 호수를 만든다. 얼굴은 수기(水氣)가 강한데 몸은 토형(土形)으로 단단하게 제방하면 만인을 살리는 사람이 된다.

토왕득목(土旺得木) 방성소통(方成疏通) : 토기(土氣)가 왕성한데 목(木)을 얻으면 비로소 소통된다. 드넓은 대지도 사람과 마찬가지로 숨을 쉬어야 살아 있는 땅이 된다. 높은 산에 나무 한 그루 없다면 황량하기 그지없을 것이다. 땅에는 나무가 살아야 생명체가 함께 할 수 있다. 사람의 얼굴도 토기(土氣)가 왕성한데 몸이 목(木)으로 소통하면 덕이 풍성해진다.

목왕득금(木旺得金) 방성동량(方成棟樑) : 목기(木氣)가 왕성한데 금(金)을 얻으면 동량이 된다. 어리고 여린 나무는 금(金)을 두려워하지만 아름드리 큰 나무는 금(金)과 중화를 이루면 아름다운 건물을 만드는 등 많은 혜택을 준다. 얼굴이 목형체(木形體)로 기운이 왕성한데 몸이 금(金)이라면 필요한 오행(五行)을 취하여 가히 국가를 경영하는 큰 그릇이 될 수 있다.

■ 상극인데 설상가상이 된다.

금약우화(金弱遇火) 필견쇄용(必見鎖鎔) : 약한 금(金)이 화(火)를 만나면 반드시 녹는다. 얼굴이 약한 금형체(金形體)인데 몸이 화형

(火形)이면 신경이 쇠약하고 끈기가 없고 믿음이 없다. 만약 눈빛이 매우 반사되면 목적을 눈앞에 두고 달성하지 못한다. 나머지 오행(五行)도 이와 같이 추론하면 된다.

화약봉수(火弱逢水) 필견식멸(必爲熄滅) : 약한 화(火)가 수(水)를 만나면 반드시 꺼진다.

수약봉토(水弱逢土) 필위어색(必爲淤塞) : 약한 수(水)가 토(土)를 만나면 반드시 진흙이 되어 막힌다.

토약봉목(土弱逢木) 필위경함(必爲傾陷) : 약한 토(土)가 목(木)을 만나면 반드시 기울어지고 가라앉는다.

목약봉금(木弱逢金) 필위감절(必爲砍折) : 약한 목(木)이 금(金)을 만나면 반드시 베어져 절단된다.

■ 오행과 몸의 무게

어떤 사람은 몸집이 크고 살이 많아 몸무게가 많이 나갈 것 같은데 실제 재보면 생각 이상으로 적게 나가고 어떤 사람은 살집이 없어 가볍게 나갈 것으로 생각이 들지만 기대 이상으로 무겁다. 이런 현상을 우리는 흔히 뼈의 무게가 있어서 그렇다고 말한다.
하지만 오행에 관심이 있는 사람은 사람의 몸을 우선 목화(木火)

와 금수(金水)로 구분한다. 형상은 크지만 무게가 작게 나간다는 의미는 그 사람의 에너지가 목화(木火)로 가볍고 작지만 상당한 무게가 있다는 의미는 금수(金水)의 에너지가 들어 있다는 뜻이 된다. 등치만 있기 싱거운 사람이라고 말하는 사람은 실제 무게가 가볍다. 작은 고추가 맵다는 뜻은 그 사람에게 금수(金水)가 강하다는 뜻이 된다.

목화(木火)로 형상을 잘 갖추면 오장(五長)이 되고 금수(金水)로 형상을 갖추면 오단(五短)이 된다. 목화(木火)에서 목화토(木火土) 삼상격(三象格)을 이루면 최고 귀격(貴格)에 속하고 토금수(土金水) 삼상격(三象格)을 이루면 역사의 한 페이지를 기록하게 된다. 여기서 토(土)는 중후함을 나타낸다. 상학(相學)으로는 등이 두터워 보는 사람으로 하여금 자연히 고개를 숙이게 만든다. 사람의 덕은 등에 있다고 봐도 과언이 아닐 정도로 큰 영향을 미친다.

2. 팔괘(八卦)와 육십사괘(六十四卦)

태극(太極)에서 음양(陰陽)으로 음양(陰陽)에서 사상(四象)으로 분화되고 팔괘(八卦)에서 8가지 상(象)이 나타나기 시작한다. 8가지 상(象)은 8×8=64괘(卦)와 384효(爻)를 갖게 된다. 이런 응용을 위해서 가장 기본적이고 중요한 8상(象)을 이해한다.

상(象)을 가지고 기운(氣運)의 성쇠(盛衰)를 측정하여 길흉(吉凶)

을 먼저 추단한다. 그리고 봄, 여름, 가을, 겨울의 운행은 항상 오행의 기운이함께 존재하기 때문에 봄에는 목(木)의 기운이 성(盛)하다는 생각을 해야 하고 여름에는 화(火)의 기운, 가을에는 금(金)의 기운, 겨울에는 수(水)의 기운을 기본적으로 이해하기 바란다.

그리고 서로 상대적인 개념도 이해해야 한다. 여름에는 비(水)가 자주 오고 겨울에는 화재(火災)가 많다. 초봄에는 목기(木氣)가 약하기 때문에 금기(金氣)가 성해져 간(肝)이 약해지다가 봄이 무르익게 되면 목기(木氣)가 성(盛)해져 토(土)가 약해져 위장(胃腸)환자들이 많은 고통을 겪게 된다. 얼굴의 찰색(察色)과 더불어 사시(四時)의 상황을 참고하여 길흉을 추단한다. 하루 중 기운(氣運)의 변화도 참고하면 된다.

자월(子月: 양력 12월) 자시(子時: 23~01시)

축월(丑月: 양력 1월) 축시(丑時: 01~03시)

인월(寅月: 양력 2월) 인신(寅時: 03~05시)

묘월(卯月: 양력 3월) 묘시(卯時: 05~07시)

진월(辰月: 양력 4월) 진시(辰時: 07~09시)

사월(巳月: 양력 5월) 사시(巳時: 09~11시)

오월(午月: 양력 6월) 오시(午時: 11~13시)

미월(未月: 양력 7월) 미시(未時: 13~15시)

신월(申月: 양력 8월) 신시(申時: 15~17시)

유월(酉月: 양력 9월) 유시(酉時: 17~19시)

술월(戌月: 양력 10월) 술시(戌時: 19~21시)

해월(亥月: 양력 11월) 해시(亥時: 21~23시)

　참고로 우리가 사용하는 시간은 30분 추가해야 간지(干支) 시간과 같아진다. 이는 우리가 현재 경도 135도를 기준으로 하고 있기 때문에 서울 기준인 127도 30분과는 시간 차이가 난다. 만약 썸머타임을 사용한다면 1시간 30분의 차이가 있다.

12간지 오행

地支	子	丑	寅	卯	辰	巳	午	未	辛	酉	戌	亥
五行	陽水	陰土	陽木	陰木	陽土	陰火	陽火	陰土	陽金	陰金	陽土	陰水

1. 팔괘(八卦)와 상(象)

1. 건(乾 : 陽金) ☰

　머리가 둥글고 강하게 생겼다. 두개골이 흠이 있거나 모나지 않고 넓고 광대하여 마치 하늘을 보는 듯 착각에 빠진다. 매끄럽고 곱고 반지르르하고 시원하게 트여있어 우두머리 상으로 최고에 속한다. 성격도 시원시원하고 목소리도 준엄하고 상대를 움직이는 강한 힘을 가지고 있다. 몸매도 어깨, 팔, 등, 허리, 힙, 종아리 모두 균일하게 잘 발달했다. 만약 하체가 부실하면 여기에 속하지 않는다. 하체가 부실하면 부하직원에게 배신당하고 경영자는 조직이 하루아침에 무너진다.

2. 태(兌 : 陰金) ☱

얼굴의 밸런스가 잘 맞지 않고 얼굴이 작으면서 흠이 있거나 지나치게 한쪽으로 편견을 가지고 있는 사람이다. 치아, 손톱, 발톱, 입이 뛰어나오거나 한쪽으로 불균형을 이루고 있을 경우가 많다. 유머러스한 부분은 좋으나 지나치면 너무 해학적으로 되지 않도록 절제해야 한다. 몸은 어깨 부위가 약하고 여성스운 사람이 많다. 남자가 이런 얼굴이나 특징을 하고 있다면 여성을 상대로 하는 사업에 적합하다. 이마가 작고 광대뼈나 입이 뛰어나오고 턱이 강한사람으로 말에 대한 신의가 없다. 혀를 자주 날름거리는 습관이 있는 사람도 태괘(兌卦)의 영향을 받고 있다는 뜻이 된다.

3. 리(離 : 火) ☲

광대뼈와 이마부위가 넓고 시원하게 생겼고 약간 튀어 나왔다. 얼굴의 눈빛이 반짝거리고 입술이 윤이 나고 붉게 생겼다. 항상 예의를 지키고 상대를 배려하는 마음을 잃지 않는다. 몸매는 상체와 하체의 비율을 좋은데 허리나 신장 기능이 약화되거나 방광에 문제가 생겨 고생한다. 여성은 임신할 때 어려움을 겪고 습관성 유산이 있는 사람도 여기에 속한다. 약간 마르고 야윈편에 속한다.

4. 진(震 : 陽木) ☳

머리카락이나 수염을 기르게 되면 윤이 반질반질하고 항상 활동적이고 진취적인 특징이 나타난다. 음성이 조용하면서도 멀리까지 가고 손과 발이 유난히 길게 되어 있다. 얼굴의 전체적인 비율도 다른 사람에 비하면 훨씬 길다. 몸의 골격도 튼튼하고 단단하다. 특히 턱이 발달해서 신용 있고 성실하다. 단 가끔 뚱딴지 같은 행동으로 사람들을 어리둥절하게 만든다. 진(震)은 장남이므로 이런 상(象)은 원래 장남이 가져야 제일 좋다. 몸매도 허리와 골반, 가슴까지 잘 발달되어 있다.

5. 손(巽 : 陰木) ☴

얼굴 부위 중, 턱이 약해 끈기나 지구력이 약하다. 흔히 도삽도화(倒插桃花)라고 하여 여자는 연하의 남자를 좋아하거나 나이 차이가 많이 나는 사람과 결혼한다. 남성도 연상의 여인을 좋아하고 배우자에게 의지하려는 성향이 강하다. 이마와 광대뼈까지는 잘 발달되어 있으나 볼과 턱이 약한 것이 흠이다. 몸매도 하체가 허하고 항상 다리가 약하여 다쳐도 기(氣)가 약한 부위만 자주 상처를 입는다. 턱을 자주 고이는 습관도 여기에 속한다.

6. 감(坎 : 水) ☵

활동성 있게 움직이지 않지만 계속해서 어떤 일을 한다. 남들 앞에서는 무관심한척 하지만 욕망이 많다. 다만 남에게 알려지게 되면 일에 대한 욕심이 없어지기 때문에 흥미를 반감시킬 수 있다. 뒤에서 모사를 즐기며 밀명을 띠고 움직이거나 비밀조직, 탐정, 형사, 밀사 등에 아주 적합하다. 얼굴은 이마보다 코나 광대가 발달하고 그보다 하악골이 더 발달했다. 나이가 들어가면서 귀가 발달하는 특징도 있다. 안질이나 심장이 약하기 때문에 항상 조심해야 한다. 해결사 노릇도 많이 하고, 눈을 가늘게 뜨는 버릇이 있다.

7. 간(艮 : 陽土) ☶

어깨부터 등 쪽이 두텁고 넓고 평평하다. 가만히 있어도 상대가 무거운 산이 있는 느낌을 받게 된다. 얼굴부위는 눈이 작고 눈동자가 자주 움직이지 않아 상대에게 쉽게 자신의 상황을 보여주지 않게 된다. 얼굴이 조금 작고 어깨와 허리, 골반이 잘 발달되어 있다. 종아리는 약간 작다. 피부도 얇지 않고 약간 두꺼운 사람을 나타낸다. 상대의 의견에 쉽게 도의하거나 찬성하는 표현을 하지 않고 항상 무거운 침묵이나 자신만의 표현을 즐겨 사용한다.

8. 곤(坤 : 陰土) ☷

키는 작지만 얼굴, 가슴, 골반, 다리의 비율이 전체적으로 아주 좋다. 특히 코가 좋아 얼굴에서 가장 먼저 보이기도 한다. 얼굴은 약간 사각형이면서 원형이어야 좋다. 입이 단정하고 입술의 비율도 좋다. 목이 길지 않고 안정된 느낌을 준다. 그래서 말이 한 번 나가면 무슨 일이 있어도 꼭 지킨다. 살집도 토실토실하다. 살집이 없고 딱딱한 사람은 각박한 사람이 되기 쉽다. 반대로 입술이 너무 얇은 사람은 인색한 사람이다. 상대를 잘 배려하고 주변에서 무슨 일을 하든지 인정하는 사람이다.

2. 육십사괘(六十四卦)

1. 건(乾)

중천건(重天乾), 천택리(天澤履), 천화동인(天火同人), 천뢰무망(天雷无妄), 천풍구(天風姤), 천수송(天水訟), 천산돈(天山遯), 천지비(天地否). 예를 들면 중천건(重天乾)은 얼굴(乾)+몸매(乾)이고, 천택리(天澤履)는 건(乾)+태(兌)로 된 사람으로 생각하면 된다. 나머지도 이와 같이 8×8=64로 세분화시켜 대입하면 된다.

그리고 춘하추동의 기운을 같이 사용하고 오행의 생극제화(生剋制化)를 적용시킨다. 이 사람이 중천건(重天乾)으로 느껴졌는데 가을이라면 소원대로 잘 이루어져 아무 걱정이 없다. 봄철이라면 소원은 8할 정도 이루어지고 2할은 약간 시간이 걸린다고 판단하면 된다. 하루 중 소원을 살핀다면 오전에는 8할의 컨디션이고 오후에 활동하면 많은 이익을 얻을 수 있다.

오행의 생극도표를 꼭 암기해야 한다. 감정리듬·지성리듬·신체리듬도 괘가 완성되면 같은 방법으로 활용하면 된다. 단 지성리듬은 괘 안에 있는 호괘(互卦)를 활용하면 된다. 호괘(互卦)는 초효(初爻)와 상효(上爻)를 사용하지 않고 234효가 내괘(內卦)가 되고 345효가 외괘(外卦)가 된다.

2. 태(兌)

택천쾌(澤天夬), 중택태(重澤兌), 택화혁(澤火革), 택뢰수(澤雷隨), 택풍대과(澤風大過), 택수곤(澤水困), 택산함(澤山咸), 택지취(澤地

萃).

3. 리(離)

 화천대유(火天大有), 화택규(火澤暌), 중화리(重火離), 화뢰서합(火雷噬嗑), 화풍정(火風鼎), 화수미제(火水未濟), 화산려(火山旅), 화지진(火地晉).

4. 진(震)

뇌천대장(雷天大壯), 뇌택귀매(雷澤歸妹), 뇌화풍(雷火豊, 중뢰진(重雷震), 뇌풍항(雷風恒), 뇌수해(雷水解), 뇌산소과(雷山小過), 뇌지예(雷地豫).

5. 손(巽)

풍천소축(風天小畜), 풍택중부(風澤中孚), 풍화가인(風火家人), 풍뢰익(風雷益), 중풍손(重風巽), 풍수환(風水渙), 풍산점(風山漸), 풍지관(風地觀).

6. 감(坎)

수천수(水天需), 수택절(水澤節), 수화기제(水火旣濟), 수뢰둔(水雷屯), 수풍정(水風井, 중수감(重水坎), 수산건(水山蹇), 수지비(水地比).

7. 간(艮)

산천대축(山天大畜), 산택손(山澤損), 산화비(山火賁), 산뢰이(山雷

頤), 산풍고(山風蠱), 산수몽(山水蒙), 중산간(重山艮), 산지박(山地
剝).

8. 곤(坤)

지천태(地天泰), 지택림(地澤臨), 지화명이(地火明夷), 지뢰복(地雷
復), 지풍승(地風升), 지수사(地水師), 지산겸(地山謙), 중지곤(重地
坤).

어떤 사람을 만나 어떤 부위가 유난히 강하다는 느낌을 받았다면
그곳이 강한 기운을 발산한다는 증거이다. 가장 먼저 들어온 부위
가 상괘(上卦)가 되고, 다음이 하괘(下卦)가 된다. 귀걸이가 예쁘거
나 립스틱이 유난히 계절과 조화를 이루었거나 헤어스타일이 멋지
게 보이면 그때의 상황을 괘로 작성한다.

건(乾)은 이마, 태(兌)는 입·입술·치아, 리(離)는 눈·안경·눈
동자의 움직임, 진(震)은 다리 떨림·다리·신발·턱으로 본다. 머
리카락이나 장식·핀·헤어스타일·넓적다리는 손(巽), 귀·귀장
식물·귀를 자주 만지는 과정은 감(坎), 코·손가락·손가락의 움
직임은 간(艮), 광대뼈·볼·배는 곤(坤)으로 본다.

숨을 지나치게 크게 쉬어 배가 들어갔다 나왔다 하거나 기지개를
펴는데 배꼽이 보여도 그 사람의 특징을 잡는데 사용한다. 그리고
내가 작성한 괘가 몇 시인지 확인한 후 강약을 파악한다.

3장. 오행(五行)으로 보는 운세

1. 오행(五行)과 체형

1. 목형체(木形體)

사람은 모두 형체가 다르다. 똑같은 목형체(木形體)라도 어떤 이는 꿈을 이루고 어떤 이는 고생만 한다. 이것을 알려면 조화와 균형의 상태를 먼저 살펴야 한다.

목형체(木形體)는 나무처럼 수직을 이루며 뚱뚱하지 않아야 한다. 몸은 수직이나 얼굴이 통통하면 진격(眞格)으로 보지 않는다. 얼굴도 몸과 같이 약간 마르거나 수척한 느낌이 들면 최고다. 코도 수직에 가까워야 좋다. 눈은 가늘며 길고, 청명하고 맑은 기운이 감돌아야 좋다.

손가락은 가늘고 섬세하며, 손금도 선이 많아야 좋다. 만약 손가락이 두껍고 투박하면 복록이 감소하고, 악수할 때 피부가 딱딱하게 느껴지면 목형체(木形體)의 진격(眞格)으로 보지 않는다. 수염에 청색이 감돌고, 어깨는 각이 지고, 꺽인 체형은 고생을 많이 한다. 어깨와 배는 늘어진 이어지고 부드러워야 한다. 만일 이런 체형이 눈이 크면 실속이 없고 가볍다. 눈은 화(火)에 속하기 때문에 꽃이 피어 자랑하고 예쁜 모습으로 사랑을 받으나, 결실에 해당하는 열매를 맺기 힘들어 가격(假格)이 되어 버린다.

머리도 짧게 깎지 말고 적당하게 기르고, 수염을 기르면 복이 새록새록 돋아나기 시작한다. 아파트는 4층이나 9층에 살면 복이 감소된다. 끝자리가 4나 9가 들어가는 것도 같게 판단한다. 중요한 계약일도 끝자리가 4나 9가 들어가는 것은 가능하면 피하는 것이 좋다. 천하제일의 부자는 목형체(木形體)가 가장 많다.

목형체(木形體)는 수(水)의 생(生)을 받기 때문에 윗사람은 수형체(水形體)가 좋고, 아랫사람은 토형체(土形體)를 만나는 것이 좋다. 그러나 토형체(土形體)도 지나치면 토다목절(土多木折)에 해당하니 무조건 좋은 것은 아니다. 만약 연구원을 채용할 경우 화형체(火形體)가 좋고, 동업자는 나를 생(生)하는 수(水)가 좋다.

4는 음(陰 : 2·4·6·8·0)에 속하기 때문에 천간(天干)은 신(辛)이고, 지지(地支)는 유(酉)이다. 9는 양(陽 : 1·3·5·7·9)에 속하기 때문에 천간(天干)은 경(庚)이고, 지지(地支)는 신(申)이다. 목형체(木形體)는 닭(酉)과 원숭이(申) 해에는 돌다리도 두들겨보고 가야 한다. 이런 해에 큰 투자나 변화는 이롭지 않다. 성씨 중에 김(金)·정(鄭)·신(申)·신(辛)·석(石)·서(西)·추(秋)·은

(殷)·서문(西門)·전(錢)·설(薛)은 서로 피하는 것이 좋다.

주식투자는 우선 유년도(流年圖)를 이해하고, 자신이 현재 어떤 운인지, 찰색은 어떤지를 살핀 후 다음 사항을 참고한다. 특히 복덕궁(福德宮)을 유심히 관찰해야 한다. 목형체(木形體)는 섬유·의복·제지 출판·의약·건설업·운수장비·도매·자동차 판매 등과 관계 있는 주식과 잘맞는다.

■ 목형체(木形體)의 변수

나무(木)는 천 년을 자라도 사람과 조화를 이루려면 금(金)이 필요하다. 물론 어린나무는 금(金)을 만나면 죽지만 좋은 목재는 도끼(金)와 수평(水平)이 가해지면 살아서는 산소로 생명을 살리고, 죽어서는 삶의 터를 마련해준다. 동량의 기틀은 금(金)을 좋아한다.

사람도 목형체(木形體)가 어린나무라고 생각하면 금(金)의 기운, 즉 질책이나 책망을 뒤로하고 화(火)의 기운, 성장이나 장점, 칭찬을 해야 탈이 없다. 어느 정도 성장하면 금(金)을 만나야 큰 인물이 된다. 만약 잊지 못할 스승이 금형체(金形體)라면 처음에는 어렵고 힘든 질책을 잘 참아내면 많은 사람을 살리는 훌륭한 사람이 된다.

개인직인 일은 실수나 부주의를 인정하고 수정하면 되나 국가의 정책이 잘못되면 많은 백성을 죽이는 결과로 나타난다. 이것이야말로 세상에서 가장 큰 죄악이다. 성장한 후에는 꼭 금형체(金形體)를 만나 단점을 교정받기 바란다. 세상 사람들은 상생만 생각하지 상극 속에서는 중화를 찾지 않는다. 세상의 묘한 이치는 하늘이 상극 속에 숨겨놓았다. 상극의 활용은 상생보다 무한한 가치가 있다.

2. 화형체(火形體)

화(火)는 붉은색을 나타내기 때문에 얼굴에 연한 홍색이 나타나고, 찰색이 윤택하면 최고로 본다. 화기(火氣)는 위로 상승하는 작용이 크기 때문에 얼굴이 길고 뾰쪽하다. 코·눈·입·이는 약간 튀어나온듯 하고 수염은 붉은색을 띤다.

귀는 높고 약간 날카롭고 시원하게 생겼고, 성격이 급하고 참을성이 없는 것이 단점이다. 음성은 약간 가늘며 날카롭다. 몸의 비율을 보면 상체가 잘 발달했고 미인이나 미남이 많다. 근육의 발달과 골격의 조화가 좋아 스크린 스타가 많은 것이 특징이다. 인생을 매우 정열적으로 살기 때문에 실수도 있고 기폭도 심한 편이다.

자신의 일을 중요시하여 가정이나 다른 일을 돌보지 않고 목적을 달성하는 욕망이 강한 사람들이 여기에 속한다. 사회적인 영웅도 많지만 부모와 충돌이 많은 편이다. 화형체(火形體)는 집을 지을 때도 단층을 피하는 것이 좋다.

화형체(火形體)는 목(木)의 생(生)을 받기 때문에 목형체(木形體)의 윗사람을 만나면 좋고, 화형체(火形體) 종업원을 만나면 많은 이익을 얻을 수 있다. 하지만 화극금(火剋金)이나 금다화회(金多火晦)가 되기 때문에 적당해야 한다. 연구원이나 유사 관계 업종은 토형체(土形體)가 적격이다. 동업자는 화(火)를 생(生)하는 목(木) 기운이 있는 목형체(木形體)가 좋다. 끝수리가 1이나 6은 피하는 것이 좋다. 중요한 계약이나 결정, 금전적인 거래도 이 날을 피하는 것이 좋다.

1은 양(陽 : 1·3·5·7·9)에 해당하며 지지(地支)는 자(子)이다. 6은 음(陰 : 2·4·6·8·0)에 해당하며 지지(地支)는 해(亥)이다. 피해야 할 성씨는 염(廉)·반(潘)·한(漢)·용(龍)·온(溫)·공손(公孫)·풍(馮)·범(范)·어(魚)·해(海)·홍(洪)·손(孫)·하(河)·여(汝)·지(池)·임(任)·수(水)·선우(鮮于)이다.

주식투자는 통신서비스·오락·문화·교육·기술서스비·화학·전기·가스·전자 통신기기 등의 분야가 유리하다.

3. 수형체(水形體)

수(水)는 깊고 깊은 심원을 나타내며 지혜 제일의 기운이 흐르는 체형으로 학자에게 가장 많다. 살집이 풍만하며 부드럽고, 뼈는 가벼운 느낌이 들어야 진격(眞格)으로 본다. 머리가 각지거나 날카로운 빛이 나오면 가격(假格)이 된다.

머리·얼굴·몸·손·귀·눈·입·코가 살집이 통통하고 둥글다. 손은 매우 부드러워 마치 솜털처럼 가벼운 느낌이 든다. 눈은 고요하며 움직임이 적고, 걸음걸이는 조용하며 부드럽다. 잠을 잘 때도 옆에서 누가 자는지 모를 정도로 얌전하다. 얼굴색은 청색과 검은색이 얕게 흐르면 최고로 본다. 만약 유난히 흰색을 띠면 학자로 만족하지 않고 정치적인 행보를 한다.

수형체(水形體)는 부부가 평생 살아도 그 속을 다 알지 못하고, 생각이 깊어 함부로 발설하지 않는다. 나쁜 말로 음흉하다고도 볼 수 있다. 물은 오행(五行)으로는 수(水)에 해당하기 때문에 화(火) 기운이 없다고 생각하는 고정관념이 있다. 전기가 물에서 잘 전달되는 것을 생각해보면 물 속에 화(火) 기운이 없다고 말하기 힘들다. 물을 전기분해하면 수소와 산소가 나온다.

수형체(水形體)를 잘 이용하면 큰 이익이 된다. 겉으로 보이는 상(相)도 중요하지만 이러한 이치도 매우 중요하다. 키가 크면서 살집이 풍만한 사람은 목(木)과 수(水)가 합쳐져 있기 때문에 수목(水木) 양기성상(兩氣成象)의 진격(眞格)으로 천 년이 가도 이름이 잊혀지지 않는 사람이 된다.

수형체(水形體)는 오행(五行) 중 금(金)의 생(生)을 받기 때문에 윗사람은 금형체(金形體)를 만나는 것이 좋고, 아랫사람은 화형체(火形體)를 만나는 것이 좋다. 그러나 직원이 화형체(火形體)가 너무 많으면 화다수증(火多水蒸 : 화가 많으면 도리어 수가 증발한다)이 되어 본인이 말라버린다. 이때는 금형체(金形體)의 생(生)을 받아야 좋다. 동업자는 나를 생(生)하는 금형체(金形體)가 좋다. 끝자리가 5나 0인 수는 피하는 것이 좋다. 중요한 날이나 계약일, 아파트 층수도 피하는 것이 좋다.

5는 양(陽 : 1·3·5·7·9)이고, 천간(天干)은 무(戊), 지지(地支)

는 진(辰)과 술(戌)에 해당한다. 0은 음(陰 : 2·4·6·8·0)이고, 천간(天干)으로는 기(己), 지지(地支)는 축(丑)과 미(未)에 해당한다. 수형체(水形體)는 용(辰)의 해나 달이나 날은 특히 조심해야 한다. 이런 해에는 몸이 많이 아프고, 투자를 해도 시간이 오래 걸리고, 금전이 나가면 쉽게 들어오지 않는다. 산(山)·구(丘)·견(堅)·황(黃)·소실(小室)·중실(仲室)·육(陸)·방(方), 피(皮)·전(田) 씨는 피하는 것이 좋다.

주식은 어업·광업·의약·1차 금속·운수장비·은행·종금 저축은행·리스·보험·증권 등의 분야가 유리하다.

■ 수형체(水形體)의 변수

만물은 수(水)와 화(火)에 의하여 변한다. 주역(周易)에 수화기제(水火旣濟)와 화수미제(火水未濟)가 있다. 우리 인체도 70%가 물(水)이지만 심장의 따뜻한 기운(36.5도)이 기제(旣濟)로 움직인다. 체온이 1~2도만 올라가거나 떨어져도 금방 생명의 위험을 느끼는데 이런 상태를 미제(未濟)라고 한다. 수형체(水形體)가 화형체(火形體)와 어떤 상태에 있는가에 따라 결정된다.

우리의 역사는 물(水)과 불(火)을 누가 잘 다스리는가에 따라 달라졌다. 물(水)이 흙과 섞여 흙탕물이 되면 생명수를 제공하지 못한다. 토(土)는 나를 극(剋)하는 오행이지만 상극 속에서 중화를 찾으면 세상의 묘한 길이 있다. 만일 댐이나 강, 저수지가 없다면 문명과 문화적인 혜택을 누리기 힘들다.

주역(周易)에서 나온 수화기제(水火旣濟)는 상극 속에서 나온 세상의 가장 묘한 이치임을 알아야 한다. 상극이지만 어떤 상생보다도 절묘한 배합구조다. 만약 리더가 수(水)이고 조직원이 화(火)에 해당한다면 리더가 질책을 해도 기분이 나쁘지 않고 조직원은 성장하는 이치가 여기에 있다. 그러나 이를 잘못 다스리면 화수미제(火水未濟)로 바뀌어 조직원은 각자 따로 행동하기 때문에 되는 일이 없다.

4. 금형체(金形體)

금(金)은 의(義)를 나타낸다. 얼굴은 약간 각이 지고, 음성도 또박또박하여 소리만 들어도 의욕이 생기며 강한 기운을 전달받을 수 있다. 혁명가들 중에 금(金)에 속하는 사람이 많다. 광대뼈도 약간 나오고 입술을 깨물어도 꽉 깨문다. 상대와 대화하는 중에 입술을 깨물면 길게 말하지 말고 빨리 결정을 내려야 한다. 시간이 없거나 촉박한 사람은 입술을 자주 움직인다. 거짓말을 자주하는 사람의 입술을 보면 쉽게 알 수 있다. 필요 이상으로 입을 움직이는 사람은 진실의 힘이 없다.

금(金)은 정적인 힘이 강한데 동적인 힘이 흐른다면 문제가 많다는 뜻이다. 금형체(金形體)는 눈에서 나오는 빛이 강하지 않으면 격이 떨어진다. 얼굴색이 홍조를 띠면 최고에 해당한다. 그러나 눈이 자주 충혈되거나 얼굴색이 너무 붉으면 화기(火氣)가 강하기 때문에 금(金)이 녹아 없어진다.

금형체(金形體)는 키가 크지는 않으나 단정하고 방정하여 상대방을 긴장하게 만든다. 눈빛에서 광채가 나고 갈무리되어 있다면 최고의 진격(眞格)으로 본다. 지구의 역사는 금형체(金形體)가 만들어간다고 해도 과언이 아니다.

만약 금형체(金形體)가 키가 크면 일인자가 되지 못한다. 이런 체형은 정치보다 금수(金水) 청백지상(淸白之象)으로 학자나 연구계통이 길하다. 얼굴색은 자색을 띠어야 최고의 권력을 누린다. 금(金)과 화(火)는 상극이나 금(金)은 용광로가 필요하기 때문에 붉은 자색 기운이 감돌아야 된다.

금형체(金形體)에 눈이나 입술이 튀어나오면 특정한 세력을 믿고 행동이 오만방자하다. 집의 층수도 끝자리가 2나 7이 들어가는 층수에 살면 살면 직장인에게 최고이고, 사업하는 사람은 3이나 8이 들어가는 층에 살면 유리하다. 음악도 종소리처럼 중후하고 멀리까지 퍼지는 소리를 들으면 정신이 맑아진다.

금(金)은 토(土)의 생을 받는다. 상사나 윗사람은 토형체(土形體)를 만나는 것이 좋다. 금(金)은 불(火)을 좋아한다. 금(金)은 용광로에 들어가 물을 만나면 제2의 탄생을 맞는다. 두드리면 두드릴수록 강해지는 특징이 있다. 시련이나 고난이 닥치면 물러서지 않고 끝까지 자신의 의지를 실현하는 힘이 오행(五行) 중 금(金)에 강하게 있다.

그러나 포항제철 같은 용광로에 철사 몇 조각을 넣을 수는 없다.

이는 대장간의 쓰임으로 봐야 한다. 불이 너무 많으면 화다금멸(火多金滅 : 불이 너무 많으면 쇠가 없어진다)이 되어 큰 화를 당한다. 이럴 때는 우선 화생토(火生土)의 이치에 따라 토형체(土形體)의 도움이 필요하고, 다음은 수극화(水剋火)하여 물(水)로 불(火)을 견제하도록 만들어야 한다. 그런데 가끔 물(水) 중에서 임(壬 : 水)과 정(丁 : 火)이 정임합(丁壬合)하여 목(木)이 되어 목생화(木生火)하는 어처구니 없는 일이 벌어지는 경우도 있다.

회사를 구하기 위하여 이중간첩 노릇을 하는 경우가 여기에 해당한다. 만약 금형체(金形體)가 2층이나 7층 또는 끝자리가 2나 7이 들어가는 층에 살면 계속 불운이 따른다. 이런 경우에는 끝자리가 5나 0이 들어가는 층으로 이사하기 바란다.

김(金)·신(申)·서(西)·신(辛)·하(夏)·자(紫)·노(盧)·종(鍾)·정(鄭)·설(薛) 씨는 피하는 것이 좋고, 주식투자는 도매·자동차판매·은행·증권·고무·플라스틱·기계장비·1차금속·운수장비·건설업 등의 분야가 유리하다.

■ 양기성상(兩氣成象)

오행(五行)의 기운이 한쪽으로 강하게 나타나는 사람이 있고, 두 가지 기운이 감도는 사람도 있다. 예를 들면 얼굴이 금형체(金形體)인데 살집이 부드럽고 토실토실하면 수(水) 기운이 있는 사람으로, 금수(金水) 양기성상(兩氣成象)이라 하고, 피부나 근육이 통통하면서 풍만하면 토금(土金) 양기성상(兩氣成象)으로 분류한다.

양기성상(兩氣成象)은 두 가지 기운이 함께 있기 때문에 어려운 운이 와도 잘 견디고 넘어가는 편이다. 예를 들면 토금(土金)의 기운이 흐르면 화(火)운이 온다고 해도 화생토(火生土)·토생금(土生金)하는 원리로 돌고돌아 재앙이 미치지 않고, 금수목(金水木) 삼상격(三象格)의 기운이 흐르면 더욱 귀하게 된다. 이런 사람 중에 한 시대를 풍미하는 재벌이 많다.

5. 토형체(土形體)

토(土)는 중용을 나타낸다. 그래서 항상 남의 말을 귀담아 듣고 주변의 도움이 많아 능력보다 쉽게 성공하는 편이다. 어떤 직업이나 직책이 주어져도 무리없이 일을 잘 하는 사람으로 사회생활이나 인간관계가 가장 원만한 형이다. 신용을 가장 중요한 신조로 삼고, 항상 보이지 않는 곳에서 묵묵히 땀을 흘리는 형이다.

뼈가 튼튼하고 살집도 풍만하며 토실토실하다. 머리와 얼굴은 큰 편이고, 코는 풍만하며 안정된 느낌을 준다. 입은 크고 입술도 도톰하고 좋다. 만약 구각(口角)이 밑으로 향하거나 처졌으면 가격(假格)이 되어, 평생 남의 밑에서 일하고 좋은 소리를 하지 않는다. 표정도 없고 상대에게 마음을 내보이지 않으며, 고문기술자가 많은 것이 특징이다. 크게 말하지 않아도 음성이 중후하게 울려퍼지며 멀리까지 간다.

만일 허리와 배가 거북이 모양이면 최고의 진격(眞格)이다. 그러나 목이나 하체가 너무 길면 가격(假格)이 된다. 사는 집은 단층이 가장 좋고, 끝자리가 3이나 8이 들어가는 층은 피하는 것이 좋다.

토(土)는 화(火)의 생(生)을 받는다. 그래서 주위사람이나 윗사람은 화형체(火形體)를 만나는 것이 좋다. 토(土)는 목(木)을 좋아한다. 넓고 넓은 땅에 나무 하나 없다면 얼마나 삭막하겠는가를 생각해보라. 오행(五行)의 이치로는 목극토(木剋土)하지만 나무없는 땅은 사람이 살기 힘들다. 목형체(木形體)를 만나면 크게 성공한다. 상극 속에 세상의 오묘한 이치가 있다.

하지만 목다토함(木多土陷 : 나무가 많으면 땅이 함몰된다)이 되기 때문에 너무 많으면 오히려 자신을 해치는 결과가 된다. 금형체(金形體) 사람과는 연구업체나 유사관계 업종이 좋다. 직원이나 종업원은 수형체(水形體)를 채용하면 많은 이익이 있다. 너무 많으면 물이 둑을 넘고 무너뜨리는 결과를 초래하니 적당해야 좋다.

고서에 토(土)는 충(沖)해야 개고(開庫)된다고 했듯이, 고향을 떠나 객지에서 성공하는 경우가 많다. 토(土)의 특징은 양(陽) 대 양(陽)인 진술(辰戌)과 음(陰) 대 음(陰)인 축미(丑未)일 때만 가능하고, 양토(陽土)인 진(辰)과 술(戌), 음토(陰土)인 축(丑)과 미(未)끼리만 충(沖)이 가능하다. 두 사람(辰戌, 丑未)이 동업을 하면 성공하는 경우가 가장 많은 특징이 토(土)에 있다. 하지만 이익이 생기면 서로 다투는 것도 충(沖)의 원리다.

그리고 임(林)·채(蔡)·초(楚)·양(梁)·송(宋)·을지(乙支)·박(朴)씨는 피하는 것이 좋고, 주식투자는 음식료품·섬유·의복·정유·석유제품·의약·도매업·소매업·은행·증권 등의 분야가 유리하다.

■ 토형체(土形體)의 변수

토형체(土形體)라도 살집의 부드러움이나 딱딱함의 정도에 따라 화토(火土)·수토(水土)·토금(土金)으로 나눈다. 남성이라도 살집이 부드럽고 물렁물렁하면 여자의 부드러움이 느껴진다. 이런 사람 중에 부자가 가장 많고, 감각적이고 쾌락적인 면도 많다.

화토(火土)는 얼굴에 약간 붉은색이 감돌고, 손발에 항상 열기가 넘친다. 그래서 겨울에도 두꺼운 옷을 입지 않는다. 이런 사람은 예술이나 사회복지 사업가가 많다.

토금(土金)은 말이 없고 조용하며 시끄럽고 번잡한 곳을 싫어한다. 토실토실하면서도 피부가 유난히 흰 사람이 여기에 해당한다. 남성이지만 피부가 좋으면 교육계에서 크게 성공하는 경우가 많고, 생명공학 연구에도 아주 좋다.

2. 오행과 질병

운명학의 가장 우선하는 것은 사람의 건강이다. 건강하게 살아가는 것은 천하는 얻는 기쁨보다 크다. 내 몸이 건강하면 가족이 건강하고 행복이 가득한 집이 된다. 집집마다 이 웃이 서로 건강하면 사회가 건강하고 국가가 건강하게 된다. 건강한 민족은 부러울 것이 없다. 내 몸이 건강해야 나쁜 운도 강한 힘으로 견디고 내 몸이 건강해야 좋은 운이 와도 그릇이 깨지지 않게 된다.

회사원이 건강하면 기업의 이익이 몇 배로 증가한다. 일을 시작하기 전에 몸의 긴장과 근육을 유연하게 해주는 건강체조는 기업의 생존과 연결 될 수 있다. 뼈와 근육이 부드러워지면 좋은 아이디어가 끊임없이 솟아오른다. 부부의 몸이 건강하면 자녀도 훌륭하게 태어난다.

1. 목(木)에 관한 병 : 간 · 담

간담에 병이 있으면 눈이 백색 · 푸른색 · 황색(누런색)으로 탁하게 변한다. 간문(奸門)은 흑색으로 변해가고 얼굴의 전체적인 색상이 청황색을 띄게 되고 심하면 얼굴 전체가 검은색으로 변해간다. 성기에 관한 것은 모두 간에서 출발하고 간에서 담당한다. 간담에 이상이 생기면 목(木)에 관한 기운이 변한다. 기운이 변하면 사람의 감정에도 변화가 오게 되어 있다. 즐거울 때는 너무 좋아 어쩔 줄 모르고 갑자기 화도 잘 낸다. 얼굴이 전체적으로 누렇게 뜨고 황색이면 진행 중이고 얼굴이 흑색이면 살아나기 힘들다.

목에 근육도 만져보면 까칠까칠하고 어지러운 증상도 있다. 관골에 검은 얼룩무늬 반점도 나타나고 정신이 쉽게 피로해진다. 손과 발을 조금만 움직여도 불편하고 힘이 점점 없어지기 시작한다. 목(木)에 화기(火氣)가 없으면 꽃을 피우지 못하는 것과 같다.

그래서 사람은 듬직한데 융통성이 없고 앞일을 전혀 생각하지 않고 일을 한다. 사람만 좋았지 실속이 없다. 목(木)에 화기(火氣)가 없는 사람은 운동하고 몸에 열을 내고 나면 온 몸이 시원하고 상쾌하다. 물(水)이 너무 많은 상황이라면 나무가 성장만 하고 한곳에 정착을 하지 못한다. 우둔하고 한 가지만 생각하고 살아간다.

물(水)이 지나치면 뿌리가 썩게 된다. 반대로 물(水)이 없는 나무는 삐쩍 마르고 시들시들해지듯 이 사람도 힘이 없고 기운이 없게 된다. 그래서 손발이 축 늘어진 나무처럼 하고 다닌다.

기름이 있는 음식을 즐기는 사람은 담낭이 나쁘다. 목을 서서히 좌우로 끝까지 돌리면 목 주변 근육이 아프고 땅긴다. 겨드랑이 밑이나 옆 가슴을 만져도 아프고 살짝 때려도 통증이 심하게 나타난다. 일하고 집에 돌아오면 발바닥 바깥쪽이 화끈거리거나 뜨겁다. 넷째 발가락과 엄지 발가락이 아프고 힘이 없다.

2. 화(火)에 관한 병 : 심장 · 소장

심장에 병이 생기면 인당(印堂)이 함몰되거나 수상이 홍색이나 흑색으로 변해간다. 얼굴이 백청색이나 푸른색으로 변해가고 입술이 마르고 건조해진다. 심장의 열이 위장까지 전해져도 입술이 바싹 탄다. 눈이 자주 붉은색으로 충혈되면 심장이 약하다는 뜻이다. 손바닥과 새끼손가락에 이상이 생기기 시작한다. 손바닥이 냉기와 한기를 자주 반복하거나 손을 쥐고펴는 현상이 불편한 것도 심장에 이상이 있다는 증거다.

심장과 약하면 다음과 같은 사람의 반응한다. 작은 소리에도 가슴이 철렁하고 충격을 받으면 쓰러진다. 그리고 사람이 예의가 없어지고 오만 방자해지기 쉽다. 말을 절제하지 못하고 함부로 한다. 어떤 때는 슬프게 울고 웃는 모습이 자주 반복된다. 걸어가는 모습도 의욕이 없어 보인다. 화(火)는 욕(慾)인데 에너지가 감소하고 기운이 흩어지기 시작하면 사람이 멍청해 보인다.

양쪽 관골이 딱딱해지고 주름이 간다. 산근(山根)은 암청색이 감돌게 된다. 화기(火氣)가 지나치면 복상사에 해당한다. 화(火)가 지나치면 모터가 과열로 타버리듯이 심장도 이와 같이 상하여 피가 탁하고 눈이 어둡게 된다. 불은 위로 올라가는 특징이 있는데 화기(火氣)가 지나치게 강한 사람은 정신질병을 달고 살아간다. 아침에 일어나면 눈이 빠지는 것처럼 아프고 머리가 터져버릴 것 같아 고통스럽다. 이런 사람은 손끝을 살짝 따보면 피가 검은색으로 나오고 탁하다. 의사와 빨리 상의하는 것이 좋은 방법이다.

소장의 기능이 약해지거나 감소하면 사람의 운동신경도 함께 약해지고 동시에 청각이 나빠지기 시작한다. 식후, 공복시에 배가 아프거나 가슴이 쓰리고 아픈 증상은 소장과 관계있다. 얼굴 중에 볼이 지나치게 이상 있거나 만지면 아프고 색이 너무 붉으면 의심해 봐야 한다. 목이 아프고 머리가 천근만근되는 것처럼 무거우면 혼자 고집하지 말고 전문가와 상의하기 바란다.

3. 토(土)에 관한 병 : 비장·위장

비장에 병이 있으면 양쪽 귀가 꺼칠꺼칠하게 마르고 누렇게 변해간다. 양쪽 안구가 백청색과 어두운 황색으로 되고 윗입술 푸른색과 백색이 나타난다.

비장과 위장에 질병이 생기면 다음과 같은 표정이 나타난다. 배가 고플 때 갑자기 너무 많은 음식을 먹으면 사람이 둔해지고 나른해진다. 이곳에 문제가 생기면 사람이 쉽게 권태를 느끼고 우울한 생각을 많이 한다. 얼굴에도 우수가 가득차고 식욕이 없고 입이 까다롭게 된다. 비장은 혈(血)을 주관하는데 피가 탁해지기 쉽다. 얼굴과 신체가 마르고 수척해지기 쉽다.

우리 장부도 우주와 마찬가지로 수(水)와 화(火)를 알아야 한다. 위장에 열이 있는 사람은 차가운 음식이나 냉한 것을 자주 찾게 된다. 다른 하나는 위장이 습해져 생기는 병이 있다. 음식만 먹으면 트름을 자주하는 습관이 있는 사람은 지나치게 위장이 습열해서 나타난 증상이다. 이런 사람은 식사할 때 국과 물을 먹지 않으면 이런 증상을 치료할 수 있다.

설사나 변비에 시달리거나 예민한 증상을 가지고 있는 사람은 비장이 약하거나 건조해서 생기는 현상이다. 헛구역질이 자주 나거나 명치 끝이 답답함을 자주 느끼는 사람은 비장의 이상이 있다는 증상이다. 오래 서 있으면 무릎이 붓고 몸이 나른하여 뼈마디가 아프고 잠을 깊게 자지 못한다.

위가 나쁜 사람은 얼굴색이 전체적으로 거무스름하다. 입가 주변에 진무르고 자주 아픈 증상이 나타나면 위장이 주인에게 적신호로 먼저 알려주고자 함이다. 이런 증상이 계속되면 위장에 부담을 주지 않는 부드러운 음식과 가벼운 운동을 해주면 좋다.

만약 주인이 이런 신호를 무시하고 계속 음주나 흡연을 하면 위장 자체가 갑자기 꼬이게 된다. 위장이 좋지 않은 사람은 두통이 자주 일어난다. 습관성 두통이 있는 사람은 될 수 있으면 음식을 줄이고 소식과 함께 규칙적인 생활로 치료할 수 있다. 위가 나쁜 사람은 무릎에 힘이 없고 둘째 발가락이 아프거나 저리는 증상이 나타난다. 음식이 조금만 들어가도 복부가 팽창하는 사람은 꾸준한 운동이 필요하다.

4. 금(金)에 관한 병 : 폐 · 대장

폐장에 병이 있으면 인당(印堂)이 홍색으로 변하고 관골색도 홍색으로 변해간다. 코 등에 연상(年上)과 연수(年壽)에 색이 어둡고 매끄럽지 못하다. 폐병환자가 되면 본능적으로 성적은 흥분을 감추지 못한다. 사람은 죽기 전에 본능적으로 후손을 잊기 위해 음양(陰陽)을 찾는다. 폐는 사람의 혼백을 담고 있는 곳이다. 폐를 소중하게 다루어야 한다. 화가 날 때 화기(火氣)가 충천한다. 이럴 때 깊은 심호흡을 몇 번 반복하면 기분이 가라앉는다.

대장과 폐에 관한 질병이 생기면 다음과 같은 표정이 나타난다.

자주 땀을 흘리게 되어 몸이 허약해지기 쉽고 슬픈 영화나 비운의 주인공을 사랑한다. 금이 차가우면 가래 기침 해소 등으로 고생한다. 호흡이 짧고 씩씩 소리가 나면 더욱 중하다는 증세다.

화(火)의 열기로 인해 금(金)이 약해지면 뼈마디가 쑤시고 아프다. 여기에 풍(風)이 들어가면 날씨에 따라 몸의 증상이 바뀐다. 일기예보가 따로 없다. 수기(水氣)가 강해 물이 차가워지고 금(金)까지 냉냉해지고 온몸이 무겁고 자고나면 머리가 아프다. 이는 혈액순환장애로 나타난다. 입안이 자주 마르고 가슴이 답답하다. 가슴이 두근거리고 숨이 찬 증상이 주기적으로 나타난다. 폐의 증상이 점점 심해지면 얼굴에 핏기가 없고 창백해진다.

폐가 약하면 짠 음식을 좋아한다. 소금은 오행(五行)으로 임수(壬水)에 해당한다. 화기(火氣)가 충천하면 금(金)이 약해지기 때문에 인체는 스스로 생명을 보존하기 위해 강력한 수(水 : 바다)의 에너지로 치료하기 위해 본능적으로 짠 음식을 찾는다.

대장이 나빠지면 먼저 눈이 노래진다. 일명 황달기라고 말한다. 대장(大腸 : 庚金)이 난동하면 목(木)에 관한 질병과 더불어 생긴다. 술을 많이 먹거나 과음하면 나타나는 증상이 눈이 노랗게 변하고 주인에게 일차 충고로 나타나는 현상이다. 코가 막히거나 코피가 자주 난다. 입안이 자주 마르고 목이 붓고 아프다. 특히 집게손가락이 아프고 꽉 쥐는 힘이 생기지 않는다.

5. 수(水)에 관한 병 : 신장·방광

귀가 검고 만지면 부드럽지 못하고 딱딱한 느낌을 받고 천정(天庭) 또한 검은색으로 변해간다. 누당(淚堂)이 부해서 뜨고 색도 어두운 흑색이 감돈다. 신장과 방광에 관한 질병이 생기면 다음과 같은 표정이 나타난다. 공포영화를 봐도 무척 떨리는 가슴으로 보는 사람은 신장이 약하다는 증거다. 너무 놀라거나 극심한 공포를 느끼면 사람은 본능적으로 소변을 보게 된다.

공포와 신장·방광 기능은 서로 비례한다. 얼굴이 항상 차갑다는 느낌을 받거나 무표정한 사람도 수(水)의 기능이 약한 사람이다. 만약 수(水)에 관한 장부가 화(火)가 지나쳐 오는 병이라면 화기(火氣)가 물을 수증기로 만들어 증발시키기 때문에 자신이 굉장히 뜨겁고 양기가 강한 사람으로 착각하면서 살아간다. 사람이 물이 없으면 머리가 깨지는 두통으로 고생하고 편도·기관지가 약해 항상 문제가 생긴다.

배는 무지 고픈데 식욕이 없는 사람도 신장과 관계가 깊다. 설사를 자주하고 몸이 항상 붓고 아프다. 겨울이 되면 몸이 더 굳어진다. 허리가 잘 펴지거나 굽어지지 않는 사람은 신장 기능에 이상이 있다고 봐도 된다. 남자는 무정자증이 나타나고 여자는 난소에 기능을 모두 잃어버린다. 이런 증상이 있다면 의학전문가를 찾아가 치료받기 바란다.

방광이 나쁘면 신체 전반에 이상이 나타난다. 우선 머리와 피부가 찌릿찌릿하고 전기감전이나 정전기에 예민해진다. 머리 뒤쪽에 뾰루지나 저저분한 이물질이 계속해서 생긴다. 뒷목, 어깨, 등, 허리, 엉치뼈, 다리 뒷 근육이 무겁고 둔탁한 느낌을 자주 받게 된다.

3. 오행(五行)과 피부

사람의 피부는 크게 황인종·백인종·흑인종으로 분류할 수 있다. 황인종은 토(土)에 해당하기 때문에 토실토실하면서 단단하다. 토(土)는 중용을 나타내기 때문에 어느 나라 화장품을 사용해도 부작용이 없다. 백인종은 금(金)에 해당하기 때문에 피부가 단단하고 꺼칠꺼칠하다. 차가운 느낌을 받게 되는 것도 금(金)의 특징이다. 실제 백인의 피부를 만져봤을 때 딱딱하다. 백인에게 피부암이 많은 것도 태양(丙火)이 계속 화극금(火克金)하기 때문이다.

피부를 보호하는 성분을 바르면 화생토(火生土)·토생금(土生金)으로 돌아가 구리빛 피부를 갖는다. 흑인은 수(水)에 해당한다. 수(水)는 검은색을 나타내고 물로 표현하기 때문에 피부가 물처럼 물컹거리고 매우 부드럽다. 흑인이 수영을 잘하지 못하는 것도 자신의 에너지가 물에 들어가면 물타기가 되기 때문이다.

즉 마이너스와 마이너스 작용으로 서로 밀어내는 작용을 한다. 하지만 육지(+) 위에서 하는 운동은 최고에 속한다. 흑인(-)의 근육이 탄력 있고 부드러운 것도 수(水)의 성분이 작용한 까닭이다. 물(水)은 땅(土)의 극을 받아 힘없이 살 것 같지만 수(水)는 쉬지 않고 끊임없이 흘러가는 성질이 강하다. 그래서 장기적인 운동이나 마라톤은 항상 독식한다.

흑인과 함께 하는 경기를 유리하게 전환시키기 위해서는 황인종 (土)가 직접 흑인(水)를 토극수(土克水)할 수 있게 미리 대비해야 한다. 단 백인(金)이 중간에 있거나 한 무리로 있다면 토생금(土生 金), 금생수(金生水)로 도리어 흑인을 도와주는 형상이 된다. 그래 서 흑인과 직접 결투를 벌여야 한다.

권투나 격투기를 보면 백인이 강자로 부각되는 경우가 많다. 백인 은 오행(五行)의 금(金)이고 금(金)은 강한 살기를 내포하기 때문 에 똑같은 주먹이라도 백인이 사용하면 훨씬 강하다. 축구도 동양 이 세계를 리더하기 위해서는 토(土)의 강한 힘을 살려야 한다.

토(土)는 중앙이다. 고로 미드필더를 완전하게 장악해야 경기를 이길 수 있다. 동양의 축구가 득점력이 약한 것도 토(土)의 힘인 중용을 좋아해서 그렇다. 백인의 축구는 강하고 힘 있게 움직이고 남미축구는 물처 럼 미세한 틈만 있어도 뚫고 들어가 골을 만들어 낸다. 흑인은 부드럽고 아기자기하다. 황인종은 팀워크를 중요하게 생각해야 한다. 토(土)는 믿음이고 신용을 나타내기 때문에 경기에 임하는 모든 선수가 하나가 되어야 한다.

4. 오행(五行)과 목소리

사람은 누구나 자신만의 목소리를 가지고 있다. 얼굴을 보지 않고

도 울림과 파장으로 자신의 에너지를 전달하고 서로 소리 신호체계를 갖추어 의사를 소통하는 방법이다. 자연은 만물의 형상을 가지고 있고 각기 다른 소리를 낸다. 사람도 각기 특징적인 자기 목소리를 가지고 있다. 이렇게 많은 특징을 모두 구분하기 어려워 옛사람들은 궁(宮)·상(商)·각(角)·치(徵)·우(羽) 5음으로 구분하여 모든 사물에서 나오는 소리를 통일하고자 했다.

고대중국에서는 사계절에 따라 자연과 조화를 이루어 사성(四聲)으로 언어의 전달방법을 택했다. 이는 평성(平聲)·상성(上聲)·거성(去聲)·입성(入聲)으로 나눈다. 여기에 평성(平聲)을 상평성(上平聲)과 하평성(下平聲)으로 나누어 5가지 소리체계가 있다. 상평성(上平聲), 하평(下平聲)을 양평(陽平), 음평(陰平)이라고도 한다.

평음(平音)은 가장 낮은 소리를 말하고, 상음(上音)은 처음이 낮고 나중에는 높은 소리, 거음(去音)은 사성(四聲) 중 가장 높은 소리에 해당하고, 입음(入音)은 짧고 빨리 거두는 소리로 고저장단과 리듬을 타면서 언어를 형성시켜 나갔다.

현재 우리말과 사성(四聲)은 관계가 없다. 그래서 궁(宮)·상(商)·각(角)·치(徵)·우(羽) 5가지 소리를 목화토금수(木火土金水) 오행(五行) 음으로 전환하여 구별하고자 한다. 소리는 오장과 육부의 기운을 받아 성대를 통해 혀와 입술로 나오지만 사람이 지닌 고유한 영혼과 함께 한다.

■ 목성(木聲) : 조용히 말해도 소리가 멀리까지 가고 높낮이가 별

로 없고 안정되어 있다.

■ 화성(火聲) : 말솜씨를 갖추려고 노력하나 빠르며 급하고, 높낮이가 가장 심하다. 달변가가 많다.

■ 수성(水聲) : 말이 느리지만 일정한 속도와 부드러운 목소리로 사람들의 마음을 편안하게 해준다.

■ 토성(土聲) : 중후하나 멀리가지 않고 가까이 들으면 약간 웅웅대는 소리가 난다. 듣는 사람에게 믿음을 주고 설득력이 가장 좋다.

■ 금성(金聲) : 짧고 강하게 나타나고 끝소리가 자신의 의지를 감싸듯하게 나온다. 자신의 고집이 곧 생명이다. 이 음성을 들으면 불가능이 없다는 생각을 든다.

■ 탁음(濁音) : 닭살이 돋는 음성이다. 매우 떨리거나 여성이 남성 소리 같으면 노력을 많이 기울여야 한다. 소리의 높낮이나 속도감, 리듬감이 전혀 없어 듣는 사람이 금방 짜증을 느낀다.

■ 치음(熾音) : 화성(火聲)이 매우 강렬하여 거부감이 먼저 들게 한다. 딱따구리처럼 빠르고 강하지만 맑지 않다.

■ 저음(低音) : 귀를 기울여야 간신히 들을 수 있거나 톤이 낮아 파장 자체가 적다. 이런 목소리는 운이 열리지 않는다.

■ 중음(重音) : 소리는 하나로 나오나 기운은 두 가지를 포함한다. 목성(木聲)에 화성(火聲)이 겹치면 목화(木火)로 본다. 관상학에서 아주 좋은 음성으로 본다. 금음(金音)에 수성(水聲)이 중복되면 에코가 필요없을 정도로 음성이 좋다. 목화(木火)의 음이 겹쳐 나오면 아주 밝고 명랑한 소리로 많은 사람들을 즐겁게 한다.

■ 파음(破音) : 듣는 사람의 촉각을 곤두서게 만들고 사물을 파괴하는 강한 에너지가 있다. 이런 사람을 가까이 하면 아무리 좋은 운이 와도 견디지 못하고 산산이 부서진다.

■ 풍음(風音) : 모든 힘을 기울여 말해도 상대방은 들은척도 하지 않고 의사를 전달하기가 힘들다.

■ 청음(淸音) : 말소리가 끊어지지 않고 부드러우면서 상대를 편안하게 만든다. 귀하며 청고하고, 정결하며 항상 복덕이 따른다.

■ 압성(鴨聲) : 오리가 꽥꽥거리는 소리 같고, 여기에 목에 근육과 힘줄이 심하게 나타나거나 튀어나왔으면 아주 흉하다. 이런 사람은 상대의 단점을 지적하며 쾌감을 즐기는 사람이다.

■ 소성(小聲) : 소리가 너무 작고 가냘프면 평생 일에 지치나 가난하고, 하루도 편안할 날이 없다.

■ 하단성(下丹聲) : 단전 밑에서 기운이 발동하여 장부를 통해 입으로 나오는 목소리는 아주 좋은 소리다.

■ 상단성(上丹聲) : 장부가 아니라 목과 혀로만 나는 음이다. 크게 소리를 질러도 멀리 가지 않고 듣는 사람을 짜증나게 만든다. 이런 사람은 고달프고 빈천하다.

■ 견성(犬聲)과 양성(羊聲) : 개나 양의 울음소리를 내는 사람은 천박하다.

■ 읍성(泣聲) : 항상 징징대며 우는 소리로 말하는 사람이다. 슬프게 말하는 습관이 있는 사람은 인생도 고독하고 슬프다.

■ 장성(長聲) : 목소리가 길며 끝부분이 끊어지지 않고 이어지면 아주 좋다. 활기차고 즐겁게 살아가는 사람이다.

■ 종성(鐘聲) : 종소리처럼 소리가 은은하고 심원하여 여운이 좋고, 끊어지지 않고 원기에 찬 음성이다. 소리가 작아도 맑고 깨끗하면 좋은 소리다.

■ 산성(散聲) : 소리는 크나 멀리 가지 않고 흩어지면 하속의 무리다. 고생이 많고 남에게 이용만 당한다. 산에 올라가 크게 심호흡하고 야호를 외쳐보라.

■ 급성(急聲) : 사람을 협박하거나 마음을 속일 때처럼 급해지는 목소리다. 항상 이렇다면 도적의 무리로 본다.

■ 부성(浮聲) : 죽음을 앞둔 사람의 목소리 같으면 요절하거나 빈천하다. 젊은 사람은 평생 한 곳에 뿌리를 내리지 못하고 떠돈다.

■ 살성(殺聲) : 눈이 충혈되고 목소리가 격양되면 사람을 죽이는 기운이 점점 강해진다.

■ 조성(粗聲) : 계속 답답하게 나오는 목소리다. 만사가 시원하게 풀리지 않고, 항상 중요한 고비에서 쓴잔을 마신다.

■ 양성(揚聲) : 밝고 점점 높아지는 목소리로 능히 부를 약속할 수 있다. 만약 입술이 붉고 이가 옥처럼 깨끗하고 눈썹이 길고 귀가 크면 귀를 취한다.

■ 웅성(雄聲) : 여자는 좋지 않으나, 남자는 삼공에 오른다. 몸이 약하고 작은데도 만인을 압도하는 웅장한 목소리는 매우 좋다.

■ 마성(馬聲) : 놀라거나 비정상적인 말이 내는 소리로, 이런 소리를 자주 내면 조급하고 매우 독한 사람이다. 조용하던 여자가 갑자기 웃음소리가 달라지거나 놀라 몸을 떠는 경우가 여기에 해당한다. 말(馬)은 오화(午火)로 도화(桃花)를 뜻한다.

■ 향성(響聲) : 소리가 맑고 깨끗하고 울림이 좋으면 남편과 자식을 영화롭게 만든다. 하루종일 피곤하고 지친 남편이 집에 들어와 부인의 목소리만 들어도 피로가 풀리고 힘이 솟는다.

■ 아성(兒聲) : 성인인데도 어린아리 목소리를 내면 부부가 백년해로하기 힘들다. 남자는 아들을 두기 어렵고, 설사 아들이 있어도 부모의 가슴에 못을 박는다.

■ 처녀성(處女聲) : 애교가 있어 듣기는 좋을지 몰라도 남자가 점점 무능해지고 집 밖에서 맴돌게 된다. 나이와 목소리도 어울려야 가정이 편안하다.

■ 허스키 : 조성(粗聲)·파음(破音)·형음(刑音)이 섞인 목소리다. 이런 소리는 매력적으로 들릴지는 모르나 운명학에서는 불행을 달고다니는 것으로 본다. 일이 막히며 더디고, 가정이 깨지기 쉽고, 법정문제 등으로 고달프다. 결혼해도 행복이 오래가지 못한다.

상학(相學)+성학(聲學)은 생극제화(生剋制化)와 합충파해(合沖破害)를 이해하는데 많은 도움이 된다. 이것을 응용하려면 오행(五行)의 변화를 알아야 한다. 상학(相學)+성학(聲學)+체형(體形)+찰색(察色)에서 나타나는 오행(五行)의 다양한 묘리를 찾아야 한다.

예를 들면 어떤 연예인이 뚱뚱할 때는 인기가 많았는데 살을 뺀 후 보이지 않는 경우도 있고, 반대로 살을 뺀 후 인기가 더 올라가는 경우도 있다. 또 발라드로 성공한 가수가 장르를 바꿨다가 실패하는 경우도 있다. 이는 얼굴과 성학(聲學)이 조화를 이루지 못했기 때문이다. 소리를 자유자재로 내는 사람들을 유심히 관찰해보면 체형의 특징이 있다.

5. 오행(五行)과 건물

① 자신의 직업이 어느 오행(五行)과 비슷한지 파악한다.
② 얼굴에 나타난 오행(五行)과 건물과의 생극(生剋)을 참고한다.
③ 어쩔 수 없는 상황이면 각 층을 오행(五行)으로 구분한다.
　1·6층은 수(水), 2·7층은 화(火), 3·8층은 목(木),
　4·9층은 금(金), 5·0층은 토(土)
④ 위의 사항에 해당하지 않으면 실내장식을 본인의 오행과 조화를 이루게 하거나 다른 사람의 기운을 빌린다.

사람은 누구나 사는 집이 있고 일터가 있다. 일터가 양(陽)이라면 집은 음(陰 : 양택과 의미가 다르다)에 해당한다. 직장이나 집의 건물 형태도 고유한 에너지가 있다. 건물과 자신이 부족하거나 필요한 오행(五行)으로 구성되어 있으면 이런 부분도 사람의 운명에 변화를 주는 요인이 된다. 여기서 더 큰 의미의 풍수를 논하지는 않겠다. 다만 건물의 기운을 말하는 것이니 참고하기 바란다.

바람은 어떤 곳에 부딪치면 고유한 에너지가 변한다. 사나운 바람도 둥글고 부드럽게 회절하면 부드러운 기로 움직이고, 부드러운 바람도 강한 곳에 부딪치면 생각지 않은 에너지로 바뀐다.

우리 주변에서 흔히 볼 수 있는 것이 교통사고다. 사고가 자주 일어나는 지역은 항상 불안하고 염려가 된다. 이런 곳에 기운의 변화를 주면 전혀 다른 상황이 나타난다. 같은 바람도 솟아오르고 회절하고 내려가면 오행(五行)의 기운이 다르게 작용한다. 부진한 영업 장소에 창문 하나만 만들고 기운의 변화를 주면 바람은 전혀 예상하지 못한 일을 만든다. 우리가 사용하는 단어 중에 환기가 있다. 이것의 주인공이 바람이다. 환기를 잘하면 일의 능률도 향상된다.

바람은 자연이고 우주다. 기(氣)를 전달하는 매체에 해당한다. 이런 까닭에 자연이 가는 길에 건물을 짓고 우주의 에너지에 정면으로 도전하면 처음은 사람이 이길 수 있으나 시간이 지나면 위험하게 된다. 바람의 어버이는 건곤(乾坤)이고 주인공은 수화(水火)다. 바람을 알면 자연과 하나가 되고, 우주와 감응하는 좋은 친구가 된다. 단숨에 천 리를 가기 위해서는 바람을 알아야 한다.

바람을 타고 기(氣)가 흘러 때로는 이익을 주고 때로는 존망을 결정한다. 바람은 물을 만나면 회절·고저·압축·순역을 담당하여 사람이 살아가는 환경에너지를 담당한다. 지(地)·수(水)·화(火)·풍(風)·공(空)은 각자 따로 있는듯 느껴지지만 실제로 하나가 되어 움직인다.

답답한 건물에서 좋은 아이디어가 나올 수 없다. 리더도 또한 불규칙하게 움직이는 시장을 통제하기 힘들고 다가올 미래를 예측하는 일은 더욱 어렵게 된다. 설혹 판단하고 움직이더라도 회사의 이익보다는 손해를 초래할 가능성이 훨씬 많아진다.

우리가 살고 있는 세상은 끊임없이 변하지만 아직도 노동과 자본, 성장과 분배는 시원하게 해결되지 않는 상황이다. 절름발이로 십 리를 우연히 걸어오면 욕심이 천 리를 걷고 싶어한다. 더 나아가 글로벌 경영이라는 슬로건 아래 자신이 처한 다리를 망각하고 뛰어가기 시작한다. 그러다 망가진 기업은 다시는 일어서지 못하고 만다. 하늘(天)의 축복을 받고 땅(地)은 사람의 삶을 영위하는 터전이 되고 더불어 사람(人)이 하나 될 때 천지인(天地人)이 좀더 자연스러운 위치로 남는다.

역(易)에 이르기를 머리를 들어 하늘을 보면 앙즉관상어천(仰則觀象於天)하고, 머리를 숙여 땅을 보면 부즉관법어지(俯則觀法於地) 해야 한다. 한 번은 하늘을 보고 한 번은 땅을 보며 두루두루 활동하고 움직이는 물체를 살피게 된다.

관조수지문(觀鳥獸之文 : 새와 짐승의 문채와)과 여지지의(與地之宜 : 땅의 마땅함을 살펴서)하며 근취저신(近取諸身 : 가까이는

저 몸에서 취하고)하고 원취저물(遠取諸物 : 멀리는 저 만물에서
취한다)고 했다. 오늘도 치열한 생존경쟁과 약육강식의 법칙에 생
존한다. 한편으로는 긍정적인 면이 있지만 다른 부분에서는 세계가
경쟁상대다. 보다 좋은 미래를 창조하느라 밤을 새워 고생하는 사
람을 위해 미미하지만 도움이 되었으면 한다.

1. 목형체(木形體) 건물

나무는 장차 큰 동량을 배출하는 곳이다. 학교·학원·기술센터·
광케이블 연구소·각종 훈련원 등이 좋다. 목(木)은 성장 원동력을
담당하기 때문에 사회적으로는 관공서가 적격이다. 개인적으로는
본인이 하는 업종과 맞으면 더욱 좋다. 만약 본인의 얼굴과 상극이
라면 차선책으로 층을 맞추면 좋다. 기획사무실·한의사·출판
사·운송업·수리업·자동차 수리업·변호사·건축업 등이 좋다.
서로 도와주는 상생의 조건으로 혼합된 형태가 있고 서로 싸우면
서 상극으로 된 건물이 있다. 목형체(木形體) 건물에 화형체(火形
體)가 있다면 목(木)은 화(火)를 생하기 때문에 최종적인 에너지는
화(火)로 전달된다. 목형체(木形體)와 수형체(水形體)는 서로 도와
주면 서로 상생관계가 되기 때문에 두 가지 사업과 관련된 일이라
도 모두 길하다. 목형체(木形體)와 금형체(金形體)가 함께 있는 건
물에는 자신의 얼굴이 금형체(金形體)라면 금극목(金剋木)하여 괜
찮지만 목형체(木形體) 얼굴이라면 생각해봐야 한다.

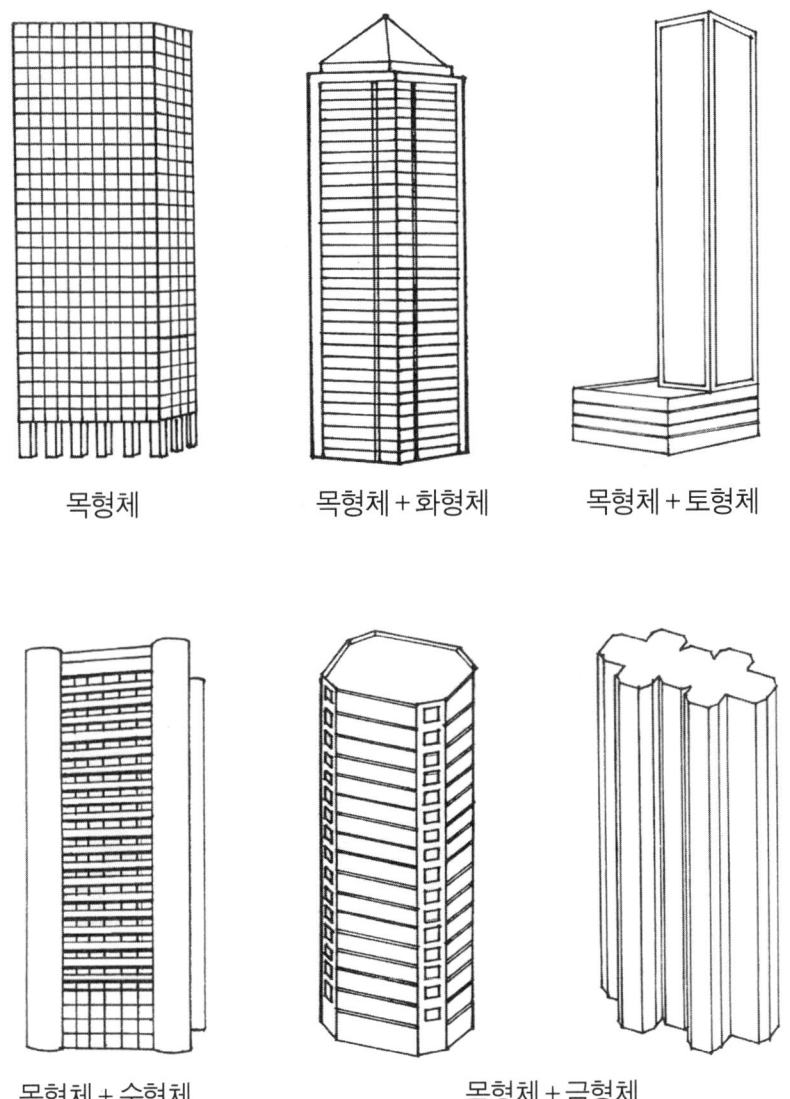

목형체   목형체 + 화형체   목형체 + 토형체

목형체 + 수형체   목형체 + 금형체

2. 화형체(火形體) 건물

예술이나 문화생활은 화(火)에 해당하니 정신적인 면은 좋고, 종교적인 것도 좋다. 그러나 은행 등은 적합하지 않다. 예술·방송관련업·광고·마케팅연구소·미술대·문화회관·안마사·술집·전도사·선교사·상담업·안내원·어학관련 등이 좋다. 부득이한 경우는 내부 디자인이나 인테리어를 화형체(火形體)로 바꾸면 된다.

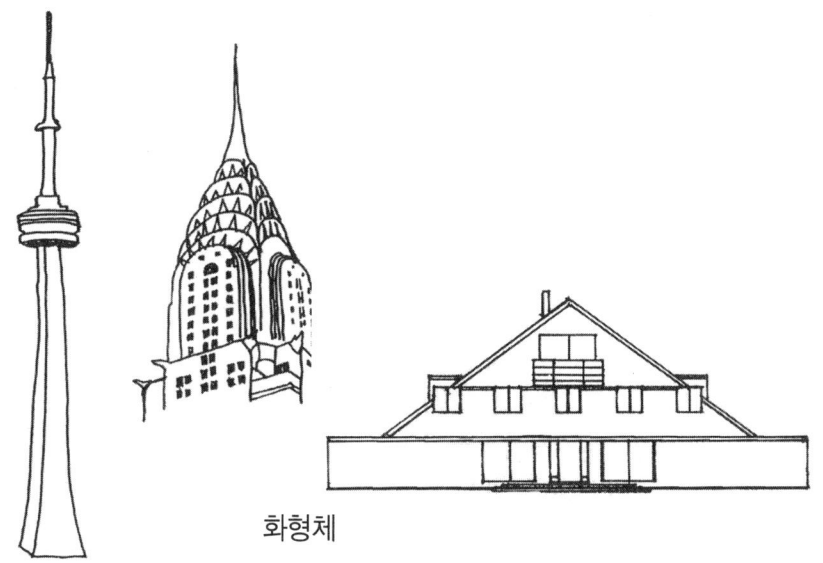

화형체

3. 토형체(土形體) 건물

토(土)는 모든 것을 부활시키는 힘이 있다. 사회적으로 문제를 일으키고 엄벌에 처한 사람들이 다시 나와 살아간다면 사회는 훨씬 부드러워질 것이다. 구치소나 감옥이 이런 기운을 띤다면 얼마나 좋을까. 삶의 재충전을 담당하는 휴양소가 제격이고, 자연과 더불어 함께하는 가족 휴양공간이 최적이다. 토(土)는 중앙에서 나머지 목화토금(木火土金)을 조율하기 때문에 중개업이 가장 잘 맞고 부동산이나 보관업·창고·재활용품·장의사·정비업·농산물 저장고·자연과학연구소·건설업 등이 좋다.

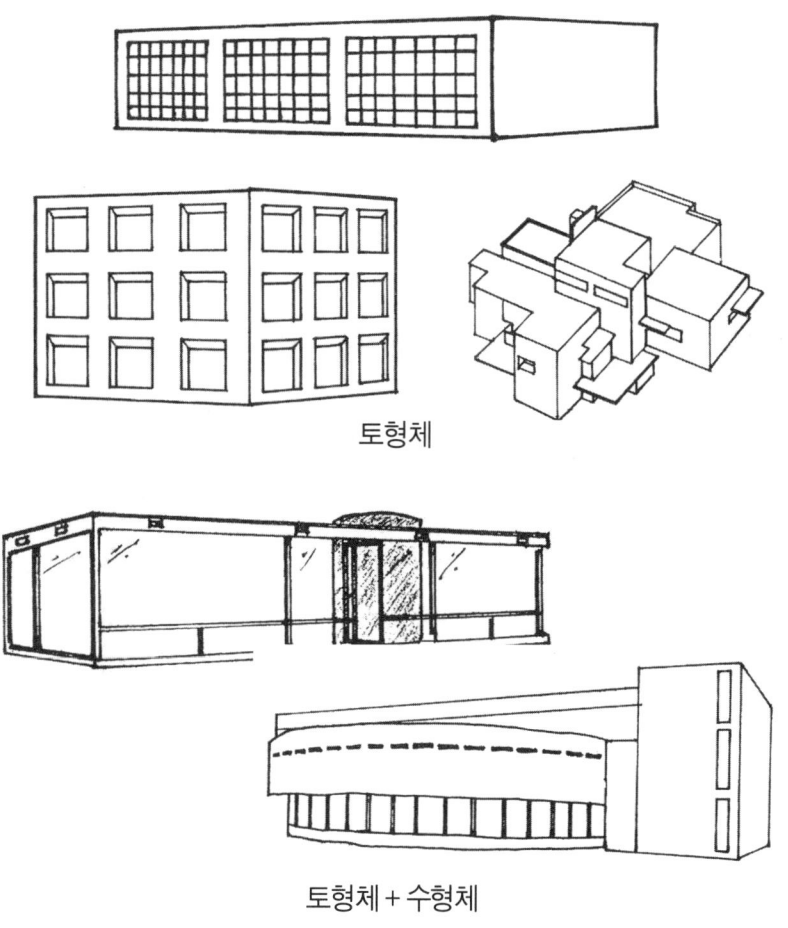

토형체

토형체 + 수형체

4. 금형체(金形體) 건물

금(金)은 결단이고 사물을 자르는 상황이 많다. 양자택일 때문에 고민하는 사람이라면 금형체(金形體) 사람을 찾아가면 쉽게 해결된다. 후에 평가되겠지만 지금은 선택해야 한다. 아이스크림·얼음 저장소·생선냉동·국방과 관련된 곳·제철·감사원·보안검사·단열제·금융업·검·경찰·감독원·금속가공 관계 등이 좋다.

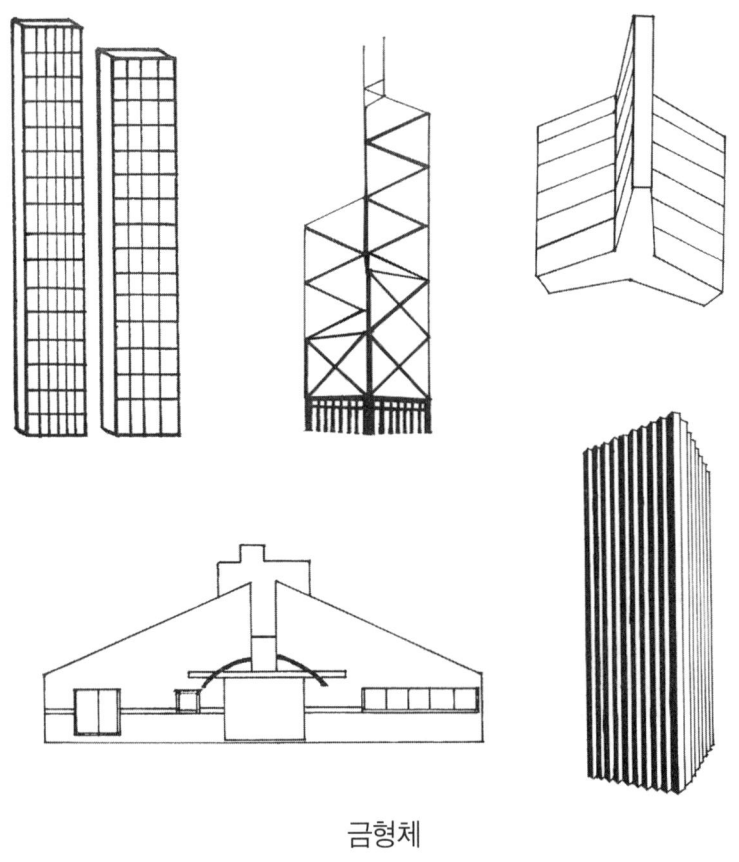

금형체

5. 수형체(水形體) 건물

수(水)는 지혜를 나타내니 연구원이나 연구원이 거하는 모양을 이와같이 하면 무한한 아이디어가 생겨난다. 부드럽게 흘러가고 각이 없고 모가 나지 않아야 한다. 종자를 연구하던가 아니면 교배나 접목의 관한 일도 좋다. 냉장 및 냉동·수산업관계업·외교관련업·소방서건물·병원·생명과학연구소·감정사 등이 좋다. 고객과 응대하는 책상을 수형체(水形體) 기운이 있도록 만들면 물처럼 사나운 고객이나 까다로운 사람도 부드럽게 변한다.

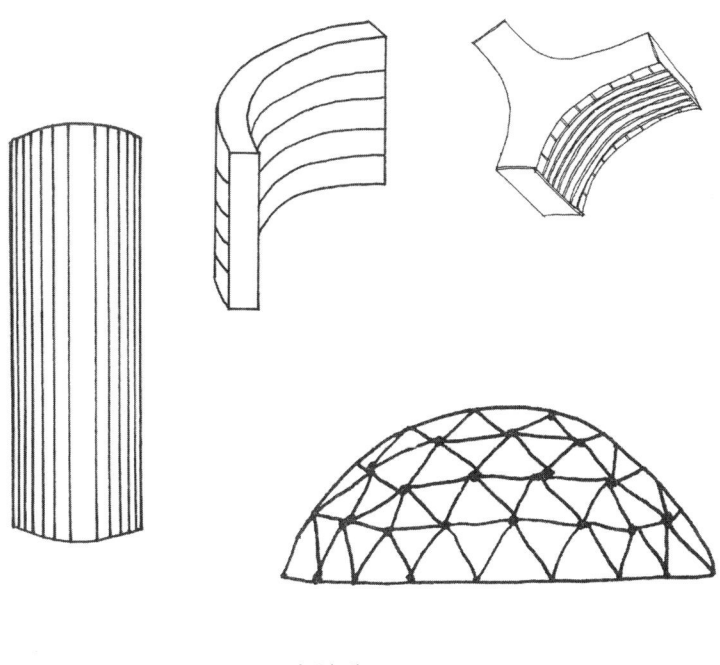

수형체

6. 오행(五行)과 궁합

　결혼하기 전에 보는 궁합, 사랑하는 남녀가 재미로 보는 궁합. 나의 장점과 상대방의 장점이 플러스 또는 마이너스되면 어떻게 될까. 가장 이상적인 궁합은 장단점을 보완하는 것이다. 평생을 함께하는 배우자는 건강하고 가정에 충실해야 한다. 나의 반쪽이 어떤 화학적 반응이나 물리학적인 에너지와 수리학적인 역학의 힘을 그래프와 함께 나타내본다. 5가지 얼굴 형태는 금형체(金形體 : ㅁ), 수형체(水形體 : △), 화형체(火形體 : ▽), 토형체(土形體 : ○), 목형체(木形體 : 0)로 여러 가지 변화를 보면 다음과 같다.

※ 이 표는 남자가 여자를 만났을 때 기준으로 한다.

남자＼여자	금(ㅁ)	수(△)	화(▽)	토(○)	목(0)
금(ㅁ)	d	c	e	b	a
수(△)	b	d	a	e	c
화(▽)	a	e	d	c	b
토(○)	c	a	b	c	e
목(0)	e	b	c	a	d

a : 천생연분이다.

b : 아주 좋다.

c : 이해하면 관계가 호전된다.

d : 서로 한 걸음 물러나 양보하라.

e : 먼저 상대방에게 사과하면 좋아진다.

※ 이 표는 여자가 남자를 만났을 때 기준으로 한다.

여자＼남자	금(ㅁ)	수(△)	화(▽)	토(○)	목(０)
금(ㅁ)	d	b	e	a	c
수(△)	a	d	c	e	b
화(▽)	c	e	d	b	a
토(○)	b	c	a	d	e
목(０)	e	a	b	c	d

a : 천생연분이다.

b : 매우 좋다.

c : 이해하면 관계가 호전된다.

d : 서로 한걸음 물러나 양보하라.

e : 먼저 상대방에게 사과하면 좋아진다.

※ 경제그래프(두 사람이 함께 참조)

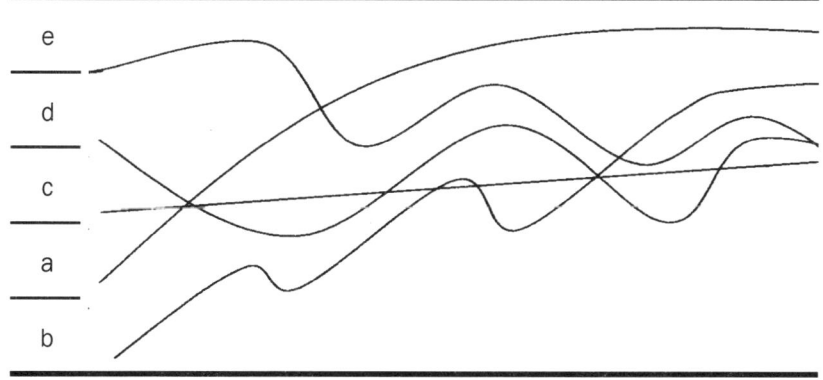

얼굴과 주거형태

주택 얼굴	아파트	단독주택	전원주택	서양식주택	전통주택
금(ㅁ)	d	b	a	c	e
수(△)	a	e	b	c	d
화(▽)	c	d	b	a	e
토(○)	c	e	b	d	a
목(0)	e	d	a	c	b

a : 최상의 컨디션을 제공한다.

b : 부족한 기운을 충전한다.

c : 이런 곳에서 주무셔야 사업이 잘되죠.

d : 집에 있으면 무기력증을 느끼니 자주 밖으로 나가 활동하라.

e : 왜 저는 밤에 무서운 꿈을 많이 꾸나요.

1. 얼굴과 건강

건강은 인생에서 가장 중요하고, 얼굴은 건강 상태를 나타낸다. 옛날에는 결혼할 때 사주단자를 주고받았지만 지금은 건강진단서를 확인한다. 우리 인간이 가지고 있는 가장 아름다운 건강미가 주는 느낌은 가장 소중하다. 건강한 사람이 되기 위해서는 평소에 관리하는 습관이 무엇보다도 중요하고 정기적인 건강검진을 통해서 육체적으로나 정신적으로 밸런스를 맞추어야 자신의 꿈을 이룰 수 있다.

형태＼장부	간·쓸개	위장·비장	신장·방광	폐·대장	심장·소장
금(ㅁ)	e	a	c	b	d
수(△)	c	d	b	a	e
화(▽)	a	c	d	e	b
토(○)	d	b	e	c	a
목(○)	b	e	a	d	c

a : 제일 건강한 부분입니다.

b : 특별하게 신경 쓰지 않아도 됩니다.

c : 좋을 때도 있고 몸이 다운되면 나쁠 때도 있어서 보통이다.

d : 일 년에 한번은 주치의 소견을 듣는다.

e : 제일 발병할 확률이 높기 때문에 건강검진이 필수이다.

2 얼굴과 자녀

자녀가 건강하게 자라주는 것만으로도 가정은 행복하다. 전통사상은 자녀를 태양에 많이 비유했다. 집안을 환하게 밝히고 사회와 국가를 밝게 빛내고 모든 사람이 우러러 볼 수 있는 희망을 간직하고 싶었던 옛사람들의 희망사항이 아니었을까. 이목구비의 구체적인 언급이 없으므로 보통 일반적인 사항으로 접근하고 있다. 정확하고 확실한 판단을 할 때는 몸 전체로 판단하나 그렇게 되면 너무 복잡한 까닭에 여기서는 보편적으로 타당성 있는 사항만 다루기로 한다.

얼굴 \ 적응	건강	재능	직장	사회성	대인관계
금(ㅁ)	c	d	a	d	b
수(△)	d	c	c	b	e
화(▽)	e	e	b	e	a
토(○)	a	a	e	c	d
목(0)	b	b	d	a	c

■ 건강

a : 가장 이상적인 상태다.

b : 튼튼하다.

c : 방심하면 안된다.

d : 일 년에 한번은 보약을 먹어야 활기를 띤다.

e : 아프면 병원을 가야 치료되고 건강에 문제가 생기면 신경이 곤
  두선다.

■ 재능

a : 모든 면에서 서로 잘 맞는다.

b : 적극적인 자가발전형이다.

c : 사랑이 너무 많아 과잉보호한다.

d : 자녀와 부모의 의견이 달라 가끔 언성이 높아진다.

e : 열 가지 재주를 가지고 있어서 때로는 걱정이 된다.

■ 직장

a : 항상 열성적이며 모든 일에 스스로 움직이는 발전형이다.

b : 일에 대한 관심이 깊고, 한 가지 일만 끝까지 고수하는 유형.

c : 일만하는 스타일로 일 때문에 자신을 잊고 사는 사람.

d : 겉으로는 벽시계처럼 왔다갔다하는 것처럼 보이나 시간이 지날수록 사람을 놀라게 하는 능력이 있다.

e : 겉으로는 날카로워 보이나 속은 정반대이고, 남자와 여자의 비율에 따라 직장생활을 하는 능력이 달라지기 쉽다.

■ 사회성

a : 근면성실하며 능력을 인정받으나 가끔 뚱딴지 행동을 한다.

b : 일과 성과가 반비례하나 결과는 나름대로 만족한다.

c : 학창시절에는 김치찌개보다 맛있는 음식이 없다더니 이제는 피자나 햄버거가 제일 좋다고 하니 부모가 봐도 알쏭달쏭하다.

d : 국내에서는 두각을 나타내지 못하나 외국에서는 잘한다.

e : 자녀가 간섭하는 것을 싫어하며 혼자 두면 알아서 잘한다.

■ 인간관계

a : 가족보다 친구나 동료를 더 좋아한다.

b : 필요한 사람하고만 관계를 맺고, 공사를 지나치게 구분한다.

c : 동성친구보다 이성친구가 더 많다.

d : 또래 친구보다 연장자와 잘 어울리고, 예의범절이 바르다.

e : 튀는 것을 좋아하며 다양한 인간관계를 맺는다.

3. 얼굴과 취미활동

취미생활은 삶의 한 부분이기도 하지만 자신의 사회생활을 이끄는 핵심적인 역할에 비하여 조금도 뒤지지 않는 삶의 원천이 될 수 있다. 나무는 물만으로 살아가지 못하고 햇빛 , 공기가 필요하듯이 사람도 직장생활이나 일상의 환경에서 자아를 바라보는 한계점이 많이 존재한다. 취미생활은 자신의 의지대로 자기를 북돋아주는 아주 자율적인 행동특징이 두드러지게 나타난다.

취미생활이 만약에 강제적인 규정이 있다고 하면 흥미와 즐거움으로 연결되는 과정이 아니라 오히려 고통과 불행으로 가는 관문으로 진행된다면 또 하나의 불행한 인생이 기다리고 있을 것이다. 하지만 취미생활이 갖는 가 장 넓은 의미는 보통 일상생활에서 자신이 가지고 있는 잠재력이나 자아를 발견할 시간을 잊고 살거나 묻어버리고 지나가는 경우가 많은데 이런 자아를 발견하고 스스로 만족하고 놀라워하는 모습을 보면서 사회생활에 엄청난 에너지와 긍정적인 생각을 하고 자신의 놀라운 변화에 만족하는 일이다.

취미생활은 유산소운동, 체력증진, 원만한 대인관계, 지식, 지능개발 등 자신을 적극적이고 넓게 만든다. 창조적인 힘, 두뇌활성화, 사고력증진 등 사람의 안정된 마음, 건강한 신체, 감정이 깊어지고 사람과 사람으로 이어지는 관계를 아주 탄탄하게 만들어 준다.

누구나 자신에게 맞는 취미생활을 통해 새로운 자신을 발견하며 아름다운 삶을 가꾸어 가기를 바란다.

얼굴＼적응	육체·정신	건강·체력	생활·예술	사회활동	지식
금(□)	b	a	e	b	a
수(△)	a	b	b	a	b
화(▽)	d	e	a	a	c
토(○)	e	d	d	c	e
목(○)	c	c	a	b	b

■ 육체와 정신

기본적인 생각과 사고를 하는 훈련이다. 원인과 결과, 문제점, 해결 방안을 찾아보는 훈련으로 자기만의 싸움을 스스로 찾아보고 대응하는 방법이다. 바둑, 장기, 체스, 고스톱 등 여러 가지.

■ 건강과 체력

활동성 있는 운동을 통하여 몸의 근육과 인대를 골고루 발달시켜 체력을 기르는 힘과 유연성을 바탕으로 자신에게 맞는 선택을 하면 된다. 태권도, 유도, 테니스, 검도, 축구, 수영 등 여러 가지.

■ 생활과 예술성

자신의 세계를 밖으로 표현하고 싶은 사람들이 많이 있다. 내면과 현실에서 오는 갈등을 자유롭게 그리고 싶어 하고 소리 내서 강하게 분출하고 조용히 선의 아름다움을 표현하고 싶은 사람이다. 무용·노래·그림·동양화·골동품수집·분재 등 여러 가지.

■ 사회참여 활동

 남을 측은하게 여기는 마음이 있는 사람들이 가장 많이 활동하고 있는 부분이다. 빵 한 조각이라도 서로 나누어 먹으려는 참 고운 마음씨를 가지고 있는 지극한 선의 장이다.

■ 지식과 지식

 배움이란 단어를 통해서 자기성취와 만족감을 느끼는 사람이다. 지식에 대한 스트레스를 지식으로 풀어버린 유형이다. 자신의 전공이나 관심 있는 부분, 새롭게 대하는 신학문.

■ 적용부분

a : 기운과 육체와 정신이 가장 잘 조화를 이룬다.

b : 모든 부분에서 잘 맞지만 오래 지속되지는 않는다.

c : 좋지도 않고 싫지도 않다.

d : 별관심이 없다.

e : 시간과 적성, 생각과 활동이 조화를 이루지 않는다.

4장. 눈(眼)으로 보는 법

　나는 가끔 이런 생각을 한다. 하나님이 만든 최초의 인간 아담과 이브는 과연 쌍꺼풀일까? 아니면 외꺼풀일까? 누군지 몰라도 두 사람 중 하나는 쌍꺼풀이었을 것이다. 우리들 중에 선천적으로 쌍꺼풀인 사람이 있다. 그는 아담과 이브 중에 누구를 닮았을까? 이런 엉뚱한 생각을 하면 매력적인 최초의 인간을 상상 속에서 떠올리고 나만의 아담과 이브를 그려본다.

　우리가 살고 있는 아름다운 세상을 바라보고 있는 행운이 얼마나 큰 행복의 조건이 되는지 평소에는 쉽게 느끼기 힘들다. 어느날 여행을 떠나 낯선 곳에 피곤한 여정을 풀고 뜨거운 커피 한 잔과 창밖으로 보이는 잔잔한 파도와 조그만 창을 통해서 노을빛이 방안을 비추면 천연의 아름다움과 자연이 주는 혜택으로 감사하는 마음을 갖게 된다.

지금까지 나를 잊어버리고 살아왔다면 잠시 두 눈을 감고 회상에 젖는다. 주변의 아름다운 환경을 대하고 있노라면 눈의 고마움을 전하고 싶은 마음이 제일 먼저 든다. 사람은 서로 피부색이 다르고 사용하는 언어가 달라도 눈으로 통하는 기운이 있다.

새로운 휴식처가 사람에게 주는 에너지와 삶의 변화를 느끼게 하는 호흡과 기운은 자신의 인생에 굉장한 활력소가 되고 마치 식물이 광합성작용을 통해서 매일 새로운 모습으로 태어나듯이 새로운 길을 개척하고 비장의 각오를 다짐한 선각자를 보면 두 눈은 광채가 나고 반짝이면서 자신의 각오와 의지를 굳게 약속한다.

혹시 우리가 살고 있는 지구상에 식물의 광합성작용이 없다고 가정하면 지구에서 인간의 아름답고 사랑스런 삶이 없을 것이다. 동양학에서 말하는 목(木)의 기운은 생명을 유지하는 원천이 되고, 가장 강한 생명력을 지니고 긴 성장을 한다고 한다. 천 년이 지난 나무를 보면 지금도 쉬지 않고 성장하는 기운을 뻗어낸다. 이런 나무를 보면 백년의 생명 유지력을 지닌 인간의 삶을 나무에서 배우고 채득하는 지혜를 지녀야 할지도 모르겠다.

사람은 여행을 통해서 새로운 지역과 환경에 경이로운 표정을 지을 때 보면 두 눈이 놀란 토끼눈처럼 동공이 커지고 맥박이 강하고 급히 뛰면서 눈이 휘둥그러지면 와! 하는 경탄사와 함께 감정이 극에 이른다. 그리고 사람의 감정이 극에 이르면 사람은 두 눈에 눈물이 흐른다. 사람과 자연이 하나되면 아름다운 두 눈에 눈물이 흐름으로서 하나님이 만들어 놓은 가장 자연스러운 자연인이 된다. 이때 사람의 눈을 보면 얼굴에서 나오는 아주 편안하고 지극히 안정된 상태를 확인할 수 있다. 이럴 때는 사람의 눈처럼 아름답고 환상적인 때는 없을 것이다.

지구상에서 가장 큰 폭포인 나이아가라의 장엄한 모습을 보노라면 누가 대자연 앞에 자신을 자랑하고 오만함을 내세울 수 있는가? 1Km 이상 걸쳐 매분 1억 6천만 리터의 막대한 물을 쏟아 붓는 자연의 힘이 인간의 오만함과 탐욕의 젖은 눈을 잠시 자연과 함께하고 이런 자연과 접하는 시간에 맑은 눈을 간직하라고 가르치는 교훈을 우리가 너무 쉽게 잊고 살아가는 것이 아닌가 생각한다.

자연보다 위대한 스승이 없다고 했다. 자연을 대하고 있는 인간의 삶과 눈에서 가장 신령한 기운이 감돌고 있고 사람도 가장 아름다운 눈을 간직하고 싶은 욕망 또한 이러한 원인에 기인하고 있는 까닭이 아닐까 되새겨본다.

사람은 태어나 맑은 눈을 가지고 세상을 바라보기 시작한다. 요람에서 무덤 까지 환경에서 얻어진 정보는 자신의 고운 마음을 만들어가고 쌓아가는 기틀이 된다. 그래서 누구나 눈으로 보지 않고 인정하거나 확정하기란 참 많은 부분에서 마음의 침전현상이 생기게 된다. 이런 의심과 불신의 침전물 이 시간이 흐름에 따라 강하게 응고되어 자신의 눈으로 보지 않고 확인하지 않는 일이나 사건을 인정하지 않고 점점 불신의 기운으로 가득 채워진다. 옛날 속담에도 백문이 불여일견이라고 했다. 눈에서 얻어지는 정보는 인생의 가장 중요한 요인이 된다.

깊고 심오한 생각에 잠겨있는 사람들을 보면 두 눈을 감고 조용한 장소에서 정신을 집중하여 하나의 강한 기운을 만들어 돌출시키는 시간이 지나 두 눈을 뜨면 그 눈빛에는 이루 형용할 수 없는 기운으로 가득 채워진다. 업무와 스트레스에 지쳐 피곤한 사람들을 살펴보면 어떤 이는 안경을 벗고 두 눈을 비비는 행동, 두 눈을 지그시 감고 어떤 회상에 잠겨있는 상태, 눈을 꼭 누르고 무언의 의지를 굳게 다지는 사람들을 보면서 눈은 사람의 사고·사색·행동·습관·의지 등 가장 관계가 깊은 장소다.

사물이 마음에서 생(生)기고 마음에서 사(死)한다고 했고 생(生)과 사(死)의 기준은 눈에 기틀을 두고 있기 때문에 눈은 마음의 수호신이라고 표현해도 지나치지 않다고 본다. 하늘에 음양(陰陽)은 태양과 달에 있고 사람의 음양(陰陽)은 두 눈에 있다.

또한 맹자에서도 눈이 있기 때문에 선한 사람과 악한 자가 구별되는 근본으로 보았다. 입으로는 아무리 선한 말을 하고 사람을 현혹시켜 미감 있는 단어를 사용해도 사람의 눈을 보면 그 사람의 입에 거짓이 깃들어 있는지 진실이 있는지 알 수 있다고 했으니 진실과 가식을 구별하는 가장 중요한 하나가 눈이 아닌가 한다.

그럼 조심스럽게 눈에 대한 미학과 관상학의 두 개의 부분을 관찰하고 세밀하게 조명해보자. 관상학에서 가장 중요하게 다루는 눈동자의 검은 부분의 관한 표현방법은 점칠(點漆)이라고 했는데 이는 중국을 중심으로 기록한 방법이라고 생각한다.

지구상의 인류는 여러 가지 홍채를 가지고 있다. 푸른 눈의 홍채,

담청색, 회색 눈이 많은 독일인, 회색에서 약간 변화를 가진 회백색 홍채, 갈색과 홍갈색으로 여러 종류의 홍채모양이 나타난다. 그런데 유독 점칠(點漆)로 표현한 사실은 다양한 인종의 분석이 아니라 황인종을 중심으로 펼쳐지는 인체 파노라마라고 볼 수 있다. 눈의 홍채를 제일 중요하게 말하는 항목이 재고해야 하는 일이 생기게 된 것이다.

그리고 눈꺼풀 부위를 동양인과 서양인 모습에서 형태의 차이점을 보면 매우 다른 사실을 알게 된다. 눈꺼풀은 피부의 따른 변화보다는 두개골의 영향이 훨씬 더 많이 작용한다. 골상에 따라 나타나는 관상학의 차이점으로 이해하면 된다.

동양인은 서양인에 비하여 훨씬 두껍고 큰 눈꺼풀을 가지고 있는데 눈꺼풀이 매우 얇은 서양인은 관상학에서 아주 흉상으로 보는 관점을 가지고 있어 독자의 입장에서 현실적으로 수긍하지 못하는 점이 있다.

또 하나의 맹점은 상체와 하체의 비율을 관상학에서 비교할 때 보면 하체가 짧고 상체가 긴 사람은 귀격에 분류했고 상체가 짧은 사람은 하격에 구분하고 매우 천하다고 했는데 지구상 선진국의 형태는 오히려 서양 사람이 훨씬 많다.

시대적인 변천이 삶의 기준을 바꾸고 사람은 환경과 상황에 따라서 변화하는 삶을 요구하는 시대에 살고 있다. 전통 관상학은 중국인의 얼굴을 보고 판단하고 천하의 주인을 선택하는 신비한 방법이 되었다. 이런 모든 변화를 관통하기 위해서는 특별한 수행이 필요하다. 하나의 이치로 천만가지를 뚫는 강력한 에너지를 갖기 위해 각자 개인에게 맞는 방법을 찾아보기 바란다.

눈·코·입·귀 중에서 360도 회전이 가능한 부분이 얼굴의 눈에 해당한다. 그만큼 자연스럽고 다양한 사색과 자유로운 부분으로서 입 안에 있는 혀가 또한 회전이 가능한 곳이다. 그래서 인간의 삶과 가장 관련이 많은 부분이 두 곳이다. 눈은 마음의 언어이고 혀는 생각의 언어를 대신하는 부분이다.

마음이 어두우면 눈이 어둡고 마음이 밝으면 눈 또한 싱글싱글하다. 그러나 생각이 짧은 사람은 입에서 나오는 말이 남을 해치게 되어 있고 한 번 입 밖으로 나와 말을 하면 영원히 회수하지 못하는 것이다. 그리고 그 한마디는 보이지는 않지만 상대방의 가슴에 비수를 찌른 것과 같다.

사람의 감정을 표현하는 기관이라 조금만 세밀하게 관리하지 못하면 인생의 큰 착오가 발생하고 길흉을 관장하는 장소에 해당한다. 요즘은 동료들간에도 눈을 음흉하게 보거나 이상하게 관찰하면 성폭행으로 취급하니 이는 눈에서 음흉한 눈빛이 나왔다는 느낌을 받았다는 뜻은 그 사람의 마음이 이미 상대방에게 음욕적인 기운이 나와서 상대도 그런 느낌을 감지하고 음흉하게 바라보는 눈이라고 판단을 내리는 것이다.

왜? 어떤 사람은 사랑스런 눈으로 보는 느낌을 받고 어떤 이는 음흉하고 음침하게 바라보았다고 상대 눈빛의 음기가 있다고 판단을 내리는 것일까? 착오라고 생각하기에는 한 번 넘겨짚고 가야하고 문제가 되는 부분이다. 이는 눈에서 그 사람의 마음을 읽었기 때문이다. 눈은 곧 마음이 된다.

눈은 사람의 심성과 모든 일을 감찰 감독하는 인생의 총 지휘관과 똑같다. 오케스트라의 지휘자에 따라서 음악이 달라지고 소리가 변화를 갖는다. 스포츠 경기도 전년도에 비교적 성적이 중상위권에 속했던 팀이 특별하게 뛰어난 선수를 영입한 일도 없고 올해도 똑같은 선수로 구성되어 있지만 감독이 지휘하는 내용이 달라 우승하는 예가 간혹 있다.

우리의 얼굴도 맑고 고운 눈을 가지고 있으면 부드러운 사랑을 하게 되고 많은 사람들에게 인기를 독차지 한다. 신체의 어느 부분보다 중요한 기능을 하고 있는 눈이야말로 아무리 많은 단어나 형용사가 표현이 필요없을 정도로 중요한 기능이고 인생의 미치는 영향도 가장 큰 기운을 움직이는 얼굴의 위치다. 아마 수없이 강조하고 또 강조해도 지나치지 않는다.

눈은 위로 눈썹이 있고 아래로는 관골(광대뼈)을 바라본다. 지정학적인 눈썹을 특별한 기능이나 자신만의 기능을 달리 수행하고 있는 것은 없으나 열심히 일을 하고 난 후에 이마에 흐르는 땀방울이 눈썹이 없어 그냥 눈으로 흐르면 그것도 몹시 불편한 일이다.

눈 아래로 보는 관골(광대뼈)은 권리행사나 권한을 대신하는 장소인데 관골(광대뼈)이 너무 높이 솟아 있거나 크면 반드시 눈에서 사령하여 제압해야 하는데 눈의 기능이 부족하면 상대방에게 권한을 맡기고 일을 대행하는 과정에 큰 착오가 생긴다.

우리 주변에서 상대방과 함께 일을 처리하고 동업자적인 위치에서 실행하는 일이 있다. 또 선배와 후배가 한 배를 타고 동일한 목적을 가지고 공동의 이익을 창출하겠다고 약속한 후 함께 시작한다. 두 사람 중에 어느 한 사람의 지나친 과욕이나 지배욕이 강한 사람이 다른 한쪽을 무시하고 다른 사람은 그토록 믿었던 동업자에게 배신당하는 일이 발생하는 것은 눈에서 권한을 통제하지 못하여 일어나는 일이다. 동업자의 눈을 볼 때 두 사람 중에 한 사람의 눈빛이 유달리 강하면 이 사람에게 한 걸음 양보해야 파트너적인 관계를 지속적으로 유지한다.

전세계인이 주목하고 아시아의 용으로 스포트라이트를 받았던 우리나라의 경제부흥을 일으키고 한강의 기적을 창출하고 삶의 변화를 느끼게 만들어준 고 박정희 대통령이 자신의 의지대로 움직이고 모든 파트너가 본인의 손발같이 움직이고 실행했던 시절은 눈에서 나오는 눈빛이 광대뼈에서 나오는 권한을 통제하고 다스렸기 때문에 모든 목표가 실행되고 진행되는 과정을 거친다.

그러나 눈에서 조그마한 기운이 감소하거나 청명한 에너지가 빛을 잃어 가면 그 권한을 행사한 사람에게 도리어 자신의 몸은 해치는 원인이 된다. 부와 귀를 주관하고 다스리는 장소가 눈에서 시작하고 눈에서 끝을 맺는다. 관상학은 그만큼 중용을 원하고 철저하고 완벽 하리 만큼 중화를 원한다. 어느 한쪽이 부족하거나 치우치면 반드시 기운의 증폭이 일어나고 빛의 회절이나 산란처럼 우리 신체의 장부나 기운도 때로는 엄청난 폭풍처럼 되감아 뜻하지 않는 인생의 변화를 맞이한다.

눈과 이마의 관계도 마찬가지로 아무리 풍부하고 넓은 이마를 가지고 있다고 해도 사회에 바르고 정명하게 사용하지 못하면 도리어 사회의 악적인 요소가 된다. 눈은 선과 악을 구별하는 장소이기 때문에 얼굴의 모든 통제 기관이고 통합하는 기운을 담당한다.

눈이 아름다워 대중들에게 많은 인기를 누리는 연예인들을 보면 계층에 상관없이 누구나 사랑하는 타입이다. 눈이 아름다운 연예인이 사람들에게 오래 인기를 누리는 경우를 목격한다. 눈은 마음을 대변하고 열린 마음을 상대에게 보여줄 수 있는 유일한 신체기관으로 관상학에서는 눈을 두 마리의 용이나 봉황으로 기술했다.

눈은 보이는 사물을 관장하고 격물을 하는 가장 중요한 기관인데 반하여 관상학의 표현은 형이상학적인 두 마리의 용과 봉황으로 표현한 사실이 재미있다. 왜 현실에서 존재하지 않는 용과 봉황을 이용해서 눈에 사용했는지 음미해보자. 세상의 조화는 용이나 봉황을 볼 수 없듯이 보이지 않는데서 묘한 조화가 나타나기 때문에 표현한 방법이라고 보고 싶다. 황제가 되고 싶다면 용의 눈을 가지고 있어야 한다. 만약 남자가 봉황의 눈이라면 정치나 사업가보다 연구나 학자 기질이 더 많다.

양(陽) 중의 가장 강한 에너지와 활동하는 심볼을 용으로 상징했고 음(陰)의 상징을 봉황으로 음(陰)과 양(陽)을 균형 있게 표현했다. 눈을 일월로 표현하고 음양(陰陽)의 조화를 생각했듯이 옛사람들의 자연주의 사상을 엿볼 수 있다.

인도 여인의 얼굴을 보면 눈썹과 눈썹 사이에 검은점 형태를 만들었다. 이는 관상학에서 말하는 용이 여의주를 물고 승천하는 형상을 부자연스럽게 억지로 만들어 조화의 미보다 과욕에서 나오는 상이 아닌가 한다. 여자의 권위와 사회적인 신분이 달라지기 시작하면 인도 여인의 얼굴에도 변화가 생길 것으로 생각한다.

그리고 용은 남성을 상징하는 양의 대표적인 심볼을 여성이 하고 다닌 자체가 음양(陰陽)의 구조를 무너뜨리는 행동이다. 관상학에서 이런 곳에 점이나 상처가 있으면 삼각관계에 빠지기 쉬운 여성으로 본다.

관상학에서 여자의 눈 모양이 봉황의 눈을 하고 있으면 반드시 왕후가 된다고 기술했고, 지극히 귀한 자리에 앉아 만인의 존경을 받고 흠모하는 사람이 된다는데 태어나 단 한 번도 보지 못한 봉황을 무슨 수로 확인하고 인정하겠는가? 형이관상학적인 동물 용은 물이 있어야 하늘로 승천하고 자신의 꿈을 이루는 과정이 정화를 맛보게 된다. 이런 중요한 곳에서 또 한 번 기제(既濟)와 미제(未濟)를 만난다.

태어나 단 한 번도 현실적으로 보지 못한 용과 봉황을 강조한 것은 과학적이지 못하다는 인상을 지워버릴 수 없지만 그만큼 우리의 인생도 길흉을 예측하지 힘들다는 의미로 생각해 볼 수 있다. 얼마나 표현하기 어려웠으면 이런 표현을 했을까 하는 심정으로 이해가 된다. 그래서 보이지 않는 것을 보아야 하고 들리지 않는 소리를 들어야 진정한 술사가 된다.

우주의 운행과 사람의 형상을 압축시켜 말하면 기제(旣濟)와 미제(未濟) 이외에 어떤 단어도 대신하지 못한다. 기제(旣濟)가 필요한 곳에서는 기제(旣濟)의 기운을 마음껏 활용하여 두각을 나타내고. 미제(未濟)가 필요한 곳에서는 지속적으로 미제(未濟)를 만들어 창조적이고 독창적인 아이디어를 얻어 새로운 신개척지를 만들고 누구도 생각하지 못한 형상을 나타내고 실현하여 모든 사람의 귀감이 되고 선망의 대상이 된다. 관상학에서도 우주와 감응하기 위해서는 기제(旣濟)와 미제(未濟)를 기본적으로 알아야 한다.

일상생활에서 눈이 없다면 얼마나 답답하고 힘겹게 살아가겠는가? 생산적인 노동을 하고 사물의 척도를 구분하는 일은 눈이 아니면 이 많은 일을 감당할 수 없다. 사람은 누구나 자신의 꿈과 부유한 생활을 하고 싶어 한다. 눈을 감으면 사람은 꿈을 꾸고 눈을 뜨면 현실이라는 사회 속에 자신의 활동영역을 넓혀가고 이상을 실현하는 과정을 반복한다. 이상의 기틀이 오관(五官)에 있고 오관(五官) 중 가장 중요한 기준이 눈이 된다.

용이 여의주를 가지고 조화를 부리듯이 사람의 인생도 꿈과 현실의 조화 속에서 이루어지는 과정이고 피와 땀이 성공의 탑을 쌓는 부분이라고 보고 싶다. 만약 우리가 하루종일 눈을 뜨고 살아간다고 가정하면 삶에 어떤 변화가 나타날까? 하얀 백지에 하나둘씩 적어나가면 상상할 수 없는 일이 일어날 것이다. 눈의 깜박거림 하나에도 우주의 변화가 숨어 있다.

눈의 가장 순수하고 아름다운 눈망울을 이야기 할 때 우리는 어린아이가 천사와 같이 아름답고 맑은 눈동자를 하고 있으며, 너무나 고운 어린아이 눈의 형태를 갖고 싶어 하는 마음이 기본적으로 잠재되어 있는 것은 아닌가 생각해본다.

 마음이 맑은 사람은 눈에서 나오는 빛이 편안하고 마음이 어질지 못하고 시기하는 사람의 눈빛은 느낌이 좋지 않고 편안하지가 못하다. 마음의 창을 눈으로 표현한 옛사람들의 충고를 받아들여 신선한 기운이 마음으로 들어와 깨끗한 마음하나가 되고 맑은 눈으로 세상을 바라본다. 눈은 이백안(二白眼), 삼백안(三白眼), 사백안(四白眼) 등 가장 대표적이다.

— 결혼 전 검은눈동자 주변이 지저분하고 색이 선명하지 않으면 부모의 반대로 지연되고 자살충동을 느낀다.
— 신혼초 이혼의 증상은 눈이 흐리고 탁하고 주변이 지저분하게 변하고 눈썹 몇 가닥이 위로 솟아오른다.
— 인당(印堂)과 눈썹 끝이 윤택하면 좋은 배우자를 만나 행복하게 살아간다.
— 눈 밑에 세로주름이 있으면 자녀의 출생을 조심하라.
— 누당(淚堂)에 주름이 많으면 사심이 많은 사람이니 조심하라.
— 눈 끝에 있는 주름이 위로 올라가면 남편의 사업이나 직장에 큰 변동수가 따른다.
— 전택궁(田宅宮)과 자녀궁이 좋지 않으면 평생 구설이 따른다.
— 두 눈의 크기가 다르면 의심이 많은 사람이다.

— 눈 안쪽에 붉은색이 감돌면 입으로는 긍정인척 하지만 보복심이 강한 사람이다.

— 눈꼬리에 검은색이나 프른색을 띠면 평생 바람을 피운다.

— 눈동자가 약간 누러면 간담을 조심해야 한다.

— 일반 부대와 특전사 부대원의 눈의 길이는 다르다. 사람이 살생을 하거나 살기를 띠면 일시적으로 눈이 길어진다. 또 눈에서 빛이 나고 살기가 나타난다.

— 속눈썹이 지나치게 흐트러져 있으면 인생의 기복이 많다. 단 난세에는 성공한다.

— 쌍꺼풀 수술을 많이 하면 사회적으로 성이 문란해진다. 성이 문란해지면 가정이 깨지고, 가정이 깨지면 사회가 혼란스럽고, 사회가 혼란스러우면 나라가 망한다. 이런 수술을 해서 돈을 많이 벌면 꼭 가정이나 자식에게 문제가 생긴다.

— 성형을 많이 하는 나라는 이혼율이 높다. 고로 성형을 함부로 한다는 것은 돈을 주고 가정과 인생을 파괴시키는 행위다.

— 내 얼굴은 지구상에 나만 가지고 있는 소중한 것이다. 이런 얼굴을 남과 비교해서 자신을 잃어버리지 말고 마음을 잘 다스리면 제일 중요한 선물을 받는다.

— 삼백안(三白眼)이나 사백안(四白眼)은 음탕하다. 포르노 배우들에게서 많이 나타난다.

— 붉은 실핏줄이 자녀궁을 향하면 자녀에게 나쁜 일이 생긴다. 이 실선이 굵게 나타나면 자녀가 이성 때문에 가출한다.

— 눈 끝에 잔잔하게 연분홍색을 띠면 결혼하고 싶다는 뜻이다.

— 검은눈동자가 깊고 심후하면 총명하며 학식이 풍부하고 사회적
으로 현달한다. 남편·자녀·부귀·건강·사회생활 모두 좋다.
여자는 반질반질하게 빛나면 음이 양으로 변하여 과부가 된다.
여자는 담담하게 갈무리되어야 한다.

— 눈동자가 구름에 가린 것처럼 뿌옇고, 입술이 흑암색을 띠면 구
사일생하거나 병으로 몸을 망친다.

— 누당(淚堂)에 우물정(井)자가 여러 개 있으면 생명이 위독하다.

— 누당(淚堂)과 복당(福堂)이 검거나 나망(羅網) 무늬가 많으면
선조의 악업으로 일이 풀리지 않는다. 이런 사람은 영적인 부분
과 소통이 가능한 사람에게 상담을 받아 보는 것이 좋다.

— 눈끝에 잔주름이 많거나 푸른색이나 불에 살짝 그슬린 것 같은
색을 띠면 사통한다는 증거다. 사통하거나 간음하면 아무리 좋
은 관상이라도 자녀궁이 깨진다.

— 누당(淚堂)이 어두우면 자녀가 불효를 한다는 증거다.

— 누당(淚堂)이 빛나면 자녀가 사회적으로 크게 성공한다.

— 누당(淚堂)이나 간문(奸門)이 밝고 윤택하면 남자는 결혼한 후
성공하고, 여자는 부러운 결혼을 한다. 그러나 결혼 전에 성이
문란하면 이곳의 색이 어두워진다.

— 어미(魚眉)에 크게 세 줄기가 뻗어 있으면 위기가 3번 오고, 잡
문이 여러 개 있으면 결국에는 이혼한다.

— 선행을 많이 하면 눈 밑이 밝아지고, 가는 실선이 여러 개 겹쳐

누에가 실을 만드는 것과 같이 된다. 그리고 이곳은 자녀궁이니 자녀가 훌륭하게 된다.

— 역(易)에 이르기를 '적선지가(積善之家) 필유여경(必有餘慶)'이 라고 했다. 종두득두(種豆得豆)·종과득과(種瓜得瓜)·종맥득맥 (種麥得麥)은 세상의 피할 수 없는 이치다. 사주가 천하면 행동 도 천하게 하고 관상이 나쁘면 인생을 힘들게 살아간다. 남편복 없는 여자 제일 먼저 남편복을 물어보고 처복없는 사람 예쁜 마누라만 찾더라. 하지만 마음을 알면 인생이 편안해지더라. 자 신을 알고 겸손해지면 미래가 보이고 꼴값을 모르는 사람 죽을 때까지 자기 고집대로 살아간다.

— 재물복 없는 사람 꼭 사업으로 망하고 신세한탄 하더라. 자기 꾀에 자기가 넘어간다. 이상한 것은 이런 팔자를 가지고 있는 사람은 백군데 상담하고 엉터리 돌파리에게 물어보고 당신을 사업해서 큰 돈 벌 수 있다는 말을 믿고 사업을 한다. 아니면 출중한 실력을 가지고 있는 사람이라도 그 사람이 운이 좋지 않으면 사주나 관상이 눈에 보이지 않아 그냥 좋다고 말해버린 다. 하늘이 눈을 가리면 아무리 뛰어난 술사도 이럴 때는 멍청 이가 된다. 그런데 이런 일이 다반사로 일어난다. 고로 하늘이 준 명(命)을 참 피하기 어렵다.

— 전생의 콩을 심은 사람은 금생의 콩을 수확하고 현생의 콩을 심은 사람은 다음에 태어날 때 콩을 수확한다. 조상이 콩을 심 었다면 후손이 콩을 거두고 현생의 부모가 콩을 심으면 후에

자손이 콩을 수확한다. 산은 산이 고 물은 물이더라. 콩을 심었
는데 팥을 수확하는 경우는 없다. 어느 집안에 훌륭한 자손이
나오면 적선과 적덕으로 이루어진 공이 아니겠는가?

― 눈과 눈 사이가 너무 좁으면 일월이 조화를 부리지 못하고 싸
우는 형상이니 평생 고생만 한다.

― 눈이 어둡고 관골이 너무 튀어나오면 처가 그 권한을 탈취한다.

― 결혼 전에 연애를 많이 하면 너 바람둥이, 너의 부모 바람둥이
로 이런 사주와 얼굴을 갖고 태어나더라. 그래도 선행을 많이
하면 재물복은 있게 태어나 넉넉하게 살아간다. 악행을 저지른
집안은 칠혼팔가를 이루더라.

― 결혼 전에 낙태를 하면 그 후손이 꼭 벌을 받는다.

― 결혼 후에 남자가 바람을 피우면 너의 어머니 두 분 계시고, 어
머니가 바람을 피우면 너의 아버지 두 분 있다고 태어나더라.

― 만약 이런 화살을 피해가면 손자 대에 반드시 할아버지 한분인
데 여러분이 있다고 나타나고 할머니 한분인데 여러 할머니 있
다고 태어나더라.

― 아버지가 두 집 살림을 하면 자식이 집안 말아먹을 사주와 얼
굴을 갖고 태어나더라. 아니면 배다른 형제가 있다고 태어난다.

― 사주에 비견(比肩)이나 겁재(劫財)가 많으면 말년에 재산 탕진
하고 음독하더라. 이런 업은 당대에 바로 자식에게 돌아간다. 이
럴 때는 참 하늘이 무섭다.

― 화(禍)는 피해가도 업은 피할 수 없다.

— 뇌물먹은 공무원의 얼굴을 보면 자손궁이 항상 나쁘더라. 돈이 집으로 들어와 경제는 조금 넉넉할지 모르지만 결국에는 자손이 다 망해 먹는다. 부정한 돈이 들어오면 이상한 여자와 바람나 가정이 피해를 입게 된다. 임자없는 재물이 집으로 들어오면 부모님이 아프더라.

— 청렴하게 살아가는 집안은 날로 자손이 번창한다. 경제적인 부분은 힘들어 고생할지 몰라도 자녀가 성장하여 효도하고 우애하니 이보다 보기 좋은 집안이 없다.

— 유산을 많이 하면 후손이 자손을 잊지 못한다. 우리나라도 60 · 70년대 둘만 낳아 잘 기르자는 표어를 내걸고 유산을 많이 시켰다. 그 업으로 현재 신생아 출산이 적다.

— 낙태를 많이 시킨 업으로 후손이 자궁암이나 유방암이 많이 걸린다. 남자는 전립선염, 무정자증으로 후손이 끊어진다. 모든 업은 자기가 짓고 이런 과보도 자신이 감당해야 한다.

생명은 이 세상의 가장 소중한 것이다. 현재 우리나라 낙태는 공식 통계로 1년에 350,000건이다. 대략 하루 1,000명의 생명이 죽어가고 있다. 세계 역사상 아무리 치열한 전쟁을 해도 하루 1,000명 사망자를 기록하면서 전쟁을 치른 기록은 없다. 2005년 신생아 출산이 450,000인 우리나라 실정에 너무나 많은 생명을 죽이고 있다. 살생이 많은 나라는 하늘에서 나라의 운을 열어주지 않는다.

히틀러의 유태인 학살사건인 아우슈비츠 사건을 능가하고도 남는

숫자다. 아니 이런 일이 이미 10년을 넘었는지도 모르는 일이다. 그 이상인지 모른다. 우리 민족이 언제 이렇게 잔인하게 생명을 등한 시 하는 나라로 변했는지 모르겠다. 이 많은 죄를 어떻게 다 받을 지 우리나라 앞날이 걱정된다. 10년 동안 이렇게 진행됐다면 얼마 나 많은 생명을 잃어버린 원혼이 하늘에 떠돌고 있을까?

또 만약 앞으로 10년이 더 진행된다면 천벌을 어떻게 감당하겠는 가? 아 하늘이 무섭다. 서양의 저질, 잡년, 잡놈, 하류문화를 생각없 이 들여온 우리의 잘못이 크다. 귤이 탱자로 변해 버렸다. 그런데도 우리는 귤은 보지 않고 탱자 맛이 어떠냐고 큰 소리만 치고 있다.

서양에도 위대한 철학가·사상가·사업가·정치가·음악가·미 술가·건축가 등 사회 전반에 타산지석으로 삼아야 할 정신이 많 이 있는데도 우리를 잃어버리고 참 자아를 찾지 못하고 있는 것이 다. 보리고래 넘기고 나니 눈에 보이는 것이 없다. 인간의 이기심으 로 세상으로 나오지 못하고 허공을 떠도는 저 원혼이 우리의 업인 데 어찌하면 좋을지 모르겠다.

업은 피할 수 없는 길인데 앞으로 일어난 일이 두렵기만 하다. 이 원혼이 우리 군주 눈을 막고 귀를 막으면 아무리 현명한 군주라도 어찌 백성을 가르치고 생사고락을 함께 하겠는가? 대롱으로 하늘 을 보고 천하를 논하는 자는 누구인가? 아아 큰일이다. 살생을 하 면 국운이 열리지 않는데 정말 큰 일이다. 아직도 서양의 저질문화 가 아름답게 보이면 우리의 미래 가 보이지 않게 된다.

기독교인 2천만, 불교인 2천만이라고 외쳐대면서 살생을 자행하고 있는 이 현장에 왜 침묵으로 일관하고 있는가? 온 누리에 사랑과 자비는 인간의 생명을 귀하게 여기는 성인의 말씀이 아닌가? 어찌하여 이런 하찮은 술사에게 지탄을 받을 경지까지 왔는데도 아무말없이 입만 무거운가? 그래도 침묵으로 일관한다면 어떻게 죄 많은 눈으로 성인의 글을 보고 더러워진 혀로 성인의 글을 읽는지 살아 있는 자 양심이 있다면 생각 한 번 하여보소.

우연히 만난 친구지만 세상이 유유상종으로 돌아가더라. 남편복 없는 인생은 그런 사람과 친해지고, 자식복 있는 사람은 그런 친구끼리 모여 살아간다. 사업가는 사업가 친구가 많고 가난한 사람은 가난한 사람끼리 친구가 되더라. 술친구 사귀면 술만 먹고 귀중한 인생을 허비하고 이번 생은 술로 다음 생은 주색으로 몸을 망친다. 운명의 변화를 주고 싶다면 친구를 잘 사귀어야 한다. 친구는 제2의 부모가 될 수 있기 때문이다.

얼굴을 보면 선대의 적선적덕(積善積德)을 알 수 있다. 오관(五官) 중 하나만 좋은 모습을 한다면 1대의 선행으로 자신이 태어난 것이고 오관(五官) 중 두 곳이 좋으면 우리 선조가 2대 동안 선행을 했다는 증거가 된다. 고로 얼굴의 오관(五官)이 모두 좋으면 오대(五代)가 선행하고 남을 도와 후손 중에 인류와 사회를 위해 봉사하는 인물이 나온다.

반대로 오관(五官) 중 한 곳이 유난히 보기 흉하거나 흠이 있으면 1대의 악업이 있음을 알 수 있고, 오관(五官) 중 두 곳이 흉하면 2대의 악업이 있는 것이고, 오관(五官)이 모두 조화를 이루지 못하면 5대에 걸친 악업으로 자신의 얼굴을 받게 된 것이다.

예를 들어 오관(五官) 중 코가 유난히 못생겼다면 우리 선조가 돈으로 사람의 마음을 아프게 한 과거가 있다는 증거가 된다. 귀가 까지거나 뒤로 넘어간 사람은 조상의 행실이 부정한 짓을 많이 했다는 증거가 된다. 이런 업이 쌓여서 자신이 태어나고 현재 얼굴을 갖게 된다. 고로 성형을 하기 전에 기도를 통해서 업을 먼저 씻고 하늘에 용서를 구하고 상담하기 바란다.

만약 이런 부분을 무시하고 성형을 하면 꼭 하늘이 벌을 준다. 아무리 훌륭한 의사라도 실수를 한다. 그렇지 않으면 이상한 사람에게 콩깍지가 끼여 몸을 망치고 그 값을 지불한다. 성우처럼 아름다운 목소리를 지닌 사람은 선대에 말로 좋은 일을 많이 했기 때문에 이런 복을 타고난 것이다. 집안에 복 있는 며느리와 사위가 들어오는 것은 이웃을 내 몸같이 사랑한 선대의 업이 있기 때문이다.

1. 큰 눈

눈이 큰 사람은 항상 밝게 생활하고 명랑하여 주위사람에게 인기가 많고 정이 많아 다정다감하다. 처음 만난 사람도 격이 없는 대화를 나눌만한 여유가 있고 활동영역이 넓고 여행을 좋아한다.

— 여기서는 왕방울 눈과 구별해야 실수가 없다. 소눈처럼 큰 것이 아니라 평균보다 큰 눈을 말한다.

— 이런 CEO가 있다면 함께 파트너로 열심히 일하면 훌륭한 성과

를 올릴 수 있다.

— 눈에 산뜻한 빛이 없으면 의욕이 없고 실패할 확률이 많다.

2. 작은 눈

희망사항이 많아 항상 일에 대한 욕심이 많다. 자신이 매력적인 일이라고 생각하면 만족할 때까지 열심히 한다. 결과적으로 옳고 그름을 좋아하고 자신의 견해와 충돌이 일어나면 말을 하지 않고 과묵하게 보낸다. 애정전선에 서로 싸움이라도 하는 날에는 화해하는데 오랜 시간이 필요하다. 사랑에 관한 충고를 참고하여 서로 충분히 이해하라. 긴 눈은 예외로 한다.

— 실력은 있는데 따르는 사람이 없으니 인간관계를 통해서 자신의 꿈을 넓혀가라.
— 일을 먼저 생각하는 사람이라면 그릇이 작다. 일보다 사람을 보는 안목을 기르기 바란다. 일은 원래 사람이 하는 행위이다.
— 성공하고 싶다면 생각을 바꿔라. 일을 의무감으로 진행하면 발전이 없다. 스스로 움직여라. 그리고 마음을 열어라. 성공은 넓은 마음을 기지고 있는 사람에게 행운을 가져다준다.

3. 가는 눈

상대가 나를 보면 너무 비밀을 많이 간직하고 있는 느낌이 들어 왠지 닭살이 돋아난다고 말한다. 능력은 참 좋은 편인데 사람과 친밀감이 없기 때문에 자신의 시간을 조금 할애하여 후배와 저녁식사라도 함께 하는 아량이 필요하다. 그렇다고 거짓으로 마음에도 없는 행동을 할 필요는 없다. 친구는 위선이 필요하지 않기 때문이다. 의외로 사물에 대한 관찰능력은 뛰어나다. 마음이 좁아서 탈이다. 눈에서 나오는 빛이 깊고 잔잔해 눈동자가 검고 깊으면 반대로 아주 좋게 본다.

― 가느다랗고 기다란 눈은 아주 좋다. 길이가 짧은 사람은 답답한 인생을 살아간다. 의심은 모든 일의 실패원인이 된다.

― 태양이 구름 사이에서 빛을 발하듯이 검은 눈동자가 빛을 내면 모든 사람을 다스리고 귀하게 된다. 길이와 크기를 잘 보고 판단해야 한다.

― 적응력이 뛰어나지 않다고 실망할 필요는 없다. 환상적으로 춤을 추는 사람도 처음에는 스텝이 엉성한 법이다. 그러나 쉬지 않고 노력하는 사람에게 기회는 반드시 온다. 겨울이 가면 봄바람이 불어오는 자연의 이치가 인생과 다르지 않다.

4. 날카로운 눈

이런 눈은 상대방을 제압하고 통제하는 과정에 두각을 나타낸다. 경쟁의식이 많아 화를 억제하지 못하면 더 큰 화를 부른다. 무슨 일이 생기면 자신의 습관을 한 템포 늦추고 천천히 이행하는 습관을 갖고 생활해야 마음이 편안하다. 기운이 강하다고 항상 상대를 이기는 것은 아니다.

— 여성이 이런 눈이면 남편에게 문제가 생긴다. 직업은 강하고 활동적인 부분에 자신을 맞추면 좋다. 교정할 기회가 생기면 긍정적으로 검토하기 바란다. 전문가와 상담하면 좋은 결과를 얻을 수 있다. 그러나 과욕을 부리면 얼굴이 더 흉한 운을 부른다.
— 공무원은 감찰기관·법관·검사·정보기관이 적성에 맞는다.
— 눈빛이 차가운 사람은 일생이 고독하고 외롭다. 마음을 순화시키면 눈빛이 달라진다. 부드러운 눈빛은 덕의 시작이다. 눈빛이 차가우면 등을 돌리는 사람이 많다.

5. 위로 치켜올라간 눈

이상이 높고 본인이 너무 많은 것을 한꺼번에 원하고 욕심이 많은 사람이다. 업무적인 진행이 자신이 진행하는 방향으로 조절되지 않고 이탈하거나 일이 의지대로 진행되지 않으면 초조나 불안감을 감추지 못한다. 자신을 반대하면 격한 말이 오가기 쉽고 의외로 여자에게 약한 면이 많다. 불만이 많은 사람에게 나타나는 증상이다.

— 사랑도 좋고 일도 열심히 하는 타입이다. 모든 면에서 좋으나 배우자 점유욕을 적절하게 조절해야 한다. 주걱턱은 더 심하다.
— 자녀를 통하여 자신이 이루지 못한 것을 자녀를 통해서 성공하고 싶은 욕망이 강한 사람이다. 희생을 기꺼이 감수하면서도 자녀의 사회진출을 돕는다.
— 경쟁에서 뒤지면 속이 부글부글 끓어 잠을 자지 못한다. 경쟁은 곧 자존심이다. 그렇다고 맹목적으로 공격하지 말고 효과적으로 행동하라. 눈빛이 약하면 물에 물탄듯 술에 술탄듯 행동한다.

6. 약간 들어간 눈

처음 대하는 사람은 내성적이라고 말하고 오래 사귄 사람들은 지독한 고집을 지니고 있다고 말을 한다. 처음에 사귀기 어려워도 시간이 지나면 따뜻하고 다정한 면이 많다. 온돌방처럼 불을 지피고 뜨거워지는 시간은 길어도 뜨거우면 오래 지속된다. 뜨거운 에너지를 감추지 말고 분출하기 바란다.

— 한 가지 사물을 깊게 관찰하는 능력이 있기 때문에 철학자·과학자·교육자 등으로 성공한다.

— 한 가지 흠은 자신의 목표가 이루어지기 전까지는 내성적이라
 는 것이다. 그러나 목표가 이루어지면 일시적으로 사교적이고
 외향적으로 바뀐다.
— 눈이 보통사람에 비하여 작고 안으로 들어가 있으면 아주 소심
 한 사람이 되기 쉽다. 작은 이익이나 사사로운 것을 탐내는 사
 람은 반드시 이익 때문에 망한다.

7. 번쩍이는 눈

 생글생글하고 번쩍이는 사람은 발명을 하고 새로운 물건을 탄생
시켜 세상의 자기 이름을 남기고 사라진다. 긍정적인 생각을 많이
하고, 무언의 벽이 가로막아도 목적지까지 도착하는 끈기 있는 노
력과 지혜가 있다. 여성은 사회진출은 좋으나 가정을 이루면 많은
문제가 나타난다.

— 호기심으로 많고 사물을 다각도로 보는 사람이다.
— 의심과 호기심은 다르다. 의심은 부정적인 생각의 근본이고 호
 기심은 긍정적인 생각의 싹이다.
— 목표가 있으면 눈에 기운을 집중하여 어려움을 뚫고 나간다.

8. 빛나는 눈

대중 속에 있어도 눈에 띠고 모든 사람이 우러러보며 존경한다. 조용하면서도 지혜와 지모를 고루 갖추며 추진력이 강하여 하는 일이 모두 뜻과 의지대로 이루어진다. 많은 무리들 사이에 선두주자가 되며 눈의 모양이 산뜻하고 뚜렷한 형상을 많이 한다. 눈끝이 조금 더 길면 욕심이 많고 적극적이다.

— 만인이 우러러보고 존경하는 사람이다. 눈이 맑지 못한 사람은 뒷거래나 부정적인 일을 좋아한다.
— 많은 사람을 다스릴 때는 눈으로 다스린다. 눈빛에서 나오는 기운은 백만 대군을 수족처럼 거느리게 된다. 그래서 명장들의 눈을 보면 공통적인 특징이 나타난다.
— 충신의 눈빛과 지혜를 지닌 여자는 이런 눈빛을 한다. 그러나 지나치게 강하면 반대 현상이 나타난다.

9. 통망울 눈

자기보다 어려운 일에 있는 사람을 그냥 지나치지 못하고 남을 도와주는 성격이다. 계산이나 실리에 밝지 못하여 손해보는 면도 있지만 시간이 지나면 도와주는 사람이 많아진다. 성격도 원만하여 모든 사람이 좋아하는 편이다.

— 기운이 맑은 사람은 청순한 소녀의 이미지를 간직한 사람이다.
이런 눈의 연기자는 대중에게 인기가 많다.
— 반면에 눈이 너무 크면 배우자의 능력이 떨어진다.
— 퉁망울 눈에 눈빛이 강하면 손해보는 일은 절대로 하지 않는
다. 이런 사람과 비밀스런 말을 하지 마라.

10. 부리부리한 눈

삼국지의 명장 장비가 생각난다. 시원시원하게 일을 처리하지만
대인관계는 편협한 면이 있다. 좋아하는 사람과 싫어하는 사람으로
너무 정확한 표현을 하는 것이 흠이다. 회사가 어려워지면 선두에
나서는 스타일이다.

— 관찰할 때 눈이 앞으로 튀어나오지 않았다면 굉장히 실력을 갖
춘 사람이다. 눈이 튀어나오면 인덕이 없고 수명도 짧다. 30대
말부터 태풍이 불어온다. 그리고 중년에 한 번 더 토네이도가
기다린다. 피할 수 있는 방법은 오직 마음의 수행뿐이다.
— 당신에게 필요한 사람이 누구인가를 잘 생각하라. 조조를 만나
면 싸울 힘이 생기고 유비나 관운장을 만나면 형제처럼 된다.
그리고 제갈량을 만 나면 지모를 잘 활용하라.
— 행동력은 좋은데 일을 계획하고 꼼꼼하게 조사하는 일은 뒤진
다. 장수는 전쟁터에서 죽는 것을 영광스럽게 생각해야 한다.

11. 눈물을 머금은 듯한 눈

애정소설을 쓴다면 베스트가 될 수 있다. 감성이 풍부하고 이성을 그리워하는 면이 강하다. 이런 눈은 사랑하는 사람을 위해 애정을 쏟아부어도 쉽게 이루어지지 않는다. 슬픈눈을 하지 마라. 슬픈눈은 항상 가슴 아픈 일만 일어난다. 관상학에서는 이런 눈을 도화기가 지나치다고 충고한다.

— 독자들의 가슴을 뭉클하게 하는 소설은 누구나 할 수 있는 일이 아니다. 사람의 눈이 어떤 생각을 하고 어떤 기운이 감돌고 있는가에 따라 시인과 소설가로 구분된다. 시인은 맑고 깨끗하고 소설가는 사연이 많은 눈이다.
— 슬픈 사슴은 사냥꾼의 표적이 되기 쉽다. 매력 있고 멋있는 남성을 배우자로 선택하지 말고 평범해 보이는 사람을 선택하라.
— 현실과 꿈을 구분해야 인생이 편안하다. 불행한 공주보다 안락한 농부의 아내가 훨씬 현명하다. 남자는 여성에게 인기가 많아 구설수가 따른다. 자기 자신을 잘 관리하기 바란다.

12 하늘을 쳐다보는 듯한 눈

남의 말을 잘 듣고, 자신의 생각을 솔직하게 표현하지 못하고 빙빙 돌려가며 말한다. 상대와 말할 때 두 눈을 정확히 똑바로 보지 않고 엉뚱한 곳을 본다. 은근히 남의 말을 떠보고 상대의 의중을 파악하기 위해 자신을 숨기고 상대가 스스로 이야기 해주기를 바란다. 안경을 쓴 사람은 안경을 만지면서 다른 행동을 한다.

— 친구 소개로 만난 사람이 이런 행동을 자주하면 자신의 마음을 속이고 있다는 증거다. 계약을 하는 장소에 상대가 이런 행동을 하면 생각해 보고 내일 결정한다고 보류해야 실수가 없다. 상대를 속이고 거짓말을 하는 사람이 이런 행동을 습관적으로 한다.
— 하늘이나 허공을 보는 사람은 망상이나 잡념이 많다.
— 신비주의나 사이비종교에 빠지기 쉬운 사람이다. 건강이나 수명에 지장이 많다.

13. 졸린 듯한 눈

일에 의욕이 없고 나태하게 보여 주위사람과 화합하기 어렵고, 항상 상념에 사로잡힌 듯한 눈이다. 이런 눈은 인화에 많은 시간을 보내야 한다. 활활 타오른 맹렬한 불꽃 도 처음에는 미약하게 시작했듯이 자신의 정력을 분출할 수 있고 인화성 성질이 있는 사람을 만나 깊이 감추고 있는 청춘의 불에 성냥 하나를 던져보라. 인생이 달라질 것이다. 규칙적으로 운동하고 명상하면 자신감이 생긴다.

— 무언가를 처음 배울 때는 누구나 어설프다. 그러나 시간이 지나

면 익숙해진다. 이질감이 있다고 생각하지 말고 새로운 일에
도전하라. 현대 물질문명에 잘 적응하기 바란다.

— 남편에게 사랑받으려면 눈의 기운을 바꿔라. 졸린 눈은 인생의
  행복을 빼앗고, 인생도 꿈을 꾸듯이 살아간다.

— 역경에는 두 가지 맛이 있다. 하나는 형용하기 어려운 맛이고,
  다른 하나는 세상에서 가장 고통스런 맛이다. 역경을 이긴 사람
  들은 하나같이 역경보다 좋은 스승은 없다고 말한다.

14. 무언가를 말하려는 듯한 눈

전진도 아니고 후퇴도 아니다. 망설이면 바보다. 말하고 싶으면 실
수를 두려워하지 말고 강도 높게 자신의 의견을 말하라. 때로는 논
쟁을 벌이고 다른 사람의 충고도 받아들이는 마음가짐이 있어야
자신의 그릇도 커지는 법이다. 전진하는 과정도 남의 눈치나 봐야
하고 후퇴할 때 남의 등살의 어찌어찌하여 슬그머니 꽁무니를 뺀
다면 누가 당신에게 격려의 말 한마디라도 해줄까? 천하의 명마도
채찍을 맞아가며 성장하거늘 채찍을 두려워할 필요는 없다.

— 적극적인 사고만 있다면 능력있는 사람이 될 수 있다. 성공하고
  싶다면 자신의 주장을 펼쳐라. 실력만 능력이 아니라 남에게 인
  정받는 일은 더욱 중요하다.

— 이런 사람은 슬픈 사랑을 한다. 그래서 항상 자기 몸에 애처로

운 기운이 감돌고 있다. 그래서 첫사랑에 실패한 사람과 결혼할
가능성이 높은 사람에 해당한다.
— 기회는 먼저 맞이하는 사람이 주인공이지 뒤에 따라가는 사람
은 어정쩡한 인생을 살아간다. 자연에서 활력에너지를 받아라.

15. 무시무시한 눈

이런 눈은 화가 나면 동공이 확장되고 감정이 극에 이르러 다음
일을 알 수가 없다. 일시적으로 절제하지 못해 나타나는 순간적인
감 정의 표현이다. 폭력물이 상영되는 장면에서 종종 보게 되는 눈
이다. 조금 과장되게 표현하여 섬뜩한 기운이 함께 깃들어 있으면
특수부대 정예요원이 은밀히 밀령을 받고 활동을 개시했을 때 적
을 무찌르기 위해서 필사의 결의를 다지는 기운이라고 보고 싶다.

— 강하게 보이는 사람에게 상대적으로 부드러운 속성이 잠재되어
있다. 이런 사람은 애교있는 여자와 잘 어울린다.
— 강한 성격을 뽐내고 싶다면 정보를 이용하라. 자신이 시대적인
리듬과 함께 움직인다는 이미지를 전달하라.
— 당신의 성공은 원만한 의사소통에 달려있다고 해도 과언이 아
니다. 마음이 직선적이고 창처럼 날카롭다면 절망의 손님이 찾
아온다. 희망의 손님을 맞이하고 싶다면 마음을 둥글둥글하고
매끈한 돌처럼 가다듬어라.

16. 꿈꾸는 듯한 눈

미래의 다가올 일을 새콤달콤하게 기대이상으로 가슴 두근거리고 벅차게 생각하는 습관을 가져라.. 만약 눈을 자주 깜박이는 습관이 있고 턱을 고이고 위를 쳐다보는 사람은 자세부터 고쳐라. 일상의 고통이나 압박에서 탈출하여 꿈을 꾼다면 얼마나 좋은 일인가. 하지만 자주 현실을 도피하는 습관은 갖지 말아야 한다.

— 모든 일은 당장 시작하라. 그리고 머뭇거리지 말고 바로바로 기록하고 메모하는 습관을 지녀라.
— 현실을 직시하지 못하면 인생이 고달프다. 결혼기에 이런 습관을 지니면 결혼 후에 배우자 문제로 고생이 많다.
— 선천적으로 타고난 얼굴은 어떻게 할 수 없다. 하지만 후천적인 관상은 자기가 만드는 것이다. 여기에 하삼백안(下三白眼)이면 남의 집살이을 하고, 수명이 길지 않다.
— 샤워할 때 비누칠한 부위를 깨끗이 씻어내지 않으면 도리어 피부병의 원인이 된다. 마무리를 잘하는 사람이 되라.

17. 충혈된 눈

술먹은 다음날 아침에 눈을 보면 흰자위가 붉게 충혈된다. 그러나 술을 먹지 않고도 화가 나면 충혈되는 현상이 일어난다. 술을 먹은 후에는 올바른 판단을 할 수 없다. 눈이 충혈된 사람은 판단할 때 항상 심사숙고해야 한다. 항상 혈압을 항상 조심해야 한다. 이런 눈은 평생 운이 열리지 않는다. 명상으로 변화를 시도해보라. 마음의 열을 식히면 눈이 변하고, 눈이 변하면 삶도 변한다.

— 주위사람과 마찰이 끊이지 않고 작은 시시비비 때문에 고생한다. 이런 눈은 먼저 안과를 찾아가 치료부터 받아라. 직장인은 실수하고 사업가는 엉뚱한 결과가 나온다.
— 성공보다 건강을 먼저 생각하는 사람이 되어라.
— 소는 주인을 잘 만나야 일생이 편안하다. 자신의 능력을 믿어주고 북돋아주는 당신의 운명은 상사의 손에 있다. 충혈된 눈에 빛이 강하면 반드시 배반한다.

18. 시기하는 듯한 눈

경쟁에서 상대를 이기고 싶은 욕망의 눈빛이나 어렵고 힘든 과정을 돌파하기 위해 눈의 검은 눈동자에서 기운이 나오지만 시기하는 눈의 기운은 눈끝에서 나온다. 그래서 보는 사람의 기분이 좋지 않고, 마주 대하고 싶은 마음이 들지 않는다. 누군가를 시기한다는 것은 열등감으로 가득차 있다는 것이다.

— 마음을 깨끗히 하면 가치가 올라간다. 시기나 질투보다는 자신

을 돌아보라. 가치 있는 일은 자신이 만드는 것이다.

— 남을 분석하고 파악할 시간이 있으면 자신의 계획표부터 만들어라. 성공하고 싶으면 긍정적이고 좋은 기운을 먼저 지녀라.

— 이런 눈은 소유욕과 욕망이 강하다는 뜻이다. 마음을 바꿔 새로운 일을 개척하라. 그러면 인생이 달라질 것이다.

19. 의심하는 듯한 눈

눈을 길게 깜박이는 습관이 있다. 가느다랗게 늘어뜨리고 사람을 본다. 가끔 흘겨보는 사람도 있다. 의심을 자주하는 사람은 외롭다. 의심도 정신질환의 하나로 보고 싶은 생각이 든다.

— 친구를 사귀고 마음을 얻지 못하면 무슨 소용이 있겠는가? 성공은 열린 마음에서 출발한다. 단점은 둘이 있을 때 말하고 칭찬은 많은 사람 앞에서 큰 소리로 말하는 습관을 지녀라.

— 자기분석을 통해 내면의 세계를 깊숙이 들여다보라. 의심하는 기운이 가득하면 성공하지 못한다.

— 자신을 의심하는 사람이 상대방도 의심한다. 의심은 자신을 파괴하는 강력한 폭탄과 같다. 세상을 믿지 못하는 사람보다 불행한 사람은 없다.

20. 경멸하는 듯한 눈

눈동자의 중심이 밑으로 향해서 자신의 의사와 상관없이 남들이 오해를 많이 하는 편이다. 자신이 중심을 세우고 눈빛이 한쪽으로 치우지지 않게 하라. 이런 눈은 본인의 상태와 상관없이 저런 사람에게 왠지 정이 가지 않는 사람이라고 주변에서 말한다. 그래서 오해의 소지가 많다. 차가운 눈빛이 너무 강하면 대인관계에 실패하기 쉽다. 식물도 차가운 곳에서 성장하지 않듯이 눈빛이 너무 강력하면 사람이 모이지 않고 조직이 작아지고 흩어진다. 이미지를 개선하여 자신을 새롭게 꾸미고 새로운 인생을 출발해야 한다.

— 자신은 위대하고 상대는 하찮은 존재라고 여기지 말라. 만약 이런 생각을 한다면 당신도 언젠가는 이와 같은 대접을 받는다.

— 365일 이런 눈으로 어떻게 살아가겠는가? 참된 사람은 고개를 숙이고 성숙해지는 과정을 중요하게 생각한다.

— 새로운 능력과 재능도 중요하지만 그보다 더 중요한 것은 자신의 이미지를 새롭게 하는 일을 찾아보라.

5장. 눈썹(眉毛)으로 보는 법

눈썹은 머리카락과 가장 닮은 것 같지만 관상학에서 보는 관점은 다르다. 눈썹의 특징은 이마에 털이 자란다는 것이다. 지정학적인 위치로는 이마에서 흐르는 땀이 눈으로 직접 들어가지 않게 보호하는 기능이 있다. 여성이 화장을 할 때 눈썹만 잘 그려도 얼굴의 전체부분을 대표할 만큼 작지만 큰 역할을 할 수 있는 곳이다. 립스틱과 눈썹은 그날 컨디션을 조절하는 중요한 척도가 된다. 우리 인체는 곳곳이 땀구멍이 숨쉬고 있다. 피부와 표피에 집중적으로 자라고 있는 털을 기운의 강약을 조절하는 중요한 기관이다.

머리카락은 얼굴의 앞부분보다 머리의 위쪽 부분에 자라나는 특징이 있지만 눈썹은 머리카락과 달리 성장이 더뎌 쉽게 관찰하기 어렵다. 쉽게 말하면 정열과 사랑, 정의와 용기, 매력과 관심, 숙고와 판단, 음과 양의 기질적 기운을 듬뿍 담고 있는 곳이 눈썹에 해당한다. 세계 각국에 있는 사람들 이 얼마나 정열을 가지고 있는지 그 나라 사람들의 눈썹을 보면 쉽게 알 수 있다.

눈썹이 까맣고 짙은 사람과 숱이 없고 옅은 사람은 인생을 살아가는 방법이 천양지차다. 눈썹이 자주 움직이는 사람은 마음이 한결같지 못하다는 증거다. 이런 사람은 풍파가 많아 굴곡많은 인생을 살아간다.

눈썹은 바람이요, 잡초(乙木)에 해당한다. 순풍이냐 역풍이냐를 보는 곳이며, 잡초처럼 강한 생명력을 지닌 사람인가 아닌가를 판단하는 중요한 기준이 된다. 눈썹에서 광채가 나오면 하루 밤에 순풍을 타고 천리를 순조롭게 간다. 나라의 통수권자가 눈썹이 없으면 가뭄이 자주 든다. 바람이 없고 화재가 많아 백성이 고통을 당한다.

경영인이라면 외국에 투자하는데 심각한 고려하지 않으면 자신의 가슴을 치게 된다.

이런 실패를 경험하지 않기 위해서는 눈썹이 빛을 발할 때 까지 기다리는 인내가 필요하다. 한 번 참으면 열배의 이익을 가져다주고 세 번을 참으면 날로 번창한다. 여성들은 자신의 미를 위해서 함부로 눈썹을 건드리면 인생과 운명이 커다란 혹 폭풍이 몰아친다는 사실을 명심 또 명심하기 바란다. 아마 백만 번을 강조해도 지나치지 않으리라 확신한다. 이 말에 의심이 생기면 병원에 가서 눈썹이 빠지는 사람들이 누구인지 직접 확인해보라.

잡초가 너무 무성하면 태양(왼쪽 눈, 여자는 오른쪽 눈)을 가리고 달(오른쪽, 여자는 왼쪽)을 어둡게 만들어 생명력 있는 빛을 가린다. 반면 아름다운 조화를 이루면 꽃도 피고 나비도 날아들어 인생이 즐거워진다.

관상학의 관점에서 배우·탤런트·가수 등 인기나 유행에 많은 영향이 미치는 직업을 가지고 있는 사람을 살펴보면 머리카락으로 이마나 얼굴을 가리고 다니는 사람은 인기를 오래 지속하지 못한다. 얼굴의 기운은 하늘로 치솟아 올라가야 하는데 머리카락으로 얼굴을 가리면 힘차게 성장하는 나무를 자라지 못하게 하는 것과 동일하게 판단한다. 이런 직업에 있는 사람들은 참고해 자신의 인생을 잘 관리해야 지속적으로 인기를 누릴 수 있다.

관상학에서 가장 두드러진 부분은 사람의 성격이 직선적이고 급한 성향이 강한 부분과 항상 완만하고 조금 느린 성격의 소유자를 판단하는 제일의 기준선을 눈썹으로 본다. 남자는 얼굴을 보고 장인과 장모의 사랑을 얼마나 받고 있는지 알 수 있는 척도가 눈썹이 된다. 눈썹을 보면 장인과 장모를 알 수 있다. 여자는 물론 이마와 함께 시부모를 보좌하여 얼마나 조화롭게 사는지 알 수 있다.

사람은 생활 전반에 걸쳐 협상을 하지 않고 살아가기 어렵다. 동네 구멍가게부터 어디를 다녀도 우리의 삶과 협상은 불가분의 관계이다. 일이나 물건을 협상하기 위해서는 가장 먼저 판단하는 행동이 그 사람의 인상이다. 관상학에 전혀 관심없는 사람도 누구나 자기만의 느낌이 있다.

만약 이런 협상을 하는 과정에 있는 사람은 참고 해서 시험해보라. 눈썹이 아래로 처져있는 사람은 오래 동안 시간이 흘러야 협상이 가능하고 위로 향한 눈썹이라면 솔직하게 자신의 사정을 말하라. 그런 연후에 협상에 임하면 불필요한 시간을 줄이고 목표를 달성하는데 좋은 효과가 있다. 눈썹 하나만 잘 판단해도 당신을 유능한 협상가로 만든다.

사람은 태어나서 자라는 동안 눈썹을 관찰하여 보면 어린아이 눈썹은 머리 카락에 비하여 훨씬 뒤늦은 성장을 한다. 눈썹이 가장 돋보이기 시작하는 시기가 사춘기를 기점으로 나타난다. 사춘기는 남자와 여자가 신체에서 본격적으로 호르몬이 분비되는 시기이고 남성적 특징과 여성적 특징이 가장 크게 나타나는 시작한다. 쉽게 이야기 해서 눈썹이 약한 사람은 남성호르몬이 상대적으로 미약하다고 볼 수 있다.

여자는 눈썹이 지나치게 진하게 나오면 남성호르몬의 왕성한 분비를 뜻하므로 이런 형태를 하고 있으면 길상으로 보지 않는다. 너무 많으면 남성적인 성격이라고 본다. 남자지만 여성스런 성격은 눈썹을 통해서 보고 여자지만 남성 같은 불같은 성격은 눈썹을 보면 알 수 있다. 유아시절 짙은 눈썹을 가지고 있다면 이는 어렸을 때부터 기운이 강한 사람으로 보면 된다.

예를 들어 장군의 아들로 추천할 수 있는 사람은 우선 얌전하고 가지런하게 눈썹이 나와 있는 사람이라면 누가 보아도 쉽게 배역을 맡길 수 없다. 눈썹 모양이 휘날리듯이 강하고 힘차게 뻗어 있어야 하고 눈에서 나오는 안 광이 빛나고 백만 대군을 기운으로 호령하는 힘 있는 사람이 필요하다.

사극 드라마의 배역을 잠시 관찰하면 눈썹에 따라서 배역의 기준이 되는 것을 알 수 있다. 왕후나 승상의 경우는 무장의 눈썹과는 달리 가지런하고 안으로 갈무리하는 기운이 강하고 행동을 함부로 하기보다 대의명분이 있지 않으면 확고부동한 성격 때문에 절대로 승낙하지 않는다.

표독스럽고 사나운 역할을 하는 여자의 눈썹은 위로 향하고 그 사람의 성격이나 배역을 확정하는 느낌이 든다. 조숙한 여자의 배역을 확정시킬 때는 초승달 눈썹으로 눈썹이 배역을 확정하는 확인서와 같다. 우리가 알고 있는 눈썹이 인상이나 관상학에서 큰 비중이 없을 것이라고 생각을 한다. 그러나 정반대로 나타난다.

사극이나 드라마 역할을 맡겨도 편안하게 보이는 얼굴은 안정된 부분을 맡아야 하고 냉정하게 보이는 사람은 그곳에 알맞은 부분이 있다. 자신의 역할을 얼굴에서 읽을 수 있다. 왜 악역으로 나오는 사람은 자꾸 같은 배역으로 등장하는 것인지 생각해 볼 문제다. 텔레비전 스타 중에서 눈썹이 강하게 나타난 사람은 대중에게 인기를 얻는데 그만큼 강한 어필을 하므로 시청자들로 하여금 이미지 전달을 하는데 큰 장점을 지니고 있다.

관상학에서 눈썹을 형제궁과 보수관(保壽官)으로 본다. 옛날에는 형제의 수를 중요한 부분이었기 때문에 현대보다 중요하게 판단했다. 눈썹 길이에 따라 형제의 숫자를 말하고 판단했다. 눈의 길이와 눈썹의 길이가 같을 경우에 형제는 3명 정도로 표현한다. 현대생활에서 본인과 형제의 수는 특별한 의미가 없지만 눈썹이 길고 아름다운 사람은 마치 형제처럼 다정하게 지내는 선후배사이가 많아진다. 간혹 의형제를 맺은 사람들의 공통적인 특징은 눈썹이 진하다. 형제궁은 교우궁의 대궁으로 현대인에게 형제 이상으로 선후배나 동료 친구가 중요한데 이런 키 역할을 하는 장소가 눈썹이다.

눈썹은 염정이라는 하늘의 별이 사람의 눈썹을 주관하는데 염정의 특징은 사람의 정액이나 혈액에 맑은 기운과 탁한 기운을 살피는 요소가 된다. 수없이 많은 밤하늘 별빛이 반짝이지만 어느 별이 나와 기운을 교감하는지 알 수 없다. 염정의 별은 하늘에서 내려와 사람의 얼굴 중 눈썹을 자꾸 관여한다. 염정의 성질은 수줍어하면서도 자신의 것을 굳게 지킨다. 좋아하는 타입과 본인이 싫어하는 구분을 명확히 짓는 성격 때문에 간혹 감정의 적이 아니라 학문·논리·이론·비평에서 서로간의 감정의 상처를 만든다.

중국역사에서 가장 유명한 여걸 4인방은 여태후·서태후·장청·측천무후로 한고조 여태후가 염정의 가장 막강한 힘을 얻어 태후의 자리에 올랐다는 설이 있을 정도로 특별하게 생각하지 않은 눈썹은 무시할 수 없는 기운이 있다.

현대의학에서도 마찬가지로 환자에게 강한 항생 물질을 투여 하면 머리가 먼저 빠지는 현상은 우리 신체 기능이 머리카락과 가장 관계가 깊은 기운 작용을 하며 각자 자기 신체 상황을 미루어 건강을 예상할 수 있다.

눈썹을 통해 각 나라의 건강을 보고 싶으면 공무원의 눈썹을 보면 알 수 있다. 부패공화국이란 부끄러운 이명을 가지고 있는 우리나라 국회의원이나 고위 공무원은 흥미로운 눈썹형태를 한다.

직위나 신분이 달라지면 형제나 자매에게 가장 먼저 청탁이나 부탁이 들어온다. 우리나라 구조상 냉정히 거절을 할 수 없다. 물론 차가운 사람은 한마디로 '안돼' 라고 강한 어조로 표현한다. 그리고 다시 말을 하지 못하게 해서 잡음을 차단하고 예방하는 성격을 소유한다. 권유나 부탁하는 일이 자주 벌어지면 형제와 멀어지고 얼굴을 자세히 관찰하면 사람의 눈썹에서 나오는 빛이 약해진다.

공무원의 눈썹을 보면 어떤 사람은 희미하거나 또 다른 형태는 눈썹이 숲을 이룰 정도로 많이 나와 있는 사람이 있다. 이런 눈썹을 한 사람은 청탁을 냉정하게 거절할 줄 아는 사람이다. 미국의 레이건 눈썹을 보면 숲을 이루고 굉장히 까맣다. 정치인 중에 이런 형태가 간혹 나타나는 것은 강함 집념과 정신을 집중하도록 눈썹이 눈을 보호하기 때문에 이루어지는 현상이다. 눈썹에서 윤기가 흐르고 거칠지 않고 깨끗하면 아주 좋은 길상으로 표현한다.

눈썹의 또 다른 비유는 하늘에 두둥실 떠있는 구름을 비유해서 표현했다. 우주의 조화는 물과 불이 있어야 성립된다고 하면 우리가 살고 있는 하늘나라에 구름은 신이 부리는 물의 변화를 가장 잘 나타내고 있는 것이다. 어떤 날은 빛을 차단하고 물을 지상에 내려 물의 나라를 만드는가 싶으면 뒷걸음으로 물러나 태양에게 양보함으로 빛의 나라를 만들도록 도와준다. 하늘의 조화, 뭉게구름의 움직임을 사람의 얼굴 눈썹에서 찾아보면 재미있는 일이 일어난다. 날마다 폭우나 폭설이 내릴지 빛이 쨍쨍 내리쬐는 날이 계속될지 눈썹을 보면 그 사람의 인생이 보인다.

— 될 수 있으면 머리가 명문(命門)을 가리지 않게 해야 운이 좋아
 진다. 유행보다 운이 열리는 스타일을 하라. 여자가 명문(命門)
 을 가리면 유혹에 약하다.
— 눈썹이 눈 밑으로 자라면 평생 재물복이 없고 총명한 기운이
 사라진다. 이럴 때는 가지런하게 정리하라.
— 눈썹이 너무 짙으면 눈빛의 신기가 사라진다.
— 눈썹이 거꾸로 나오면 부부간에 반목한다.
— 눈썹은 가지런하나 산근(山根)이 너무 낮으면 복이 없다.
— 눈썹은 황색이고, 눈이 삼각형이고, 안구가 돌출되면 자식이 적
 고 여러 번 결혼한다.
— 눈썹의 중간이 끊어지면 배우자와 자녀를 모두 잃는다. 이런 사
 람은 빨리 병원을 찾아가 상담하도록.
— 눈썹 바로 위에 점이 있으면 남편이 사통하기 쉽다.
— 눈썹이 가지런해도 끝이 함몰되면 재물이 흩어진다.
— 눈썹 머리에 몇 가닥이 일어나고, 눈 밑이 검은색으로 변하면
 자궁에 이상이 있다는 신호다.
— 눈썹 머리에서 인당(印堂)을 침범하고 끝이 아래로 쳐지면 남
 편을 살해할 마음이 있다는 뜻이다.
— 눈썹 끝이 나선형이거나 휘어올라가면 고독하고 빈곤하다.
— 눈썹 주변이 황색을 띠면 지나친 성욕으로 자궁을 상하기 쉽다.

— 눈썹 머리가 끊어지면 손위 형제가 세상을 등지고, 끝이 없어지면 동생에게 불행한 일이 생긴다. 상처가 생겨도 마찬가지다.
— 눈썹 중간에 갑자기 붉은점이 생기면 화재의 염려가 있다.
— 전택궁(田宅宮)이 좋지 않으면 유산을 지키지 못한다.
— 눈썹이 천창(天倉)을 향하면 결혼 후 재산을 탕진한다.
— 좌우 눈썹의 높이가 다르면 남자는 좌(양 : 아버지), 우(음 : 어머니)가 재혼한 사람이다. 여자는 반대로 우(양 : 아버지), 좌(음 : 어머니)가 채취한 사람이다. 낮은 쪽에 문제가 생긴다.
— 눈썹이 전체적으로 옅거나 드물고, 관골이 너무 높으면 형제간에 도움이 없고 형제에게 불길한 일이 계속 생긴다.
— 눈썹 머리와 인당(印堂) 주변에 악지(惡痣)가 자꾸 나오면 호흡기 계통에 문제가 생긴다.
— 눈썹 위가 적홍이나 흑암색을 띠면 형제에게 재난이나 질병이 생긴다.

1. 흩어진 눈썹

— 형제와 불협화음이 끊이지 않는다.
— 불안정한 상태가 계속되고 반항적인 충동이 강한 사람이다.
— 자신의 생각이 옳다는 것을 증명하기 위해 강압적이다.
— 인생을 부드럽게 살고 싶으면 바람처럼 부드러워져라.

첫사랑의 슬픔을 간직한다. 여자에게 한번 빠지면 어쩔줄 모르고 좋아하고 맹목적인 사랑을 추구한다. 그래서 일과 사랑을 잘 구별하지 못하고 착오를 일으키는 사람도 있고 부모의 반대로 눈물을 흘리기도 한다. 가정이 평안하면 직장에 바람이 불어 문제가 생기고 직장이 편안하고 가정이 안정되면 갑자기 건강에 문제가 발생하여 일신상 항상 문제를 일으킨다. 사랑은 화려하고 보통사람들이 하지 않는 특별하고 유별난 사랑을 좋아한다. 그래서 연애는 뜨겁고 현실은 차가운 법이다.

■ 장점
— 유행을 창조하는 일에 잘 적응한다.
— 중장비나 건설 계통에 종사하는 사람도 많다.
— 능력이 우수하여 혼자 여러 가지 일을 한다. 고난도의 기술이 필요한 직업이나 하이테크를 지향하는 장소라면 잘 적응하고 일시적인 스포트라이트를 받는다.

■ 대인관계
— 자신을 미워하거나 싫어하는 사람을 찾아가보라. 운명이 달라질 것이다. 원수를 사랑하면 인생의 전환점은 얼마든지 있다.
— 자신보다 실력과 명예가 있는 사람을 친구로 사귀어라. 운명은 신이 부여하는 것이지만 개척은 자신이 하는 것이다.
너무 미래지향적이라서 자신의 일과 거리가 먼 사람을 만나는 경향이 있다. 선배를 좋아하면 후배를 무시하기 때문에 양자 균형을 이루는 인간관계를 만들어야 한다. 너무 무리한 계획을 세우지 말고 차근차근 하나씩 이루는 습관을 가져라.

2 끝이 휜 눈썹

— 욕심 때문에 형제나 친구와 말다툼이 생길 수 있으니 조심하라.
— 단정적이며 거만한 말투가 느껴진다. 이런 사람과는 가볍게 인사로 대신하는 것이 좋다.
— 토론에서는 이길 수 있으나 인생은 씁쓸하다.
— 이성적이면 실수하지 않는다. 이런 타입은 감정이 개입되면 흔들리기 시작한다. 명상을 하면 이성으로 충만해져 단점이 장점으로 변한다.
— 욕정의 바람이 부니 항상 조심하라. 바람이 불기 시작하면 가정도 자식도 보이지 않는다.

환경의 적응력이 매우 좋다. 자신의 욕심을 위해서는 타인을 수단으로 보는 경향이 강하다. 만약 이런 사람을 만나면 경계하고, 금전거래를 했다면 받을 생각은 하지 않는 것이 좋다. 상대방과 대화할 때 눈썹이 심하게 움직이는 사람은 목적을 달성하기 위해서는 수단과 방법을 가리지 않는다. 직장에서 상사가 이런 눈썹을 한다면 부하 직원을 출세의 수단으로 본다.

■ 장점

— 시세차나 등락폭이 불규칙한 곳에 적합하다.

— 오래된 이야기를 꺼내 상대를 곤란하게 만든다.

— 장점을 활용하고 싶다면 컨디션 그래프를 그려 활용하면 좋다.

— 다면다양한 시대에는 능력을 충분히 발휘하고 수완이 매우 좋은 사람이다. 자만하지 않고 의리가 있으면 금상첨화다.

■ 대인관계

— 자신의 좋은 점을 부각시키지 못하면 음흉한 사람으로 오해받을 수 있다.

— 먼저 마음의 문을 열고 대화화며 좋은 관계을 위해 힘써라.

— 겉과 속이 다른 사람이라는 오명에서 벗어나도록 노력하라.

 아무리 가까운 사이라도 상대방의 모든 것을 안다는 생각은 위험하다. 자신의 이익만을 도모하는 사람이다. 자신은 잘될지 몰라도 형제와 자매의 문제로 잡음이 끊이지 않아 고민이 많다.

3. 활시위 눈썹

— 이런 눈썹은 결혼을 지연시킨다.

— 상대의 관심을 받는 비결은 논쟁에서 이기는 것이 아니라 존중해주는 사람이다.

― 남편을 꽉잡고 산다고 자랑하지 말라. 활의 기운이 남편의 건강
  을 해친다.

  활은 전쟁에서 적을 무찌르고 상대방을 쓰러지게 만든다. 활에는
강하고 무서운 무기로 작용하고 인자한 기운이 없다. 그래서 상대
를 이겨야 마음이 후련하고 시원한 기분을 느낀다. 부드럽지만 강
한 사람이다. 혹 잘못판단하면 엉뚱한 결과를 가져온다.
  평소에 상대와 말하는 대화를 부드럽게 하는 습관을 몸에 지녀야
인생이 순탄하고 기복이 없다. 상대방을 공격하지만 말고 지혜로운
힘을 길러 올바른 판단을 할 수 있는 힘을 키워라. 그리고 항상 말
을 조심해야 한다. 가령 사회적으로 유명인사라고 하는 사람이 이
런 눈썹을 하고 다닌다. 자세히 보면 이런 사람은 상대를 무시하는
말투를 너무 쉽게 사용한다. 그리고 이런 눈썹은 전쟁이 일어나야
전공을 세워 자기 이름을 세상에 날린다. 경쟁이 성공이고 전투가
곧 삶이 된다.
  당신의 직업이 영업을 하는 직종에 있다면 논쟁을 꾹 참아 성과
가 있다. 고객과 사소한 논쟁이 벌어지면 양보하라. 계획이나 실천
사항은 시간이 흐르면 다시 보는 냉정한 눈을 가지고 있다. 말씨가
논쟁이 되면 상대의 정곡을 찌르는 말투는 자신의 심장을 찌르는
사람과 똑같다. 이것은 자신의 영역을 스스로 좁히는 결과가 된다.
이런 눈썹 모양은 될 수 있으면 타원형으로 만들어주면 좋은 결과
를 가져온다.

■ 장점

— 무인도에서 생존할 확률이 제일 높다.

— 다양한 잠재능력을 가지고 있다.

— 고민이 있으면 상대에게 털어놓고 오래 지니지 않는다.

 광활한 황무지를 개척하라고 하면 제일 잘 어울리는 성격이다. 선봉의 서서 일을 지휘하거나 조금 무리하게 목표를 설정해주어도 완수하고 달성해 능력형 잠수함이다. 모험가·탐험가·선구자적인 역할을 담당하면 무리가 없다.

■ 대인관계

— 성격이 매우 직선적이다. 절제하면서 부드럽게 대하라.

— 뼈도 부러지면 시간이 흘러야 붙는다. 그리고 부러진 부위는 더 단단해진다. 사람도 마찬가지다. 싸운 후에 친해진다.

 미래지향적으로 항상 원대한 목표가 있고 자신을 발전시킨다. 여가 시간을 활용하거나 일과 후에 자기개발 프로그램을 만들어 조기에 두각을 나타낸다. 가정보다 직장에 더 많은 시간을 소비하는 습관이 있으니 적절한 분배가 필요하다. 관상학에서 두드러지게 나타나는 것은 성(性)을 좋아 하는 여성으로 판단한다.

4. 파도물결 눈썹

— 잔잔한 호수의 물결과 폭풍 속에 파도가 되어 움직이는 상황은
   당신의 감정이 만든다.
— 순풍에 달리고 싶다면 때를 기다려라.
— 능력은 좋으나 성공한 사람이 많지 않다. 실패의 원인은 자만심
   이다. 잊지 말고 기억해두었다가 자만심의 자물쇠를 풀어라.
— 원만한 결혼생활을 하려면 사회생활을 하라.

 개인의 성격이나 자신의 주장이 정적일 때와 동적일 때 차이가
심하게 나타난다. 파도는 바람이 불어야 움직이고 물결은 바람의
영향에 따라서 높이가 결정된다. 사람의 능력도 격동의 시기에 어
떤 사건의 계기가 되어 숨어 있는 능력이 나타난다. 뜻하지 않는
사건이 자신의 이름을 세상 밖으로 알리는 계기가 된다.
 남녀의 사랑도 전화나 편지로 주고받을 때는 매우 다정하게 보여
주변사람 모두 부러워한다. 이렇게 다정한 사이지만 만나면 사소한
일로 다툼이 커져 싸움이 잦은 유형에 해당한다. 멀어지면 사랑하
는 님이 보고 싶고 만나면 언쟁만 높아진다. 바람이 불면 파도가
출렁대니 모두 한 걸음 양보하면 서로 시끄러운 일이 조용해진다.

■ 장점
— 리더가 된다면 훨씬 일을 효율적으로 한다.

— 적극적인 참여가 좋다. 중견사원이 될 때까지 참고 기다려라. 아무리 능력이 좋아도 참을성이 없으면 안된다.

혼자의 힘보다 집단으로 발휘하면 훨씬 높은 성과를 올린다. 시대의 흐름을 잘 알면 만사가 순조로우나, 그렇지 못하면 엉뚱한 결과를 맞이한다. 감정을 잘 다스리면 좋은 찬스를 만든다.

■ 대인관계
— 자기 마음의 들지 않으면 칼처럼 냉정한 면이 있다.
— 개방적인 성격이다. 그래서 넓은 대인관계를 통해서 자신의 인생을 만들어간다.
— 후미 그룹보다는 선두 그룹을 좋아한다.

자신의 전문분야나 직장에서 원만하게 생활하는 편이다. 자상한 상사가 가정에서 따뜻한 부모의 이미지를 풍기지만 실제는 엄격하게 가풍을 이어가는 사람처럼 자신이 사랑하는 부하직원은 힘든 일이나 일선에 나가 행동하도록 한다. 역동적이고 기운을 물 흐르듯이 자연스럽게 만들어 당신의 기운과 신체의 흐름을 바꾸어 경제활동의 이익을 선사하는 사회인으로 변화하기 바란다.

5. 검 모양 눈썹

― 처음에는 강하고 접근하기 어려운 사람이나 논쟁이나 다툼이
  없다면 부드러운 사람이다.
― 마음 속에 정의감이 숨쉬고 있다. 열사에게 많이 나타난다.
― 자신을 알아주는 상사가 있다면 목숨을 걸고 일한다.

 강하게 보이나 평소에는 부드러운 사람이다. 이런 눈썹의 형태는
경쟁적이고 적극적인 상태로 기운을 발산한다. 자신의 출신 상황이
부유한 집에서 태어난 사람이 있다. 그리고 가난하고 역경 속에서
자신을 키우고 발전한 사람이 있다. 이런 눈썹은 사회와 환경으로
부터 성격이 많이 변화를 가져온다. 가난하고 어려운 집에서 태어
났다면 역경과 싸워 이기는 사람이 될 것이다.
 외부에서 느껴지는 강한 특성과 다르게 내면 깊숙이 보이지 않는
여린 속성이 잠자고 있다. 생각이상으로 정도 많다. 감수성이 매우
풍부하고 순수한 사람이다. 이런 사람은 여성이 눈물로서 사랑을
고백하면 거절하지 못하는 면도 있다.
 부유한 가정에서 살아온 사람이라면 직선적이고 타인을 배려하지
않는 성격이 강해 반드시 중년에 어려운 고비를 맞는다. 그러나 가
난한 집에서 자란 사람은 많은 장점이 있다. 부유한 집에서 태어났
으면 모든 상황을 악조건이라고 생각하고 다시 출발하라. 그러면
훌륭한 사람이 될 것이다. 단 아랫사람을 너무 무시하지 마라.

■ 장점

— 빠르고 상쾌하게 일을 처리한다. 시간이 지연되거나 목표달성이
  늦어지면 밤새워 일한다.

— 자신이 하는 일에 일인자가 되기 위해 혼신의 힘을 다한다.

— 한 분야에 종사하라. 꾸준히 일하면 반드시 성공한다.

자신이 원하는 일이 풀리지 않거나 원하는 목표에 도달하지 않으
면 마음이 불안하다. 상대방 목적의 상관없이 끝까지 원하는 뜻을
이루고 끈질긴 성격이 성공의 기반으로 자리잡는다. 공격적인 특성
때문에 말 한마디라도 주의해서 말하는 습관을 지녀야 빛난다.

■ 대인관계

— 일 때문에 만나는 사람과 사교적인 만남은 차이가 많다.

— 내가 일인자라고 생각하면 상대도 그만큼 가능성이 있는 사람
  이라고 인정하라. 좋은 대인관계는 실력보다 중요할 때가 있다.

평소 자신의 직업과 관련된 사람을 알고 있을 때와 평범하게 만
나는 사람과 많은 차이를 보인다. 자신의 전문분야에서 일하는 동
료직원과는 강하고 직선적인 성격이 두드러지게 나타나고 원하는
목적을 달성하기 위해서 너무나 무서운 집념을 가진 사람이다. 하
지만 일반인에게 지나치리만큼 친절히 잘해주고 부드러워 양극단
의 성격이 있다. 특히 이런 검과 같은 모양의 눈썹은 형제간의 비

극적인 일이 일어나지 않게 마음을 항상 잘 다스려 가족의 우애와 화평을 위해 힘써야 한다.

6. 초승달 눈썹

— 모든 일이 기대 이상으로 잘 풀리며 친절하다.
— 이상적인 남성을 만나 가정을 꾸미고 무난한 인생을 살아간다.
— 섬세한 필체, 짜임새 있는 구도, 편안한 느낌, 자연의 맛을 그리고 싶다면 이런 눈썹을 가져볼만하다.
— 손발을 많이 사용하는 직업에는 어울리지 않는다.

 이상적이고 안정된 느낌을 주는 형상이다. 초승달은 보름달을 향해서 점점 차오르는 진행형으로 자연의 형상을 닮았다. 옛사람들은 시간이 흐를수록 훤하게 세상을 비추는 기운이 깃들어 있다고 보았기 때문에 자연현상계 중의 가장 부러워한 부분이다. 남성보다는 여성에게 잘 어울리는 눈썹으로 남성이 이런 눈썹을 지니고 있다면 일하는 직종이 여성과 관련된 사업을 하면 좋은 일이 생긴다. 동적이고 활동적인 부분에서 자신의 몫을 하기보다는 정적인 부분이 어울린다. 눈썹이 너무 가는 사람은 좋은 점수를 받지 못한다.

■ 장점
— 경호실과 비서실의 차이는 알 것이다. 이런 훌륭한 비서와 같이

일을 한다면 최고의 성적을 올린다.

— 항상 상대를 배려하는 마음이 깊은 사람이다.

— 자신의 급하고 섬세하지 못한 사람은 이런 사람과 친근해지고
   깊게 관찰하고 장점을 배워라.

 항상 덜렁대며 차분하지 못하고, 목소리 고저의 톤이 심한 사람은
이런 사람을 참모나 동업자로 함께하면 좋은 파트너가 된다. 사업
에 성공한다면 이런 사람을 만났기 때문에 목적을 달성했다고 말
할 수 있다. 항상 남을 배려하며 따뜻한 마음을 가지고 있다. 부드
러운 성격이 사람의 마음을 잡는 장점으로 나타난다. 그렇기 때문
에 모든 사람의 마음 속에 자리잡는다. 다정다감한 사람으로 뇌리
에 남아있어 도움을 주고 싶어 하고 고마운 사람으로 기억된다.

■ 대인관계

— 성격이 원만하여 사람들이 좋아한다.

— 로맨틱한 사랑을 하고 싶은 남성은 이런 눈썹의 여성을 찾아라.
   분위기를 잘 맞추고 아기자기하며 감칠맛 나는 여성이다.

 남자와 여자의 공적인 관계와 사적인 관계가 불분명해서 일과 회
사, 조직과 가정을 분명하게 규정짓지 못해 오해의 소지가 있다. 그
러니 조금 빠르고 강한 특징이 있어야 성공하기 쉽다. 윤기가 나고
좋은 색이 감돌고 은은하면서 선이 분명하면 좋다. 세상에는 강과

유가 있다. 부드러운 사람은 강한 사람에게 배워야 하고, 강한 사람은 부드러운 사람에게 배워야 한다.

7. 일자형 눈썹

가장 많은 눈썹으로 보편적인 사람이며 대중에게 인기가 있다. 사람의 얼굴 중에 가장 많이 볼 수 있는 형태를 한다. 아내와 남편이 서로 돌봐주고 고통스런 일이 있으면 함께 한다. 어려운 일이 있을 때 서로 위로하고 따뜻한 정을 가지고 있다.

중산층에 해당하는 눈썹으로 정시에 출근하고 무뚝뚝한 남편이지만 귀가하여 저녁식사를 같이 하는 가장 평범한 눈썹이다. 회사생활에서도 신뢰와 책임, 협조와 애정으로 자신의 능력을 발휘한다. 튀거나 돌출된 행동은 하지 않지만 이런 사람이 없다면 조직을 운영하고 발전시키는 과정이 무척 힘들지 모른다. 간혹 침묵으로 일관하는 성격이 있으므로 처음과 끝부분을 잘 조절해야 한다.

■ 장점

— 성격이 차분해서 순서에 입각하여 일을 처리한다.

— 무리수를 두지 않고 실리를 추구하는 사람이다.

— 보통 평범한 사람이라고 보이지만 가장 안정되고 편안한 행동을 하는 사람이다.

세미나에 참가해보면 자신의 의견보다 발표자 의견을 경청하고 충분히 정보를 축적한 후에 자신의 견해를 발표한다. 서로간의 의견을 표시하고 서로 의견을 존중하는 기본적인 일들은 매우 뛰어나다. 그러나 아주 많은 사람들이 왕래하는 장소에서 책임자 역할을 맡거나 혼란스런 일이 생기면 의사전달 방법을 일시적으로 잊어버린다. 상황이 혼란스럽거나 빠르게 진행되면 생각하고 느끼고 지각하는 반응이 평소에 비하여 둔감해지고 판단과 행동이 일치하지 않는 경우가 생긴다. 자신의 장점을 적극적으로 활용해서 인생의 도움으로 이끌어가고 단점은 보완하여 좋은 개선안을 만들어가면 가장 무난한 사람이 된다.

■ 대인관계
— 눈썹의 농도에 따라서 인간관계도 많이 달라진다.
— 장남이나 장녀보다 차남이나 차녀가 눈썹이 더 짙다면 집안에서 하는 일이 바뀐다.

항상 변함없는 사랑과 우정으로 여러 사람에게 사랑받는다. 사람과 사람의 관계에서 답답해 보일지 모른지만 생각보다 풍부한 감정이 있고 융통성도 상당히 많이 있는 사람이다. 일자형 눈썹도 여러 가지 형태가 있으니 조금 관심있게 보고 판단해야 실수가 없다. 끝부분이 얼마나 진하고 옅은가를 살펴야 한다.

■ 참고사항

— 눈썹이 좋아야 의약업에 좋다. 그리고 인당이 빛나고 풍성해야 명의로 이름을 날린다. 이런 사람은 환자의 병을 빨리 치료한다.

— 귀가 크고 눈썹이 작으면 형제와 불화하고, 항상 외롭게 산다.

— 눈썹이 크고 코가 작으면 될 수 있으면 경영은 삼가는 것이 좋다. 이런 사람은 열심히 땀흘려 모은 재산을 40대에 소진한다.

— 미골(尾骨)이 잘 발달했으면 청운의 꿈을 이룬다.

— 미골(尾骨)이 튀어나왔으면 기가 강하다.

— 눈썹이 크고 눈이 작으면 함부로 행동하지 말고 항상 신중해야 실수가 없다.

— 눈썹과 눈썹 사이인 명궁은 항상 깨끗하고 맑아야 좋다.

— 눈썹이 너무 길어 눈을 가리면 작게는 부모, 처첩, 일의 진행, 운의 행로가 막힌다.

— 눈썹 끝이 흩어지거나 무질서하면 파산, 산재, 가정불화, 형제건체 등이 따른다. 이런 사람은 눈썹을 가지런하게 다듬으면 좋다.

— 눈썹이 얇으면 지혜가 심원하지 못하다.

— 눈썹이 듬성듬성하면 호르몬 계통의 질병을 조심해야 한다.

— 눈썹 머리 부분은 흐리고 끝 부분은 진하면 가지런하게 다듬어 균형을 맞추어야 운이 좋아진다.

— 눈썹이 거꾸로 났으면 남자는 아내를 극하고 여자는 남편을 극한다.

— 눈썹이 구부러져 있으면 처자를 잃고 혼자 사는 경우가 많다.
— 눈썹이 좌선(左旋)하면 아버지를 먼저 잃고 우선(右旋)하면 어머니를 먼저 잃는다.
— 눈썹으로 개인의 성생활을 알 수 있다. 가지런하면 난잡하지 않고, 무질서하면 변태적인 기질이 있다. 눈썹이 없는 사람은 감각이 무뎌 지나치게 요구하는 경우가 있다.
— 눈썹에 점이 있으면 자신의 마음을 시원하게 털어놓지 않아 때로는 음흉하다는 오해를 받을 수 있다.
— 눈썹이 바른 사람치고 음험하거나 교활한 사람은 없다.
— 아무리 성인군자로 정평이 나 있어도 눈썹이 가지런하지 않으면 이중생활을 한다.
— 여자가 눈썹이 너무 짧으면 천하거나 요절하는 것으로 본다.
— 눈썹 중간이 끊어지거나 결함이 있으면 조심하기 바란다.
— 눈썹이 뻣뻣하고 부드럽지 않으면 사람도 그와 같다.
— 눈썹이 가지런하며 윤기가 있는데 한가닥이 구부러지지 않고 길게 나오면 귀인을 만나고, 명궁이 좋고 윤택하면 1년 안에 도움을 받는다.
— 눈썹 주변에 옅은 흑색을 띠면 친척 중에 환자가 생기고, 진한 흑암색이 오래가면 상을 당한다.

6장. 코(鼻)로 보는 법

코는 얼굴의 아름다움을 절반 이상 결정하고 배우자를 선택하는데 중요한 기준이 된다. 중앙에 있어 얼굴의 균형을 조절하는 중심적인 역할을 담당한다고 본다. 코는 이마나 광대뼈, 턱보다 더욱 높이 솟아 있다. 얼굴에서 가장 높이 솟아 있는 거대한 산이다.

일반적으로 여성들이 남성매력에 가장 큰 관심을 보이는 부분이 코의 높낮이다. 남성도 코가 낮은 여성에게 지대한 관심을 보이지 않는다. 얼굴의 코는 사람의 매력을 좌우하는 중요한 기준이 된다. 관상학에서 코를 가장 중요하게 생각하여 재백궁(財帛宮)으로 부른다. 특히 자본이 세계시장에 활동하고 움직이는 현대인에게 더욱 중요하고 성공과 실패가 금전적인 상황에 큰 영향을 받는다.

관상학에서 중요하게 생각하는 얼굴의 에너지는 재백궁(財帛宮)과 관록궁(官祿宮) 그리고 명궁(命宮)이 트라이앵글을 이루고 현대인에게 중요한 시대적인 반영이 천이궁(遷移宮)에 나타난다. 대인관계에서 이루어지는 길흉과 외교적인 상황을 보고 싶다면 천이궁(遷移宮)을 잘 관찰하면 좋은 해답을 얻을 수 있다.

세계에는 많은 지도자가 있지만 코가 낮은 리더를 찾아보기 힘들 정도로 코는 얼굴의 중요한 부분이다. 누구나 자신의 현금상태를 살펴보고 싶다면 재백궁(財帛宮)을 살펴보면 쉽게 알 수 있다. 코는 예로부터 남자의 성기에도 많이 비유했다.

왜 그 많은 것 중에 성기와 비유하는지 한번쯤 가볍게 생각해 볼 문제다. 자연계 중 동물들의 짝짓기에서 보듯이 동물들도 냄새와 소리로 교신하고 구혼을 청하는 것을 지켜볼 수 있다. 인류는 만물의 영장으로 자라면서 복잡한 과정을 거친다. 사랑을 표현방법도 다양하다. 성적인 본능은 누구든 있다. 또한 내면 깊숙이 이런 감정과 동물적인 요소를 전혀 배재하거나 무시할 수 없다.

냄새를 맡고 살아가는 과정이 욕구를 충족시키는 하나의 행위라고 생각한다. 사랑하는 사람을 만날 때 나도 모르게 은근한 향수를 뿌리고 즐거운 마음으로 사랑하는 사람을 만난다. 코를 통해서 향기를 느끼고 뇌의 자극이란 곧 사람의 가장 성스럽고 신비로운 성적인 자극이 시작 된다는 뜻이다. 이런 자극을 이성으로 절제하고 억누르기보다는 본능적으로 숨쉬고 있는 무의식의 세계가 열린다면 개인의 성(性)이 코의 호흡을 통해서 감지된다.

코가 전혀 냄새를 감지하지 못한다면 뇌에 전혀 자극을 주지 못하고 후각의 의한 자극적인 성기능이 작동하지 않고 무감각 할 수 있다. 뇌에서 얻어지는 정보도 그에 상응하여 감각기능이 상실되고 뇌도 점차 후각기능을 잃으면 이는 곧 성기의 결함으로 나타날 수 있기 때문이다.

뇌에 자극을 주지 못하면 성생활에도 많은 지장을 주는 이유가 후각을 통해 자극되는 경로가 막히고 퇴화되면 인간의 예민한 감각이 함께 무뎌진다. 뇌에는 신비한 힘이 있다. 이런 신비한 힘을 차단하는 것은 인간의 생활에 창조적인 일을 감소시킨다. 과거에는 주어진 부분에 성생활 만족을 하는 정도로 여기고 서로 절제된 성생활을 했지만 현대인들의 생활자체가 전혀 다른 삶을 영위한다. 현대인의 후각과 성생활이 매우 중요한 부분이 되었다.

코는 사람의 성적인 기능과 아주 관계가 많다. 관상학에서도 코를 성적인 기관과 밀접하게 해석하는 부부만 봐도 알 수 있다. 만약 어렸을 때 냄새를 맡는 기능이 상실되거나 둔감하면 성장하면서 성적인 문제를 야기시킬 수 있다. 조금 과장하면 후각이 곧 성이 될 수 있다. 과거 고대 마야족들도 코보다 더 민감한 성감대는 없다고 생각했다. 미지의 세계를 탐방하여 방송하는 프로그램을 보면 코에 많은 장식을 하는 원주민들을 볼 수 있듯이 코와 성의 본능은 일찍이 은밀하고 비밀스럽게 전해오는지도 모르는 일이다.

코를 뚫고 상징적으로 표현한 금속물이 갖는 의미는 남성은 의리, 힘을 여자는 자신만의 튀는 미적인 요소를 증가한 이유도 성이 개방됨에 따라서 나타나는 행동이라고 본다. 요즘 젊은이들 사이에 피어싱이 유행하는 흐름도 성의 흐름도가 달라지거나 흐름의 방향이 기존의 보수적인 관로를 이탈하고 새로운 길을 표현하는 젊은 이들의 또 하나의 감정표현 방법에 초점을 맞추고 싶다. 부부간 원만한 성생활이 이루어지지 않을 경우 후각을 자극하고 서로 좋아하는 향을 사용한다면 아름다운 밤을 기약할 수 있다.

성형은 누구나 많은 관심을 보이고 있으며, 만약 누군가 자신의 얼굴의 불만족스러운 부분이 있다면 적정수준까지 원하는 부분의 얼굴을 만족시킬 정도로 과학기술이 눈부신 발전을 가져왔다. 사고로 인하여 대인관계 기피증을 가진 사람이라면 충분히 교정하고 치료할 수 있다.

그러나 신이 선물한 아름다움을 무조건 싫다고 성형한다면 이것도 문제다. 일반인은 개인적인 판단보다 전문가와 상의해서 결정하는 것이 현명하다고 생각한다. 참고로 성형해서 재벌이 된 사람은 세계 어디를 찾아봐도 없다. 변화는 얼마든지 할 수 있지만 근본은 변하지 않는다는 사실을 명심하기 바란다.

남성의 우뚝한 콧날을 보고 많은 여성이 배우자를 선택하고 반하는 이유도 근본적으로 관상에서 표현하는 것보다 일찍이 본능적으로 시작되고 이어졌을 것이다. 코를 보고서 서로가 반하는 이유가 태고적부터 내려오는 인간 본능의 선택이 잠재되어 있어 나타나는 반응이 아닐까 생각해 본다.

대부분의 여성들이 남성의 코를 보고 자신의 사랑을 전하는 이유가 딱 꼬집어 말하기는 곤란하지만 자신도 모르는 사이에 얼굴이 붉어지고 가슴이 두근거리는 이유가 코를 보고 이성적인 사랑과 감성을 느끼고 서로간의 사랑을 전하고 말을 한다. 실제 남녀간의 미팅이나 모임을 통해서 이루어지는 과정을 봐도 코가 낮은 사람은 인기가 없다.

생리학적인 코는 대기 중의 공기를 인체로 흡입하는 과정을 돕고 있으며, 산소를 온몸 구석구석 운반하게 만들고 신진대사 에너지 공급원이기도 하다. 숨쉬기가 편하고 쉽다는 뜻은 많은 산소를 뇌에 훌륭히 공급하는 방법이 된다. 훌륭한 두뇌를 가지고 활용하여 인생에서 성공한 사람으로 두각을 나타내고 싶으면 생리학적인 코를 생각하지 않을 수 없다.

정신집중의 근본은 코로부터 시작된다. 복잡한 현대인의 삶이 물질에서 각종 스트레스로부터 자극을 받고 있는 사람들이 퇴근시간이 지나고 명상·호흡·요가를 수행하는 이유도 뇌를 쉬게 하고 편하게 만드는 시간을 따로 만들어 훈련하고 단련하는 이유 하나가 정신과 물질의 중화를 얻고 자신만의 행복을 추구하는 방법을 실천하는지 모른다.

인생은 보편적으로 생각과 사고, 자신이 가지고 있는 장점을 가장 원활하게 사용하고 두뇌 사용방법이 인생을 성공의 지름길로 인도하는 편안한 안내자 역할을 하고 저자극적인 삶을 추구하고 영위하는 각자의 인생관이 될 수 있다.

지정학적인 코는 위로는 이마, 아래에는 턱, 양쪽으로 볼이 있으며 얼굴의 중앙에 위치한다. 이마·턱·양 볼을 중앙에서 동서남북 사방으로 통제하고 다스리는 중요한 역할을 담당하고 있으며 관상학에 이르기를 재물은 사람의 생명을 지키는 행위 중에서 으뜸이라고 표현한 이유를 살펴볼 수 있다.

관상학은 중용과 중화를 중요시하고 가장 중요하게 보는 관계로 얼굴의 중앙에서 어떤 기운이 파생되고 흐르는가에 따라 굉장한 변화가 일어날 수 있다. 중앙의 균형이 무너지면 이는 곧 모든 균형이 무너지는 결과를 초래한다. 코가 발달한 사람은 성격 또한 조직생활에서 자신이 처해 있는 자리에서 중용을 세우고 자신의 일을 스스로 알아서 처리하는 상당한 능력을 발휘한다.

코가 잘 발달한 사람은 실무능력과 주변환경을 적절하게 구사하는 응용능력도 탁월한 사람에 해당한다. 자신이 가지고 있는 지식이 실무에서 잦은 착오가 있거나 병행이 되지 않는 사람도 얼굴과 전체적인 대칭이 부조화에서 발생할 수 있다. 따라서 코는 제일 먼저 병행해야 할 급선무로 다가오는 첫번째로 봐야 한다.

한편 코는 자신의 의지와 자존심에 영향을 준다. 코가 너무 강한 조직의 리더는 조직원의 자존심에 상처를 내기 쉽다. 날카롭고 강한 코를 가지고 있는 사람은 대인관계를 원만하게 하고 부드럽게 하는 후천적인 노력이 많이 필요하다. 좋은 코는 조직원의 능력을 무한히 사용하고 조직이 활성화되고 보다 큰 조직을 운영하거나 확장하는 부분에 편안한 길을 갈 수 있다. 코는 곧 자존심이다. 그리고 능력이다. 코가 높은 사람은 상과 벌을 적절하게 구사해야 반항이나 동료와 등을 지는 일이 일어나지 않는다.

코의 높이에 따라 대인관계를 달리하고 상대방과 자신의 위치를 선택하여 아름다운 인생의 부드러운 윤활유 역할을 하도록 하는 사람이 현명한 사람이다. 누구나 코를 통해 매일 호흡을 하고 있으며 우리는 뇌와 밀접한 관계를 가지고 있다. 책을 보거나 일을 집중하고 있는 사람이 코가 막히면 우선 정신이 집중되지 않는다. 이럴 때는 코가 곧 그 사람의 정신이다.

모든 정보를 종합해서 판단하는 뇌는 삶의 기준과 척도가 되고, 사람의 삶에 가장 중요한 핵심적인 기관이다. 이런 핵심적인 기관을 무한하게 사용하는 관문이 코에서 시작되는 것이다. 흔히 '귀가 큰 거지는 있어도 코가 큰 거지는 없다'고 할 정도로 정확하고 과감한 표현을 사용했다. 이런 말은 과거로부터 계속되는 경험에 근거를 두고 했는지 아니면 관상학에서 비유하는 어느 한 부분을 전체로 말했는지 모르지만 아무튼 결론적으로 코는 재물을 가장 예민하게 적용하는 신체의 한 부분이다.

우리의 삶에도 양과 질적으로 많은 변천사를 거쳤다. 현대인들의 삶이 개성과 능력에 따라 변화하는 삶이 가꾸어지고 이루어지는 과정이라면 가정에서 성(性)도 보수적인 관념에서 탈피하여 적극적이고 다양한 리듬을 원하고 열린 성생활을 한다. 요즘 성은 오히려 여성이 이끌 정도로 많은 변화를 맞이한다. 코의 높낮이에 따라서 부부간의 성생활이 다양하고 많은 변화를 가져오게 만든다.

클레오파트라의 코가 조금만 낮았더라면 역사가 달라졌을 것이라는 가정이 신체의 코는 그 위력이 지구의 역사를 변화시킬만큼 강한 에너지를 만드는 장소라고 볼 수 있고 우리에게 변화의 원리를 가르쳐주는 부분이다. 얼굴의 정면도를 보면 가장 높이 솟아있고 대기 중의 공기와 가장 먼저 접촉하는 부분이고 사랑하는 남녀가 키스할 때 코가 작은 사람은 서로 얼굴을 맞대고 자연스럽게 표현하지만 코가 상당히 융기한 사람들을 볼 때 얼굴을 약간 비스듬히 엇갈려 사랑의 표현을 한다. 사랑의 표현도 코에 따라 제일 먼저 변하게 만든다.

코를 보면 그 사람의 감정과 이성 그리고 성적인 변화를 나타낸 말이 아닌가 한다. 우리나라도 경제적인 성장과 더불어 여성에게 많은 변화가 일어나고 있다. 단순하게 비교해도 산업이 성장하고 나서 여자의 코가 그만큼 높아졌다는 사실을 확인할 수 있다. 단순한 말로 콧등 부분에 주름살 무늬가 생기면 부부간의 성생활에 대한 보수적인 관념을 가지고 있거나 콧등에 금이 가기 시작하면 부부간의 성생활 문제가 대두되기 시작한다고 할 수 있다.

관상학에서는 콧등을 질액궁(疾厄宮)이라고 한다. 건강에 이상이 생기면 질병을 살피는 부분에 변화가 일어나고 자신의 건강을 치료하는 비용이 소모됨으로써 재물의 개념과 건강, 그리고 운명이 삼각관계를 이루는 삶이 된다. 코를 성기에 비유한 것도 기억하기 바란다. 환갑을 지난 사람도 성생활을 할 수 있는 여부를 확인하고 싶다면 그 사람의 코를 유심히 살펴보면 쉽게 알 수 있다.

사회생활이나 조직생활에서 자신의 재능과 능력이 노력과 반비례하는 사람은 코의 모양이나 생김새를 교정하거나 높낮이를 조정해볼 필요가 있다. 개인의 성격과 취향을 고려하여 자신감 있고 활기

넘치고 개성 있는 자신을 발전적이고 긍정적인 삶의 한 부분을 만들어가는 용기와 결단력이 필요하다.

일반적으로 우리가 아는 광대뼈의 상식은 뼈가 튀어나오면 험난한 인생을 맞이하고 이런 여자는 '팔자가 좋지 않다'는 말을 많이 한다. 광대뼈 위치는 코를 좌측과 우측에서 보호, 보필하는 중요한 기운을 작용시키는 기관이다. 관상학에서도 코를 오악(五嶽) 가운데 중악(中嶽)이라 하고, 좌측을 태산, 우측을 화산이라고 했다.

우리는 항상 어느 하나만으로 전체를 비유하거나 모든 것이 그렇다고 말하지 말아야 한다. 반대적인 측면으로 살펴보면 관골이 너무 없거나 얕아도 문제가 생긴다. 인기를 누리는 연예인이나 스포츠맨이나 고위공무원들을 보면 모두 관골이 적당하게 솟은 공통점이 있다. 어느 한 부위를 가지고 무조건 좋다, 나쁘다 함부로 판단하거나 결정하면 위험하다. 이런 위험한 생각으로 혹 실수하여 인생의 큰 장애를 만드는 결과를 초래할 수 있기 때문이다.

일반적으로 여성이 가장 많은 관심을 보이는 부분이 얼굴의 코가 아닐까 하는 생각을 한다. 관상학적으로 코는 삼정(三停) 중에 중정(中停)에 속하고, 사람의 노력과 주위사람들과 직장이나 사회모임, 상하간의 화합을 강조하고 자신의 수완을 보는 부분이 된다. 그래서 중정(中停)이 좋은 사람은 자신의 노력과 보상의 대가를 받을 수 있는 훌륭한 기운이 잠재되어 있다. 처음은 두각을 나타내지 못하나 나중에는 반드시 자신의 능력을 펼쳐 성공한 인생의 길을 간다. 중정(中停)은 인화(人和)를 보는 기준점이 된다.

누구처럼 좋은 환경과 천연의 조건이 주어지지 않더라도 땀과 노력의 결실을 보는 장소가 중정(中停)의 위치에 해당되므로 스스로 분발하여 맨손으로 성공을 하는 기운이 중정(中停)이라고 했다. 성공하고 자신의 의지를 사회에 접목시킨 사람들을 보면 중정(中停)이 발달한 사람들이 참 많다.

과거는 세습과 획일적인 부여로 이루어진 타고난 일련의 과정이라면 현대는 노력과 무한경쟁의 시대를 살고 있다. 우리에게 가장 중요한 부분은 경쟁에서 뒤지지 않아야 한다. 세습이 인생을 결정하는 시대에 노력의 가치가 얼마나 값어치 있고 중요하게 인식했겠는가? 그러나 지금 우리는 노력의 시대에 살고 있다.

서로 경쟁에서 뒤쳐지고 싶은 사람은 한 사람도 없을 것이다. 경쟁의 원천은 뇌의 활용과 금융의 힘이 승부를 가르는 요소가 된다. 만약 인체의 코 하나가 인생을 결정하는 요인이 되고 치열한 경쟁 사회에서 자신의 생각과 의지를 실현하는 기운과 관계가 깊다면 단순한 미의 기준을 넘어서 인생을 생각해봐야 할지도 모르겠다.

얼굴을 3등분해서 보는 상정(上停)·중정(中停)·하정(下停) 가운데 중정(中停)의 강한 힘과 기운을 플러스되게 해야 인생을 자신의 것으로 만들 수 있다. 자신에게 큰 단점이 있고 그 단점 때문에 사회생활에 지장을 초래한다고 하면 망설이거나 주저할 필요는 없다. 자신만의 이미지를 가꾸고 만들어 나가는 자세가 적극적인 사람으로 변하는 첫 관문을 두드리고 돌파하는 사람이다. 물론 일체의 모든 현상이 마음에서 일어나고 마음으로 돌아간다고 하지만 일정부분은 마음의 콤플렉스를 해결하는 방법도 중요하다. 한 예로 조루증으로 고민하는 사람이 있다면 당연히 적극적으로 해결하는 것이 거짓으로 말하거나 감추는 사람보다 현명한 사람이다.

그리고 가장 중요한 부분은 재백궁(財帛宮)의 상대적인 부분이 복덕궁(福德宮)이다. 복덕궁(福德宮)은 사람의 희노애락과 오욕칠정을 보는 부분인데 좋은 감정이나 즐거운 마음을 가지면 상대적인 재백궁(財帛宮)이 좋아진다는 뜻이다. 아무리 좋은 상이라도 즐거운 마음이 없다면 재백궁(財帛宮)의 힘도 그만큼 약해진다. 웃는 얼굴과 밝은 마음이 인생을 더욱 매끄럽게 만든다. 즐겁게 웃는 소리는 복을 부르는 소리와 같다. 사람은 외적인 상(象)과 내적인 마음이 조화를 부려야 진정 아름다운 삶을 살아 갈 수 있다.

코는 자존심이다. 사람의 자존심은 죽어 땅 속까지 갖고 간다. 남자 해골과 여자 해골을 구분하고는 첫번째 조건이 측면에서 바라보아 코의 비골 끝부분이 남아 있다. 그 부분을 보면 약간 솟아 있다면 이는 여자의 해골 모양이다. 코의 형태가 밋밋하면 남자에 해당한다. 사람이라는 신기한 기운은 죽어서도 뼈에 감돌고 있는 것을 보고 매우 놀랐다.

여자가 한이 맺히면 오뉴월에 서리가 내린다는 말은 새겨들어야 할 것 같다. 이런 해골 모양을 보고 느낀 점은 여자는 자존심을 건드리거나 상처낼 필요가 없다. 괜히 무덤까지 가지고 가게 할 필요가 없다. 죽어서도 도도하게 자존심을 내세우고 자존심 하나로 살아가는 것이 여자라고 이해하면 몸이 편안해진다. 몸이 편안해지면 가정이 화목해지고 사회가 안정되고 국가에 큰 도움이 된다.

— 코 양 옆인 난대정위(蘭台廷尉)가 넓고 풍만해야 좋다.

— 코가 끝 부분만 살짝 솟아 휘었으면 40세가 가까워야 결혼한다.

— 콧구멍 주변이 깨끗하지 않으면 남자는 고환에 여자는 자궁에 문제가 생긴다.

— 주색을 좋아하면 코 끝이 붉게 변하거나 붉은 실선이 생긴다.

— 코 끝에 점이 있으면 중년에 사업을 실패할 가능성이 많다.

— 인당(印堂)·코 끝·입술·명문(命門)에 검은색을 띠면 반드시 돈문제로 고생한다.

— 코 끝에 검은색이 나타나면 환자는 수술한다는 뜻이다.

— 준두(準頭)나 난대정위(蘭台廷尉)에 붉은색이 감돌면 소송으로 금전문제를 해결한다.

— 코 끝에 검은색이 감돌고 눈 끝에 푸른색이 나타나면 큰 돈을 들여야 이성문제가 해결된다.

— 준두(準頭) 끝이 뾰쪽하고 날카로우면 교활하며 물귀신 작전을 구사한다. 이런 사람과 거래하려면 법을 잘 알아야 한다.

— 난대정위(蘭台廷尉)가 대칭을 이루지 않으면 재물을 보전하기 어렵다.

— 수상(壽上)에 점이 있으면 요통으로 고생하고, 난대정위(蘭台廷尉)까지 점이 있으면 익사하기 쉽다.

— 준두(準頭)에 상처가 없고 원만하면 가정이 편안하고 만사가

순조롭다. 단 남자는 결혼해야 안정된다.

— 양 콧등이 좋으면 재물이 넉넉하다.

1. 큰 코

코는 성격과 매우 관계가 깊다. 큰 코는 주장이나 개성이 강한 사람으로 일을 할 때도 확실한 것을 싫어한다. 코는 지도력이나 통솔력에 가강 강한 기운을 나타낸다. 코가 너무 크고 오뚝하게 솟았으면 거만하며 자기 밖에 모르는 사람이다.

단점은 자신의 생각대로 강하게 추진하여 마찰이 생기기 쉽다. 아무리 지도력이 좋은 사람이라도 친화력이 없으면 오래 가지 않는다. 한편 경쟁에서 뒤지거나 무너지는 것을 가장 수치스럽게 생각한다. 이런 까닭에 자신의 임무나 일이 확실히 주어지지 않고 긴장감이 없는 일은 적당하지 않다. 자신의 장점으로 좋은 인간관계를 만들어 성공의 밑거름으로 만들기 바란다.

2 작은 코

토론이나 논쟁이 벌어지면 자기주장이 없고 남의 의견에 찬성한다. 주변에서 자신의 재능을 마음껏 펼치고 있는 사람을 보면 왠지 시기하고 남을 헐뜯는 버릇이 있다. 그래서 대인관계도 나빠지고 고생길로 접어든다. 항상 합리적인 사고방식을 하라. 긍정적이고 남을 칭찬하고 주변 환경을 인정하고 부적절한 요소를 제거하면 좋은 삶이 된다. 소심하고 의심이 많다면 하나씩 개선표를 작성하고 수정하여 단순한 상황에서 벗어나라.

만약 다른 사람의 성공적인 능력을 인정하지 않고 시기하고 질투심이 강한 사람이 나도 성공할 수 있다고 해서 큰 자본을 투자하여 개인적인 창업을 한다면 값비싼 수업료를 내고 실패를 경험한다. 부도난 수표로는 자본을 회전시키지 못하고 회사를 세우지 못한다. 가장 중요한 정신이 부도수표와 같다면 당신은 영원히 일어날 수 없다. 자신을 냉정한 눈으로 관찰하는 습관을 지닌다면 인생의 실패는 그만큼 줄어들 것이다.

3. 넓은 코

활동범위가 넓고 무슨 일이든 호기심이 많아 가만히 있지 못하는 성격이다. 흔히 식욕과 성욕은 일치한다고 한다. 그에 비하여 금전욕·성취욕·명예욕이 높아 항상 자기 발전을 위한 행동을 하는 사람이다. 살집이 두툼한 사람은 경제적으로 든든한 사람이다. 남자는 정력이 왕성하여 한 여자로 만족하지 못한다. 이렇게 강한 에너지를 자신의 목표를 실현하는 과정으로 전환시킨다면 어디에 있어도 일을 성공적으로 완수할 수 있다. 한계 상황을 극복한 당신은 자신의 일에 방해되는 요소가 나타나면 야만적이고 무자비한 행동을 한다. 그래서 무서운 사람으로 보기도 한다. 이런 사람과 감정이 극에 이르는 순간까지 논쟁하지 않도록 하라.

4. 좁은 코

어떤 일이든 긁어 부스럼 만들지 마라. 자기가 한 행동을 변명하지 말고 인정하는 습관을 가져야 마찰이 없다. 콩깍지 속에는 콩이 있지 팥이 나오지 않는다. 매사가 신경질적이고 의심이 많아 소극적인 당신은 자신에게 오는 찬스를 잃어버리고 나무 밑에서 생선을 구하는 행동을 하지 않아야 성공한다. 본인이 모든 일에 먼저 보호막을 만들어 소극적인 사람을 만들어 버린다.

모든 일을 잘할 필요는 없으나 한 가지는 의욕을 가져야 원만한 인생을 산다. 수줍고 소심하여 일을 양보하고 자신의 찬스를 살리지 못하는 사람보다 자신에게 필요한 힘과 능력을 키워야 현대인의 생활에 적응한다. 이런 코는 호흡기 질환이나 갑상선 계통의 질병에 약하므로 항상 건강에 관심을 두고 살아가야 한다. 부득이하게 자신이 독립을 할 경우 등록이나 허가에 관한 일은 배우자의 명의를 빌려서 하면 좋다. 주의할 점은 작은 코는 해당하지 않는다.

5. 긴 코

밝은 곳에서 어두운 곳으로 가면 처음에는 아무것도 보이지 않다가 시간이 지나면 사물이 하나씩 보이기 시작한다. 어두울 때 침착하게 행동하고 기다리는 사람은 허둥지둥대지 않는다. 긴 코는 침착하고 마음을 고요하게 하여 자신의 강한 신념으로 일을 처리한다. 발빠르게 움직이고 순발력이 필요한 직업은 어울리지 않는다.

여자는 고고하고 기품있어 보이나 애교가 부족하고 상황에 맞는 맛을 내지 못한다. 그리고 인정이 많고 생각이 깊어 감정보다는 이성적인 판단을 하기 때문에 철학이 강한 사람이다. 논쟁이나 싸움이 있을 때 전략과 전술이 뛰어난 사람인가를 쉽게 알 수 있는 방법이 코의 길이로 판단하면 된다. 그래서 예술이나 철학을 하는 사람 중에 코가 긴 사람이 많다. 평소에 생각을 깊게 하는 까닭에 다른 사람이 보면 양면성이 있다고 오해할 수 있다.

6. 짧은 코

항상 밝고 명랑한 성격이다. 주위사람들과 즐겁게 지내고 이해심이 많아 인기가 많은 편이다. 남자를 만나도 성격이나 취향을 고려해 애교가 있는 사람이다. 딱딱한 분위기를 싫어하는 사람은 이런 여성을 만나야 성격적으로 좋은 궁합이라고 말할 수 있다. 다정다감하고 서민적인 멋을 좋아하고 감정적인 사람이다. 항상 자신을 개발하고 노력하는 정신은 매우 좋으나 성과가 미흡한 점이 흠이다. 변화를 시도하는 과정 중에 결과가 자신의 마음에 들지 않으면 즉흥적으로 행동하여 경솔하다는 말을 듣는다.

논리적이고 객관적인 성격이 없고 충동적으로 움직이는 당신은 결단이 빠른만큼 손해도 많다. 그래서 강약이 필요한 사람이다. 인생의 페이스를 조절하고 리듬을 타고 흘러라. 성공도 트레이닝이 필요하다. 챔피언이 되고 싶으면 많은 땀을 흘려야 가능하다. 그리고 챔피언을 지키는 일은 더욱 어렵다는 사실을 잊지 말라.

7. 끝이 들린 코

자신은 늘 진지하고 융통성이 많다고 생각한다. 일이나 대인관계에 결점이 없고 모든 사람이 자신을 인정하기 때문에 타인에게 늘 앞서 간다고 생각하는 사람이다. 자신의 행동에 영웅적인 환상이 들어가 현실을 바라보지 못하고 미래에 대한 추측만 무성한 사람이다. 이런 사람과 중요한 프로젝트를 함께 수행한다면 조직의 리더는 다시 한 번 생각해봐야 한다. 조직이 움직이는 과정 중에 비밀이 탄로나면 모든 사람들의 공로가 허사가 되고 만다. 개인의 실력도 매우 중요하나 더 중요한 것은 믿음이다. 믿음이 흩어지고 없는 조직은 꿈을 실현할 수 없다. 이런 사람은 화가 나면 참지 못한다. 이런 분노는 성공의 독으로 작용한다. 독은 인생을 파멸시킨다.

8. 들창코

콧구멍이 하늘을 향하여 들창코라는 명칭을 가지게 되었다. 이런 사람은 사춘기에 많은 변화가 따른다. 이성에게 무관심한 것처럼 보이지만 실제는 관심이 많아 남성의 유혹에 잘 넘어간다. 일이 매끄럽지 못하여 사소한 실수라도 하면 그것을 인정하고 수정해야 하는데 자꾸 변명만 늘어놓는다.

경제적인 활동을 통해서 자신의 꿈을 실현하는데 지장이 많다. 집안환경이 좋지않아 자신이 경제적인 부담을 가지고 생활하는 사람도 있고 낭비형에 속하는 사람이다. 이런 사람은 자신의 믿음과 신용을 제대로 알아야 실수가 없다. 신용사회가 될수록 자신의 얼굴 기운과 반대로 작용하므로 많은 수양을 하면서 살아가야 한다.

9. 매부리코

코에서 나오는 기운이 강하여 논쟁이나 다툼이 생기면 타협하는데 많은 어려움이 있다. 겉모습과 내면에 있는 마음이 매우 다르게 작용하여 실수할 수도 있다. 이해타산이 아주 빠르고 강한 사람인데 자신의 계산과 맞지 않으면 상대가 죽을 때까지 물고 늘어져 마음 속에 존재하는 욕심이 충족되어야 그만둔다.

여자는 자궁계통에 질병이 생길 수 있으니 조심하라. 남성이 이런 코를 가진 여성을 사귄다면 마음고생을 많이 하는 편이다. 일이나 사랑 모두가 자기를 중심에 두기 때문에 매우 까다로운 사람이다. 매부리코는 반드시 정신을 수양해야 한다. 물질은 아무리 많이 얻어도 끝이 없기 때문에 물질의 상대적인 부분이 필요하다.

10. 뾰쪽하고 직선인 코

예술을 하는 사람들에게 가장 많이 나타나는 코의 공통점이다. 예술을 하는 사람들이 그만큼 강하고 독특한 개성을 소중히 생각한다는 뜻도 된다. 여자는 공주병이 다분히 많이 사람이다. 그래서 의상이나 치장을 하고 다니는 모습을 봐도 우아하고 귀족적인 맛을 즐긴다. 그래서 미적이고 이국적인 풍경을 동경하고 좋아한다. 세상은 실상이 있으면 허상이 존재한다. 허상이 너무 많으면 인생의 실상을 보지 못한다. 공주병이 깊어지면 약이 없다.

사회활동에서는 머리가 좋고 재주가 뛰어나서 어떤 조직, 단체생활에서도 두각을 나타내고 특히 혼자 잘난체 자기 자랑을 많이 한다. 이런 사람은 경제적인 상황이 좋아지면 친인척이나 형제를 위해 한 푼도 쓰지 않는 냉정한 면이 있다. 부부간의 관계도 경제상황이 악화되면 냉정해지기 쉽다. 가정의 안정은 경제에 있음을 명심하고 항상 신경을 써야 한다.

11. 등이 휜 코

혼자 있는 사람은 자신의 장점을 살리지 못하고 조직생활이나 회사 생활에서 두각을 나타낸다. 빠른 결단력을 지니고 있어서 이익과 손해가 분명하여 상황에 따라 민첩하게 움직이는 당신은 의협심이 강한 사람으로 인식된다. 시장의 상황을 잘 파악하여 부업으로 하는 일이 좋은 성과를 올려 일찍 경제를 알고 독립할 경우 고생하지만 자기만족도 있다.

성격도 부드럽고 인간관계도 좋아야 하는데 항상 마찰이 일어나기 쉽다. 코의 크기나 살집, 높이에 따라서 개인의 성격이나 삶에 변화가 있다. 만약 살집이 없고 딱딱한 코를 가지고 있는 사람은 대가를 치르는 한이 있어도 자신의 목표를 이루는 야비한 행동도 서슴없이 한다. 이상하게 돈욕심이 많고 혼자만 잘살아보려는 마음이 강한 사람이 이런 코를 많이 한다. 만약 자신의 삶이 부유하면 자녀 때문에 고민을 많이 한다.

12. 삐뚤어진 코

한 가지를 꾸준하게 하지 못하고 이것저것 손만 대다 손해를 많이 본다. 한쪽으로 흐르는 기운이 강하여 사람도 정직하지 못하고, 일이나 행동에 대한 변명만 늘어놓는 사람이다. 사회적인 위치가 변화를 주도하는 위치에 있는 사람은 많은 변화를 감당해야 한다. 자신의 의지에 상관없이 일이 꼬여 정치적인 상황에 발을 들여놓아 진퇴양난에 빠지기 쉽다. 단 한 번의 실수로 자신의 인생에 마이너스를 가져오지 않게 냉정한 판단해야 한다. 일반인은 수입이 불안정하여 많은 어려움을 겪는다. 도박이나 여색을 탐하여 가정이 불안하고 편안할 날이 없다. 부모와 좋은 인연을 맺기 힘들고, 결혼하면 부부간의 말썽이 끊이지 않아 편안할 날이 없다.

13. 어린아이 코

코의 높이는 사람의 정신상태와 관계가 깊은데 코가 낮은 사람은 남녀를 막론하고 어린이와 같은 성격을 많이 내포한다. 판단력이 부족하고 누구에게 의지하는 힘이 강하여 혼자 살기에는 능력이 부족하다. 이런 사람이 사업을 한다면 40대에 감당하지 못하는 일이 생겨 중단한다. 치밀하고 계획적이지 못하고 능력이 부족한 사람에게 과중한 업무를 주면 쓰러지게 되어 있다.

여자는 배우자 선택을 신중하게 해야 뒤에 후회가 없다. 사랑에는 매우 헌신적이나 경제적인 고통이 가중되어 현실과 사랑에 충돌이 일어나기 쉽다. 코 끝이 둥글면 성격은 좋은데 일생 좋은 운이 별로 없다. 코가 날카로운 사람은 정신적인 질환이 따를 수 있으니 주의해야 한다.

14. 모델코

섬유와 연관을 맺어 성공하는 코의 모습은 우선 낮은 코는 인기를 얻는데 상당히 어려운 일이다. 코 끝이 칼날처럼 날카롭게 되어 있는 사람은 자신의 복을 스스로 끊는 기운이 있어 인기가 오래 지속되지 않는다. 인기 있는 사람 중에 불의의 사고를 당하는 사람들을 보면 코가 아주 낮게 생긴 사람과 콧등이 날카로운 두 종류가 가장 많다.

인기가 많아지면 얼굴에 미리 나타나는 현상은 코볼의 주변이 깊게 파지면서 뚜렷해지기 시작한다. 코에서 윤이 나기 시작하면 인기는 절정에 이른다. 그리고 인중(人中)이 깊게 들어가기 시작한다. 사람의 얼굴을 잘 관찰하면 우주의 심오한 이치가 얼굴에 감추어져 있다는 것을 알 수 있을 것이다.

15. 계단코

치열한 경쟁사회에서 육체적인 몸을 움직여 활동하는 사람은 자신의 능력은 인정받는다. 권투선수 중에 싸움을 아주 잘하는 사람이 이런 코를 많이 한다. 그러나 인기가 절정에 오르면 여자와 술로 자신이 망가지는 현상을 많이 볼 수 있다. 코에서 나오는 기운이 안정되고 일정하지 않기 때문에 생활도 불안정하고 신경질적으로 변한다. 여자는 대부분 초혼에 실패하는 경우가 많고 그렇지 않으면 중년에 파산을 맞이하는 운이 들어 있다. 안정된 운을 맞이하기 위해서는 당신의 선택이 필요하다.

16. 개구리코

사고가 단순하고 인내심도 부족하여 집중력이 떨어진다. 계획적인 능력을 키우고 미래에 대한 설계를 하라. 부족한 면은 얼마든지 후천적인 변화로 보완할 수 있다. 이 코는 실행력이 약하니 힘을 길러라. 이중적인 성격이 잠재하고 있으니 성격을 먼저 고쳐라. 대인관계 자신이 추구하는 방향에 도움이 되지 않는 사람에게는 너무나 확실한 선을 긋는다. 그래도 작은 일은 잘한다. 일은 잘하지만 겸손을 모르는 2등이다.

17. 흑인코

동양인 중에서도 가끔 이런 코를 볼 수 있다. 개척정신과 진취적인 사고방식이 부족하기 때문에 적극적으로 스스로를 개발하고 게으른 습관을 타파하고 부지런하게 살아야 한다. 사람은 공통적인 부분이 있고 좋은 점이나 나쁜 부분도 있다. 누구나 성공도 하고 실패도 하지만 지시를 받아야 움직이는 사람은 영원히 자신의 꿈을 실현하지 못한다.

18. 콧등과 콧망울이 큰 코

뚝심이 있고 믿을 만한 사람이다. 신용이 있고 일에 대한 책임감이 강하여 자신을 희생하더라도 완벽하게 일을 마무리하여 빠르게 출세하지는 않아도 점점 강한 힘을 발휘하여 성공한다. 여자는 경제적인 능력은 좋아도 두뇌회전이 빠르지 않아 머리를 사용하는 직업은 잘 맞지 않는다.

19. 콧대가 오목한 코

달콤한 말에 빠져 엉뚱한 곳에 투자하여 실패로 끝나기 쉽다. 함정에 빠지지 않도록 냉정한 생각을 하라. 형제의 자본으로 일을 시작하지 마라. 우애 좋은 집안에 분쟁이 생길까 걱정된다. 외부지향적인 성격을 바꾸고 안정을 찾아야 인생이 편안하다.

■ 참고사항

과중한 세금을 낼 때 생기는 코의 현상

콧등에 미세한 세로주름이 생기고 가로주름까지 겹치면 형액까지 있어 이삼중의 고통을 겪는다. 여기에 코 끝이 붉은색을 띠면 관재까지 겹쳐 힘들다.

남에게 사기를 당할 때 나타나는 코의 현상

코 끝이 검은색이나 붉은색을 띠고, 콧등에 십자무늬가 나타나면 돈이 나가고 사기를 당한다. 이런 증상이 코에 나타나면 금전의 대차관계도 있게 되는데 나간 돈은 받기 힘들다.

사통이나 간통을 하게 될 때 나타나는 현상

눈에 실핏줄이나 코에 붉은색이나 뾰루지가 생기면 이런 일이 생긴다. 그러나 여자의 월경이 불순하여 나오는 증상도 붉게 나타나므로 조심해서 판단해야 한다. 눈 밑에 있는 신장의 기운을 측정하는 곳이 검청색을 띠게 된다. 그리고 간문(奸門)을 보면 지저분하다. 성생활이 문란한 여자는 인중(人中) 주변에 꼭 이상이 생긴다.

하나를 투자하여 열을 수확한다.

우리의 삶이 정신생활과 물질생활을 반복하는 과정을 거친다. 매일 일용할 양식을 갖고 정신적인 부분의 생활과 더불어 자아를 실현하고 꿈을 이루어간다. 이런 꿈과 현실의 중간에서 가장 큰 역할 분담을 하는 곳이 코다. 코가 좋은 사람은 사방팔방에서 저절로 수확이 생기고, 노력이나 노동의 대가를 뒷받침하는 장소로 사람과 사람들로 연결된 사회구조 안에서 한층 위력을 발휘한다.

코가 좋으면 머리가 발달했다.

미각기관인 입과 후각을 담당하는 코는 가장 가깝고 밀접한 관계를 가지고 있다. 음식물을 섭취하는 입은 내용물을 씹고 난 후에 위장 쪽으로 내려가지만 코로 들어온 공기는 머리로 뇌에 공급한다. 미각과 후각이 발달한 사람은 예지력이 발달하고 뛰어난 영감력을 지닌다. 과학자들의 코를 보면 균형이 잘 맞는 사람이 많다. 코가 자주 막히기 시작하면 일에 장애가 발생하고 심하면 개인은 재산에 커다란 손실이 오고 회사를 운영하는 사람은 경제적으로 큰 타격을 입는다.

코는 신용을 나타낸다

코가 낮은 사람은 믿음이 떨어져 보인다. 열이라는 노력을 투자하여도 미미한 결과 밖에 얻지 못해서 그렇다. 코는 신용과 정열을 나타내므로 얼굴에 비하여 어느 정도 균형을 유지하고 있는가에 따라 신용도가 다르게 보인다. 낮은 코로 리드미컬한 영업사원이 되고 싶다면 코와 얼굴의 조화가 있어야 가능하다. 상호간 신용 때문에 문제가 자주 생겨 사소한 일에 마찰이 붉어진다면 매일 아침 자신의 얼굴을 거울에 비추어 보고 코를 사랑하면 신용이 생긴다.

코가 곧 경제력이다.

코는 상대의 시선을 이끌고 가는 중요한 안내자로 매력을 느끼게 만들고 자신의 캐릭터를 분명하고 확실하게 만든다. 코의 첫 느낌이 사람을 지적으로 보이게 작용한 힘이 있다. 지적이고 신선한 기운은 코를 통해 대기 중의 에너지와 결합하여 부드럽고 몸을 편안하게 만든다. 자신이 가지고 있는 신용의 특징과 믿음의 척도로 오행(五行)으로 풀이하면 중앙은 토(土)를 뜻하므로 사물과 인간의 중용을 잘 나타낸다.

리더의 영도력은 코와 관계가 깊고 작게는 가정의 경제, 기업의 재정상황, 국가의 경제적인 고저·다소·저축과 소비를 가장 잘 알 수 있는 부분이다. 반면 잘 발달된 코를 가지고 있다. 이 사람이 지금 어렵고 힘든 환경에 처해 있다면 역경으로 인해 잠시 주춤할 것이다. 그러나 시간이 지나면 반드시 경제를 부흥시키는 결과를 맞이 한다. 기업인은 코가 생명이다. 코가 낮은 여자는 결혼할 때 경제적인 어려움으로 배우자에게 실망한다.

코가 지성미를 돋보이게 한다.

남자와 여자 대부분의 사람들이 편안하고 안정된 느낌을 코에서 받고 있다. 많은 사람과 팀을 이룰 때 코의 형태를 분석하면 팀의 특징이 나타난다. 큰 코를 가지고 있는 사람들의 성향과 작은 코를 가지고 있는 사람들의 특징이 두드러지게 나타난다. 특히 지성미를 돋보이게 만드는 코는 잘 발달된 모양을 한다.

요즘은 여성의 시대라고 해도 과언이 아니다. 사회생활에서 개인의 능력을 인정받고 실력 있는 여성으로 사회를 리더로 등장한다. 개인의 능력은 참 좋은데 '콧대가 세다'라고 말을 할 때 사람이 가지고 있는 기운과 코의 형태가 관계가 깊은 것을 알 수 있다. 우리나라도 예전의 여자는 부드러운 기운을 가지고 있거나 토속적이면서 따뜻한 웃음을 보이고 있다. 요즘 여자의 코가 점점 높이 올라가고 있다. 높이 올라갈수록 여자의 권위도 올라가지만 너무 높이 올라가면 겸손도 함께 배워야 지성미 넘치는 여성이 된다.

팬들의 사랑은 코와 관계가 있다.

편안하고 짜임새 있는 코를 보면 활동성 있고 명랑 쾌활하여 항상 주변에서 인기를 독차지할 정도로 코와 인기는 비례관계를 유지한다. 요즘 우리나라의 인기 연예인들이 특히 아시아에서 대단한 열풍을 일으키고 있는 이유가 한국인의 미가 그만큼 독특한 구조를 가지고 있기 때문에 인기도 비례하여 나타나는 현상이 아닌가 싶다. 물론 인기연예인이라고 하여 무조건 코가 크거나 높지 않다.

개인의 얼굴과 전체 비율에 비교하여 이목구비가 구성하는 특징과 조화를 이루지 못하면 아무 소용이 없다.

코는 옆모습을 아름답게 살린다.

 얼굴의 옆모습을 보면 가장 먼저 그리게 되고 비쳐지는 그림자가 코의 모습이 가장 확실하게 나타난다. 옆모습을 결정하는 비중은 코와 가장 관계가 깊다. 동양인이 사진을 찍는 모습 중에 가장 윤곽이 확실히 들어나는 모습이 옆모습이다. 서양인처럼 정면에서 찍은 모습보다 측면의 모습이 가장 아름답다고 할 정도로 코의 모양 때문에 나타난 현상이라고 본다. 얼굴에서 입체감을 살리는 것이 바로 코다.

맑고 신선한 공기는 코를 통해서 공급한다.

 맑은 정신을 유지하고 오랜 시간 업무를 보고 건강을 지키는 역할을 담당하는 부분이 코에서부터 시작된다. 정신이 맑은 사람은 성공의 가장 큰 비중을 차지하는 장점을 획득하거나 다름없다. 복은 맑은 정신을 가지고 정확한 판단을 하는 기준이 있어야 가능하기 때문이다. 코를 자주 만지는 습관이 있는 사람은 정신을 본인 스스로 흐리게 하는 행위와 같고 자존심에 상처를 입으면 무의식적으로 이런 행동이 나타난다. 그리고 코를 자주 만지면 경제적으로 마이너스 성장을 한다. 금전에 변화가 나타나기 시작하면 나도 모르게 본능적으로 이런 행동을 한다.

코는 사랑의 마술사다.

아름다운 코를 가진 사람은 배우자도 능력 있는 사람을 만나게 되고 로맨틱한 분위기를 연출하여 상대를 위해서 자신의 희생도 마다하지 않는다. 다정하고 포근한 사랑은 상대를 편안하게 만드는 기운이 감돌고 있으며 사랑과 코는 비례한다. 그래서 사람은 사랑하는 사람을 만나 두 눈을 살며시 감고 생각에 잠기면 님의 모습이 떠오르고 몸은 비록 떨어져 있어도 사랑 하는 향기가 코 끝으로 전해진다. 님의 체취를 바로 옆에서 맡는 착각과 몽념에 사로잡힌다. 코는 사랑을 전하는 마술사와 같다.

우유부단한 사람은 코를 높여라.

코가 높은 여자는 표현이 정확하다. 주변사람과 시선을 뒤로 하고 하고 싶은 말은 한다. 개성이 강한 사람이다. 자기 맘에 들지 않으면 주어진 임무가 주어지면 상사에게 과감하게 따지는 스타일이다. 배우자를 선택하는 과정 중에 아무리 좋은 사람이라고 해도 언제라도 자신있게 '노'라고 대답한다. 코가 낮은 사람은 거절을 할 때 단호하게 말하지 못하는 성격을 소유한다. 그리고 꼭 감정에 치우쳐 판단하는 사람이 많다. 우유부단한 사람은 성공의 법칙 중에 가장 중요한 요소를 잃어버리고 다니는 사람이다. 상대방과 경쟁에서 지지 않기 위해서는 때로는 냉정한 면이 있어야 자신의 목표를 실현하는 일을 할 수 있다.

코 끝의 기운은 자신의 성격과 같다.

코 끝이 약간 하늘을 향한 듯하며 도전적이고 용감한 여성이다. 자신과 일생 함께 할 배우자를 선택할 때 경제능력이 없어도 사랑을 향해서 과감하게 돌진하는 신세대 여성이다. 이런 좋은 장점이 있지만 단점도 있다. 장기적으로 일을 해야 하는 시기에 참을성을 길러야 좋은 결과를 맞이한다. 코 끝이 둥글둥글한 사람과 비교해 보라. 융통성이 얼마나 차이가 있는지 쉽게 알 수 있을 것이다. 만약 일시적인 성형의 유행을 모방하거나 자신의 얼굴에 맞지 않게 변형한다면 오히려 가정을 파괴하는 행위와 같다.

매부리코는 중용을 먼저 배워라.

매부리코는 흔히 욕심이 많고 이기적인 부분이 많다고 하지만 자신의 목표가 주어지면 밤낮을 가리지 않고 일이 완전히 끝나기 전에는 절대 포기하지 않는다. 완벽한 책임완수형이다. 지나친 경쟁심이 있어 전사와 같은 느낌을 받고, 만약 실패하면 마음에 큰 상처를 입는다. 그래서 인생을 살아가는 과정에서 우울과 걱정으로 인하여 심리상 많은 변화가 내재되어 있다. 리더는 상대회사와 치열한 경쟁에서 승리하고 싶다면 이런 코를 가지고 있는 사람을 책임자로 선택하라. 매부리코는 경쟁이 곧 인생이다.

매부리코는 돈 밖에 모른다.

금전을 모으는데 천재적인 소질이 있으나 욕심이 많은 것이 단점이다. 특별히 주의하여 볼 점은 매부리 코의 모양과 크기는 코 바로아래 인중(人中)과 어떤 조화를 이루고 인중(人中)의 길이와 깊이에 비교하여 판단한다. 음악가, 수집가 등이 보편적으로 많이 나타난다. 자신에게 매우 엄격한 편에 속하고 새로운 환경적응이라든가 일반인이 상상할 수 없는 계산능력이 있다. 이런 사람과 동업을 하면 처음에는 아주 탁월한 능력을 나타낸다. 그러나 시간이 지나면 감정의 골이 깊어질 수 있으니 적당한 시기에 서로 독립해야 말썽이 없다. 잘못 대처하면 이용만 당하니 잘 판단하기 바란다.

코는 중년의 지배자이다.

황금의 나이가 지나도록 자신의 목표를 이루지 못하는 사람은 자기 앞에 오뚝 서있는 코를 볼 필요가 있다. 코가 낮은 사람은 지위와 직책이 부여되면 좌우가 항상 삐걱거리는 소리를 내며 움직이고 구르는 마차와 같다. 황금 같은 40대 인생을 움직이는 코는 개인의 경제를 움직이는 상황이고 이는 커다란 배를 움직이게 만드는 작은 키와 비슷한 작용을 한다. 코의 부조화는 곧 키가 없는 배와 같이 망망대해에서 방황하는 사람과 같다. 아무리 훌륭한 목표를 세워도 키가 없이는 원대한 꿈을 실현할 수 없는 것이다.

주식투자는 코를 보고 말한다.

코의 두 개의 고른 구멍은 금전을 융통하고 활용하여 부지런히 쌓아서 든든한 금융 고리와 구조를 만들어 상당한 부를 이룩하는 사람이 많이 있다. 좌우의 구멍이 균일하고 코의 구조상 너무 크지 않고 균형을 이루어야 좋은 코로 본다. 소득으로 들어오는 금전은 저축과 소비, 투자와 투기라는 양상을 띠고 있는데 코의 전체적인 모양과 균형이 중요하다. 주식을 투자하여 많은 소득을 올리는 경우에 좌우의 구멍이 균일하게 발달한 사람이 많다. 그리고 꼭 복덕궁(福德宮)과 관골 밑 부분을 함께 판단하기 바란다.

들창코는 반항적이고 거만하다.

 무슨 일이든지 열심히 땀을 흘리고 노력하는 사람이 있다. 그러나 성과는 미흡하다. 이런 사람은 코와 관계가 깊다. 보통사람의 비하여 욕심이 많아 한꺼번에 일시적으로 많은 재물을 취하고자 하는 성향이 강한 사람이 있다. 코 끝이 뾰쪽한 사람은 열심히 모아놓은 건실한 재물보다 자신이 추구하는 투기 방법을 통해서 일시적으로 성공한다. 콧구멍이 하늘을 향한 사람일수록 이와 같은 성향이 더 강하다. 하늘을 우러러 자기만 잘난 모습을 한다는 것은 겸허한 마음이 없어서 일어나는 일이다. 그리고 50대를 넘겨야 안정되기 시작한다. 그 이전에 투자는 금물이다.

코가 좋으면 이름을 날린다.

 영화배우 성룡은 가장 이상적인 원호형(圓弧形) 코로 성격이 항상 낙천적이고 일에 대한 열정과 감성이 풍부한 사람이다. 비록 학력은 약해도 자신이 가지고 있는 이상을 실현하고 세계적인 스타로서 발전할 수 있는 기운이 비치는 얼굴의 부분이 코로 표현하고 싶다. 관상학 입장이나 통계학적으로 훌륭한 경연인의 자리에 오른 사람을 보면 이상적인 코를 가지고 있는 사람이 많은 것을 알 수 있다. 코는 역시 재물과 더 가까운 인연이 있지 않을까 하는 생각이 든다. 코의 발달과 뇌의 발달이 상당히 관련되어 있다.

코는 자신의 인생을 적극적으로 만든다.

 코의 형태와 모양, 크기, 높이에 따라서 자아실현을 나타내는 결과물로 나타난다. 누구나 선천적인 본질과 성질, 개인의 품성, 인격 등이 자신의 의지와 상관없이 부모로부터 물려받은 유전적인 부분이고 후천적인 수양과 개인의 훌륭한 습관으로 성공이 하나씩 만들어진다. 코의 부족한 부분을 보완하여 자신만의 세계를 실현하는데 좀더 가까이 갈 수 있다. 코가 높지 않아도 옆으로 안정된 사람은 자신의 노력으로 중년에 크게 성공한다.

경제가 좋아지면 코가 높아진다.

 현대는 정적인 시대를 떠나 동적인 시대로 이동한다. 코의 높이에 따라서 동적인 사람과 정적인 사람으로 구분된다. 현대 여성이 왕성한 활동을 하고 사회에서 인정받고 성공하는 이유도 코에 기인한 것이다. 어느 나라든지 경제활동이 왕성하게 일어나면 사람의 얼굴 형태도 변화가 일어나고 가장 먼저 코를 보면 알 수 있다.

 이마는 천부(天府), 코는 무곡(武曲)이라는 두 가지 기운이 잠재한다. 옛날부터 훌륭한 임금은 백성을 편안하게 만드는 이유 중 하나가 천부(天府)와 무곡(武曲)을 아주 잘 활용했기 때문이고 축소하여 살펴보면 가정도 두 가지 기운이 치우치지 않게 사용하는 가정은 항상 편안한 길을 간다.

천부(天府)는 관리형태의 기운을 뜻하고, 무곡(武曲)은 융통과 생산, 해외무역 부분에 관련되어 있다. 부부의 궁합도 남편이 무곡(武曲)이라면 아내는 천부(天府)에 가까운 기운이 있어야 가장 이상적인 결합이고 가정을 지킬 수 있다. 코를 보면 가정의 경제운을 알 수 있다. 무곡(武曲)이 발달한 사람은 세계를 무대로 활동하는 편이 좋고 천부(天府)가 발달한 사람은 관리를 잘해서 경제를 활성화시키는 기운이 있다.

인류의 물질문명은 코와 함께 한다.

인류는 오스트랄로피테쿠스·호모하빌리스·호모에렉투스·호모사피엔스라는 일련의 과정을 거치는 동안 많은 변화를 거쳐 왔고 인류의 문명의 발달과 더불어 얼굴에 가장 두드러진 변화는 턱이 들어가고 코와 이마가 상대적으로 발달한다.

코의 변화는 인류의 발달사에 많은 영향을 미치고 관상학이 생기기 전에 이미 인류의 발달이 만들어 놓은 멋진 작품이다. 인류가 물질문명을 발전시키기 위해서 자연스럽게 변천하는 일이라고 생각하면 코의 균형이 얼마만큼 비중을 차지하는가 알 수 있다. 코는 일의 진행을 관리하는 관리자와 같고 윗사람에게 총애를 받는 기운도 함께 있다.

코는 부부의 행복지수를 나타낸다.

옛날 관상학은 여인의 코는 낮은 것이 좋은 상이라고 했지만 지금은 여인이 경제활동을 하는 시기이므로 과거와는 천차만별의 결과를 가져온다. 삼종사덕을 중하게 여기는 시절과는 다른 관점에서 보는 시점이 아닌가 싶다. 환경이 변하고 생각도 변하고 움직이고 활동하는 부분도 전혀 다른데 과거의 학문만 가지고 고집할 수 없다. 긍정적인 부분은 취하고 부정적이고 시대와 조화를 이루지 못하는 사항은 과감히 덜어내든지 도려내야 한다.

코가 바뀌면 생각이 다르고 인생의 어느 한 부분도 바뀌진다. 심리적인 부분도 작용하겠지만 얼굴을 운용하는 기운이 다르게 움직이기 때문이다. 코의 모양과 형태도 중요하다. 골격은 자유자재로 변화를 못하지만 피부에 나타난 색의 변화는 얼마든지 다양하게 나온다. 그래서 관상학에도 찰색은 다변이라고 표현한 이유가 시시각각으로 길과 흉이 표면적으로 돌출되는 인간의 신기한 현상이라고 밖에 말할 수 없다. 큰 홍수가 나기 이전에 동물이나 쥐는 먼저 예감하고 높은 곳으로 이동하고 먼저 행동하는 일들이 동물 세계에만 존재하지 않고 우리 인간의 얼굴에도 먼저 나타난다.

콧등에 검은색이나 붉은 실선이 보이기 시작하면 부부간에 이혼할 징조이다. 이런 현상도 해석하자면 이혼을 통해서 가장 먼저 나오게 되는 부분이 금전에 관한 일이어서 콧등 부위에 나오는 것이 아닌가 생각해본다.

코의 상처는 근면과 성실을 방해한다.

코는 근면성과 성실을 측정하는 단위나 마찬가지다. 예로부터 조그마한 부자는 누구나 가능하다고 말했듯이 근면과 성실에 따라서 자신의 꿈을 이루어간다. 높이가 너무 높으면 자신이 이루지 못하는 계획만 세워놓고 시간만 보내는 사람이 될 수 있고, 반대로 너무 낮거나 함몰되면 주변에 자신을 도와주는 사람이 없게 된다. 성공의 우선 여건은 사람을 얻고 난 후에 도모하는 일에 계획을 세우는 일이 순차적으로 진행되는 순리가 될 것이다.

코가 작은 사람은 개미처럼 성실하다.

 사람의 얼굴이 한 번 타고나면 불변으로 굳어지는 생각을 하지만 후천적인 요소나 환경으로 변화를 가져온다. 머리카락도 검정에서 나이가 들어감에 따라 흰색으로 변하고, 이마도 대머리가 되어 머리카락이 빠져 좁은 이마가 넓게 변하고 입속에서 새로운 변화가 일어나 이빨도 유치가 빠지고 영구치가 생기게 되며, 귀는 나이가 들어 조금씩 늘어나 나이가 많은 분들을 보면 대부분 귀가 큰 현상을 목격한다. 피부도 시간이 지나고 세월이 흐르면 곱던 얼굴에 주름이 생기고 시간의 흐름이 얼굴에 나타난다. 그러나 코의 변화는 유달리 찾아보기 힘들 정도로 쉽게 변하지 않는다. 코가 작아도 흐트러지지 않고 안정된 사람들 중에 부자가 많다.

코의 호흡은 정력을 나타낸다.

 코를 통해서 깊게 심호흡을 하면 그 기운은 폐를 통해서 우리 몸속으로 산소를 공급하지만 숨을 내쉴 때는 방광을 통해서 배출되는 뇨의 생리적 현상과 너무 흡사하게 인체가 움직인다. 콧구멍은 사람의 생리적 현상을 대변한다. 머리를 사용하는 직업을 가진 사람은 코의 들숨과 깊은 관련이 있고 남성분 중에 뇨의 생리적 기능이 약하거나 시원하게 분출이 되지 않는 사람은 날숨을 조정하여 건강을 회복하고 정상적인 신체기능을 되찾는데 도움이 된다. 만약 코 끝을 무의식 중에 자주 만지는 사람은 방광의 생리적인 작용의 문제가 진행되고 있음을 알려주는 신호가 된다.

코에 문제 있으면 정신을 집중해서 문제를 해결하지 못한다.

 사람의 기운을 조절하는 기관이 콧구멍이다. 여기에 문제가 생기면 축농증이 심하게 진행되고 농증이 있는 사람은 청소년 시절 정신을 집중하여 공부하지만 원하는 곳에 진학하기 어렵다. 기운의 조절이란 그만큼 사람의 정신과 깊은 관계가 있는 기관이다. 단순히 구멍과 콧속에 있는 털이라고 치부하지만 우리 신체기관 기운을 운영하는 운영기관이다. 관상학은 가장 이상적인 형태를 팔(八)자 형태로 지구상의 80% 인구가 여기에 해당할 정도로 대부분 이지만 네모, 직각, 세모, 약간 찌그러지고 짝짝이 모양을 한 사람도 있다. 일상생활에서 출납의 과정과 결과를 나타내는 장소이므로 너무 크거나 작으면 바로잡아 주는 것이 좋다.

모나리자 코는 오래도록 많은 사람의 사랑을 받는다.

 아름다운 여인 영원히 신비의 미소를 머금고 있는 모나리자 코를 보면 아름다운 미소와 더불어 코가 적당한 조화를 이루고 있다. 이마에서 자연스럽게 타고 내려와 융기되거나 휘지 않고 산근(山根)이 편안하게 코 끝으로 내려와 힘을 실어주고 있다. 클레오파트라처럼 코를 부각시킨 말은 없어도 상중하의 구조가 모두 안정되고 흐트러짐이 없어 보는 사람마다 섹시하다는 말은 하지 않아도 아름답다는 말은 많이 한다. 시대가 변하면 모나리자 코가 유행하는 시기가 올지 궁금해진다.

코의 높이는 자존심을 나타낸다.

 코는 자존심이고 강렬한 에너지다. 코가 높은 사람은 다른 사람과 달리 개성이 강하다고 생각하는데 타인과 비교하거나 낮은 평가를 하면 매우 불쾌해 한다. 그래서 항상 앞에 서기를 좋아하고 남들에게 뒤쳐지거나 밀리면 자존심이 상처를 입어 남몰래 가슴을 두드리기도 한다. 얼굴 전체부분이 보편적으로 작은 편이고 보통사람의 비하여 얼굴이 작은데 코만 너무 높게 솟았다면 오히려 좋지 않다. 얼굴은 중화를 이루어야 아름답다. 여자는 음(陰)에 해당하기 때문에 무작정 자신의 얼굴을 생각하지 않고 함부로 성형하지 말기 바란다. 여자의 코가 너무 높으면 결혼한 후 남성이 무기력해진다.

코의 모양에 따라 키스하는 방법도 다르다.

 사람은 키스를 할 때 왜 눈을 감고하는 것일까? 누구나 스쳐가는 생각으로 한번쯤 의문을 가져봤을 것이다. 성호르몬의 분비를 자극하는 기능이 시각보다는 인간의 후각의 더 의존하지 않았나 하는 생각이 들고 눈을 감는 순간 마음껏 상상의 세계와 연결된다. 규정되어 있는 딱딱한 현실을 떠나 자유로운 성호르몬의 분비야말로 태고적 자유인으로 돌아가는 기쁨을 누리고 영위하기 위한 하나의 본능적인 행동으로 본다. 보이지 않는 사랑의 큐피드의 화살은 코를 가장 먼저 표적으로 삼고 싶어 한다.

들창코는 스스로 스트레스를 만든다.

장맛비가 쏟아지는 여름날 우산이 없어 비를 맞고 거리를 걸어간다. 만약 콧구멍이 하늘을 향한다면 빗물이 모두 코를 향해 들어올 것이다. 사람의 형상이 이보다 완벽하게 만들어 질 수 없다. 콧구멍이 하늘을 향한다고 가정하면 비오는 날이면 사람들마다 얼굴을 가리고 걸어가는 모습을 상상하면 재미있는 일이다. 이런 코를 흔히 들창코라고 하는데 사람들에게 거부감이나 혐오감을 주는 이유보다는 본인이 갖는 심리적인 이유가 더 가깝지 않나 생각한다. 심리적인 거부감이나 반항적인 기운을 매일 쌓아갈 필요는 없다.

코는 힘을 상징한다.

테일러의 과학적인 관리방법이 등장하여 세계는 경쟁의 자본주의를 맞이하고 계획·조직·지휘·협조·공제는 사람의 힘, 물질의 힘, 자본의 힘이 배합운용되어 시간과 노동의 힘을 간소화하여 상품 표준화와 최고의 효율을 경제의 원리에 부합시켰다. 경제적인 관념이나 우리의 생활이 코와 닮아 있는 느낌이 든다.

일본의 경제가 세계를 장악하고 한동안 전세계의 두려움의 대상이 되었지만 창조적이고 개창적인 능력이 부족한 일본인이 요즘 조금 시들어 간다. 투박하고 실용적인 부분을 작고 아름답게 일본화시킨 능력이 코의 크기와 일치한다. 사회에서 열심히 땀을 흘리고 노력하는 경영인 어느 누구를 봐도 코가 낮은 사람은 없다. 코와 경제는 산소와 뇌의 관계로 이루어져 있다. 어렵고 힘든 고민이나 문제가 풀리지 않는 부분이 있다면 신선한 공기가 있는 삼림욕을 해보면 뇌의 작용이 틀려지고 뜻하지 않는 해결점을 찾게 된다.

춘향는 오뚝이코다.

남녀간의 전통적인 사랑을 표현한 우리나라의 춘향전에 과연 춘향이는 어떤 코를 하며, 이 도령은 어떤 얼굴을 했는지 궁금하다. 변 사또의 숙청을 거부한 춘향이의 도도하고 고고한 기품이 없었다면 매력 또한 그만큼 사라졌을 것이다. 춘향이의 코에 변사또가 얼마나 가슴을 조였을까? 청고한 이미지는 이마에서 나타나고 지적인 이미지는 코를 통해 볼 수 있다. 휑하니 보이는 코를 보고 즐거워 할 사람은 없다.

코끼리는 코가 커서 동물의 왕보다 한 수 위다.

동물의 세계에서 가장 큰 코를 가지고 있는 동물은 소방서 아저씨로 인식하고 있는 코끼리다. 다음은 호랑이·사자·개 등 코가 큰 만큼 계급이 결정된 것은 아닌지 혹시 모르겠다. 동물의 세계와는 별개이지만 고대 관상학 물상편에 보면 사람을 동물에 많이 비유해서 길과 흉을 논했다. 생각해보면 상(象)에서 발생하는 기운이 비교적 동일한 기운으로 운용되는 생각이 든다.

그 사람의 코를 보면 성격을 알 수 있다고 하는 이야기가 동물이나 사람에게 가장 두드러진 특징이 우선 하는 까닭에 관찰 후 표현방법의 하나라고 생각한다. 프로야구 김응룡 감독을 코끼리로 비유하는데 그가 이룩한 프로야구 금자탑은 영원히 팬들의 가슴에 명감독으로 기억될 것이고 우연히 그를 보고 코끼리로 표현했든 아무튼 그는 호랑이나 사자가 감히 넘보지 못할 자리를 차지한다.

견우와 직녀는 코가 낮아서 슬픈 사랑을 했다.

동서쪽으로 9만 리 떨어진 견우와 직녀 동화 속에 나오는 그들은 어떤 얼굴을 하고 있어서 일 년 중에 칠월칠석 단 하루만 만나는 벌을 받게 되었을까? 우선 견우의 얼굴을 상상해보면 임금님의 승낙을 받지 못한 견우의 이마는 넓지만 약간 튀어나왔을 가능성이 있고, 코는 배우자의 특징을 나타내므로 코의 모양은 산근(山根)이 낮고 작은 모양을 하고 있었을 것으로 추정된다.

코는 사랑의 진행 과정을 나타내고 배우자의 성격을 볼 수 있다. 공주인 직녀가 나무꾼인 견우를 보고 반한 이유는 신분은 나무꾼으로 있지만 견우의 인격 또한 순수하지 않으면 직녀의 사랑이 영원하게 진행될 수 없다. 이런 경우 눈썹은 강한 인상을 주는 모양을 하고 있었을 것이다. 칠월칠석날 하늘에서 가랑비가 오면 사랑을 이루지 못한 사람들은 이 비를 맞으면 반드시 사랑이 이루어진다는 전설이 내려오고 있다.

콧등이 날카로우면 정이 없다.

남을 따뜻하게 배려하고 항상 보고 만나는 사람이 편안하고 다정다감함 얼굴은 눈빛과 코의 모양에서 많이 느낀다. 코의 윗부분이 칼날처럼 날카로운 코는 항상 주변과 마찰이 끊이지 않고 시끄럽다. 코의 모양이 높으면 둥글고 원만해야 무리가 없는데 지구가 둥글고 돈이 둥글듯이 끝부분도 둥글어야 인생도 편안하다. 관상학에서는 이마·코·턱이 칼날처럼 날카로우면 흉상으로 본다. 사회생활은 곧 자아실현의 장소인데 자신의 이미지를 너무 냉정하게 보일 필요는 없다.

산근(山根)이 좋다.

한 알의 씨앗이 떨어져 싹을 트고 점점 성장하여 땅에 뿌리를 내리고 큰나무로 자라기 위해서는 위로 성장한 만큼 아래로 튼튼하고 안정된 상황이어야 장차 국가의 재목으로 사용된다고 했다. 그래서 이름도 코의 근본을 말하는 위치를 산근(山根)이라고 표현을 했고 콧등이 낮은 사람은 보편적으로 순종하고 명령이 떨어져야 이행하는 사람이고 아주 낮은 사람은 리모콘형으로 사회생활 적응도에 문제가 발생하기 쉬우며 발전적이고 상향식 인생을 영위하는 방법을 강구해야 한다.

복과 덕은 가장 소중한 것이다.

복은 코로 들어오고 덕은 입에서 나온다. 복이 들어오는 관 문이 코라고 표현한 옛사람들의 사상은 복은 들어오는 것을 잘 관리 해야 풍성해지고 입을 잘 다스려야 덕이 오래가는 법인데 말 한마디가 상대에게 큰 위안이 되고 인생을 변화시키는 전환점이 된 사람들이 참 많다. 국가는 재정이 튼튼해야 국민이 편안하고 가정은 복이 있어야 안정을 얻는다. 복을 잘 관리하는 사람은 인생도 안정되고 개인의 감정도 포근하다. 복은 혼자 누리고 지니지 말라고 조물주는 두 개의 구멍을 주었다. 하나는 나의 복이고 다른 하나는 나와 같이할 평생 동반자를 나타낸다. 콧구멍을 자세히 들여다보면 구멍의 형태가 인(人)자를 많이 닮아 있다. 콧구멍은 기운의 통로인데 기운의 방향이 휘거나 잘못되면 뒤바뀐 인생을 살고 항상 험난하고 힘든 길을 간다.

코가 낮으면 질병과 재난이 끊이지 않는다.

누구나 뜻하지 않는 재난이나 알지 못하는 일들이 생긴다. 질병으로부터 몸을 건강하게 지켜야 하고, 불가항력적인 천재지변으로 재해를 만나기도 하고, 코의 모양이 전체적으로 낮은 사람은 재난과 질병으로 항상 근심과 걱정을 하면서 살아간다. 코의 윗부분과 양옆면에 주름과 가는 선이 생기기 시작하면 건강에 대한 저항력이 점점 떨어지는 현상을 말하고, 윗부분의 증상은 재물의 손실과 투자의 대한 큰 착오가 있게 된다. 손실은 미리 방지하고 막아야 피해가 없다. 자아를 실현한 사람은 모든 일에 적극적인 사람이다.

코는 미래를 나타낸다.

코를 통해서 사람의 습관과 성격, 자신만의 개성, 심리와의 관계, 심지어 성 취향 및 성능력까지 측정한다. 가깝게는 인종, 성별, 연령, 개인 고유의 의지와 취향, 의지력 및 실천력을 바탕으로 사회적 응도와 인간관계를 이루어 가고 자신을 가다듬어 미래의 가능성에 얼마만큼 적절한 대응과 대책을 수립하는 정신을 포함하기도 한다. 예를 들면 얼굴에 비하여 너무나 코가 돌출되거나 크면 주변에서 교만하고 자신밖에 모르는 사람으로 인식한다.

코는 성장기 변화에 따라 모양이 달라진다.

사람의 성장과정과 코의 형태를 살펴보면 유아시에는 곡선적인 형태와 구멍은 보편적으로 위를 향한다. 만약 코의 모양이 유아와 비슷한 모양을 하고 있는 사람은 비록 성인이라도 어린아이 성격이 많이 잠재해 있다고 생각하면 무리가 없다. 유아가 점점 성장하여 엉금엉금 기어다니는 형태에서 탈피하여 척추가 곧게 서고 바르게 됨에 따라서 코의 형태도 높고 낮음에 개인에 따라 천변만화하는 과정으로 나타난다.

성장기를 지나 완벽한 성인으로 탄생됨으로 자신만의 인생을 꾸미고 가꾼다. 그동안 생각했던 일을 열심히 하나씩 이루고 나서 노년기가 되면 갈수록 코의 모양도 탄력을 잃어가고 점점 노쇠한 노인의 성격을 자세히 관찰하면 어린아이와 같은 성격이 나타난다. 코는 사람의 생노병사와 함께 길은 간다.

신라토우도 코는 크고 아름답다.

신라시대 흙으로 빚은 토우를 보면 코를 가장 크게 표현했다. 소박하고 투박한 서민을 상징했거나 아니면 코를 통해서 권위의식이나 계급을 나타내고 싶어했는지 모르는 일이다.

벽화 속 미인은 아름답다.

 우리의 얼굴을 찾아 고구려벽화 수산리 고분을 살펴보면 당시 고구려인들의 미인관을 벽화를 통해서 알 수 있는데 현대 여성이 원하고 있는 모습보다 오히려 더 아름다운 모습으로 보여진다. 깔끔하고 세련된 눈썹의 모양이나 한껏 멋을 내는 코의 모양과 수산리 고분벽화의 특징은 여자의 눈 부분이 약간 올라가 있다는 자체가 현대 여성들이 자연스럽게 그리는 눈썹과 상당부분이 일치한다. 신라인의 의상보다 고구려인의 옷이 훨씬 화려함을 느낄 수 있고 고구려시대에 여성의 활동이 현대 여성보다 오히려 활발했는지도 모른다. 얼굴과 환경, 문명은 사람 얼굴과 함께 변화가 찾아온다.

귀족과 서민의 특징도 얼굴에 있다.

 고려시대의 벽화를 보면 고구려시대보다 훨씬 투박하고 일반적인 서민을 상대로 모습을 많이 묘사한다. 귀족이나 특정적인 사람을 묘사한 부분보다 소재가 일상생활과 많이 연결되어 나타나기 시작한다. 고전적인 미의 기준이 시대와 환경에 따라서 변화한다. 얼굴도 시대에 따라서 많은 변화를 거치게 된다.

탈을 보면 시대상을 읽을 수 있다.

 코를 표현한 부분이 매우 독특하다. 조선시대에 서민문화의 대표적인 것으로 서민의 애환을 보는 하나의 방법으로 탈을 볼 수 있다. 단순하게 내려오던 탈의 형식이 다양하고 여러 가지 모습과 신분에 따라 탈의 모양과 형상이 다르고 특히 하회탈은 웃는 모습,

화나고 몹시 놀란 모습, 불만이 있는 듯 얼굴과 당시의 신분과 탈의 모습이 일치하게 표현한다.

— 오른쪽 귀(木)가 크고 코(土)가 작으면 목극토(木剋土)하여 의식이 적고 빈곤하게 일생을 살아간다(여자는 왼쪽 귀).
— 코(土)는 크고 입(水)이 작으면 토극수(土克水)하여 어려서 일찍 고향을 떠난다.
— 코는 크고 눈이 작으면 수명에 지장이 많다.
— 눈이 크고 코가 적으면 길흉이 상반된다.
— 코가 작고 눈썹이 작으면 조상의 업을 지키지 못한다.
— 코가 높지도 않고 낮지도 않으면 오복을 모두 갖춘다.
— 코끝이 새부리처럼 날카로우면 독하거나 무정하다.
— 준두(準頭)가 맑고 깨끗하면 재록이 풍영하여 일생이 안락하다.
— 코가 균형 있게 발달하고 난대정위에 흠이 없으면 재백이 면면이 이어져 평생이 안락하다.
— 난대정위에 검은 점이 있으면 항상 재물의 손실이 따른다.
— 난대정위에 가는 실핏줄이 있거나 색이 밝지 않고 검푸르거나 희거나 암청색을 띠면 환란이 끊이지 않는다.
— 코가 크고 입이 작은 여자는 남편에게 사랑받기 힘들다. 스스로 식복을 극하기 때문이다.
— 콧구멍이 하늘을 쳐다보면 여자는 남편을 극하고 자식을 돌보지 않는다. 그러나 만약 인중이 길고 좋으면 자식은 좋다.

— 코가 작고 목이 길게 늘어진 여자는 남편복이 없거나 재혼한다.

— 준두(準頭)가 매우 뾰족하면 노년에 이성으로 망신을 당한다.

— 준두(準頭)는 금전적인 욕망을 표시하는 바로미터에 해당한다.

— 산근(山根)이 낮으면 집안에 환자가 끊이지 않는다.

— 산근(山根)은 위장, 연상(年上)은 십이지장, 수상(壽上)은 소장, 준두(準頭)는 대장이나 방광을 살핀다. 인중으로는 요도, 여성은 난소기능을 함께 본다.

— 코에 검은색이 드리워져 있으면 명의라도 수고스러움만 있다.

— 코는 작은데 혀가 길면 일생 빈곤하게 살아간다.

— 코가 작고 콧구멍까지 작으면 폐가 약하기 때문에 흡연은 곧 독이 된다.

— 중범죄를 지은 사람 열 명 중 일곱 여덟은 코뼈가 확연히 들어나고 매부리코 형상에 가깝다.

— 코가 가지런하지 않고 휘거나 한쪽으로 기운 사람과는 협상이나 합작, 동업을 하지 않는 것이 상책이다.

— 코는 좋은데 인당(印堂)이 좁거나 흠이 있으면 복록이 작다.

— 코는 중앙 무기(戊己) 토(土)에 해당하는데 푸른색이나 암청색을 띠면 매우 흉하다.

— 코가 밑으로 쳐져 있으면 음욕이 강하다.

— 코에 비해 콧구멍이 지나치게 작으면 인색하다.

7장. 입(口)으로 보는 법

　인간은 의(衣) · 식(食) · 주(住)와 하루라도 떨어져 살 수 없다. 의(衣)는 인간의 창작활동과 관계가 있고 식(食)은 인체에 필요한 에너지원을 공급한다고 볼 수 있고 주(住)는 편안한 안식처를 제공하는 부분이다.

　식(食)을 주관하는 입은 안으로 이빨과 혀가 있고 밖으로는 윗입술 과 아랫입술이 있어 입을 보호한다. 입 모양에 따라서 인종, 사랑, 우정, 성공과 실패의 소리가 나오게 되고 지구상의 많은 소리는 입에서부터 진동과 파장으로 우리에게 다가온다. 사람에게 가장 무섭기도 하고 인자하기도 한 세치 혀가 숨겨져 있는 곳이 입이다. 세상 사람들로부터 존경과 흠모를 받는 것도 혀의 공이고 깜깜하고 어두운 곳에서 나머지 인생을 보내는 것도 혀의 작용이다. 사람이 매일 먹는 음식의 욕망 즉 식욕은 사람의 성생활, 일의 욕심과 일치한다고 말한다. 식욕·성취욕·성욕을 하나로 보면 된다.

사람은 하늘이 부여한 성(性)이 있다고 한다. 하나는 자손을 생산하는 능력, 신비로운 성을 말하고 다른 하나는 사랑을 표현하는 기관을 뜻한다. 이런 관계를 은밀히 살피는 곳이 입술이다. 그리고 하늘이 준 성(性)은 일점도 되지 않는 사람의 마음과 감응하여 다양한 변화가 나타난다.

사랑하는 남녀가 뜨거운 입을 맞추고 서로가 사랑을 확인하고 난 연후에 영원히 타오르고 꺼지지 않는 사랑을 입으로 약속한다. 사랑할 때 입을 통해서 서로를 확인하고 사랑한다는 말을 한다. 이런 사랑의 행위는 자신이 지니고 있는 마음을 전달하는 과정이다.

태양이 떠오르는 시간에 사람은 입으로 이성을 말하고 밤이 되면 감성을 속삭인다. 감미로운 사랑의 속삭임이 입을 통해 전달된다. 사랑하는 소리 하나가 귀를 통해서 전달될 때 자신의 영혼이 울리고 감동하여 세상에서 가장 아름다운 서사시가 시작된다. 세계 어디를 가보고 지금까지 인류의 역사를 보고 남자와 여자에 관한 사랑의 역사는 어디서나 흔적을 찾아볼 수 있다. 최초의 인간 아담과 이브를 보아도 사랑과 함께 시작 하고 사랑은 인류와 함께 한다.

사람의 여러 신체기관 중에 많이 변화하고 다양하게 움직이는 부분이 입의 모양이라고 볼 수 있다. 많은 사람 앞에서 대중을 설득하거나 의지를 전달할 때 입을 크게 벌려 이야기한다. 자신의 숨은 뜻을 말하지 않고 조용히 다짐하는 모습은 두 손을 굳게 쥐고 입을 꼭 다문다. 수줍은 처녀의 아름다운 미소를 보고 가장 가슴이 설레고 뜨거운 정열을 품은 사람이 청년이다. 일반적으로 감정의 미묘한 변화가 일어나 조금 섭섭하거나 서운한 사람은 입술을 모아 뾰쪽해지거나 보는 사람에 따라서 뭉툭해진 모양을 한다.

감탄사를 연발하고 있는 사람의 입 모양을 보라. 어떻게 되어 있는가 유심히 관찰하지 않아도 아! 아하! 라는 사람의 감정을 표현하는 말 한마디로 그 사람의 현재 상태를 알게 된다. 입 모양으로 사람의 건강을 한눈에 알아보는 기관은 심장이다. 입이 붉고 홍 자색을 띠면 심장의 상태가 좋고 푸른색이 나타나면 심장에 이상이 있다는 징후를 볼 수 있다. 특히 심장병 환자들의 입술이 모두 파랗게 되어 있다.

관상학에서 좋은 입의 영향은 경제적인 출납을 보는 기관이다. 코가 좋으면 많은 금전을 모을 수 있다. 하지만 금전의 출납이 잘못되어 있다면 오래가지 못한다. 입을 오므리면 작아지고 벌리면 크게 되어 자기 주먹이 입으로 들어갈 정도로 큰 상태가 가장 좋은 점수를 받고 있다. 입에는 관상학에서 제일 중요한 인중(人中)이 자리잡고 있다. 특히 여자의 인중(人中)은 생명과 같이 볼 수 있는 장소로서 자손의 길흉화복을 함께 살피기 바란다.

대통령의 입을 보면 그 나라의 건강·복지·생활력을 알 수 있다. 입이 작은 대통령은 큰 나라를 통치하기 힘들다. 입이 작은 대통령이 당선되어 통치하는 기간은 국민이 보리고개같이 힘든 경제운을 만나게 된다. 진실한 말도 입에서 나오고 거짓으로 사람을 속이는 말도 입에서 나온다. 많은 심리학자들이 유심히 사람의 얼굴을 관찰한 결과 심리적으로 사람이 거짓말을 하거나 마음에 없는 말을 하면 입을 오므렸다 폈다 하는 행동을 한다. 입을 보면 사람의 진실과 거짓말을 알 수 있다.

입에 있는 여러 가지 기운과 실생활에서 변화되는 상황을 여러 각도에서 다양하게 살펴보자. 따뜻한 차를 마시고 열심히 사랑을 전하고 둘만의 행복을 느끼는 남녀의 입을 살펴보면 어떤 사랑을 하고 있는지 알 수 있다. 여자의 입이 남자보다 크고 굵은 입을 한다면 여성이 남자보다 적극적인 사랑을 한다는 증거이다. 즐거운 사랑을 하고 싶다면 오늘밤 누구 입이 더 큰지 확인해보라.

사랑의 진행은 입을 보면 알 수 있다. 음양(陰陽)은 공생하면서 때로는 순역의 관계로 거리를 유지한다. 하지만 도착지점은 모두가 하나다. 윗입술은 천(天)의 기운을 살피는 곳이고 아랫입술은 지(地)와 연관되어 있다. 천지속에 있는 혀(舌)는 인(人)에 해당한다. 천지인(天地人)이 모두 치우치지 않고 조화를 부려야 여의주를 물게 된다. 입술색이 거칠고 좋지 못하면 항상 출납관계에 문제가 생긴다. 피가 탁하면 기의 흐름을 방해하기 때문에 나타난 증상이다. 이런 문제는 지체하기 말고 의학전문가를 찾아 상담하라.

— 웃을 때 입을 가리거나 눈동자가 위 이마를 먼저 보고 웃는 사
  람은 평생 가난하게 살아간다.
— 입술색이 불에 그을린 것 같으면 평생 운이 열리지 않는다.
— 입술에 잔주름이 많으면 좋고 모든 일에 원만하다. 잔주름이 없

는 사람은 가난하고 고독하게 일생을 지낸다.

— 인당(印堂)과 입술색이 붉고 좋으면 직장인은 승진하고 일반인은 이익이 생긴다. 만약 금루(金縷)가 좋고 윤택하면 귀인의 도움으로 발전한다. 10~12월에 오는 변화는 매우 좋다.

— 입술이 붉고 좋으면 부부가 화목하고 만사가 편안하다.

— 입술에 푸른색이 돌면 갑자기 놀라 심장이 다치고 몸에 재앙이 따른다.

— 입술과 지고(地庫)가 좋으면 9~11월에 좋은 변화가 생긴다.

— 입술과 간문(奸門)을 보고 인당(印堂)이 빛나면 좋은 혼처가 생긴다. 지고(地庫)가 좋으면 땅이 많고 코 끝이 빛나면 현금이 많고 이마가 빛이 나면 관록이 좋다.

— 입술에 검붉은색이 많거나 진하면 쉽게 성내며 감정을 함부로 촉발시키는 사람이다.

— 입술·지고(地庫)·인당(印堂)이 윤택하면 축산업을 하는 사람은 가축이 잘 자라고 크게 성공한다.

— 입술이 하얗게 변해가면 대장암을 의심하라. 본인이 아니면 배우자를 의심해보라.

— 입술이 검고 위아래로 굵은 금이 보이면 사업을 실패한다.

— 입술이 아무리 홍조를 띠고 좋아도 부부금실이 좋지 못하다면 눈빛이 차갑고 냉냉하기 때문이다. 이런 사람은 오히려 필요에 따라 만족하는 관계가 더 좋다.

— 입술이 끝부분이 뾰쪽하게 앞으로 나오고 얇은 사람은 부부간

에 애정이 없다. 상대의 약점을 후벼파고 좋은 소리를 하지 않는다. 이런 사람은 상대방을 칭찬하며 장점을 자주 말하면 인생이 달라진다.

— 치아가 끝만 뾰쪽하면 진실이 없는 사람이다. 거짓으로 사람을 대하고 주위사람을 자신의 출세수단으로 밖에 생각하지 않는다. 이런 사람을 고용하면 회사가 망한다.

— 입술의 상하 비율이 좋고 가는 선이 가지런하게 있으면 근면 성실하며 신용이 있고 정직한 사람이다.

— 입술이 너무 얇고 가늘면 나오는 말마다 독을 품는다.

— 입술이 가지런하고 치아가 듬성듬성하면 고생하는 가운데 재물을 모은다. 하지만 입술과 치아가 전체적으로 균일하지 않고 틀어져 있으면 평생 고생만 한다.

1. 큰 입

— 입이 크고 작다는 것은 얼굴의 균형을 보고 결정한다.

— 입이 크면 남자는 대개 좋고, 여자는 가족의 생계를 책임진다.

— 입이 크면 여자는 수다스런 경우가 많고, 웃음소리가 지나치게 크면 가난하다.

— 입이 크면 매우 사교적이고, 이까지 좋으면 굴곡이 많지 않다.

— 입이 큰 사람은 작은일이라도 마음에 들지 않으면 과장되게 말한다. 남자는 활동적이며 생활력이 강하고 지도력이 있다.

— 입이 크면 진실한 사람으로 본다.

— 입의 크기는 야망과 비례한다. 그러나 입모양이 뚜렷하고 반듯하면 다른 사람을 자신의 욕망의 대상으로 생각하기도 한다.

— 입술이 푸른색을 띠거나 윤기가 없고 지저분하면 자신의 힘으로 이룰 수 있는 일은 하나도 없고 소리만 요란하다.

— 여자가 입이 크면 남편복이 없고 가족의 생계를 책임지는 경우가 많다. 그러나 입이 커도 깨끗하고 단정하며 구각(口閣)이 올라가면 좋다.

2 작은 입

— 입이 작은 사람은 꼼꼼함이 지나쳐 일의 흐름을 방해한다.

— 입이 작은 사람은 여러 가지 일을 한꺼번에 추진하지 말고 한 가지씩 하라.

— 입이 작은 여자는 작은 일도 남편의 도움을 받으려 한다.

— 입이 작은 사람은 자녀문제가 순조롭지 않다.

— 입이 작은 사람은 매우 까다롭고 변덕스럽다.

— 입이 작은 사람이 귀까지 작으면 남의 말을 듣지 않는다.

— 입이 작아도 목소리가 쩡쩡 울리면 아주 좋다. 여기에 구각(口閣)이 위로 힘차게 올라가 있다면 많은 부하를 거느리거나 사회적으로 명성을 날린다.

— 입이 작은 사람은 일을 결정하고 추진하는데 많은 고민을 한다.

— 입이 작은 사람은 입이 큰 사람과 일하라. 그러면 성공할 것이다. 한 사람은 입이 크고 한 사람은 작은 부부는 큰 흐름은 큰 사람이 잡고 작은 부분은 작은 사람이 보충하면 좋다.

3. 입꼬리가 위로 올라간 입

— 웃는 얼굴의 특징이 위로 올라간 입이다. 많이 웃으면 자신의 인생 또한 밝고 명랑해진다.
— 입이 위로 올라간 사람은 사교적이고 사회적인 활동이 활발하며 이름을 날린다. 그러나 너무 올라갔으면 진실성이 부족하고 물질에 치우치며 허세를 좋아하여 방탕한 생활을 한다.
— 입이 위로 올라간 사람은 젊은 사람들과 어울리기를 좋아하고 인기도 있다. 그러나 입술이 너무 얇고 차가우면 간사하기 쉽다.
— 입이 위로 올라간 사람은 사교적이며 인기가 있어 사회적으로 이름을 날리고 부러울 것 없이 살아간다.

4. 입꼬리가 아래로 쳐진 입

— 입꼬리가 아래로 쳐진 사람은 책략을 좋아한다. 한마디로 명탐에게 적격인 입이다.
— 입꼬리가 아래로 쳐진 사람은 남의 약점과 아픈 곳을 건드리는 묘한 성격을 가지고 있다. 너그러운 사람이 되도록 노력하라.

— 입꼬리가 아래로 쳐진 사람은 배가 뒤집힌 상으로 어려움이 많다. 순조로운 항해를 위해서 매순간 웃어라.
— 입꼬리가 아래로 쳐진 사람은 자기 뜻대로 되지 않으면 고래고래 소리를 지르고 일이 풀릴 때까지 끝장을 보는 성격이다.

5. 두껍고 튀어나온 입

— 흑인과 동양인에게 가장 많은 모습이다.
— 입술이 두껍고 튀어나온 사람은 처음 만나는 사람과도 대화를 잘 한다. 그러나 이해타산적이라 무미건조한 사람이 되기 쉽다.
— 입술이 두껍고 튀어나온 사람은 타인을 잘 설득한다.
— 입술이 두껍고 튀어나온 사람은 불리한 상황이 되면 전혀 다른 모습을 한다.
— 입술이 두껍고 튀어나온 사람은 능력을 인정받아 최고의 위치에 오르더라도 독립은 신중하게 생각하라.
— 입술이 두껍고 튀어나온 사람은 입으로는 사랑과 우정을 말하며 무엇이든지 도와줄 것처럼 말하지만 실제는 그렇지 않은 경우가 많다.
— 여자가 입술이 두껍고 튀어나오면 생활력이 강하고 가정을 보호하는 본능이 강하다. 그러나 감성에 호소하면 금방 흔들린다.

6. 삐뚤어진 입

— 입이 비뚤어진 사람은 평생 시시비비가 많다. 남의 일에 참견하
   지 말고 자신의 일에 묵묵히 임하라.
— 입이 비뚤어진 사람은 자신의 허물은 생각하지 않고 자기 주장
   만 한다.
— 입이 비뚤어진 사람은 식록의 문제가 많아 고생이 심하다.
— 입이 비뚤어진 여자는 허영심이 많아 여유가 생기면 엉뚱한 곳
   에 투자한다.
— 입이 비뚤어진 여자는 불임인 경우가 많거나 습관적으로 유산
   하는 경우가 많다.

7. 두툼한 입술

— 입술이 두툼한 사람은 정이 많아 항상 인기가 많다.
— 입술이 두툼한 사람은 사회적으로 성공하는 경우가 많다.
— 입술이 두툼한 사람은 순해 보이나 다혈질이다. 이런 상사를 둔
   다면 자신의 운이 약해도 반드시 성공한다. 만일 일이 풀리지
   않고 막힌다면 이런 상사를 찾아라.
— 입술이 두툼한 사람은 말수가 적고 논쟁이나 변론을 싫어하며
   덕으로 성공하는 경우가 많다. 그러나 지나치게 두꺼운 것과는
   구별해야 한다. 이런 사람은 대개 미식가이다. 일을 힘차고 강하

게 추진하는 타입이라 출세도 빠르고 일찍 기회를 만든다.

— 여자가 입술이 두툼하면 성적인 감각이 좋고 배우자에게 애 착을 갖는다. 또 질투심도 많고 애정에 대한 지배욕도 강하다. 그러나 잇몸이 튀어나오면 여기에 해당하지 않고, 후처팔자로 본다. 만일 후처가 아니라 본처이면 남편이 바람을 피워 가정이 편할 날이 없거나 새로운 일이나 사업을 실패하여 뒷일을 책임지는 불편한 관계가 된다.

8. 얇은 입술

— 입술이 얇은 사람은 손해보는 일은 하지 않는다.

— 입술이 얇은 사람은 언변이 매우 좋다.

— 입술이 얇으면 여자는 허리나 자궁이 약하다.

— 입술이 얇은 사람은 다른 사람을 무시한다.

— 입술이 얇은 사람은 신용이 없고 거짓말을 많이 한다.

— 윗입술이 얇고 가늘면 천파성(天破星) 기운이 있어 매우 강한 사람이다. 이런 사람의 말을 믿으면 자신의 운명을 잃어버린다.

— 입술이 얇은 사람은 재주가 많아 부러움을 받지만 덕이 없다.

— 입술이 얇은 사람은 냉정하고 과감하다. 여기다 오관(五官)이 좋으면 이름을 날린다.

— 여자가 입술이 얇으면 사랑도 냄비 끓듯 한다. 그래서 한 남자와 사랑하기 어렵다.

— 입술이 예쁘면 변함없는 사랑을 한다. 그러나 경계심과 의심이 강하여 부하직원을 거느리기 어렵다.

— 입술이 얇은 사람은 남에게 지거나 궁한 상황이 되면 나중에라도 꼭 복수하는 성격이다.

9. 아래보다 윗입술 두꺼운 입

— 아래보다 윗입술이 더 두꺼운 남자는 결혼도 일찍 하고 나이에 비하여 조숙하다.

— 아래보다 윗입술이 더 두꺼운 여자는 남자의 유혹에 약하여 성적인 경험을 빨리한다.

— 아래보다 윗입술이 더 두꺼운 사람은 정신적인 부분이 강하고 경제적인 것보다 도덕적인 것을 더 중요하게 생각한다.

— 아래보다 윗입술이 더 두꺼운 사람은 자신이 고귀하고 아름답다고 생각한다. 이런 사람과 논쟁하면 이득될 것이 없다.

— 아래와 윗입술이 차이가 너무 심하면 가난하게 산다.

우리의 신체도 정신적인 부분을 뜻하는 머리가 위에 있다. 윗입술이 두껍다는 것은 정신적인 부분이 강하다는 뜻이다. 우리는 정신과 물질의 조화를 이루며 살아야 하는데 한쪽으로 치우치면 성공해도 오래 지속되지 않는다. 만일 초년에 일찍 성공하면 너무 과신하지 말고 미래를 착실하게 준비하라. 꿈 속의 허상과 차가운 현실의 법칙을 잘 구분하기 바란다. 과욕은 금물이다. 차라리 내 손안에 있는 한 마리 새가 더 중요하다.

10. 위보다 아랫입술이 두꺼운 입

— 위보다 아랫입술이 두꺼운 사람은 아랫부분이 발달했다. 그만큼 육감적이란 뜻이다. 잘못하면 성의 노예가 되기 쉽다.

— 위보다 아랫입술이 두꺼운 사람은 언젠가는 반드시 출세한다. 하지만 윗입술이 너무 얇으면 운이 삭감된다.

— 위보다 아랫입술이 두꺼운 사람은 정열적인 사랑을 한다. 하지만 성격이 너무 냉정하여 이혼도 그만큼 빠르게 한다.

— 위보다 아랫입술이 두꺼운 사람은 물질에 대한 욕망이 강하다. 이런 성격 때문에 직장에 변동이 자주 생긴다.

— 위보다 아랫입술이 두꺼운 사람은 욕심이 많아 한 가지 일을 꾸준하게 하지 못하고 여러 분야에 관심이 많다.

— 위보다 아랫입술이 두꺼운 사람은 관심있게 충고해주면 자존심 강해서 말도 하지 않는다.

— 위보다 아랫입술이 두꺼운 사람은 미식가 기질이 풍부하고 음식도 아주 잘 만든다. 전통적인 맛을 살리거나 요식업에 종사하는 사람 중에 이런 입술인 경우가 많다.

■ 참고사항

— 입은 법령(法令)과 함께 본다. 입이 아무리 좋아도 법령(法令)이 흩어지고 상처가 있으면 복이 그만큼 감소한다.

— 입술이 파랗고 얼굴이 누러면 토극수(土克水)로 식록이 깨진다.

— 입이 작은데 눈은 부리부리하고 크면 일생 운이 열리지 않는다. 개인적으로 깊은 수양이 필요하다.

— 입술이 각이 있고 사(四)자 모양이면 의식이 면면히 이어진다.

— 붉은 입술과 가지런한 치아는 좋은 복을 불러온다.

— 입술은 좋은데 치아가 삐뚤어지고 틀어지면 마음이 한결같지 않다.

— 입술이 자주 움직이는 여자는 결혼생활이 순탄하지 않거나 후처가 된다.

— 혀를 날름거리거나 자주 밖에 나오면 마음에 독이 있거나 이중적인 가치관을 가지고 있다. 더러 지독한 변태도 있다.

— 음식을 먹을 때 음식물이 자주 밖으로 나오면 일생 가난하다.

— 법령(法令)이 입 속으로 들어가면 위병이나 식도에 관계되는 질병이 생기고 단식을 하기도 한다.

— 입술이 자주 마르고 트면 심장에 열이 있고, 입술 끝이 자주 갈라지면 위에 열이 있는 것이다.

— 구각과 법령이 좋으면 능히 백만대군을 호령한다.

— 구각의 길흉을 좀더 자세히 볼 때는 이마와 준두, 귀, 법령을 함

께 봐야 실수하지 않는다.

— 구각이 아무리 좋아도 준두(準頭)가 흉하면 토극수(土克水)하고, 귀가 금생수(金生水)하지 못하면 식록이 풍성하지 못하고, 법령(法令)이 흩어지거나 얕으면 겨우 남의 재물을 관리해주는 수준이고, 이마가 약하면 윗사람과의 관계가 좋지 않고 대인관계에 치명적인 약점이 있다.

— 입은 출납, 언어, 음식, 마음의 표현, 대중을 움직이고 호령하는 기와 만물의 조화를 담당하는 기관으로 상벌, 시비, 명예, 변론, 외교, 설명과 설득, 교화, 선교 등 인생의 정화에 해당한다.

— 자연에 바다가 있다면 사람의 얼굴에는 입이 있다. 입이 작거나 구각이 밑으로 쳐져 있으면 수산업과는 인연이 없다. 흔히 물장사나 수산업 관계 종사자는 구각과 입술색이 좋으면 좋은 인연을 맺는다.

— 윗입술이 박하거나 얇으면 만물을 포용하는 정신이 약하고, 아랫입술이 약하면 만물을 수용하는 능력이 떨어진다.

— 입술이 크고 좋은데 얼굴이 작으면 일생 빈곤하다.

— 입술이 붉고 윤택하면 문장이 뛰어나 사방에 이름을 날린다.

— 입술이 붉고 윤택해도 세로로 가는 실선이 없으면 말년이 고독하다.

— 입모양이 요(凹)이면 평생 남의 식록으로 살아간다.

— 입모양이 철(凸)이면 말을 자주 바꾼다. 이런 사람과 약속할 때는 말보다 서류나 문서로 받아놓아야 실수가 없다.

8장. 인중(人中)으로 보는 법

 윗입술과 코의 중간에서 잇몸을 덮고 있고, 중정(中停)과 하정(下停)의 연결고리를 담당한다. 사람의 노력과 결실이 땅과 어떤 기운으로 있는가에 따라 사람의 부귀가 달라진다는 의미를 가지고 있다. 인중(人中)은 왼쪽은 선창(仙倉)과 식창(食倉), 오른쪽은 선고(仙庫)와 녹창(祿倉)으로 좌우 법령(法令)의 호위를 받고 있다. 얼굴에서 자연현상과 같이 물이 흐르는 곳을 살펴야 그 사람의 인격과 지혜를 살피는데 실수가 없다.

 인중(人中)과 법령(法令)에 문제가 있으면 경영인은 노사문제로 회사를 운영하기 힘들어진다. 만약 상처나 흠이 있으면 수염을 보기 좋게 길러 고통스런 기간을 넘어갈 수도 있다. 물은 사람의 생명과 직관된다. 농사를 짓기 위해서는 관개수로가 필요하듯이 관상학에서도 구혁(溝洫)이란 단어로 표현했다. 물이 얼만큼 원만하고 조용하게 흐르는 상황을 살펴 그 사람의 말년과 다른 환경을 짐작한다. 인중(人中)은 심성·수명·복·자식·권위·종업원·건강·노년을 나타내는 지표와 같다.

인중(人中)은 이마와 턱까지의 13가지 명칭 중 10번째에 위치한다. 인중(人中)을 표현한 단어로는 장(長 : 긴장), 심(深 : 깊을심), 정(正 : 바를정), 활(闊 : 트일활)을 기준으로 맑고 좋은 기준을 삼고 단(短 : 짧을단), 천(淺 : 얕을천), 왜(歪 : 삐뚤왜), 착(窄 : 좁을착)으로 흐리고 탁하게 구분하는 기준점으로 삼았다.

수로가 막히면 폐농이 되고 흉년이 되듯이 사람의 인생도 이와 마찬가지로 판단한다. 좋은 인중(人中)의 가장 대표적인 표현으로 대나무를 반쪽으로 쪼개 뒤집어 놓은 것처럼 된 모양을 표준형으로 삼으면 되고, 길이는 1촌(寸)이면 최고가 된다. 고서에 이와 같은 인중(人中)은 능히 천석의 부를 능가한다고 했다. 지금으로 해석하면 중소기업을 운영하는 재목은 된다고 봐야 한다. 인중(人中)이 1촌(寸)을 능가하는 사람은 수명이 100세에 이른다고 했으니 노년의 운세는 인중(人中)과 매우 관계가 깊다.

자식을 보는 경우 십이궁도(十二宮圖)의 명칭 중 자식궁(子息宮)과 인중(人中)을 함께 복식으로 보고 판단한다. 여자의 경우 자궁이 튼튼해야 훌륭한 자손이 나오고 그 자손이 자라는 환경이 자식궁에 나타나기 때문에 단식으로 어떤 것이 좋고 나쁘다고 말하면 믿음성이 없다.

인중(人中)에 나타난 상황을 여자의 자궁 상황과 동일하게 보면 된다. 성생활이 문란한 여성은 인중(人中)의 색이 탁하며 무겁고, 가느다란 실선이나 검은반점이 생긴다. 사람은 동물과 달리 도덕과 양심이 있기 때문에 육체적인 쾌락을 즐겨도 자신의 마음을 속이지 못하기 때문에 마음의 상태가 얼굴에 나타난다. 인중(人中)을 잘 보면 그 사람의 도덕관념을 알 수 있다.

인중(人中)이 깨끗한 여자가 일명 예쁜이 수술을 하면 큰 재앙이 따른다. 하룻밤의 쾌락을 위해 너무 큰 희생이 따르지 않기를 바랄 뿐이다. 이런 경고를 무시하고 미신으로 치부하는 사람 중에 갑자기 남편에게 생각지도 않은 일이 일어나는 것을 경험한 적이 있다. 부디 이런 충고를 무시하고 함부로 행동하지 않기를 바란다. 잠깐의 쾌락을 위해 가정의 행복을 버리지 말기 바란다.

인간의 몸은 아무렇게나 만들어지는 것이 아니라 항상 우주와 기운의 교감을 이루고 있다. 현대과학이 우리 가정을 지켜주는 것도 있지만 그렇지 못한 부분도 있음을 인식해야 한다. 겨울에 미니스커트를 즐겨 입거나 한여름에 에어콘만 좋아하는 사람도 인중(人中)에 변화가 나타난다. 특히 현대인의 불임증과 가장 관계가 많은 부분이 인중(人中)이다.

경영인이 좋은 인중(人中)을 가지고 있다면 능력 있는 사원이 입사하여 하는 일마다 좋은 성과를 내 회사가 날로 발전한다. 인중(人中)은 유년운(流年運)으로 51세부터 기운을 발하기 때문에 이를 참고해서 활용해야 한다. 7년주기설로 보면 64~70세 사이가 된다. 이 두 가지를 모두 참고하기 바란다.

만약 인중(人中)이 얕다면 유능한 인재는 회사를 떠나고 경제상황 또한 힘들어진다. 인중(人中) 바로 옆 좌우의 명칭이 선창(仙倉)·선고(仙庫)로 이는 코의 양쪽 방울 난대(蘭台)·정위(廷尉)의 기운을 받아 저축하고 쌓아놓는 역할을 담당한다. 남모르게 숨겨놓은 재산을 가지고 있는 사람은 이 부위에 윤과 빛이 난다. 식창(食倉)·녹창(祿倉)이 좋으면 주변의 도움이 많아 날로 재산이 늘어간다. 식창(食倉)·녹창(祿倉)이 넓지 못하면 부동산과 인연이 없다. 하늘이 허락하지 않는 재물을 가지면 본인의 몸이 아프거나 뜻밖의 사고가 끊임없이 일어난다.

인중(人中)은 충신학당(忠信學堂)과 연결되는 곳에 해당하기 때문에 심성과 아주 관계가 깊다. 만약 인중(人中)에서 승장(承漿)·지각(地閣)까지 좋으면 25년이 좋다고 했다. 요즘처럼 평균수명이 80세를 능가하는 시대에 이 부분이야말로 가장 중요한 곳이다. 혹시라도 관상학의 진가를 확인하고 싶으면 탑골공원에 가서 직접 확인하기 바란다. 본인도 몇 번을 확인하고 또 확인한 일이다.

여성이 피임약을 많이 복용하거나 장기적으로 사용하면 신체의 불균형이 나타난다. 여성호르몬은 생명과 같은데 이것을 인위적으로 너무 많이 애용하면 나이가 들어 엄청난 고생을 한다. 그리고 피임약을 많이 복용해도 자궁에 문제가 생기기 쉽다. 성적으로 문란한 생활을 하지 않고 피임약을 계속 복용하더라도 인중(人中) 주변에 지저분한 색이 나타난다.

더불어 신장이 균형을 잃어 복합적인 질병이 나타날 수 있다. 되도록 다른 방법을 사용했으면 한다. 여성호르몬이 흐트러지면 남녀 관계에 뿐 아니라 남자도 갑자기 방황하거나 직장에 변동이 생기게 된다. 남녀의 육체적인 음양(陰陽)을 통해서 나타난 변화가 잘못되면 엄청난 인생의 폭풍이 될 수 있다. 부부가 상의하여 꼭 좋은 답을 얻을 수 있도록 하기 바란다. 남자는 전통 유교주의 사고방식에서 벗어나 될 수 있으면 탄력적인 부부성생활을 하는 자세가 필요하다.

— 인중(人中) 가운데가 쏙들어가면 아들과 인연이 없다.

— 인중(人中)이 지나치게 틀어지면 기형아를 출산할 수 있다.

— 인중(人中)이 지저분하고 상처가 많으면 양자도 두기 힘들다.

— 인중(人中) 한 가운데에 점이 있으면 아들을 두기 힘들다.

— 남자가 인중(人中)이 너무 깨끗하고 수염이 없으면 흉하다.

— 인중(人中) 가운데 살이 언덕처럼 솟아오르고 작은 점이 많으면 사업이 실패로 끝나기 쉽다.

— 인중(人中) 주변이 지저분하면 방광에 질병이 생기기 쉽다.

— 인중(人中)이 한쪽으로 기울어졌으면 가난하게 산다.

— 인중(人中) 전체가 흑암으로 보이고 색이 어두우면 아내가 외정을 통한다는 증거다.

— 인중(人中)과 주변의 선고(仙庫)가 풍만하고 좋으면 말년에 사업이 날로 번창한다.

— 인중(人中)의 주변 선고(仙庫)에 가는 선이 보이면 혈광에 관한

일이 일어나기 쉽다.

— 코털이 삐죽삐죽 나와 선고(仙庫) 부위에 보이지 시작하면 재
물이 흩어지기 쉽다.

— 인중(人中)이 휘어있으면 요통으로 고생한다.

— 인중(人中) 주변에 가는선이 구불구불 있으면 간교하고 교활한
사람이다.

— 인중(人中)은 짧고 선이 없으면 좋게 보지 않는다.

— 좌우로 가는선이나 점이 있으면 좋게 보지 않는다.

— 여자가 인중(人中) 주변에 잔털이나 점이 많으면 좋지 않다.

— 남자는 코털이 무성하고 윤이 나면 아주 좋다.

— 인중(人中) 주변이 지저분하고 상처가 있으면 좋지 않다.

— 인중(人中)은 확실한 선을 좋아한다.

— 인중(人中) 가운데 가는 선이 생기면 자식 때문에 고생한다.

— 여자는 매일 인중(人中) 주변을 깨끗하게 관리하라.

— 사람의 허영심은 인중(人中)과 관계 있다. 인중이 짧은 사람은
허영심이 크고 인중이 긴 사람은 근면하고 성실하다.

— 인내심도 인중(人中)과 비례한다.

— 인중은 좋은데 치아가 고르지 못하면 복록이 감소한다.

— 준두(準頭)가 마치 인중(人中)을 누르는 것 같으면 건강이나 수
명에 지장이 많다.

— 인중(人中)은 천통(天通)과 지통(地通)하는 위치에 있기 때문에
인중(人中)을 손으로 가리고 있는 습관은 나쁘다. 인중(人中)을

자주 가리면 일이 지체된다.

— 인중(人中)이 지나치게 작고 좁으면 인색하다.

— 남자가 인중에 점이 있으면 아내의 질병 때문에 고생을 많다.

1. 가는 인중

인중이 가는 사람은 농토가 아무리 많아도 수로에 물줄기가 가늘어 많은 수확을 기대하기 힘들다. 노력에 비하여 결과가 없어 항상 불만이 많다. 51세 이후에는 재물의 투자나 증자 욕심을 버리는 것이 좋다. 경영인이 아주 얇으면 종업원이 오히려 주인행세를 한다.

2. 깊고 긴 인중

초년과 중년에 고생이 많아도 말년에는 편안해진다. 속마음이 깊고 심성이 좋아 인덕이 많고 웃음으로 말년을 보내게 된다. 단 인중(人中)이 아무리 좋아도 입이 좋지 않으면 복이 줄어든다. 이런 인중(人中)을 한 사람 중에 사고현장에서 기적적으로 살아난 사람이 종종 있다.

3. 한쪽으로 휜 인중

이런 사람은 심성이 좋지 않다. 얼굴은 웃고 있어도 속은 다른 사람이 많다. 이런 사람은 A라는 부분에 투자하면 B라는 엉뚱한 곳에서 결과가 나타나 당황한다. 여자가 왼쪽으로 휘면 어머니 건강에 문제가 생기고, 오른쪽으로 휘면 아버지 건강에 문제가 생긴다. 남자는 반대로 보면 된다.

4. 일자형 인중

일직선이면서 뚜렷하고 선이 확실하면 아주 좋은 것으로 본다. 길고 흐리면 사람은 좋으나 실속이 없고, 일의 끝맺음이 확실하지 않아 믿음이 없다.

5. 위는 좁고 아래는 넓은 인중

초년에는 고생하나 말년에는 편안하게 지낸다. 단 힘이 없고 선이 확실하지 않으면 평생 고생만 한다. 강의 상류와 하류를 비교하면 쉽게 알 수 있다. 상류는 물이 급하게 내려가지만 하류는 원만하게 내려간다.

6. 위는 넓고 아래는 좁은 인중

음양이 거꾸로 된 상황이다. 그래서 집안에서 부모의 역할이 뒤바뀌고, 아들이 딸 같고 딸이 아들 같은 성격이다. 말년운은 한꺼번에 어려운 일이 생기니 주의하기 바란다. 이런 인중(人中)에 턱까지 뾰쪽하면 더 힘들어진다.

7. 가운데가 붙은 인중

선이 확실하고 굵으면 체면은 유지하지만 짧고 얇으면서 이런 모양이면 풍파가 많다. 재물을 모아도 나를 위해 쓰지 못하고, 쌓으면 흩어지는 성질이 강하다. 여자는 자식과 유정하지 못하고 자식이 남의 자식처럼 느껴진다.

9장. 이마(額)로 보는 법

　아담하고 적당한 두상을 보면 참 좋은 머리를 가진 사람이라는 생각이 든다. 아울러 마음도 넓다는 생각이 들고 항상 웃고 다니는 얼굴이 너무나 보기 좋다. 누구나 상대방의 이마를 보면서 자기만의 생각을 하고 누구는 눈이 크게 보여서 착하다는 생각이 가장 먼저 떠오른다.

　코가 큰 사람은 고집이 세고 항상 자기만 생각하는 이기주의가 많은 사람으로 기억되고 이마가 크고 넓게 생긴 사람은 시원하고 훤칠한 느낌을 가장 많이 받고 넓고 큰 이마를 가지는 일이 인생의 가장 큰 소망이라고 말하는 옆집 주인 아저씨가 얼굴 앞부분에 조금 대머리가 되고나서 항상 싱글벙글 웃고 다니는 행동이 조금은 이상한 느낌도 든다.

　아마도 아저씨는 이마가 넓어지면 머리가 좋아진다는 말을 진실로 받아들이고 자신이 점점 머리가 좋아지고 성공할 수 있는 것으로 믿고 있는 것은 아닌지 물어보고 싶을 때가 있다. 요즘 머리가 많이 탈모되는 것도 사회적으로 문제가 되고 있다. 그런데 이런 증상을 고민하지 않고 자신이 멋지게 소화해서 긍정적으로 생각하고 얼굴에는 미소를 잃지 않는 아저씨가 한편으로는 부럽기도 하다. 남에게 피해를 주지 않고 자신의 행복이라 믿고 사는 사람이 어떻게 보면 현명한 사람으로 보여진다.

임상학적으로 실제 많은 사람들이 사회적으로 명성을 얻게 될 때 이마를 유심히 관찰해보면 앞이마가 살짝 베껴지는 현상이 나타난다. 특히 한 분야의 황제로 군림하는 사람들을 관찰하면 알 수 있다. 음양(陰陽)은 순역으로 돌아가기 때문에 여자는 이런 현상이 두드러지지 않는다.

서구사회에서 골상학이란 어떤 내용이 있고 이런 이론과 동양사회 관상학이 어떤 유사성과 있는지 서로 다른 관점에서 좋은 장점과 현대 생활과 동떨어진 내용을 비교해본다. 19세기 서양은 인간에 대한 새로운 학설이 등장한다. 그 중에 하나가 진화론인데 다윈은 세상을 다른 측면에서 바라보는 새로운 계기를 만들었다. 과학자들의 생각은 우리에게 많은 가상의 꿈을 현실로 나타나게 만들어 꿈이 현실인 세상을 살아가게 만들었다.

갈 골상학은 진화론의 용불용설의 기반을 두고 연구해서 나온 통계학이다. 인체의 특성상 사용한 기능을 계속적으로 사용하면 발달하고 사용하지 않는 부분은 퇴화한다는 특징으로 사람을 분석하고 초점을 맞춰보는 이론이다. 이 시대는 두상이 크면 뇌도 크고 머리가 뛰어나다는 생각을 했다. 머리의 크기나 형태가 그 사람의 정서·자각·지성·직감·영감·감각 등이 뛰어나 성공할 수 있는 기반이 훨씬 강하다고 바라봤다. 그러나 원시인의 머리가 지금 현대인의 크기보다 훨씬 크다. 두뇌의 활용은 머리 크기와 이론처럼 비례하지 않는다.

최초 같은 28가지로 구분했던 것이 발전하여 35가지로 늘어났다. 처음에는 골상학이 세부사항으로 분석한 부분을 지지하는 사람이 많았으나 나중에는 신빙성이나 이런 탐구영역에 혹평을 주저 없이 하는 사람들이 늘어나기 시작했다. 벤담은 돌팔이·사기꾼·떠돌이 약장사라고 불렀고 소멸되는 듯이 보였으나 이런 이론들이 나중에 직업을 갖기 위해서 면접을 볼 때 골상학 차트를 보여주어야 하는 시절도 있었다. 후에 포우는 과학의 황제로 인정한다고 할 정도로 긍정적인 면을 부각시켰다.

골상학에 관심이 많았던 파울러가 사람들은 동양의 관상학과 비슷한 해석을 하고 골상학의 도움으로 행복한 결혼생활을 하게 되었다. 골상학 자체도 인간의 등급이나 급수를 보는 관점이 있기 때문에 인간의 존엄한 가치사상과 대치되는 이론을 펼치게 되어 서양에서 더욱 발전하지 못했다고 생각한다.

동양학의 관상학도 사람의 부귀공명을 너무 단일화시키고 사람의 행복론을 한쪽으로만 생각하는 부분은 다른 해석해야 시대적인 조류에 발을 맞추어야 발전시킬 수 있다고 생각한다.

사람의 출세는 부귀와 공명에 있지만 행복과 정신적인 부분은 사람의 마음에서 출발하기 때문에 돈이 없는 사람이 모두 불행하다고 말할 수 없고 사회적인 지명도가 없거나 우리가 모르고 지내온 사람이라고 해서 실력이 형편없이 낮은 사람이라고 평가하면 사물의 한쪽 면을 보고 전체를 말하는 꼴이 된다.

동양에서는 관상학이나 예언을 하는 사람들이 가끔 시대적으로 나타나 너무나 정확한 인간의 길흉을 맞추어 사람들의 비난을 면하게 되었다. 그러나 이런 예언을 하는 사람들은 세기에 있을까 말까 하는 사람들로서 항상 우리의 운명을 족집게처럼 말할 수 없다. 그래서 우리가 추구하는 이론은 보편적이고 일반적인 판단이 훨씬 편안하고 쉽게 말할 수 있다.

관상학에서 이마는 하늘이고 조화와 변화를 할 수 있는 에너지와 인간에게 제일 중요한 감정을 나타내는 복덕궁(福德宮 : 감정을 주관하는 기운)이 자리잡고 있다. 우리를 낳아주고 길러주신 부모님(부모궁)을 볼 수 있는 곳이 이마에 해당한다. 이마는 좌우 천이궁(遷移宮 : 세계를 내 집처럼 움직이는 장소)을 흘러 부처궁(부부의 행복지수)에 흘러가고 명궁(命宮 : 눈썹 사이)을 통해 코(재물) 부분으로 내려와 인중(人中)과 턱에 이른다.

성장한 후에 진로를 결정하고 살아있는 동안 직장을 통해서 평생의 운세를 측정하고 하늘처럼 형이상적인 기운이 꿈틀대고 움직이는 장소이다. 우리가 사는 세상이 남성중심에 무게가 훨씬 많기 때문에 여성이 하는 미모교정에 부정적으로 보는 사람이 대부분이다.

예를 들면 남자에게 당신은 많은 부인을 거느릴 상이군요. 이런 남자를 나쁘게 평가하지 않고 여성을 보고 당신은 한 남자로 만족하지 못하겠군요 라고 예언을 하는 사람이 말을 하면 아주 흉한 운명을 타고나서 자신도 잘못하면 비관적이거나 심리적으로 치명적인 상처를 입는다. 그러나 우리는 변화의 시대에 살고 있다.

서양의 골상학과 동양의 관상학이 모두 남자를 중심으로 하고 있다는 문제를 지적하고 싶다. 물론 양쪽의 학문이 서로 공통적인 부분도 있고 다른 관점도 많이 있지만 한 사람을 판단하는데 꼭 이것이 옳으니 이렇게 해야 되고, 다른 것은 필요없다고 말하면 안된다. 누구나 즐기는 맥주가 서양에서 왔지만 동양인도 마시고 즐기며 동양의 다도는 서양인도 좋아한다. 무리가 없고 서로 융통하면 더욱 좋은데 한쪽만 보고 모두를 말하면 곤란하다.

현대 미학으로 이마와 가장 관계가 깊게 나타나는 부분은 머리의 헤어스타 일에 따라서 사람의 인상이나 첫 대면에 자신의 이미지를 전달하는데 아주 결정적인 역할을 한다. 이런 이미지 전달을 하는 과정은 이마가 발달한 사람은 그만큼 표현하는 방법이나 기타 여러 가지를 다양하고 여러 가지 모습으로 전달하기 때문에 현대미학과 잘 어울린다. 물론 이마가 좁다고 해서 나쁘거나 인생이 흉하다고 보는 관점보다 표현의 미학에서 편하다는 뜻이다.

사람은 머리가 아프거나 열이 날 때 가장 먼저 손이 가는 부분이 이마이다. 이마에 손을 대보고 나서 '열이 난다' '뜨겁다' '펄펄 끓는 느낌이 든다' 라는 다양한 용어를 사용하는데 사람의 기운이 건강과 이마에 나타나는 증상이 그만큼 민감하고 작용력이 크다는 뜻으로 볼 수 있다. 우리 신체가 평소보다 1도만 체온이 증가해도 신체는 고통을 겪는다. 몸에 열이 있을 때 왜 우리는 이마에 손을 대고 열을 감지하는 행동을 할까? 이럴 때는 이마가 곧 건강이다. 지구의 평균 온도가 1도만 올라가도 환경에 커다란 변화가 온다. 사람이나 지구나 모두 음양(陰陽)의 작용이 같다.

이마가 넓은 사람을 보면 속이 좁지 않을 거야 이런 생각이 나도 모르게 든 다. 이는 이마와 사람의 생각이 연관되어 있다는 증거이다. 생각의 차이가 이마의 차이라고 생각하면 엉뚱할지 모른다. 그러나 최소한 연관이 있다는 사실은 부정할 수 없다.

이마의 형태는 측면에서 볼 때 3가지로 구분한다. 뒤로 넘어간 이마, 수평 적인 이마, 앞으로 튀어나온 이마가 있다. 정면에서 보는 방법은 여러 가지 해석을 할 수 있고, 과거에 비하여 세계가 점점 일일 생활권에 가깝게 변해가는 과정인데 세계를 좁다고 활동하고 각 지역, 나라에서 성공하고자 하는 사람은 변지(邊地)와 천이궁(遷移宮 : 현대인의 의지)을 면밀하게 살펴 판단해야 실수가 없다.

천이궁(遷移宮 : 활동하고 사람을 사귀는 기운)이 이마에 있는 만큼 이마는 지구본이 세계나라를 표시하는 원리와 같게 작용한다. 지구가 둥글고 모나지 않듯이 이마도 지구본을 닮아서 둥그렇고 예쁘게 생긴 이마를 최고로 본다. 이마가 반질하고 번들거리며 좋은 인상을 하고 있는 사람은 세계 어디 가서 살아도 남에게 뒤지지 않는 사람이다.

이마에 주름이 나이보다 빨리 생기면 부모의 일이 잘 풀리지 않는다고 본다. 결혼 전에는 부모로 판단하고 결혼해서는 여자는 남편으로 남성은 사회생활의 상사나 어려운 일을 풀어주는 귀인으로 다르게 표현한다. 고대 관상학 이론으로 풀이하면 배우자의 일이 막히고 해결되지 않아 자신이 직접 생계를 유지하는 일을 모두 처리해야 하는 힘든 일이 생긴다. 그리고 후천적인 습관 중에 자꾸 신경을 쓰다보니 이마에 힘이 들어가고 주름살이 하나하나 생기게 되는 부분이 현실이다.

사람의 심리학적인 풀이 방법도 마찬가지로 자신의 계획이 새로운 신도시를 완성해 나가듯이 하나하나 잘 풀리기 시작하고 진행 사항이 매끄러우면 이마를 찡그리는 행위는 할 필요가 없다. 이마에 주름은 생각의 척도를 나타낼 만큼 의미가 있다. 이마 상태가 깨끗하고 매끄러울수록 일도 마찬가지로 해석한다. 그렇다고 관상학에서 모두 이런 표현을 하지 않는다. 이마에 세 줄이 나란히 있으면 이는 하늘과 땅, 사람이 조화롭게 구성되어 있다고 판단한다. 이런 이마는 아주 좋게 평가한다.

역의 원리가 변하는 기운을 근본으로 하듯이 우리가 살아가고 있는 사회도 변하지 않는 것은 없다. 우리의 역이 말한다. 현대는 여성이 세상을 변화 시키는 시대에 살고 있다고 알려준다. 자녀를 10개월 동안 품안에서 성장시킨 위대한 어머니가 남성이 아니고 여성이다. 우리는 위대한 어머니와 함께 살아가고 있다. 자녀를 위해서 목숨을 바치고 모든 것을 희생하는 분이 어머니라는 사실을 망각하지 말고 여성을 단순하게 보기보다는 서로가 이해하고 남성적인 사회에서 함께 모두가 중요하다는 정신적인 생각을 공유해야 한다. 현대는 남성보다 여성 관상학 중심으로 이동하는 일이 단순한 테마가 아닌 철학과 인생을 재조명해야 한다.

과거에 이마가 튀어나와서 평생 머리카락으로 가리고 다니고 '팔자가 세다'는 말을 죽을 때까지 듣고 아주 불쾌하게 살아가는 시대가 아니다. 선택과 권리가 있고 나쁘다고 평가하면 얼마든지 지금의 과학과 의학이 해결할 수 있다. 하루 24시간이면 어디든지 갈 수 있는 세계화 시대에 천이궁(遷移宮 : 나를 도와주는 사람)이 함몰되거나 상처가 있어도 얼마든지 교정할 수 있는 시대에 살고 있다. 단점을 수정하고 새로운 선택이 세계를 누비고 주름잡게 할 수 있는 기운과 자신의 의지를 강하게 만든다. 단 맹목적인 부분은 삼가기 바란다.

사랑하는 남녀사이에 서로의 사랑을 표현하는 방법 중에 하나가 이마에 가벼운 입맞춤을 영화나 드라마에서 볼 수 있다. 정열과 열정을 표현하는 방법보다 서로의 정신적인 부분이 합치될 때 나오는 행동으로 생각한다.

어린시절을 보내고 성장하여 청춘이란 단어를 생각하게 만들고, 사랑이란 느낌이 다가와 가슴이 뛸 때면 이마에 여드름이 생기기 시작한다. 흔히 주변에서 재미와 장난삼아 누군가 나를 사랑하는 사람이 있다고 추측하고 놀려댄다. 그 사람은 도대체 누굴까? 혹시 선생님이 아닌지 오늘밤 꿈속에서 혼자 조용히 물어봐야겠다.

그리고 내가 누군가를 사랑하면 호르몬의 분비와 더불어 볼에 여드름이 나온다는 재미있는 사실도 인체에 일어나는 변화를 말하는 내용이다. 청춘 남녀시절 사실에 입각하든 아니면 확인되지 않는 사실이라도 재미로 인식하고 한번쯤 여유를 가지고 유머러스한 일이 발생해도 웃음으로 넘어갈 수 있고 인생을 감미롭게 하는 향내음으로 생각하고 살아가면 즐거운 일이다. 많은 사람들이 이마가 바뀌면 어떻게 되는지 무척 궁금해한다. 정말 변화가 일어날지 아니면 시간과 정신만 소비하고마는 일은 아닌지 의문과 실망, 희망과 도전이란 두 갈래 길에서 번민하는 현실이다.

요즘에 용산지도가 바뀌고 있다고 한다. 도로가 생기고 건물이 들어서면 생활하고 움직이는 사람에게 많은 변화가 찾아오게 마련이다. 도로 하나가 생기면 너무나 많은 생활권에 영향을 미친다. 길이 생기면 사람이 다니는 행동의 변화가 오고 잠잠했던 땅값이 천정부지로 올라 가만히 있던 사람이 어느날 생각지도 않게 나타난다. 옛날 모습은 온데간데 없고 새로운 모습에 놀라는 눈이다.

사람의 얼굴도 잠시 땅이라고 생각해보자. 땅에 건물과 길이 있다면 얼굴도 나름대로 기운의 교차점과 움직이는 기운을 변화시키는 포인트가 있을 것이다. 중요한 포인트에 변화를 주면 삶이 변하고 자신의 모든 일이 변화를 가져온다. 땅의 근본이나 성질은 바꾸지 못해도 그 위에서 생활하는 우리 인간의 삶에는 반드시 변화가 있다는 사실은 누구도 부정할 수 없는 사실이다.

과거의 의학은 이런 일에 도전하거나 가능성을 엿볼 수 없었지만 현대의학은 가능한 부분이 꽤 있다. 물론 만사만능이 아니라는 사실은 누구나 다 알고 있으며 일일이 모든 면에서 기술하지 않아도 개인적인 가치기준과 판단에 맡겨도 크게 틀리거나 빗나가지 않는다고 생각한다. 변화하는 삶과 가꾸어가는 인생이 달라지면 자신의 운명도 달라지기 시작한다. 오늘의 작은 변화가 내일의 좋은 미래를 만들어 갈 수 있기 때문이다.

1. 천중(天中) · 천정(天庭) · 중정(中停) · 사공(司空) · 중정(中停)

— 천중(天中)에 붉은 얼룩무늬 반점이 나타나면 화재를 조심해야 한다. 출행할 때 재앙이 따르므로 항상 몸을 조심해야 한다. 반대로 여기가 좋으면 송사해서 이긴다.

— 천정(天庭)이 거무테테하고 주변에 흑암이 많으면 세금징수나 그로 인해 마음의 상처를 받아 건강이 악화된다.

— 천정(天庭)과 사공(司空)에 붉은반점이 생기면 도와주기로 철석같이 약속한 사람에게 도움을 받지 못한다.

— 중정(中停)에 색이 어둡거나 이상이 생기면 현재 계획하고 있는 일에 지장이 있어 중도에 어려움을 겪게 된다. 만약 이곳이 좋고 빛나면 불가능하게 생각했던 일이 성공한다.

— 천중(天中)에 점이 생기면 아버지에게 문제가 발생하고 천정(天庭)은 어머니에게 질병이 생긴다. 사공(司空)에 검은점이 생기면 부모님에게 모두 문제가 생긴다.

― 이마와 머리카락 사이에 계속해서 지저분한 것이 생기면 일이 지속적으로 막히고 어렵게 만든다. 이런 경우 영가와 접촉을 할 수 있는 사람을 만나면 해결할 수 있다. 미신 같지만 신기하게 효과가 있다. 단 오래된 습관이라면 해결하기 힘들다.

― 천중(天中)·천정(天庭)·사공(司空)·중정(中停)이 밝고 윤기가 있으면 모든 일이 순조롭다는 증거이다.

― 정 중앙에 선홍빛이 감돌면 승진하는 기쁨이 있다. 일반인 이런 색이 나타나면 귀인의 도움으로 모든 일이 순조롭다.

2 일월각(日月角)

― 일월각(日月角)이 너무 넓어도 부모덕이 없고 지나치게 좁아도 부모덕이 없게 된다. 튀어나오고 돌출된 사람은 부모와 충돌이 일어난다. 부모가 하지 말라는 행동만 골라서 하는 청개구리 성향이 있다.

― 일월각(日月角)이 한쪽이 나쁘면 부모에게 문제가 생긴다. 남자는 좌(양 : 아버지) 우(음 : 어머니), 여자는 우(양 : 아버지) 좌(음 : 어머니)로 보면 된다.

― 일월각(日月角)이 돌출되었으면 당대에는 흥하나 후손들은 힘들게 살아간다.

― 일월각(日月角)에 상처가 있거나 붉은 실선이 있으면 부모가 여행 중에 몸을 다친다.

— 일월각(日月角)이 풍륭하고 윤택하면 만사가 뜻대로 이루어진
다. 관직자는 승진하고 사업가는 날로 재산이 늘어난다. 일반인
이 일월각(日月角)이 좋으면 부모에게 유산을 상속받는다. 만약
피부가 전체적으로 검은 사람은 조금 더 신경써서 볼 수 있다.
건성으로 보면 엉뚱한 결론을 내리게 된다.

— 일월각(日月角)이 함몰되고 지저분하면 부모의 유산을 한 푼도
받지 못하고 평생 고생하면서 살아간다.

— 일월각(日月角)이 검으면 조상의 영혼이 떠돌고 있다는 뜻이
다. 영가를 천도하는 곳에 찾아가 치료하라.

— 천중(天中)·천정(天庭)·사공(司空)·중정(中停)에 이르기까
지 이마가 튀어나오고 일월각(日月角)까지 발달했으면 문관보
다 무직으로 크게 성공한다.

3. 복당(福堂)

— 복당(福堂)에 지저분하고 종기 같은 것이 자꾸 생기면 결혼하
자마자 이혼하기 쉽다. 여기에 재백궁(財帛宮)까지 혼탁하면 정
신과 재물이 한꺼번에 나간다.

— 복당(福堂)에 황색기운이 감돌고 윤이 나면 재물이 들어온다.
자기(紫氣)를 띠면 더욱 좋아 큰 재물과 문서가 들어온다.

— 복당(福堂)에 흠이 있으면 평생 고생한다. 이런 사람은 성형외
과나 피부과 치료를 받아라.

— 복당(福堂)에 어두운 색이 보이면 도둑이 침범한다.

— 복당(福堂)이 함몰되었으면 조상의 적선적덕이 없다는 뜻이다.

— 복당(福堂)에 세로무늬가 있으면 구설과 시시비비가 일어난다.

— 복당(福堂)에 가로무늬가 길게 있으면 평생 일이 되지 않는다.

4. 천이궁(遷移宮) · 산림(山林)

— 천이궁(遷移宮 : 역마)과 산림(山林)에 상처가 있으면 외국에서 성공하지 못한다. 이곳이 약점이라면 교정받기 바란다.

— 천이궁(遷移宮)이 너무 작으면 외국과 인연이 좋지 않다.

— 천이궁(遷移宮)은 좋은데 일월각(日月角)에 흠이 있으면 우리나라와 최소 12시간 이상 시간 차이가 나는 곳으로 가기 바란다. 되도록이면 먼 곳과 무역해야 큰 이익을 남길 수 있다.

— 천이궁(遷移宮)은 좋은데 산림(山林)이 검거나 지저분하면 외국에서 뜻하지 않는 변수로 많은 고생을 한다. 만일 일월각(日月角)이 빛을 잃으면 절대로 지하로 들어가지 마라. 계약도 햇빛이 훤하게 비추는데서 하고, 미시(오후 13~15시)에는 결정을 내리지 말고 관망만 하라.

— 산림(山林)에 붉은 실선이 있으면 여행 중에 강도를 만나거나 피습을 받을 징조이니 항상 조심하기 바란다.

— 산림(山林)에 상처가 있으면 빨리 제거하는 것이 상책이다.

— 산림(山林)과 천이궁(遷移宮)이 모두 좋으면 외국과의 무역으

로 큰 이익을 얻는다.

— 천이궁(遷移宮)이 어두우면 일행에게 배신을 당한다.

— 역마와 복당(福堂)이 윤택하면 외국에서 타인의 도움을 받아 큰 이익을 남긴다.

5. 인당(印堂)

— 인당(印堂)이 넓은 사람이 더 크게 출세한다. 남자는 넓으면 양(陽)에 해당하기 때문에 좋지만 여자가 너무 넓으면 좋지 않다. 음(陰)은 음(陰)의 기운이 흐를 때 가장 아름답다.

— 인당(印堂)이 지저분하거나 큰 세로주름이 있으면 평생 운이 열리지 않는다.

— 인당(印堂)이 밝은 빛을 잃으면 생명이 다하고, 어두우면 감옥에서 신세를 한탄한다.

— 인당(印堂)에 八자무늬가 생기면 부부의 건강이 좋지 않다. 만일 가로무늬가 선명하거나 어두운 색이 나타나면 절대 출행하지 마라.

— 인당(印堂)이 윤택하고 밝은 빛이 나면 운이 열린다는 증거다. 이 빛이 뻗어 천중(天中)까지 올라가면 크게 출세한다. 운동선수는 신기록을 세운다.

— 인당(印堂)과 간문(奸門 : 부부궁)이 밝게 빛나면 아내의 공으로 성공한다.

— 인당(印堂)과 간문(奸門 : 부부궁)이 어두우면 결혼의 어려움을
  겪는다. 만일 일월각(日月角)이 어두우면 부모의 반대 때문이다.
— 인당(印堂)에 굵은 선이 생기면 중년에 크게 패한다. 만일 윤택
  하고 빛이 나면 처음은 좋으나 끝이 불안하다.

6. 관골(觀骨)

— 관골(觀骨)이 지저분하고 상처가 있으면 부부가 권한을 잡으려
  고 싸운다.
— 관골(觀骨)에 검은 반점이나 뭔가가 자꾸 생기면 친척간에 등
  을 돌린다.
— 관골(觀骨)과 연상(年上)에 붉은 기운을 생기면 구설과 사업의
  어려움이 따르고, 직장인은 일을 실수하여 고통을 받는다.
— 관골(觀骨)에 암색이 생겨 오래 가면 부부간에 큰 사고가 생겨
  신체에 손상을 입는다.
— 관골(觀骨)이 약간 함몰되었으면 큰 투자실패로 삶의 의욕을
  잃는다.
— 관골(觀骨)이 윤택하고 연분홍색을 띠면 직장인은 큰 권한을
  쥐고, 공무원시험을 준비하는 사람이면 합격하고, 사업가는 국
  가의 혜택을 누린다.
— 관골(觀骨)이 한 쪽은 높고 한 쪽은 낮으면 무거운 짐을 진 상
  황으로 본인이 포기하기 쉽다. 이런 사람은 과장대리나 부장대

리 등으로 있을 때는 행복하나 권한이 주어지면 버거워한다. 성형외과 상담을 받아보는 것도 좋다.

— 관골(觀骨)에 항상 진한 자색을 띠면 금전운이 풀리지 않는다.

— 관골(觀骨)이 얼굴에 알맞게 튀어나오고 윤택하면 상업보다 관직이 길하다.

7. 간문(奸門)

— 간문(奸門)이 지저분하면 남자는 기생을 좋아하고 여자는 성생활이 문란하다.

— 간문(奸門)이 도톰하고 높으나 색이 맑지 않으면 아내가 가권을 잡는다.

— 주름이 간문(奸門)에서 눈썹으로 뻗어올라가 있으면 아내가 사통한다는 증거다.

— 간문(奸門)에 어두운 청암색이 오래 지속되면 배우자가 몸이 아파 고생한다.

— 간문(奸門)이 쏙들어가 있으면 부부가 남남처럼 산다.

— 간문(奸門)과 관골(觀骨)에 동시에 암색을 띠면 배우자가 금전적으로 고전을 겪는다는 뜻이다.

— 간문(奸門)에 잡스런 무늬가 많으면 부부간에 지나친 언쟁을 피하라. 잘못하면 한 사람이 신체적인 손상을 당한다.

— 결혼기에 간문(奸門)이 윤택하고 인당(印堂)이 밝게 빛나면 좋

은 배우자를 만나 행복하게 살아간다. 여기가 관록궁(官祿宮)까지 빛나면 배우자가 승승장구한다.

― 간문(奸門)에 검은점이 있으면 사통하거나 부부간에 사별한다.

― 간문(奸門)에서 푸른색 혈관이 천창(天倉)을 향하면 재물이 없어진다. 만약 여러 줄기가 함께 올라가면 접신 때문에 고생한다.

― 간문(奸門)에서 푸른색 혈관이 산림(山林)까지 올라가면 해외무역과는 인연이 없다.

― 간문(奸門) 한 쪽에는 흑자가 있고 다른 한쪽에는 진한 적홍색을 띠면 이성문제로 법정까지 간다.

― 간문(奸門)이 좋으며 부부가 여든까지 다정하게 살아간다.

― 간문(奸門)에 문제가 생기면 지체하지 말고 피부과나 성형외과를 찾아가 상담을 받아보기 바란다. 그리고 항상 윤택하도록 잘 관리하기 바란다.

1. 넓고 큰 이마

― 성공하는 사람의 공통적인 특징은 이마가 넓고 반듯하며 윤택하다. 성공하고 싶으면 이마를 잘 관리하라.

― 이마는 초년운을 주관하는 곳으로 학업·진로·적성·직업에많은 영향을 준다.

― 이마가 넓은 사람은 일찍 출세한다.

― 이마가 넓으면 꿈이 절반은 이루어진 것과 같다. 그러나 피부가

거칠고 거무테테하면 아무리 넓어도 좋지 않게 본다. 여자는 이마에 잔털이 많으면 학업운이나 남편운이 대폭 줄어든다.

용기 있는 사람보다 지혜 있는 사람이 부드러운 인생을 살아간다. 용기가 지나친 사람은 자신의 욕구를 만족하지 못해 현실에 항상 불만이 가득차 있다. 부정적인 사람보다 현실에 자신을 맞추고 변화를 시도하는 사람이 세상을 리더하고 따분한 인생 자체에 생명을 불어넣고 자신과 운명을 리드미컬하고 예술적인 감각으로 살아가는 사람이다.

관상학에서 보는 이마의 기운이나 성공여부를 보는 관점은 청소년시절 학업의 성적이나 진로를 결정하는 부분이다. 이마가 좁은 사람이 명문 대학을 우수한 성적으로 들어가 우등생으로 졸업하고 사회에 나왔다고 하면 자신이 선택한 전문지식을 활용하기가 무척 어렵다. 전공보다 부전공을 적응시켜야 되는 딜레마에 빠진다. 경험과 임상을 통해서 보는 관점도 이마가 넓은 사람이 일찍 사회에 적응하고 좋은 환경여건 속에서 능력을 발휘한다.

성격이 급한 사람은 원인과 결과를 듣고 판단하기는커녕 벌컥 화부터 내고 나중에 사과하는 사람이다. 이런 사람은 이마가 울퉁불퉁하고 홈이 있거나 상처가 있는 사람이다. 이마가 넓고 큰 사람은 운명과 연결시키지 않아도 보기에 시원해서 좋다.

탁 트이고 넓은 이마는 상상력, 이해력, 직관적인 능력, 창조력이 좋아 사회적으로 인정을 받기 쉽다. 균형미가 없거나 윤택하지 않고 검은색이 감돌면 아무리 이마가 넓어도 좋은 기운이 나오지 않는다. 이런 사람은 피부과 상담을 받아보기 바란다.

2 좁은 이마

— 이마가 좁은 사람은 열심히 노력해도 대가가 없다. 사람이 좋아도 운이 없어 하늘의 도움을 받지 못한다. 성공하고 싶으면 중년이나 노년까지 기다려라.

— 이마가 좁은 사람은 집중력이나 분석력은 좋다. 리더보다는 훌륭한 기술을 지녀라.

— 이마가 좁은 사람은 매초마다 변하는 시장의 법칙을 체득하라. 시장의 법칙보다 냉정한 것은 없다.

— 이마가 좁아도 힘이 있고 깨끗하며 윤택하면 좋게 본다.

넓은 바다에 가보라. 느낌이 어떤지 느껴질 것이다. 이마를 바다라고 생각하라. 자신의 넓은 생각을 무한대로 펼쳐라. 속이 좁은 사람은 성공하지 못한다. 소중한 인생이 생각만으로 끝나고 꿈을 이루지 못하면 가장 슬픈 일이다. 분석능력이 뛰어나 항상 자신감으로 일을 추진하는 것은 좋다. 하지만 기술과 현실적인 감각을 살리지 못하면 성공으로 가는 길이 고생은 죽어라하고 수입이 없게 된다.

열심히 분석하고 노력하여 특허를 출원하고 기술적인 승부는 성공했다 하더라도 사회성과 연결되어 있지 않으면 모처럼 좋은 아이디어가 무용지물이 되고 만다. 회사에서 일류기술자로 일하고 개인적으로 독립하여 낭패를 한사람들이 여기에 많이 해당한다. 이런 사람은 자신의 기술과 영업의 천재와 합병하는 방법도 좋다.

혼자 높은 산을 올라가 보신적이 있을 것이다. 그리고 높은 곳에서 그냥 세상을 바라보기 보다는 냉정하게 관찰하고 생각하라. 세상에는 높고 낮은 부분이 있다는 사실을 인정하기 바란다. 대자연이 이렇듯 냉정한 눈빛으로 나와 상대를 인정하라.

나를 가로막고 있는 단점이 오히려 자신을 개발하게 만들고 성공을 이끌어가는 과정으로 생각하면 된다. 만약 능력에 대한 한계를 느끼면 먼저 인정하고 조용히 혼자 자신을 돌아보는 시간이 필요하다. 조금 전 산 위에서 기술과 사람을 중요하게 느끼고 간직해서 내려왔다면 성공의 조건을 충분히 만족시킨다고 생각한다.

용서와 상호간의 신뢰를 얻지 못해서 불안해하거나 망설이지 말라. 사회활동을 통해서 이만한 일은 얼마든지 자주 일어나고 꼭 자존심과 연결시켜 생각할 필요는 없다. 사람은 자존심 때문에 망하는 경우가 다반사이다. 한 가지 주의할 점은 얼굴의 비율과 이마의 크기를 잘 생각해야 한다. 얼굴은 작지만 전체적인 균형이 잘 맞는 사람과 차이가 있다는 사실을 기억해야 실수가 없다. 무조건 이마가 좁다고 함부로 판단하면 안된다.

3. 튀어나온 이마

— 이마가 튀어나온 사람은 성격이 급하다.

— 이마가 튀어나온 사람은 초년에 일찍 성공한다.

— 이마가 튀어나온 사람은 뭔가를 결정할 때는 산책한 후에 하라.

— 대통령이 이마가 튀어나왔으면 과감하게 개혁을 한다.

— 위 이마가 튀어나오면 윗사람과 마찰이 심하고, 중간은 동료와 단결하지 못하고, 아래부분은 부하와 잡음이 끊이지 않는다.

— 이마가 튀어나온 사람은 리더가 될 때까지 참아라. 리더가 되면 10억 인구도 두렵지 않고 사해가 당신의 무대가 될 것이다.

이런 이마인 사람과 사랑을 해보면 가장 정확한 진단을 할 수 있다. 장점은 모든 일에 능동적이고 적극적이라 항상 도전하고 성취하는 기쁨을 강하게 느끼는 사람이다. 시시각각 변해가는 사회구조 속에서 빠르고 신속한 판단이 필요한 일에 가장 잘 어울린다. 그러나 이런 성격은 직장 상사와 충돌이 많아서 조용하게 보내는 날이 없다. 상사가 보수적인 사람이라면 문제는 점점 커진다.

스포츠 경기를 관람하다보면 작전을 요청해 타임 아웃시키는 경우가 있다. 아주 급한 성격을 어떻게 조절하지 못하고 자제하기 어려우면 이런 타임아웃을 통해 조절하는 방법을 찾아보라. 새로운 성격의 타임아웃을 만들어 도전해보면 성격이 달라지고 운명에 커다란 변화가 온다. 어려운 문제는 우리가 알고 있는 방법으로도 얼마든지 해결할 수 있는 능력이 있다. 부정적이고 획일적인 사고나 행동이 우리를 가로막고 있다. 사회활동은 강하게 가정생활은 부드럽게 할 수 있다면 당신은 최고의 멋쟁이가 된다.

4. 반듯한 이마

— 이마가 반듯한 사람은 머리가 좋다. 은행에서 성공하고 싶으면 천부(天府)가 살아있어야 한다.
— 이마가 반듯한 사람은 신용으로 성공한다. 큰 권한으로 사람을 움직이는 얼굴은 이런 이마에 광대뼈가 조금 나와야 가능하다.
— 이마가 반듯한 사람은 기억력이 매우 좋다.
— 이마가 반듯한 사람은 평생 큰 굴곡이 없다. 그러나 색이 검으면 운의 흐름이 나빠진다.

머리가 비상한 사람이 활동하면서 얻는 것도 많지만 잃는 것도 그만큼 많이 있다. 정리정돈이 잘 안되어 있고 혼란스러운 환경에 있다면 자기에게 주어진 최고의 기회가 된다. 이마가 반듯하다는 뜻은 일처리도 그만큼 깔끔하고 완벽하게 처리하는 성격이므로 어디가나 항상 자기실력을 인정받는데 문제가 없다. 이런 이마는 수재형이 가장 많고 신용을 생명으로 생각하기 때문에 시간이 흐를수록 많은 사람에게 신뢰를 심어주고 속성보다는 긴 시간이 지나야 주변에서 도움을 주는 사람이 하나둘씩 늘어난다.

만약 이런 사람이 턱이 뾰쪽하면 주변에서 사람이 하나둘 멀어지고 결국에는 외톨이로 혼자 남아 군중 속에서도 외로운 사람이다. 일상생활에서 빈번히 일어나는 문제는 경제적인 부분이나 금전이 문제를 일으키고 혼란을 야기시키는 것이 아니라 성격과 스타일이 자기를 만들어가는 느낌이 든다. 외로운 사람은 항상 성격에 문제가 나타나기 때문에 그렇다.

이런 사람은 자신에게 철두철미한 성격이다. 경제적인 풍족함이 점점 늘어 나고 물질이 풍족해지고 생활이 윤택해진 시점에서 자신의 가치관이 상당히 변화를 맞이한다. 완벽을 추구하는 사람이라 잘못 보면 음흉하다고 말하기 쉽고 혼자만 잘난체하는 사람으로 오인받기 쉬우니 사람과 사람들 사이에 처신을 잘해야 한다.

컴퓨터와 같은 성격으로 감정의 기복이나 자신의 감성을 숨기고 드러내지 않는다. 술에 취해도 마음 속에 있는 비밀을 다 털어놓고 이야기 하는 사람이 아니다. 무를 자른 것처럼 너무 반듯한 이마는 30세 이후에 경제적인 위기가 한 번 닥쳐온다. 어려움을 현명하게 잘 처리하고 여자는 사업이나 막대한 자금을 바탕으로 활동하기보다는 직업적인 여성이 자신에게 잘 어울린다.

5. 뒤로 넘어간 이마

— 이마가 뒤로 넘어간 사람은 항상 깊이 생각하는 습관을 가져라.
  좋은 습관과 규칙적인 사람이 되어야 자신의 꿈을 실현한다.

— 이마가 뒤로 넘어간 사람은 사업을 하면 성공과 실패가 자주 바뀐다. 직장생활에 전념하는 것이 좋다.

— 여자가 이마가 뒤로 넘어가면 남을 잘 배신한다.

— 이마가 뒤로 넘어간 사람은 부모의 혜택을 보기 어렵다.

— 이마가 뒤로 넘어간 사람이 오관(五官)이 잘 발달했으면 성공이 빠르나 마무리가 좋지 못하다. 마무리는 턱으로 판단한다.

새로운 상황에 부딪혔을 때 맹목적이거나 본능적으로 움직이지 마라. 지식과 학문을 바탕에 두고 그 상황에 적응하라. 이런 냉정함을 찾지 못하고 그때 그 시절이나 지금 상황이 똑같이 반복된다. 그렇지 않으면 오늘 아침은 열대지방으로 출장가고 밤이 되면 북극에서 잠을 청하는 비극적인 일이 발생할지도 모른다.

지각된 것을 나름대로 정리하고 업무적인 통일성을 갖추고 이것을 바탕으로 새로운 인식을 낳게 하는 정신작용이 폭넓게 분포한다면 당신은 얼굴과 다르게 강력한 성공운이 기다리고 있다. 계획적인 행동과 차근차근히 움직이는 습관을 몸에 익히고 규칙적인 사람이 되어라. 실력이 있는 사람으로 인식되게끔 자신을 가다듬어 근면하고 성실하게 움직여야 한다.

당신의 무계획적이고 돌출된 행동은 항상 쓰라린 패배를 마시고도 반성하지 않아 한 번의 실패가 아니라 세 번 이상의 위기를 맞이하면 모든 부분을 참고해서 천천히 움직이고 끊임없이 자신을 채찍질하기 바란다.

6. 둥근 이마

— 이마가 둥근 사람은 문제가 생기면 즉각 해답을 찾아내는 능력
  이 있다.
— 이마가 둥근 사람은 사람들 사이에 갈등이 생기면 설득하는 사
  람이다.
— 이마가 둥근 사람이 전문지식이 있으면 사업으로 성공한다.
— 이마가 둥근 사람은 부모덕이 없어 알아서 자신의 인생을 개척
  해야 한다.
— 이마가 둥글면서 튀어나온 사람은 개혁주의 성향이 강하여 실
  력은 있어도 직장을 자주 옮긴다.

  논쟁 대신 제안하고 문제가 생기면 항상 다른 사람에 비해서 먼
저 해결책을 제시해 해결사라는 별명을 가지고 있다. 일에 대한 사
태를 정확히 파악하는 심안을 가지고 있다. 무엇이 문제인가 어떤
요인이 장애요소로 등장했는지 핵심을 파악하는 능력이 최고이다.
당신은 참모로서 적합한 일을 처리하고 주변에 불투명한 사건이나
일 따위의 문제점을 제거하고 마무리하는 능력을 마음껏 발휘한다.
그래서 사회적으로나 가정적으로 안정된 삶을 살아간다.
  그러나 이런 이마는 사막에 혼자 보내면 생존할 수 있는 능력이
떨어진다. 사막의 황폐화를 막고 식물을 기르고 수확하는 기쁨은
개척정신과 무에서 유를 창조하는 능력은 다소 떨어진다. 둥근 이

마에서 강한 개척기운이 나온다고 볼 수 없다. 경제적인 관념도 아주 탁월하여 작은 것을 착실히 쌓아서 안정된 투자를 해서 다른 사람보다 일찍 기반을 잡아 남의 부러움을 산다. 그러나 이마 옆면이 지저분하면 고생하고 힘들게 살아간다. 남성이 이런 이마를 한다면 가정적이고 여성적인 성격이 의외로 많다.

■ 즐거운 가정 행복한 아버지

— 가난한 집에서 태어나면 열심히 노력해서 성공하고, 넉넉한 집 안에서 자란 사람은 우유부단해 보인다. 부자 아버지가 되기 위해서는 해병대에 자원입대 할 수 있는 용기가 필요하다.
— 우리 아버지는 가장 모범적인 사람이다. 이런 이마를 가지고 있는 사람을 배우자로 선택한 여자는 행복한 사람이다.
— 상대에게 너그러워도 자기 행동은 엄격하다.
— 눈이 튀어나오고 이마가 둥근 사람은 항상 바쁘고 가정을 돌보는 시간이 없다.

 하나의 가상현실을 만들어본다. 지금까지 당신은 항상 만족만 하고 살았다. 자기가 생각하고 있는 모든 것을 얻고 풍요롭게 살아왔다. 일련의 과정이 순조롭게 진행되고 경제적인 풍족감이 자신의 좋은 장점을 퇴화시키는 원인이 된다. 남에게 도움을 받지 않고 혼자 있다 생각하고 다시 시작하면 부자 아버지가 되는 일은 어렵지 않게 달성한다. 역경은 당신이 원하는 고지에 오르게 만든다. 사람의 의지는 아무리 높은 고지도 생각에 따라 달라지고 행동에 따라 정복되기도 한다.

이런 이마는 사교능력이 좋다. 사람과 사람사이에서 서로 교환되는 정보나 개인적으로 다른 경로를 통해 얻어진 자신만의 노하우로 경제적으로 부족한 부분을 충분히 커버한다. 여자는 동양사상으로 보는 관점에서 현모양처가 가장 많은 스타일이지만 만약 무인도에 당신이 있다면 제일 먼저 탐험가의 기운이 필요할 것이다. 탐험가는 아무나 할 수 있는 것은 아니다. 대부분의 사회활동은 만나는 사람에 따라 많은 변화가 따른다. 특히 여자는 혁명가나 탐험가나 모험가 보다는 정서가 비슷한 사람을 만나야 인생이 부드럽다.

■ 미래의 CEO

— 가장 많은 리더에게 나타나는 이마다.

— 지식과 정보, 종합해서 판단하는 눈이 좋아 창조성보다는 효율적으로 관리하는 최고의 사람이다.

— 위기 상황을 돌파하는 리더보다 평소에 관리를 잘하는 사람이 미래의 능력있는 리더가 된다. 관리를 잘하면 위기는 그만큼 줄어들기 때문이다.

CEO를 결정하는 요인 중 가장 중요한 것은 이마다. 이마가 작은 전문경영인은 동서양을 찾아봐도 없을 정도로 두뇌회전과 뇌의 활용은 일에 대한 판단과 결정이 성공과 실패를 좌우하기 때문에 그렇다. 이런 이마는 상황이 급변하거나 안정된 폭이 작고 사이클이 불규칙하게 존재하면 통제하기 힘들다. 이런 장소라면 때때로 뻔뻔한 사람이 되어 보라. 그래야 성공한다.

현대 사람들은 전통악기에서 나오는 소리보다 전자음악에 흥미가 있기 때문에 상황에 맞는 선택이 중요하다. 전통은 전통으로 보전하고 현대음악은 현대음악으로 발전시켜야 한다. 경영도 보전과 발전, 개혁과 혁명이 맞아야 멋진 작품이 나온다. 경영인의 최고 리듬 감각으로 소리보다 강한 설레임을 만들 수 있다면 이보다 좋은 일은 없다. 일은 자존심으로 해결하지 마라. 냉정한 눈을 가지고 차가운 시선으로 예리한 칼을 사용해야 썩은 부위를 도려낸다.

■ 딜레마

— 지식만 고집하지 말고 경험과 환경을 종합해서 판단하라.
— 전통적인 지식과 신지식을 결합하라. 자연은 새로운 물결이 밀려오면 옛날 물결은 자연히 밀려나게 되어 있다.
— 지구는 둥글다. 당신의 이마도 둥글다. 지구는 매일 자전을 한다. 당신도 하루에 한 번 거울을 보고 자신의 모습을 돌아보라.

사람은 감정의 동물이다. 아무리 완벽한 성격을 가지고 있는 사람도 한 번 더 보고 또 관리해야 한다. 사소한 실수는 누구나 하게 마련이다. 일을 진행하다 보면 앞으로 나가지 못하고 뒤로 후퇴하지 못하는 상황이 나타나 어리둥절할 때가 있다. 만약 당신이 딜레마의 빠져있다고 생각하면 여행이나 술 한잔으로 해결하지 말고 책 속에 답이 있다고 생각하고 관련 서적을 뒤져보라. 당신에게 어떤 말이나 충고가 귀에 들어오지 않는다. 논리형에 속하는 사람은 해답이나 의문사항을 풀어버리는 답은 또한 논리밖에 없다.

7. 네모진 이마

— 넓고 네모진 이마와 좁고 네모진 것은 차이가 많다. 넓은 이마는 모든 일이 순조롭게 진행된다.
— 실리와 합리를 병행하여 일을 처리한다. 사람도 시원시원하다.
— 부하직원 중에 이런 사람이 실무자로 있으면 걱정할 일이 없다.
— 대인관계는 호탕하나 일은 세밀한 부분까지 놓치지 않는다.
— 네모는 땅을 상징하는 부호로 많이 사용했다. 하늘은 아버지, 땅은 어머니로 본다. 땅은 어머니처럼 가족을 돌보는 일을 한다.

첫 느낌이 튼튼하고 탄탄하게 보인다. 양쪽으로 조금 각진 이마는 많은 것을 알고 싶어 하고 새로운 물결에 자신의 몸을 맡겨 구시대 뒤떨어진 잔재를 벗어버리고 변화의 물결에 잘 적응한다. 실리에는 아주 밝아 보이나 친근감이나 인간적인 맛이 떨어지고 쉽게 접근하기 어려워 생각보다 넓은 대인관계가 없는 유형이다. 머리가 좋고 두뇌 회전이 항상 남을 앞질러 대부분 수재들이 이런 이마를 갖고 있다.

이마가 낮거나 살집이 풍만하지 못하면 좋은 아이디어로 자신의 꿈을 실현할 수 없다. 자신의 재능으로 많은 사람에게 유용한 혜택을 주지 못하고 실패와 좌절을 겪어야 한다. 우리사회의 이런 유형의 여자는 전문적인 기술과 자신의 매우 잘 발달된 재능으로 사회에 적응해야 하고 현대인에게 가장 잘 어울리는 사람이다.

요즘 여성들이 대부분 이런 꿈을 많이 꾸고 있다. 멋진 차, 아담한 집, 건강하게 잘 자라는 자녀, 남편의 사회적인 지위 모두가 바라는 소망이다. 커리어 우먼으로 등장하는 현대 직업여성들의 공통점은 직위나 근무시간에 구애됨 없이 전문적인 기술로 적극적으로 현실에 참여하는 사람이다. 이런 이마를 가지고 있는 와이프와 함께 사는 남성을 행복한 사람이다.

■ 즐거운 가정 행복한 아버지
— 우리 아버지는 항상 열심히 땀을 흘리고 노력하는 사람이다.
— 남에게 지는 것을 가장 싫어하고 무한한 가능성에 도전한다.
— 나이가 많아도 젊은 사람과 잘 어울린다.

풍부한 지식과 상식을 통해서 현실에 참여하는 일은 매우 부유한 길을 쉽게 도착하게 만든다. 보통 사람이 10년 계획을 세우고 도달한 시간을 단숨에 뛰어넘는 멋진 능력이 있다. 고도의 테크놀리지 세계가 다가오면 당신의 능력이 활화산처럼 분출되어 나오기 시작한다. 이런 이마를 가지고 있는 사람은 자신의 한계를 인정하고 다음 단계를 뛰어넘기 위해서 노력하고 열심히 땀을 흘리기 시작하면 아주 큰 힘을 발휘하므로 최고의 엘리트가 최고 경영인으로 자신의 모습을 바꿀 수 있는 유일한 사람이다. 부자 아버지가 되는 얼굴 조건은 전체 비율과 균형이 무너지면 자신의 꿈을 이루지 못한다. 미국의 대표적인 CEO 리 아이아코카 이마가 생각난다. 불가능을 가능하게 만들어 능력을 인정받았고 상상을 초월한 그의 능력에 박수를 보낸다.

■ 미래의 CEO

— 변화가 없고 단순한 사회 구조나 조직이면 능력이 감소한다.
— 밀물과 썰물의 차이가 심하게 나타나는 조직에 들어가면 미래의 리더가 된다.
— 지식인이 기업에 들어가 경영인으로 변신해 훌륭한 리더가 된다. 일류 학벌에 일류 경영인 두 가지를 모두 만족시킨다.

사회적인 흐름이나 경제의 성장이 도약기, 성장기에 진입하고 있는가에 따라서 자신의 능력과 사회적으로 시기가 맞아 떨어지면 가장 이상적으로 성공하는 사람이다. 변화가 없는 안정된 상황이라면 능력발휘가 조금 떨어진다. 큰 고기를 잡기 위해서 물의 흐름도, 지리, 시간 , 도구, 계절 등 여러 가지 상황과 자신의 목표가 일치해야 한다. 유능한 전문경영인은 불황에서도 자신의 성공을 일궈낸다. 할 수 없는 일을 해서 멋지게 나타난다. 보통 사람들은 위기가 오고 불황이 닥쳐오면 주저앉거나 포기하고 문을 닫는 경우가 허다하나 유능한 사람은 달라도 뭔가 다른 점을 가지고 있다.

이런 이마를 가지고 있는 사람은 미래의 전문경영인 꿈을 이룩하기 위한 아주 좋은 기운이 자신의 몸 속에서 응축되어 있기 때문에 점화해서 사용하는 방법만 터득하면 성공이란 단어를 지갑 속에 가지고 다니는 지폐와 같이 사용할 수 있다.

■ 딜레마

— 어려운 문제는 쉽게 해결하고 쉬운 문제를 풀지 못해 고민한다.

— 실수해서 사표를 낸다는 생각은 버려라. 은행에서 돈을 빌리면 누구나 이자를 낸다. 회사를 위해서 일하다가 실패했다면 이자까지 갚아라. 리더는 이럴 때 멋진 사람이 되는 것이다.

— 일은 혼자 할 수 없다. 항상 파트너를 인정하는 습관을 지녀라.

매년 휴가철이 되면 강으로 바다로 어느 한쪽을 선택해서 즐거운 휴가를 보내게 된다. 선택의 순간까지 많은 정보와 시간을 소비하고 선택한 장소에 도착하고 기대 이상으로 실망이 크면 괜히 여기에 왔다는 후회를 하고 자신도 딜레마에 빠진다. 보통 사람들은 물질이 발달하고 풍성하면 최고의 행복한 사람이 될 것처럼 생각하지만 결과 수치가 비례하지 않는다. 안정된 선진국으로 갈수록 높은 물질을 떠나 정신적인 안정을 추구하는 사람이 많아진다.

때로는 두뇌가 좋은 사람들이 1차원 방정식과 같은 딜레마에서 헤어나지 못하고 고민하는 경우가 많다. 천재가 유능한 정치인이나 재벌이 되지 못하는 이유가 고차원의 딜레마는 쉽게 해결하지만 쉬운 것을 해결하지 못해서 성공하지 못할 수도 있다. 당신이 딜레마에 빠지면 가장 말단사원과 여행이라도 떠나라 어려운 문제나 딜레마로 고생하는 문제가 의외로 쉽게 풀릴 가능성이 있다.

8. M자형 이마

― 상사가 무능력하면 나는 등을 돌린다. 능력 있는 사람만이 나의 상사 자격을 갖추고 있다.
― 겔만의 쿼크이론, 왓슨과 크릭은 DNA규명, 쇼클리와 바딘 그리고 브래튼의 트랜지스터 발명 등 20세기에 이름을 날린 세기의 과학자에 가장 많이 있다.
― 난공불락의 요새를 점령하는데 가장 큰 공을 세우지만 성을 지키는 임무는 완벽하게 하지 못한다. 이런 일은 성격에서 나오는 현상이다.

 알파벳이 나온 것을 보면 이름이 붙여진 시기가 옛날 명칭이 아니고 최근에 붙여진 이름이다. 관상학 책에서 언급한 이름은 손오공 이마에 비유했다. 72가지 도술을 자유자재로 부리고 인간보다 뛰어난 재주를 가지고 하늘나라에 도전한 손오공은 개인의 능력만큼은 최고에 있었다. 손오공처럼 천방지축 날뛰는 사람을 다스리는 능력이 있는 사람이라면 좋은 일이지만 상사나 윗사람이 조절하지 못하면 날마다 잡음이 끊일 날이 없다.

다른 관점에서 보면 앞부분이 화살촉처럼 뾰쪽해 아주 날카롭고 공격적인 인상이 보인다. 화살은 활의 힘을 받아야 멀리 가고 정확한 목표물을 겨냥해서 적중시키는데 더 큰 시각은 화살은 앞으로 나가기 전에 뒤로 후퇴해야 빠르고 멀리 가는 특징이 있다.

선천적인 M자형과 후천적으로 나타나는 두 가지 유형이 있는데 특징은 고정관념을 없애는데 가장 큰 공헌을 한다. 그래서 일의 진행이 느리거나 천천히 움직이면 본인이 더 답답해하고 거북이 업무형을 제일 싫어한다. 성공적인 기업으로 이끌기 위해서는 이런 이마를 하고 있는 부하를 거느리는 능력도 있어야 성공한다.

■ 즐거운 가정 행복한 아버지

— 부자 아버지는 M자 이마가 많다. 머리 모양이 확실하지 않으면 실패만 하고 인생이 힘들다.
— 나이가 어려서 이런 이마를 하고 머리가 없으면 흉한 모양으로 판단한다. 중년의 나이에 형성되어야 운이 좋은 사람이다.
— 경제적인 아버지로는 자격이 있으나 가정적인 아버지가 되기 위해서 노력하라.

머리가 둥글면서 M자형 이마인 사람은 항상 부자 아버지라는 소리를 듣는다. 창조적인 일에 도전하면 목표를 쉽게 이룰 수 있어 인생도 그만큼 편안하고 안정되게 살아가는 사람이다. 반면에 가난한 아버지가 되기 쉬운 사람은 이마가 좁아 보이는데 머리숱이 많은 사람은 새로운 따분한 일을 싫어한다. 혹 새로운 도전에 실패했다 하더라도 겉으로 순종적인 이미지로 보이나 공격적이고 직선적인 성격이다. 이런 사람은 시행착오를 줄이고 논리적이고 좀더 조직적으로 검토하고 가상투자를 통해서 미리 예행연습을 충분히 하고 자신의 계획을 반 템포 정도는 늦추어 실행해야 실수가 없다.

■ 미래의 CEO
— 창조적인 일에 최고의 조건을 만족시킨다.
— 새로운 일, 새로운 기술이 필요할 때는 최고의 대우를 받는다.
— 일명 아이디어 뱅크로 통한다.
— 기업의 컨설팅은 이런 사람에게 맡기면 새로운 시장창출을 하는데 결정적인 기여를 한다.

창조적 사고에 관한 정보나 환경을 만들어라. 처음은 앞으로 나가지 못하지만 탄력이 붙으면 굉장한 능력을 발휘한다. 20세기 전반에 가장 많이 나타난 형태로 과학, 예술, 문화, 음악 등 고전 탈현상이 나타나고 특이한 장르가 새롭게 등장하는 과정에 가장 큰 공을 세운 사람들이다.

모험심이 가장 많은 전문경영인으로 도전과 실패가 자신을 만드는 스승이라고 생각하고 실패가 거듭될수록 성공의 길을 향해 걸어가고 있다고 말을 한다. 어려움 속에 피어나는 꽃이 당신을 미래의 멋진 CEO를 만들어간다. 아이디어를 창안할 수 있는 능력이 있는 당신은 단순한 비판에 쓰러지거나 귀를 기울일 필요는 없다. 비판이나 평판을 늘 따라다니는 그림자와 같다고 생각하고 그냥 목표를 향해 달려가면 마라톤 골인지점은 가까워진다. 누구나 성공이 마라톤과 비슷한 점은 인정한다. 그러나 직접 선수가 되어 참여하기는 쉽지 않다. 성공은 참여한 자만이 누리는 결과물이다.

■ 딜레마
— 자신의 강함이 무뎌졌다면 스스로 무너지는 사람이다.
— 강한 것은 부드러운 기운과 조화를 이루어야 변화를 꿈꾼다.
— 하나만 고집하지 마라. 오른손만 사용하고 십 년 정도 왼손을 사용하지 않았다면 누구나 왼손을 사용한다는 사실 자체를 잊어버릴 것이다.

 자신의 장애물을 처음에 도전할 때는 긴장감이 팽팽하게 있는 상태에서 자신있게 전진한다. 그리고 실패했을 경우 최초의 힘보다 더 강하게 밀어부친다. 항상 자신의 능력이나 성공과정이 난관을 돌파하면서 많이 이루어졌기 때문에 자신감과 활력에 넘쳐있다. 이런 과정을 반대로 이용하면 늪 속에 빠진 느낌을 받으면 점점 딜레마에 빠져 무능력한 사람으로 보이기 시작한다.
 그래서 환경과 변수값이 얼마나 중요한가를 예상하고 움직이면

좀처럼 이런 일에 빠지지 않는다. 큰 인물이 되고 싶거든 이런 점을 명심해야 큰 소리친 만큼 자신이 당당하게 남들 앞에 선다. 완전한 딜레마에 빠져나오기 힘들면 태양형 이마를 찾아가 부탁해보라. 어려운 문제가 쉽게 해결될 것이다.

9. 아치형 이마

— 사람이 온화하고 정서적으로 편안한 사람이다.
— 자기가 상대에게 무엇인가를 베풀어도 특별하게 돌아오는 것이
   없어도 서운한 감정이 없다.
— 포근한 고향생각을 나게 만드는 사람이다.
— 누구나 큰 무리없이 좋아하는 스타일이다.
— 일을 같이 해보면 생각보다 마음이 좁다.

항상 한결 같은 성품이라 환자를 돌봐주는 간호사처럼 온정을 베푸는 사람이다. 남을 염려해주는 마음은 서로 믿는 선한 사람이고 인정이 넘치고 늘 감사와 격려를 아끼지 않아 자신을 위한 삶보다 남을 생각하고 살아가는 사람이다. 배우자가 무엇을 원하는지 잘 알아내고 행동한다. 본인의 고집과 성격보다는 항상 남을 먼저 배려하는 마음이 있어서 사랑 받는 여인이다. 서로에 대한 관심이 무엇인지 잘 알고 있으며 이해하고 상대를 존중하는 여인이므로 남성들에게 인기가 많다. 강한 성격을 가지고 있는 남자라면 이런 여

성을 만나 행복한 가정을 이루기 바란다. 반대로 가장 가정적이고 포근한 사람을 원하는 여자는 이런 남성을 선택하면 된다.

■ 즐거운 가정 행복한 아버지
— 하루도 쉬지 않고 조금씩 전진하고 앞으로 나아간다.
— 노력과 두뇌, 성실과 근면이 부를 이룩하게 만든다.
— 소득과 지출의 정도를 맞추어 자신의 생활능력을 조절하는 사람이다.

세상이 나를 힘들게 만들고 어렵고 고통스럽게 만들어도 나는 더욱 열심히 땀을 흘리고 하루를 살아간다. 다른 사람이 10년을 살아온 삶의 발자취보다 더욱 값지게 살아간다. 태산을 움직이는 힘은 없어도 태산만큼 땀을 흘릴 수 있는 값진 정신으로 살아간다. 남들이 땅으로 부자가 되고 어느날 투기를 하여 벼락부자가 되어도 이와 상관없이 늘 감사하는 마음으로 평생을 한결같은 마음이다. 경제적인 능력이 부족하면 정신이 부유하여 삶의 길을 후회없이 지내는 사람이다.

하늘이 어떤 사람에게 하루 밤 자고나면 수십억의 부유함을 내려주어도 나는 그저 내일 아침해가 변함없이 동쪽하늘에 솟아오르는 기쁨이 더 크다. 이런 성실한 생활은 하늘이 나에게 준 가장 큰 부유함이다. 조금 경제적인 상황이 부족한듯 보여도 이런 사람이 평상심의 길을 가는 사람이다.

■ 미래의 CEO

— 리더보다는 참모형으로 자신의 꿈을 실현하라.

— 강하다고 경쟁에서 항상 이기는 것은 아니다. 수완이 좋아야 생활이 즐겁게 된다.

— 분수에 맞게 행동하는 사람이 현명하고 멋있는 사람이다.

— 큰일은 다른 사람에게 맡겨라. 때로는 부사장이 가장 안전하게 지내는 방법이다.

누가 봐도 지도력이나 결단력, 리더십이 부족한 사람으로 알고 있다. 이런 사람은 전문경영인으로서 길을 가기보다 자신의 존재에 맞는 선택을 일찍하는 편이 훨씬 편안하고 순탄한 길을 간다.

욕심 같아서는 어느 자리에 못가고 어딘들 오르고 싶지 않겠는가? 하지만 자신의 성격과 부합되지 않는 사람은 다른 길도 얼마든지 많이 있다. 항상 강하고 똑똑하고 지식이 많다고 해서 경영을 잘하는 것은 아니다. 근면과 성실로 불가능을 현실로 만든 사람은 많이 있다. 정직성과 성실성, 온정과 애정, 이해심과 사랑 등 찾아보면 좋은 일은 얼마든지 있다. 살다보면 이런 부드러움, 근면, 성실, 정직이 주는 단어가 나중에 더 강한 인상을 줄지도 모른다. 남의 의견에 찬성하고 좋은 태도를 보이는 일이 똑똑하고 잘난 사람보다 훨씬 강한 조직을 만들지도 모르겠다.

■ 딜레마

— 너무 순진한 사람이 남의 모함에 빠지면 엉뚱한 일을 저지른다.

— 누가 연봉을 많이 받는다고 불평하지 말라. 자신에게 주어진 일이 천직이라고 생각하라.

— 취약한 대인관계를 위해서 일만 하지 말고 동료와 저녁식사라도 하면서 대화하는 시간을 가져라.

— 일반적인 일을 안전하고 완벽하게 처리하는 능력은 좋다. 가끔 고난도의 일을 처리하고 미숙한 점수를 받아보라. 그래야 자기계발에 눈을 뜬다.

이런 이마 유형을 보면 가끔 이런 생각을 한다. 이등병에게 갑자기 별을 두 개 달아주면 어떤 일이 일어날까? 아마 이등병은 가슴이 너무 벅차 이미 이 세상 사람이 아닐 것이다. 당신에게 용기와 힘찬 진군이 필요하지 않고 조용한 사색이 있어야 한다. 이런 사람이 욕구가 충족되지 못하면 평소에 전혀 생각할 수 없는 일을 저지른다.

패기가 약하다는 말을 더 이상 듣고 싶지 않아 술 한 잔 하고 용기 아닌 만용을 부려서는 안된다. 간혹 매스컴에서 평소에 천진난만한 사람이 전혀 엉뚱한 일이나 사고를 저지른 장면을 보여준다. 참 알다가도 모를 일이다. 당신에게 빛나는 갑옷과 창은 필요없다. 여행길에 오르는 사람에게 지도 한 장 잊지 않고 챙겨주는 마음이 필요하다. 이런 이마를 한 여자는 결혼하고 나서 시집과 친정집 모두를 신경쓰는 과정에 몸이 피곤하여 자신의 건강을 해치고 병원에 입원해야 하는 처지에 놓이게 된다.

10. 반달형 이마

— 시인이 이런 이마를 가지고 있다면 성공한다.
— 낮보다 밤에 활동하는 것이 이득이 많다. 둥근달이 떠오를 때 좋은 아이디어를 만들어라.
— 여성적인 느낌이 가장 많이 든다. 여성과 관련된 일을 하면 성공할 수 있다.
— 육지보다는 바다와 관련된 사업을 하면 성공한다.
— 부모와 인연이 없거나 함께 있으면 항상 거부감을 느낀다.

태양이 솟아오를 때는 열심히 일을 하고 노동하는 시간이 많고 사람의 감정에 호소하는 일은 많이 없다. 하지만 저녁노을이 지고 잠시 후면 밤이 된다. 밤하늘에 떠있는 달을 보면 헤아릴 수 없는 사람의 감정이 서서히 일어난다. 사랑하는 사람이 달을 쳐다보고 아름다운 시를 읊고 조용한 콧노래로 흥얼거리고 사랑하는 사람을 위해서 자신의 마음을 열고 있노라면 마음의 꽃이 피어난다. 그래서 반달형 이마는 시인도 많고 훌륭한 문학가, 사상가도 탄생된다.

저녁노을이 붉게 물들기 시작하는 순간 우리 마음도 잔잔하게 가라앉고 시인이 되기 시작한다. 사랑도 애틋하고 감수성이 예민하여 때로는 눈물도 흘리고 아리따운 여인의 향내가 멀리 천리 길에서도 나는듯 개성있는 사람이다.

우리 뇌리에 영원히 잊혀 지지 않는 영화 로미오와 줄리엣에 나오는 올리비아 핫세는 까맣고 긴 생머리를 늘어뜨리고 많은 젊은 이들을 자연스럽게 흡수하는 마력을 지닌 얼굴로 우리나라에도 그녀의 사진이 흔하게 볼 수 있을 정도로 벽에 걸려있었다. 사진에 나오는 대표적인 그녀의 얼굴이 빨간 중세옷을 입고 반달형 이마를 한다. 보기 좋은 이마가 많은 사람의 감정을 자극하고 깊숙한 내면의 세계와 서로 교감하여 한 때였지만 전 세계인의 젊은이들의 우상이 되었다고 본다.

■ 즐거운 가정 행복한 아버지

— 김장김치를 만지고 있는 우리 아버지는 멋쟁이. 부부의 일을 함께 하고 가사노동이나 기타 여러 가지 일을 도와준다.
— 항상 집안이 안정되고 편안한 가장을 꾸민다. 그래서 세상에서 제일 편안한 사람이다.
— 김치냉장고를 만들어 마케팅에 제일 먼저 적용한 사람이 이런 이마다.
— 우리 부부는 한 달에 한 번 정도 영화를 관람한다. 비록 부유한 삶이 아니더라도 감칠맛 나는 인생을 살아간다.

바람에 흔들리는 마음을 잡고 싶다. 외부 환경이나 일시적인 기분의 자신의 감정과 상황이 변수로 작용하여 자신의 주된 감정보다 무드나 주변에서 일어나는 기운에 의해 자신의 판단과 상관없이 연루되어 문제를 일으킨다. 이런 문제가 생기면 누구나 골치가 아픈 법이다. 자신을 안정시키는 가장의 모습을 먼저 찾아야 한다.

그러나 이마가 넓고 크게 생긴 반달형 이마는 굉장한 힘을 발휘한다. 캠퍼스에서 자신의 학문을 강의하는 사람들을 보면 넓고 둥근 반달원형의 이마를 한다. 둥근 반달은 시간이 지날수록 점점 커지는 보름달의 기운으로 변해가기 때문에 항상 무엇이든지 채워 풍성하게 된다는 관점에서 이해해야 한다. 이마의 크기, 넓이, 높이, 윤택한 색상 등에 따라서 많은 변화를 관찰해야 한다. 좋은 이마는 인생의 가장 큰 행운을 불러들이고 자신의 삶과 가장 관계가 깊다. 사람의 뇌와 가장 관계 깊은 부분이 이마에 해당하기 때문에 이런 점을 잊지 말아야 한다.

■ 미래의 CEO

— 규제나 개혁보다 관리가 필요할 때 제일 적격인 사람이다.

— 리더가 되고 싶은가? 그러면 여자의 도움을 적극 활용하라. 여성이야말로 가장 확실한 성공의 보증수표다.

— 공무원 중에 이런 이마를 하고 있는 사람이 많다.

창의성이 필요한 전문 경영인보다 어수선하고 정리정돈이 필요한 조직에서 요구되는 사람이다. 항상 논쟁과 분쟁이 끊임없이 존재하는 조직은 질서를 세우고 확실한 체계를 가지고 움직이지 않으면 개개인의 훌륭한 능력이 아무리 많아도 효율성 있는 조직체계를 운영하지 않으면 조직은 점점 소멸하기 시작한다.

무질서하고 둔감한 조직을 활성화시키기 위한 일을 가장 잘 하는 사람이다. 사람은 성격에 따라 경영하는 모습도 다르다. 어떤 성격을 가지고 어떤 사람들과 시대를 맞이하는 기운이 변화하기 때문에 항상 모든 변화의 물결로부터 적절한 대응을 갖추는 멋진 CEO로 인정받는다. 하루에도 수없이 변하는 시장의 이치를 인간이 구사하는 마케팅과 연결해서 일시적으로 시장을 점유하는 능력이 아닌 지속적인 안목이라면 이런 사람과 일을 시작한다는 자체가 이미 성공의 길로 접어들었다.

■ 딜레마

— 일에 8할 이상의 에너지를 사용하고 2할은 이미지 관리에 힘써라. 일이 곧 결단이라고 생각하라.
— 경쟁이 치열한 시장원리에 접근하지 않아야 쓴맛을 덜 본다. 바닷물을 전부 마셔봐야 짠맛을 인정하는 사람은 없다.
— 능력에 비해 주변에서 인정하는 시간이 조금 늦다.

자동차 운전을 하다보면 황색신호가 눈에 보인다. 우선 멈춰야 하는가 아니면 차를 세워야 하는지 순간 판단이 흐려지게 되어 있다. 만약 교통경찰이라도 보이면 진행과 판단이 쉽지 않다. 반달형 이마가 딜레마 빠진 일을 보면 모처럼 신속하게 내린 결단이 지연되거나 혼란에 빠지면 수습을 하지 못한다.

성공한 사람들은 위기 속에 기회가 있다고 말을 한다. 그릇이 큰 사람은 위기 속에 감추어진 뒷면을 보고 성공하고 그릇이 작은 사람은 작은 바람에도 흔들린다. 또 지혜로운 사람은 성공한 뒤에 언제 위기가 닥칠지 알고 대비해서 위기 바이러스로부터 항상 자신을 지킨다. 세상의 음양이 있듯이 일도 앞면과 뒷면을 모두 생각할 수 있는 치밀함이 필요하다. 개혁과 변화를 싫어하는 당신은 위기가 오면 상황에 맞는 변신으로 스스로를 지켜야 한다.

11. 꼭지가 있는 이마

— 감정표현을 너무 쉽게 한다.
— 직장의 상사가 단점을 지적하면 감정을 먼저 나타내지 말고 공적인 부분과 사적인 일을 구분하라.
— 자신이 할일은 남에게 부탁하지 말라. 조직에서 특수임무를 띠고 행동하라. 이런 신념이 있다면 당신은 틀림없이 성공한다.
— 꼭지가 2~3개이면 인생 풍파도 엄청나다.

끝부분이 뾰쪽하게 보여서 M자형 이마와 혼동되기 쉬우며 이런 사람의 성격은 일이나 대인관계 등 대부분 수동형태를 띠고 있다. 남이 기분좋은 말 몇 마디하면 어쩔 줄 모르고 다른 사람 감언이

설에 속기 쉽다. 직장생활의 개념도 상사나 윗사람이 조금 지나치게 잘못을 지적하면 때로는 받아들이고 시인해야 되는 부분이 있다. 그런데 울컥하는 분노와 화를 참지 못해 반항적 기질을 소유한다는 오해가 있으므로 처신을 잘해야 한다.

여성이 이런 이마를 한다면 관상학에서 아주 낮은 점수를 준다. 특히 도덕성이 결여 되어 있는 여자로 표현하고 이상이 높아서 어지간한 남성은 눈에 차지 않고 거만하다. 잘못 중선하면 오해를 살 수 있으므로 이런 여자는 머리에 흰눈이 내릴 때까지 주변에서 조용하게 가만히 있는 일이 현명하다. 자기밖에 모르는 이기주의적인 아주 못된 뺑덕어멈 성격으로 오인할 수 있으니 자신을 최대한 절제할 줄 알아야 한다.

12. 앞이 뾰족한 이마

— 금전에 관한 일은 여러 사람에게 자문을 구하라.

— 독단적인 사업은 금물이다.

— 배우자의 성격은 순한 양처럼 생긴 사람이 잘 맞다.

— 큰 소리치고 싶다면 감정대로 행동하지 말고 실력을 키워라.

— 처음 일을 힘들게 하라. 먼저 단맛을 먹어본 사람은 나중에 쓴맛과 짠맛을 먹지 못한다. 쓴맛과 짠맛을 먹어본 사람만이 단맛의 소중함을 알고 있다.

관록궁(官祿宮 : 사업 성공여부)은 대단히 좋으나 천이궁(遷移宮 : 세계무대)과 천부(天府 : 한국은행)가 좁아 항상 금전이나 사람을 만나고 다니는 과정이 순탄하지 않다. 그리고 자기 성격이 일반인들과 비교해도 너무 한쪽으로만 생각하고 과격한 주장을 해서 곡선이나 면, 타원의 성격보다 굵고 강한 직선적인 성격이 많다.

세상의 사람들과 인연맺고 있을 때 좁은 시야를 가지고 다른 사람을 일방적인 평가를 하는 일이 많아지거나 이런 관계가 빈번하게 일어나면 서로 불편해지기 마련이다. 부족한 눈을 넓히고 거시적인 눈을 가지고 있어야 성공하는 사람이 된다. 그리고 한 가지 더 충고하면 꼼꼼해져라.

13. 태양형 이마

— 가장 이상적이고 좋은 이마를 가지고 있다.

— 태양은 아침시간에 힘차게 떠오르듯이 인생을 풍요롭게 만들고 싶다면 아침시간을 잘 활용하라.

— 밤에 무리한 일을 하지 말라.

— 성공한 사람들 이마 중에 가장 많은 형태다. 나의 경쟁 상대가 이런 이마를 한다면 많은 고생과 난관에 부딪쳐야 한다.

— 성숙한 인품과 기품자체가 사람을 끌어모으는 힘이 있다. 옛날부터 물이 너무 맑으면 훌륭한 인재가 모이지 않는다고 했다.

넓은 형태의 이마에 속하지만 이마가 태양이 동쪽 하늘에서 부상하는 모습을 하고 있어서 이런 이름이 붙여졌다. 태양형 이마를 하고 있는 사람은 어떤 한 분야에서 최고의 위치를 유지한다. 주의할 점은 혼동하기 쉬운 형태가 큰 태양형과 작은 태양형, 석양형과 구분해야 한다. 영국의 빅토리아 여왕, 철학자 플라톤이 대표적인 태양형이고 영화감독으로는 스티븐 스필버그가 여기에 해당한다. 태양이 일출 후에 만물을 비치고 세상에서 가장 존귀한 빛을 발하기 때문에 태양형 이마는 후세에 이름을 남기게 된다.

14. 욱일(旭日)형 이마

— 성인의 이마 형태가 욱일형으로 되어 있다.
— 이웃에게 사랑을 실천하는 사람이다.
— 마음이 넓어 인생이 향기로운 사람이다.

세상의 모든 백성을 사랑(善)하고 어진(仁) 마음을 가지고 있다. 여린 새싹 같은 사람을 위해 항상 보살펴주고 큰 나무로 성장하고 무럭무럭 자랄 때 까지 정신적인 지주 역할을 하고 즐거운 마음으로 자신을 희생한다. 자비로 어리석은 중생을 제도하는 성인을 부족한 소견으로 감히 함부로 평가하기 곤란하지만 욱일형 이마가 아니면 인류에 대한 사랑과 봉사, 희생정신이 나올 수 없다. 우리 주변에 가난하고 힘들게 살아가는 사람을 위해서 자신을 기꺼이 희생하고 남을 위해서 살아가는 사람들이 이런 이마의 형태를 닮아가고 있다.

15. 양옆으로 들어간 이마

— 노력과 결과는 엉뚱하게 나타난다. 만약 유산을 물려받거나 사업을 한다면 많은 생각을 해봐야 한다.
— 천이궁(遷移宮)과 부처궁이 함께 함몰되면 매우 불리하다.
— 부처궁에 주름이 많거나 상처가 있다면 설상가상이다.
— 요행을 바라지 말라. 땀이 흐를 때는 덥지만 땀이 식을 때는 시원하다. 인 생도 이와 같다. 노력하면 땀이 나고 그 결과는 시원한 느낌을 주는 것이다.

　노력과 결과가 반비례하는 경우가 많다. 항상 초조하고 쉴 사이 없이 불안정한 행동을 보여 삶 자체가 고달픈 사람이다. 생각은 바르고 정확하게 해서 이익을 창출하고 보다 좋은 미래를 꿈꾸고 행동한다지만 쉽게 되지 않는다. 결과적으로 정반대 현상이 나타나 불만적이고 마음 속으로 괴로워하고 고민을 많이 한다.
　사람은 누구나 내일의 문제보다 당장 오늘 한 끼 식사가 중요하다고 생각한다. 그러나 이렇게 계속 살아온 사람은 요람에서 무덤까지 똑같은 인생을 살다가 마칠 가능성이 아주 많은 사람으로 본다. 자신의 발전을 위해서는 며칠 동안 끼니를 굶고 고달픈 현실과 역경을 탈피하고 성공의 월계관을 머리에 쓰고 싶은 사람은 미래를 설계하고 생각해본 사람만이 누리는 기쁨과 행복일지 모른다.

만약 무리한 수를 써서 행동하거나 좋은 직장을 그만두고 사업에 손을 대면 운명은 엄청난 회오리를 맞이한다. 신중한 선택을 해야 하고 코나 하악의 형태에 따라 변화를 가져온다. 이상하게 이런 사람 중에 처덕을 보는 사람이 종종 있다. 여자는 적극적인 상담을 받아서 다가올 변화에 대처해야 한다. 부부의 일심은 세상의 무엇보다도 중요한 성공의 원인이 된다.

16. 갈매기형 이마

— 영적인 부분이 발달되어 있고 도전적인 성격도 포함되어 있다.
— 바다를 건너고 물을 건너면 성공한다.
— 과거의 여자는 비난을 받을 수 있지만 현대는 사회활동을 통해서 자신의 꿈을 이루어간다.
— 항공사업, 항만과 연계성을 띠면 인생이 윤택해진다.

바다 갈매기가 날개를 펴고 비상하는 멋진 모양을 나타내는 말고 사람의 성격은 강한 개성을 가지고 있으며 서로 승부를 내는 일이나 경쟁에서 승리하는 쾌감이 강한 사람이다.

오스카 와일드는 세계적인 문호 셰익스피어 다음으로 많이 읽히는 아일랜드 출신의 영국 소설가·시인·극작가·동화 작가로 흔히 예술지상주의의 대표적인 사람으로 불린다. 이런 이마의 형태가 바다갈매기가 양쪽 날개를 펴고 비상하는 모습과 비슷하여 이런 명칭을 하게 되었고 반항적이거나 어떤 대상에 맞서는 힘도 이마에서 나오는 기운으로 나타나기 때문이다. 그가 짧은 머리를 하고 현실생활에 참여했다면 어떤 결과가 나왔을지 궁금하다. 이마의 영적인 감각 부분이 깨끗하고 윤기가 나는 사람은 시인이나 문학가로 이름을 날리는 사람들이 간혹 있으나 대부분 자신의 강한 승부욕을 버리지 못해 쓸쓸하고 고독하게 살아가는 사람이다.

■ 참고사항

— 이마가 아무리 좋아도 목이 부실하면 이마의 장점이 발휘되기 힘들다.
— 이마가 아무리 좋아도 귀가 까지거나 뒤집어지면 복록이 감소된다. 이런 사람은 될 수 있으면 머리를 길러 덮는 것이 좋다.
— 이마가 넓고 좋아도 입이 작으면 소심하고 담력이 약하다.
— 오관이 좋고 활달해도 등이 약간 굽었으면 모사를 즐긴다.
— 이마가 넓고 좋아도 쥐처럼 음식을 먹고 뱀처럼 걸으면 빈천한 상으로 구분한다.
— 이마가 좋고 넓어도 관골이 없으면 직장운이 약하다.
— 이마가 넓고 좋아도 산근(山根)이 약하면 외롭다.
— 이마는 좋은데 눈썹이 약하거나 작으면 고독한 사람이다.

— 머리나 이마가 크고 몸이 작고 왜소하면 빈천한 상이다.

— 이마에 혈관이 보이면 정신적인 충격이나 건강에 문제가 있다.

— 이마가 넓고 시원하여 좋은데 눈이 작으면 대인관계에 문제가 있기 때문에 주변 사람과 친화력이 있어야 좋다.

— 이마는 귀천을 가리는 가장 중요한 일차 관문이다.

— 이마는 고서에 복여간(覆如肝)이라고 하여 간을 뒤집어 놓은 것 같으면 길상으로 본다.

— 이마가 아무리 좋아도 혈색이 좋지 못하면 운이 열리지 않는다.

— 남자는 양(陽)에 해당하기 때문에 이마가 벗겨지고 번들거려도 상관없지만 여성은 가정생활에 큰 문제가 생긴다.

— 이마와 미골 중에서 미골이 더 튀어나왔으면 강한 정신력, 추진력, 두려움을 모르는 성격으로 개성이 강하고 야심이나 정복욕이 지나치게 강하다. 일반적으로 직장생활은 잘하지만 사업을 하면 다성다패하기 때문에 굴곡이 많다.

— 여자가 이마가 좋으면 가난한 집에 태어나도 결혼 후 남편이 대성한다.

— 이마가 좁으면 보편적으로 초년에 고생을 많이 한다.

— 이마가 좁아도 성공하는 사람은 중정, 하정을 보고 판단한다.

10장. 얼굴형(顏)으로 보는 법

하늘에서 굵은 빗방울이 떨어진다. 비가 왔다가 그치고 어떤 날은 하루종일 쉬지 않고 내리더니 어제는 날씨가 아주 맑게 개였고 기상대에서 맑은 날씨가 된다고 보도했는데 아주 정확하게 맞았다. 이런 좋은 기회를 놓치지 않고 모처럼 친구와 함께 압구정 로데오 거리를 걸어가는데 형형색색 많은 얼굴을 보면서 얼마 동안 연락을 못한 민이와 빈이가 생각난다.

한참 길을 걷다가 나도 모르게 자주 가는 카페에 발걸음이 나를 인도하고 뜨거운 커피 한 잔을 마시고 지그시 눈을 감으면 여러 친구를 영상으로 떠올리면 제일 먼저 사랑하는 친구 얼굴이 떠오른다. 나의 친구들 그 얼굴에 영원히 변치않는 아름다운 우정을 생각하면서 무소식으로 지내고 있는 친구들의 안부가 궁금해진다.

비오는 날 빈대떡 만들어 막걸리 한 잔 하자던 계원이가 핸드폰으로 전화해서 식기 전에 빨리 오지 않으면 오늘은 조건부로 벌주를 받아야 한다고 큰 소리를 친다. 남자는 술을 항아리로 먹어야 대장부로 인정할 수 있다고 벌주보다 더 무서운 약주를 따르는 소리가 들리고 벌써 코끝으로 향기가 전해진 듯 다리가 후들거린다. 이럴 줄 알았으면 개구쟁이 시절에 밀밭에서 신나게 놀고 먼저 밀밭 예방주사를 맞아놓을 걸 잘못했다는 생각이 든다. 옆에 있던 진경이는 오늘 말술을 먹지 못하면 꼴값을 지불해야 한다고 독촉한다.

얼굴이라고 특별한 소재를 중심으로 이루어지는 것이 아니고 평범한 일을 조금은 엉뚱하게 적고 싶은 생각이 든다. 지구촌 50억 인구와 각자 얼굴을 생각하면서 실제로 그리기는 힘들어도 가장 가까이 있는 사람의 얼굴부터 마음 속으로 그리고 싶다.

어느 누구나 자기가 아는 사람들의 얼굴을 떠올리면 그 사람의 생김새, 키, 목소리, 장점과 단점, 좋아하는 옷, 무서운 눈, 나이트클럽의 댄스, 머리모양, 취미, 습관, 우정과 사랑, 책, 그림, 생크림 케익과 떡 , 피자, 콜라, 여행, 고향, 직장, 핸드폰, 구두, 사업, 결혼, 남편과 아내, 가정의 행복, 운명과 숙명, 만화, 노래방, 병원, 영화….

누구누구는 어떤 얼굴의 어떤 부위는 참 예쁘고 다른 부위는 조금 위로 올라오거나 두터우면 좋겠고 키가 조금만 크면 모델이 되었을 것인데 하는 아쉬움과 살이 빠지면 제일 먼저 비키니 수영복을 입고 일 년내내 해변에서 살고 싶다는 친구, 누구 얼굴이 떠오르면 영상과 잔영을 통해서 얼굴의 미학, 면·선·얼굴빛은 그 사람의 고유한 정보를 보는 것과 같다.

　로마의 신화에서 야누스는 두 개의 얼굴을 한다. 특히 미술작품에서는 네 개의 얼굴로 그려지기도 한다. 야누스는 사람의 본성과 속성을 표현하기 위해 두 얼굴로 등장했는지 모른다. 얼굴을 문이라고 생각하고 야누스를 생각해보자. 야누스는 원래 문을 나타내는데 사회상황을 문틈으로 잠깐 들여다보자. 집안으로 들어가는 가장 첫 관문이 대문으로 들어가는 장소와 나오는 장소를 한 곳으로 약속하고 드나들어 사람과 기운이 함께 움직이는 중요한 장소다. 대문으로 들어가 다시 현관문을 열어야 집으로 들어갈 수 있다. 집에는 각각의 방문이 있고 방에는 창문이 있다. 방 안에는 장롱이 있고, 장롱에는 또 문이 있고, 책상이나 화장대에도 문이 있다.

　더 복잡하고 지역적인 특성이나 기후, 문화적 성격과 사용하는 용도, 성격, 생활양식, 삶의 방법에 따라서 많은 분류를 할 수 있으며 모든 상황을 설명하기보다는 적절한 이해가 필요하다. 서민들의 집 안구조를 보면 다양하게 개성있는 분위기를 연출하지 못하고 통일성이 가장 먼저 눈에 뛴다.

　개성이 없는 집에 살면 자신도 개성없는 사람으로 변해간다. 집의 형태가 사람의 기운을 변화시키는 원리와 길흉에 관여한다는 설이 있다. 그러므로 이런 원리를 이용해 사람의 운기를 살펴보고 기술한 것을 양택(陽宅)이라고 말한다. 창조적인 원리를 이용해 자신의 삶을 영위하는 사람이라면 자신의 직업과 생존경쟁에서 살아남기 위한 하나의 방법을 강구해보고 참고할 수 있다.

그렇다면 문에도 계급이 있다고 보는 것이 타당할까? 문을 크기에 따라 분류해보면 가장 큰 문은 국가를 지키는 성문이다. 성문을 만들어 사람들의 존재를 확인하고 출입을 통제하고 다스렸는데 성문이 적에게 무너지면 곧 패배를 뜻했다. 문 하나에서 국가의 존망이 달리고 백성의 생존이 달려있다면 사람의 얼굴에도 큰 의미가 담겨 있을지 모른다.

사람은 감정을 가지고 살아가는 만물의 영장이다. 가장 많은 감정과 표현을 얼굴과 몸에 나타내므로 얼굴과 몸은 보면 어떤 생각을 하고 있는지 현재 상태의 마음을 읽을 수 있다고 관상학 연구가들은 이를 판단하고 분석하며 연구해서 현재까지 이른 것이다.

아주 평범한 측면으로 사람의 얼굴을 보면 둥근 얼굴, 각진 얼굴, 네모진 얼굴, 타원형 얼굴, 원추형 얼굴, 종형 얼굴, 마름모 얼굴 등 전문가가 아니어도 이런 정도는 누구나 볼 수 있다. 세상사람들이 모두 다른 얼굴인데 몇 가지 기준을 세워 설명하는 자체가 사람의 개성을 무시하고 너무 획일적으로 해석한다고 생각한다. 얼굴은 자신을 대표하는 부호로 가장 많이 사용한다.

우리가 휴대하고 다니는 주민등록증이나 신분증을 보면 사람의 얼굴이 붙어 있다. 얼굴이 자신을 대표하고 확인하는 소중한 인식표와 같다. 사람을 직접 만나 대화하지 않고 사진만 보아도 이 사람은 어떤 사람이라고 느낌이 오며 인격이나 성품을 짐작할 수 있다. 생계유지나 사회활동의 기초가 되는 면접, 이력서에도 자신의 얼굴이 붙여진다. 특히 이력서만으로 합격과 불합격이 결정될 때는 얼굴이야말로 자아실현과 밀접하게 연관된다.

사람은 특별한 지식이나 정보가 없어도 살아온 경험으로 생김새를 보고 잘생긴 얼굴, 준수한 얼굴, 험상궂은 얼굴, 고운 얼굴, 예쁜 얼굴, 복스런 얼굴, 뻔뻔한 얼굴, 병든 얼굴, 창백한 얼굴, 놀란 얼굴, 기쁜 얼굴, 탄성을 지르는 얼굴, 실망한 얼굴, 찡그린 얼굴, 파랗게 질린 얼굴, 무서워 겁에 질린 얼굴, 심각한 얼굴, 온화하게 웃는 얼굴, 수심이 깊은 얼굴, 박장대소하는 얼굴, 그늘진 얼굴, 부끄러워 어쩔 줄 모르는 얼굴, 새침떼기 얼굴, 평화로운 얼굴, 편안한 얼굴, 떳떳한 얼굴, 자신감 있는 얼굴 등 보통 사람이 전문적인 훈련과 지식을 쌓지 않아도 가능한 부분이 상당히 많이 있다.

전문가는 이런 부분보다 개인만의 특징을 인생과 결부시켜 처리하는 능력이 있는 사람으로 일반인이 생각하지 못하는 부분까지 심도 있게 말을 한다. 그러나 일반인의 흥미와 관심은 전문적이 부분이 아니더라도 이해하는 수준이면 만족한다. 우리가 왜 두 얼굴의 야누스를 표현했는지 조금은 이해가 된다.

얼굴의 윤곽은 한 부분으로 이해하기보다는 전체적인 윤곽과 몸이 균형을 이루어야 아름답게 보인다. 야누스처럼 우리의 얼굴도 항상 두 가지 기운이 존재하고 있어 사람은 미의 기운과 복의 기운을 함께 원하고 의식적인 미가 있다고 하면 무의식의 미가 존재하는만큼 두 가지를 만족하기란 옛날에는 어렵고 상상하기 힘든 부분이 현대의학에서 많이 해결된다.

과거 관상학에서 보는 형상이나 얼굴의 짜임새를 통해서 많은 해석을 한다. 예를 들면 갑(甲)자형·유(由)자형·신(申)자형·전 (田)자형·동(同)자형·원(圓)자형·왕(王)자형·목(目)자형·풍 (風)자형·용(用)자형으로 구분했다. 사람의 전형적인 얼굴의 형태 를 10가지로 구분한 점이 복잡하게 구분한 내용보다 쉽지만 초보 자가 보기에는 어렵게 느껴질 것이다.

현대인이 바라보는 미인의 관점은 갑(甲)자형 스타일을 가장 많 이 원한다. 미스코리아, 슈퍼모델, 월드미스 등 미인의 공통적인 아 름다움이 갑(甲)자형으로 이동한다. 미의 관점이 이렇게 이동하는 이유 중 가장 큰 원인은 매스미디어 발달에 따른 자연스러운 경로 하고 생각한다. 대중과 시청자를 생각하고 시청률에 따른 프로그램 편성이 주인공의 역할과 인기가 시간대별 냉정한 시청자의 눈을 돌리지 못하게 하는 매력적인 얼굴이 승부의 관건이 되므로 결국 에는 미의 기준도 변하는 것이다.

여자의 미는 현란하고 찬란하게 빛나고 화려한 아름다움에 넋을 잃고 바라 보는 사람보다 은은하고 우아한 미에 더 관심이 많다. 사람들이 바라보는 미의 개성도 얼굴을 가까이 하고 다정하게 바 라보고 있으면 마음이 편안한 미를 선호하는 전통적인 남성의 기 준에서 탄생한 미학이라고 생각한다.

사실 미인선발대회 심사위원 중에는 여성보다 남성이 훨씬 많았 고, 지금은 여자의 참여가 늘어가고 있는 추세다. 그냥 아무 이유 없이 받아들이는 사실과 소극적인 참여가 여자의 미를 남자 기준 의 일방통행으로 통일화시키고 여성만의 고유하고 특유한 미학이 사라지고 남자의 기준으로 아름다운 여자를 평가한다는 사실이 여성을 소극적인 사람으로 만드는 과정인지 모른다.

이런 까닭에 여자는 항상 마음 속에 비교대상의 얼굴을 생각하고 심하면 콤플렉스를 갖고 생활하는 여성이 상당히 많은 편이다. 콤플렉스도 심하면 병이 된다. 필요하다면 성형을 해야 한다. 성형 후 콤플렉스를 극복하고 스스로 자존심과 자기의 존재를 확인시키고 거울을 보면서 당당하게 걸음을 걷는 여성이 변화된 자신의 모습에 가장 먼저 자신이 놀라게 된다. 성형도 잘 사용하면 좋은 약이 된다. 또한 성형수술 자체가 만능이 아니라는 사실도 함께 기억해야 한다. 성형도 자주하면 이것도 정신병이 된다.

과거의 미학에 사로잡히거나 기준을 삼아 너무 작게 평가하거나 소심한 자신을 만들 필요는 없다. 물론 평범한 미학도 새로운 개성과 자신만의 개성 있는 미를 가꿔갈 수 있다. 이보다 더 좋은 기준은 없을 것이고 완성된 미는 없다고 생각한다. 잠깐 눈을 돌려 인생의 가장 중요한 질병에 관한 부분을 보자. 누구나 자신의 건강을 자신이 지켜가면 의사나 병원이 더 이상 존재할 필요성이 없어진다. 하지만 건강을 위해서는 병원이 필요하듯이 아름다움 미학을 위해서 동양의 전통적인 관상학과 서양의 창조적인 조화를 이루면 얼마든지 현대의 아름답고 좋은 얼굴의 미학이 탄생된다.

자신의 미를 남에게 맡겨 본인의 의지와 관계없이 어떤 평을 받고 좋고 나쁜 이유를 기분 나쁜 순간까지 기다리지 말아야 하고 구태의연한 모습으로 살아갈 필요는 없다. 전통은 전통대로 소중한 부분을 지키고 보전해야 하고 우리에게 다가오는 새로운 변화의 물결에 적응하는 일이 더욱 중요하다.

동양의 모든 원리의 기준이 되는 주역에서 우주의 현상을 8가지로 구분해서 팔괘를 만들었고 모든 현상을 설명했다. 단순하게 그려진 2개의 그림이 우주의 탄생과 소멸에서 인간의 길흉까지 사람의 운명을 연구하는 사람들의 핵심적인 학문으로 발전했다. 현재는 서양에서도 주역에 많은 관심을 갖고 있다. 한때 심리학에서 많은 관심을 모았던 융 심리학이나 아인슈타인의 상대성원리도 그렇다.

아인슈타인은 우주의 음양을 상대적인 관계로 이해했으므로 모든 우주의 물리적인 힘을 이렇게 표현했다. 라이프니찌 수학의 세계를 들여다보면 그가 0과 1을 통해서 나타낸 수학의 개념이 동양의 음과 양의 표현 방법과 상이하지 않고 공통된 특징이 있다. 리이프니찌가 미개인의 나라로 생각한 동양의 음과 양을 알고 자신의 도도한 자존심을 접고 고개를 숙였다는 후설도 있다. 왜냐하면 동양의 음(陰)과 양(陽)은 언제 시작해서 언제 진행되었는지 알 수 없기 때문이다.

주역은 우주를 보는 관점이나 현상을 8가지로 분류했던 관계로 관상학에서 보는 사람의 계층 또한 8가지로 구분했다. 관상학에서 분류한 8가지 관상학 중에 최고의 상은 가만히 있어도 위엄이 있어 발산하는 기운이 상대를 압도하여 자연히 머리를 숙여 모든 사람 앞에 나서는 상을 말한다.

그런데 남성 중심의 생활에서는 관상의 기준이 남자를 기준으로 되어 있고 여성을 다루는 부분은 과거 단순한 부분을 현대연구가들에 의해서 수정하고 보완하는 추세이다. 자신의 몸에 맞는 얼굴의 미학이 가장 잘 어울리고 아름다운 미학을 발전시키기 위해서는 올바른 정보와 정확한 판단이 필요하다. 경제력과 통치의 힘이 남성 중심의 사회와 현대 여자의 사회참여가 점점 높아지는 사회에서는 능력과 가치, 환경과 인생이 확실히 달라진다.

얼굴의 미학에서 제일 중요한 눈은 지역적인 특성과 문화적인 성격을 잘 살펴서 가장 정확한 판단을 해야 제일 중요한 요인을 갖추게 된다. 요즘 말로 하면 남방계통과 북방계통의 얼굴이 가지고 있는 특성이 너무나 다르게 보이므로 자기 얼굴의 맞는 특성이 중요하다. 어떤 지역이든 그 지역에 맞는 아름다움이 숨쉬고 있다. 남방의 미인을 북방에서 아름답다고 이야기하지 않고 또한 북방의 미인을 남방에서는 아름다운 여인으로 보지 않는다. 무조건 미의 서구화가 가져 다주는 획일적인 아름다움은 오히려 자신이 가지고 있는 고유하고 독특한 개성의 미를 없애는 결과가 된다.

얼굴의 음(陰)과 양(陽), 양(陽)과 음(陰), 음(陰)과 음(陰), 양(陽)과 양(陽)으로 돌고돌아가는 얼굴의 개성이 지금 우리시대와 어떤 관계가 있고 어떤 때는 음양(陰陽)이 주연으로 보이고 다른 장소에서는 조연으로 순간순간 다르게 보이는 빛과 조명, 화장술로 인해 아주 다양하게 보이는 얼굴이 가지고 있는 비밀을 음양(陰陽)의 조화아래 하나씩 베일을 벗겨보자. 성형 중독과 천국이라는 우리나라에서 얼굴과 운명의 변화가 얼마나 일어나고 있는지도 참 궁금하다.

아무리 성형을 해도 전혀 운명에 영향을 끼치지 않는 부분이 있고 조금만 성형해도 그 사람의 운명이 변하는 부분이 있다. 이런 연유로 아무나 무턱대고 함부로 말하지 않아야 한다. 자신의 얼굴이 수술로 달라졌다고 말하지만 운명이 최악으로 달려가는 사람도 있고 미세한 부분을 수술해서 사업운이 좋아지는 경우도 있다. 꼭 성형하고 싶다면 전문가와 상의하기 바란다. 운명학은 미를 선택하면 복이 얇아 지고 미가 얇아지면 복이 두터워진다는 사실을 잊지 말고 기억하기 바란다.

전세계적으로 미인대회 진선미가 재벌이 된 경우는 없다. 미인에게 하나님이 얼굴과 몸매를 주었다면 재벌을 덕을 주었고 천재는 재주를 가진다. 모든 사람이 열 가지 모두를 만족하고 살아갈 수 없다. 얼굴의 형태는 모든 사람의 성격이나 운명을 주관하지 않는다. 비록 부족한 얼굴의 형태지만 오관(五官)이 뚜렷하고 좋으면 상당히 좋은 점수를 받는다. 얼굴의 유형과 오관(五官), 찰색을 꼭 함께 살피기 바란다. 천의 얼굴을 가진 사람은 어떤 모습을 할까?

1. 갑(甲)자형 얼굴

— 예쁜 얼굴로 참신하며 선이 아름답다.
— 미인대회 출신에게 가장 많으며 현대인이 좋아하는 얼굴이다.
— 모든 일에 협조적이고 두뇌회전이 빠르며 민첩하다.

— 열등감이 많은 사람으로 일등을 하지 않으면 만족하지 못한다.

— 갑(甲)자형이 눈이 맑지 않으면 자만심만 강하다.

— 갑(甲)자형이 턱이 뒤로 넘어가거나 아래턱이 없으면 파격으로 본다. 하늘은 있는데 땅이 없는 격이니 한 곳에 뿌리를 내리지 못한다.

— 머리를 너무 짧게 하면 복이 사라진다.

미인형으로 동양과 서양에서 공통적인 특성이 나타난다. 미인이라면 이런 기준을 만족해야 아름다움의 조건을 만족시킨다. 과거부터 현대까지 모든 시대를 만족시키는 얼굴의 형태이다. 신라시대의 선덕·진덕·진성 여왕이 이 형이었을 것으로 추측한다. 우리나라 역사상 신라시대에만 있었던 여왕, 현대적으로 여성총리, 이 유형은 여성의 현실참여가 많아지는 시대에 자신의 역량을 발휘한다.

과거에는 여성들의 활동이 미미했지만 사회적인 환경과 과학문명의 발달이 여자의 활약성은 보편적인 정치활동까지 영향을 미치게 되었다. 옛날에는 혈통과 관계되는 성골이나 진골 때문에 가능했다. 사람은 시대·지리·기후·문화적인 특징을 알아야 정확하게 살필 수 있다. 한 번 쓰러지거나 실패를 경험하면 좋은 스승을 만났다고 생각하라. 나무는 쓰러지면 오랜 시간이 걸려야 회복된다.

■ 직업

— 기자·정치인·기고가·리포터·아나운서·뉴스캐스터·디스크자키·연예인

■ 배우자

— 키가 작은 사람이 좋다.

— 얼굴형이 같은 사람끼리 만나면 좋은 운이나 나쁜 운도 같이 온다. 수(水)형 얼굴과 궁합이 좋다.

— 얼굴이 예쁘다고 모두 행복하지는 않다. 특히 자기 말만하지 말고 상대의 이야기를 잘 들어주는 사람이 되어라.

— 얼굴이나 피부가 약간 검은 사람과 궁합이 좋다. 피부가 너무 흰 사람은 피하라.

서로 장점은 살리고 단점을 보완하는 사람이라면 성격은 과묵하고 말이 없는 사람이 가장 잘 어울린다. 키가 작은 사람이 연애시절에는 못마땅할지 모르나 가정을 꾸미는 공동운명체로 한 몸이 되면 백년해로하는 순간까지 너무나 잘 어울리는 천생연분이 된다. 만약에 광대뼈가 많이 튀어나왔으면 갑(甲)자형 얼굴로 보지 않는다. 가장 많이 실수하는 부분이니 주의하기 바란다.

■ 인간관계

— 첫인상이 좋아 누구나 호감을 갖는 얼굴이다.

— 가끔 이유없이 짜증을 내거나 조직에서 이탈한다.

— 소리없이 승진하고 문제를 조용히 해결하는 사람이다.

토론이나 세미나를 하는 날이면 모든 준비를 완벽하게 준비한다. 자신의 의견을 자료와 함께 제시하여 윗사람이 제일 만족하는 사람이 되고 이런 조직원의 행동을 보고 상사는 말은 하지 않고 침묵을 지키고 있어도 마음 속으로 항상 신임받는 스타일이다. 그리고 일의 처리능력이 완벽하고 주어진 임무는 완수하는 매우 안정된 사람이다.

주변관계도 좋은 사람이라고 해서 과장된 행동을 하지 않고 싫어하는 유형이라고 해서 만나지 않는 행동을 하지 않는다. 만약 주변 상황에 지나치게 반응하는 사람은 예리하고 날카로운 인간관계를 형성한다. 이런 사람은 대개 아래턱이 지나치게 뾰족하다.

2. 유(由)자형 얼굴

— 처음에는 조금 늦게 출발하나 결론은 확실하다. 여자는 남성적인 면이 있으니 절제하면서 조심스럽게 행동하라.

— 얼굴의 중심이 아래로 내려와 있는 느낌이 든다. 그래서 초년부터 중년까지는 일이 잘 풀리지 않는다. 초년에 물려받은 유산은 지키기 어렵다.

— 위에는 빈약하고 아래로 내려올수록 강한 기운이 응축되어 있으면 처음에는 어렵고 힘들지만 시간이 흐를수록 빠르고 힘차게 진행되는 사람이다.

— 대개 자수성가하고 40대 이후에 성공한다.

선천적으로 얼굴이 좁지 않고 이마가 넓은 사람이 있다. 후천적으로 머리 스타일을 하고 다녀도 마찬가지로 비슷하게 평가한다. 이마를 가리는 머리스타일 모습에도 대기 중에 우주의 에너지와 결합, 접촉하는 기회를 만들지 못하므로 습관이 얼굴을 변하게 만든다. 타고난 사람과 후천적인 환경이나 기타 요인에 따라서 사람의 기운이 변화되는 일도 흡사한 결과를 나타내니 머리스타일 하나에도 신경을 많이 써야 한다.

이런 형태에 얼굴의 약점은 현대의학으로 충분히 보완하고 만들 수 있기 때문에 두려움이나 스트레스, 심리적으로 쌓여있는 원인을 제거하고 교정할 수 있다. 성형외과나 피부과를 찾아가 상담을 받아보기 바란다. 특히 이런 여자는 기분파이다. 일시적으로 감정을 조절하지 못하여 분쟁의 씨앗이 되니 시간을 두고 천천히 행동해야 한다. 유(由)자형 얼굴에서 조심스럽게 보고 관찰하는 부분은 눈이다. 눈빛이 온화한 사람은 정반대 결과를 가져오니 눈을 잘봐야한다. 실수를 가장 많이 하는 부분이니 조심하기 바란다.

■ 직업
— 조각가 · 만화가 · 화가 · 회화복원가 · 음식관련업.
— 건축 및 토목 기술자, 전기 · 전자 · 화학 · 금속 · 광학 · 선박 · 항공 · 조종사 및 기술자.
— 석유화학 · 고무화학 · 플라스틱화학 · 도료 · 섬유 기술 관련 및 기술자.

■ 배우자

— 혼자 사는 것이 좋다.

— 자기 연분은 찾지 못해도 남의 인연은 잘 맺어준다.

— 여성적인 남자와 결혼해도 무방하다.

　자신의 배우자를 선택하는 기준이 까다롭다. 마음에 들지 않으면 독신을 고집한다. 자신의 의지를 굽히지 않아 늦게까지 독신을 고집하는 사람이 참 많다. 이마는 배우자를 나타내는데 이마가 좁아 배우자를 선택하는 폭이 넓지 않아서 그렇다. 연애시절 부러움을 살 정도로 황홀하게 보냈다면 결혼한 후 부부의 애정전선의 빨간불이 켜진다. 타고난 성격이 빨간불의 원인이 된다.

　결혼하는 배우자 성격은 완고한 사람보다 행동이 느린 사람이 잘 맞다. 서로 충돌이 일어나므로 예민하지 않은 사람이 잘 맞는다. 무덤덤한 성격을 지니고 있는 사람이 자신의 강한 성격과 혼합되어 부드럽게 작용한다. 신체조건은 키가 크고 마른 사람이라면 좋고 마르고 작은 사람은 피하는 편이 좋다. 자신의 개성을 너무 강조하지 말라. 일반적인 사랑법을 선택하지 말고 사랑하고 사랑받고 싶다는 생각을 많이 하기 바란다. 사랑은 개성으로 얻어지지 않는다. 서로의 이해가 더 많이 필요하다고 생각한다.

■ 인간관계

— 남녀의 비율을 적당하게 맞추고 살아라.

— 같은 여성에게는 인기가 없고 친한 사람도 별로 없다.

— 관상학에서 여자의 박력은 높이 평가하지 않는다. 그러나 사회 활동은 무난하다.

동성인 여자에게 인기가 없다면 당신의 성격에 문제가 있는 것이다. 선후배의 관계로 만나는 사람은 무리가 없고 편안하지만 직장 안에서 나긋나긋한 후배들과 어울리지 못해서 항상 주변에서 당신을 노리는 사람이 많을지도 모른다. 주위사람들을 자신보다 못한 존재로 인식하지 않아야 좋은 인간관계를 만들어간다. 사람 위에 사람 없고 사람 밑에 사람 없다고 한다. 개인의 능력은 무리없이 잘 소화하지만 결혼과는 거리가 먼 여성이라면 자신의 생각과 이성에 대한 가치관을 다시 한 번 생각해야 좋은 결과를 가져온다.

3. 신(申)자형 얼굴

— 마름모꼴 얼굴로 여자 개그맨 중에 이런 형이 많다.

— 이런 형에 코가 너무 높이 솟아있으면 남편복이 없다.

— 일을 하고 나면 공치사를 너무 많이 한다. 고생고생하고 자신의 복을 스스로 감소시킨다.

— 결혼 후에 시부모와 충돌이 많아 고생을 많이 한다.

— 남자는 수염을 기르면 기운이 다르고 생활에 변화를 가져온다.

— 보편적으로 27세가 지나야 운이 열리기 시작한다.

동양보다는 서양에서 성공하는 스타일이다. 동양적이고 고리탑탑한 사회생활에서는 자신의 능력을 펼쳐보이는데 장애가 많이 느껴진다. 누구에게 말 못하는 고민이 많은 사람이다. 텔레비전 드라마에서 보면 왈가닥 역할을 맡아 행동하는 여자는 자신에게 주어진 일도 최선을 다한다. 모든 사람에게 인기를 독차지 하지만 꼭 중요한 부분에서 실수를 많이 한다. 그러니까 왈가닥 여사라는 애칭을 갖게 되었는지 모른다. 생각지도 않은 일을 맡아서 처리하고 나면 꼭 너무 자기 자랑을 많이 한다.

만약 이런 얼굴 유형에 이마가 조금이라도 뛰어나오고 코가 너무 솟아 있다면 하늘 높은 줄 모르고 날아가는 사람으로 모든 사람이 기피하고 피곤한 사람이 된다. 반대로 코가 너무 낮은 사람은 어떤 일이 잘못되어 확인했는데도 끝까지 자신의 주장만 내세워 스스로 자신의 행동이나 명예에 흠집을 낸다. 주변에 윤활유 같은 성격을 지닌 사람과 많은 대화를 가져라.

■ 직업
— 촬영・녹음・더빙・사운드믹싱・음향 조작 및 기술공.
— 제품・패션・인테리어・가구・문구・완구・의료기기 등의 디자이너.
— 애완동물 미용사 및 관리원, 메이크업 아티스트・코디네이터.

■ 배우자
— 사랑의 힘은 아주 강하나 결혼은 조금 늦게 해야 좋다.

— 직업적인 여건으로 일주일에 한번 정도 만나는 연인사이가 되어 결혼하면 행복하다. 결혼은 부모의 반대를 무릅쓰고 힘들게 할수록 결혼생활은 행복하다. 한 번 마음의 고통을 받고 나면 액운이 사라진다.

— 배우자의 직업이 출장을 많이 가거나 외국을 출입하는 사람이라면 아주 좋은 인연이니 놓치지 마라.

사랑하는 사람을 위해서 너무나 헌신적이고 아름다운 사랑을 한다. 배우자를 만나기 전에는 집에 온정을 쏟다가도 사랑하는 사람이 나타나면 자율과 독립을 갈망하기 시작한다. 열렬한 사랑을 쏟고 누구에게 뒤지지 않는 사랑과 욕망을 분출한다. 사랑이 이렇게 위대하고 부러울 수 없다. 그러나 황홀한 사랑을 한 후에는 꼭 변화가 일어나게 되어 있다.

급한 성격과 예측할 수 없는 변화 때문에 그토록 좋았던 부모와 갈등을 빚게 되므로 서로간의 변화로부터 슬기롭게 대응하는 방법을 터득해야 한다. 너무나 보기 좋고 옆에서 샘이 나도록 사랑을 하는 남자와 여자를 위해서 좋은 인연이 되라고 조언하나 하고 싶다. 이런 사랑은 타이밍이 중요하다고 생각한다. 그리고 28세 이후로 시기를 늦추기 바란다. 부모와 자식간의 갈등을 최소화시키는 제안을 하는 것이다. 결혼의 타이밍이 인생행로의 풍파와 굴곡을 잠재울 수 있다.

■ 인간관계

— 사막의 오아시스, 약방의 감초격이다.

— 가만히 있어도 여기저기서 불러준다. 놀아도 바쁜 사람이다.

— 근면하고 성실하여 자신의 이미지는 좋은 사람으로 남아있다.

— 사회적으로 성공했다면 가정적으로도 행복을 만들어야 균형있
   는 삶이 된다.

결혼 전에 마음을 터놓고 친구로 다정하게 지내는 유형이므로 친한만큼 뜻하지 않는 금전관계가 있게 마련이다. 친구를 편안하고 격없이 이해해주고 성격은 매우 넓은 마음을 가지고 있지만 한 번쯤 냉정하게 거절하는 습관을 지녀야한다. 이런 얼굴을 금전적인 관계가 있으면 항상 손해를 보는 경우가 많이 있다. 사람은 의리도 좋지만 이런 관계에 금이 가지 않게 하는 방법도 더 중요하다.

직장생활이나 조직 안에서도 매우 활발한 성격으로 상사나 동료, 부하 직원 모두 사랑받고 인정해준다. 새콤한 매실처럼, 달콤한 박하사탕처럼, 누룽지처럼 고소한 사람임을 인정하지만 실수없도록 각별히 조심해서 행동하기 바란다. 좋은 인간관계를 가지고 있어도 실리가 없으니 단점을 보완하고 수정하여 발전의 기회를 만들어 뿌리를 튼튼히 한 후에 열매를 맺어야 자신의 꿈을 실현할 수 있다. 단점은 가끔 경솔하게 말을 하거나 행동하여 공든 탑을 스스로 무너뜨리지 않아야 한다. 탑은 쌓기는 힘들어도 무너지는 것은 순간이므로 이런 충고가 도움이 됐으면 좋겠다.

4. 전(田)자형 얼굴

— 텔레비전 프로그램인 전국노래자랑 사회자 얼굴이 생각난다. 부
    드러운 진행과 뚝배기 맛이 우러나는 얼굴이다. 푸념과 불만이
    없는 사람으로 남이 나를 많이 도와준다.
— 보스형 얼굴에 많이 있다.
— 초년 · 중년 · 말년이 모두 안정적이다.
— 어디가도 자신이 선두에 있지 않으면 가슴이 답답하다.
— 우연히 산 땅이 좋을 이익을 가져다준다. 논밭에 좋은 인연을
    맺는다. 그래서 부자들 중에 가장 많은 얼굴을 한다.

얼굴이 각지지 않고 넓게 보이고 편안하게 보이는 형태로 사람들
이 스스로 찾아와 덕이 있는 사람이다. 항구가 있어 배가 드나들고
배는 모든 항로의 귀착지가 항구로 이어지듯이 어디를 가도 자연
스럽고 따뜻한 느낌을 주는 사람이라고 말을 많이 한다. 봄날에 햇
살이 포근하고 모든 생명의 에너지를 불어넣듯이 삶에 지친 사람
이라면 이런 유형을 만나 인생의 부드러움을 배워볼만하다.

그런데 밖으로 가장 편안하고 부드러워 보이는 사람이 타인에게
넓은 관용 과 포용력이 넓은 반면에 정작 자신이 행동한 결과와
현실이 다르게 나타나면 인생을 너무 완벽하게 살아가고 싶은 욕
망으로 인해 본인의 조그마한 실수도 용납하지 않는다. 많은 사람
을 만나서 마음을 탁 터놓고 이야기할 때 나오는 말이 자신에 대

한 완벽주의 때문에 스스로 고통스러웠다고 고백할 때가 많다. 일에 대한 집착이 강해서 나타나는 증상인지 성공하는 사람의 필수 요소 중에 갖추어야 할 한 가지 요소인지 궁금하다.

이런 얼굴은 자신의 노력보다는 주변에서 많은 도움을 주어 성공하는 사람이 가장 많다. 단 전자형 얼굴은 잘 관찰하고 유심히 보아야 실수가 없다. 이렇게 좋은 얼굴 가운데 남을 이용하고 고통을 주는 사람도 많다. 얼굴을 유심히 관찰하지 않으면 엉뚱한 결과가 나타난다.

■ 직업

― 문학・미술・연극・영화・음악・방송 평론가나 편집자.

― 산업안전, 보건 및 품질검사 종사자. 교통영향 평가자 및 관련 종사자.

― 경영・재정・금융 전문가, 외환・증권 중개인.

■ 배우자

― 코가 좋으면 훌륭한 배우자를 만난다. 코가 낮으면 형상만 전 (田)자형으로 인정하지 기운을 운용하는 맛이 떨어진다.

― 얼굴의 비율과 눈의 크기가 너무 작으면 배우자를 고르는 여건이 아주 까다로운 성격을 소유한 사람이다.

― 얼굴은 아주 큰 데 눈이 작으면 배우자 문제로 고생을 많다.

― 얼굴이 작은 사람도 전(田)자형이 있으니 자세히 살펴야 한다.

코가 상대적으로 낮은 여자는 경제력이 없는 남성을 만나 남편이 운영하는 사업상의 부수적인 일을 함께 진행하다가 오히려 자신이 모두 경영해야 하는 일이 생긴다. 그리고 중요한 것은 자신이 오너가 되고 나서 오히려 회사가 크게 발전하는 특이한 사람이다. 얼굴의 모양이 아주 큰 비중을 차지하지만 이목구비가 어떻게 되어 있는가에 따라서 많은 변화를 가져온다.

감성이 풍부한 여성에게는 남성이 먼저 열의를 갖고 감동적인 대화를 하다보면 사랑이 자연스럽고 자동적으로 연결된다. 여자의 경우 너무 예의를 차린다고 조용히 말문을 지키고 있지 말고 자신의 뜻대로 움직이기 바란다. 사랑의 정열은 기다리고 있는 동안 모두 식어버리고 만다. 물레방아가 끊이지 않고 돌아가는 이유 중에 하나는 연속성에 있다. 이런 사람은 처음에 멈칫멈칫하나 나중에는 자신이 더 적극적인 사람으로 변하는 경우가 많이 있다.

■ 인간관계
— 매끈한 성격과 확실한 일처리 감각이 샤프하다.
— 광대뼈가 많이 뛰어나온 사람은 일을 말끔히 잘 처리하나 직선적인 성격 때문에 인간관계에 많은 신경을 써야 한다.
— 자신의 가치관에 알맞은 사람이 나타나면 부모형제보다 친한 사이로 발전한다.

얼굴에서 느껴지는 감각이 육감적이거나 매혹적인 미는 없어도 다른 사람을 부담스럽게 하지 않는다. 딱딱한 이미지보다 자율적인 사람으로 보여 진다. 특별한 시간을 내어 대화하지 않고 평소에 있는 그대고 살아가는 허심탄회한 사람으로 얼굴의 피부상황에 따라서 두 가지 유형으로 나타난다.

피부가 곱고 뽀얗게 보이는 사람은 성격이 부드럽고 사람을 포용하는 능력이 강하다. 항상 예의를 지키고 조직생활에서도 자신의 파트너와 원활한 의사소통을 하고 친숙한 관계로 잘 지낸다. 얼굴이 주름지고 딱딱하게 느껴지고 말끔하지 못한 사람은 상당히 공격적인 사람으로 변해간다. 만약 여성이 이런 얼굴을 한다면 관상학에서 좋은 점수를 주지 않는다.

매일 힘겨운 인간관계를 형성하지 말고 상대를 인정하고 자신을 낮추고 겸손하게 대응하면 상대도 조금씩 마음을 열고 대화하기 시작한다. 관상도 중요하지만 단점을 장점으로 전환하는 일도 빼놓을 수 없는 부분이다. 누구나 사람의 마음을 움직여야 행동으로 나타나 변화하기 시작한다. 전자형은 편안한 느낌을 준다.

5. 동(同)자형 얼굴

— 항상 원만하고 부드러운 인생을 설계하고 경쟁을 싫어한다.
— 시간을 길게 끌면 짜증을 내니 짧고 강하게 처리해야 한다.
— 많은 질문이 쏟아질 때 가장 난감해 한다.
— 어린아이처럼 순수하고 맑은 면이 많고 항상 즐거운 사람이다.
— 얼굴은 부드럽고 연약해 보이지만 마음은 강한 성격이다.

얼굴이 작아 보인다고 얕보거나 쉽게 접근이 가능한 사람이라고
판단하면 큰코 다친다. 배우자나 주위사람이 이런 유형이라면 많은
시간의 대화나 장시간 불필요한 시간을 허비하지 말고 짧고 핵심
적인 요소만 골라 대화에 응하는 습관을 들여야 문제가 발생하지
않는다. 좀더 친숙한 관계로 가기 위해서 열심히 지나친 관심을 쏟
을 필요가 없다.

  이런 얼굴은 흔히 적당히 말하고 적당하게 인간관계를 맺어야 편
안한 사람이다. 많은 질문이나 대화를 하지 말아야 한다. 특히 파트
너가 남자와 여자로 짝지어져 있으면 괜히 마찰만 커질 뿐이다. 이
런 분들의 성품은 은근히 이상이 높고 고고하다. 이런 까닭에 주변
에서 쏟아지는 오해와 차가운 시선을 감당해야하는 무거운 짐을
지고 다닐 필요는 없다. 자신의 가치를 본능적으로 높이고 스스로
공주로 착각하지 말기를 바란다. 이런 공주병에는 바보온달이 최고
의 파트너가 될지 모르겠다. 남자는 턱이 작지 않고 뒤로 넘어가지
않으면 여성관련 직업을 선택하면 사회적으로 성공한다.

■ 직업
— 보석 · 미술품 · 부동산 · 음식료품 감정사나 경매사.
— 애니매이터, 무용수, 체력훈련전문가, 경기심판, 승부분석전문가.
— 모델, 홍보원, 행사 도우미, 나레이터 모델.

■ 배우자
— 포크로 과일을 찍어 먹듯이 배우자는 스스로 선택한다.

— 소개나 미팅을 통해서 만나는 사람이라면 흥미가 없다.

— 첫눈에 반하지 않으면 인연을 맺기 힘들다.

  이런 사람은 자신이 스스로 마음에서 인정하는 사람만 배우자로 인정하는 형태이다. 최소한 나의 배우자는 나보다 학력이 높아야하고 전문적인 지식이 최고수준에 있어야 자기를 낮추는 성격 때문에 사람을 잘못 소개시켜 오해를 사지 않아야 하고 현명한 판단을 해야 한다. 회사의 동료로 있으면서 가끔 결혼하는 사람이 있다. 처음에는 굉장히 거부 반응을 보이다가 서로 다툼이 있는 연후에 다시 친하게 지내다 서로간의 마음을 터놓고 이해하는 마음이 생겨 인생의 동반자가 되는 경우도 있다.

■ 대인관계
— 세상은 혼자 사는 것이 아니다. 다른 사람을 인정하며 어울려라.
— 성공은 감나무 밑에서 입을 벌리고 있으면 떨어지는 홍시와 다
   르다. 성공하고 싶다면 상대방의 긍정적인 면을 활용하라.
— 모든 사람이 중요하다. 꽃이 있으면 벌이 있어야 자연의 조화가
   어울리듯 각자 맡은 역할을 소중히 생각하라. 생각이 달라지면
   운명도 변화가 온다.

  자신의 감정을 조절하는 방법으로 가장 잘 어울리는 것은 서로 대칭적 구조를 맞추어야 성공한다. 일이나 기타 남의 이야기를 경

청하는 습관을 지녀야 상대로부터 칭찬을 듣게 된다. 분위기에 물들지 말고 가벼운 말로 응대하고 될 수 있으면 편안한 느낌을 주도록 노력하라.

집에서 혼자 있는 습관을 좋아하지 마라. 인간관계에 탈이 생기면 사회활동에도 지장을 초래한다. 위장에 탈이 나면 소화제를 먹듯이 문제가 있다고 고민하지 말고 많은 사람과 상담을 통해서 해결하는 정신이 필요하다. 이렇게 외롭고 혼자 있는 사람일수록 독립적이고 자주적인 해결능력이 강하다. 그래서 홀로서기를 하지 못하는 사람을 외면하고 비난하는 특성이 강하게 나타난다. 이런 문제는 일차적인 증상이므로 충분히 개선할 수 있다.

아무리 능력 있는 사람도 문제를 혼자서 전부 해결하는 사람은 없다. 이런 증상은 우울증, 신경질적인 사람, 무기력증이나 기타 스트레스로 인해서 이런 증상에 가까워지는지 모른다. 상대에게 너무 많은 것을 원하거나 바라지 말고 생일이나 기념일 등을 잊지 않고 챙겨주면 당신의 단점을 극복하고 멋진 사람이 된다.

6. 원(圓)자형 얼굴

— 미인형은 아니지만 복은 많다.
— 얼굴이 윤택하면 많은 사람을 거느린다. 성냥불에 점화가 되면 활활 타오르기 시작하듯이 당신의 잠자고 있는 능력의 불을 질러라. 능력은 사용하는 자의 것이다.

— 남자는 미시(未時 : 오후 1 : 30~3 : 30)가 넘어가면 계약이나 문서에 관한 일은 내일로 미루고 여자는 반대로 미시가 넘어가면 좋다.

— 이마가 아주 좁게 보이는 얼굴은 여기에 속하지 않으니 주의해서 살펴야 한다.

— 초년에 고생을 많이 한다. 그러나 나이가 먹을수록 당신의 위력은 커진다.

살집이 통통하고 얼굴 색상이 하얀 편에 속하고 부드러운 살집을 하고 있다. 그리고 얼굴의 주름살도 굵고 강한 선보다 가늘고 잔주름이 많이 있다. 얼굴의 색이 윤택하지 못하고 거칠게 보이면 아무리 좋은 원자형 얼굴을 하고 있어도 좋은 장점을 살리지 못하고 자신의 꿈을 이룰 수 없다.

고서에도 원자형 얼굴에 대한 칭찬이 매우 많다. 얼굴형 중에서 가장 성격이 원만하며 대인관계에서는 시대를 떠나 가장 이상적이고 최적의 상황을 연출할 수 있는 형상이다. 그러나 배우자를 나타내는 코가 너무 낮아버리면 상대적인 문제가 생긴다.

얼굴의 크기가 다른 사람의 비하여 큰 얼굴에 해당하는데 눈이 너무 작아 보이면 통제하는 감찰관(눈)이 문제 발생소지가 있다면 각 부분의 신체기능이 제각기 흩어지는 일이 있게 됨으로 눈의 기운에 따라서 많은 변화를 가져온다. 눈이 너무 작은 얼굴은 영적인 감각이나 독창적인 아이디어로 창조력을 원하는 사람이라면 적당

하지 않다고 본다. 그러나 눈의 빛이 밝게 나오면 두 가지를 병행
해도 문제가 없고 모두 성공한다.

■ 직업
— 작곡가, 합창단 지휘자, 성악가, 국악인, 편곡 및 음악 각색가.
— 상담원, 인력알선원. 개인 및 사업서비스 대지 종사자.
— 운수업·창고업·통신업 관리자 및 기술 종사자, 농축산물·음
   료식품 및 관련 도소매 종사자.

■ 배우자
— 어머니처럼 일일이 챙겨주는 코디네이터 성격이 있다. 마음이
   항상 따뜻한 사람으로 언제나 변하지 않는 좋은 사람이다.
— 배우자의 자존심을 세워주고 상대를 배려하는 마음이 있다.
— 로맨틱한 사랑이나 분위기를 만들어 가면 더 좋은 관계가 된다.

사랑을 하는 방법이 매우 독특한 사람이다. 일반적인 남자와 여자
의 사랑방법을 떠나 여자는 남자를 만나는 시간이 길어질수록 어
머니가 자식에게 관심을 쏟듯이 남녀간의 사랑이 아니라 모녀간의
사랑처럼 변해간다. 어떤 이는 누이처럼 사랑을 하고 친구와 같이
행동하는 사람이 있기도 하지만 흔한 예는 아니다. 그래서 옷맵시
나 안경, 신발, 헤어스타일 등 일일이 참견하는 사람이다.
 이마가 둥글고 모나지 않으면 배우자의 조건도 상당히 좋고 이마
가 모나거나 함몰되면 결혼생활 일정기간 동안은 배우자 때문에

고생을 많이 한다. 이마의 크기가 작은 사람은 부모에게 느끼지 못했던 애정생활의 결핍을 배우자를 통해서 실현하는 사람이다.

■ 인간관계
— 부드러운 기운 뒤에는 강하고 직선적인 성격이 숨어 있다.
— 농담과 진담을 구별해서 말해야 이런 사람과 빨리 가까워진다.
— 핵심을 빠르고 정확하게 전달하는 습관을 몸에 지녀라.
— 어려울 때를 대비해서 때로는 남에게 아쉬운 소리도 미리 한번 해보라.

　이상보다는 현실에 가까워지고 자신의 욕구를 충족시키기 위해서 방해가 되거나 장애물이 나타나면 과감하게 제거하는 면이 강하다. 사람과 일을 구분하는 정신이 강하게 작용하므로 일과 사람을 구분해야 이런 사람과 이상적인 관계를 유지할 수 있다. 신분이나 지위가 일정하게 올라가 직접적으로 표현하지 않아도 아랫사람을 수족처럼 부리고 싶어하는 욕망이 내제되어 있는 사람이다. 만약 자신의 행동을 불쾌하게 생각하거나 거부반응 표현을 하면 바로 응징하는 스타일이다. 전반적인 인생의 흐르는 방향자체가 시간이 지나야 좋은 사람을 만나는 기간으로 접어들기 때문에 인내심을 갖고 기다리면 고생한 보람을 찾을 수 있다.

7. 왕(王)자형 얼굴

— 힘들고 어려운 일을 맡겨주세요. 그래야 저는 분발합니다.

— 수련을 쌓을수록 당신의 이미지는 점점 강해진다. 때로는 부드러운 운동을 해보라.

— 설사 조그마한 장난이라도 이런 사람과 비꼬는 말이나 조롱석인 말을 하면 안된다.

— 쉽게 흥분하십니까? 사람의 감정 중에 분노보다 강한 에너지는 없다. 분노 에너지를 성공에너지로 전환하라. 한 분야에 왕이 되고 싶거든 이만한 자격은 갖춰야 한다.

왕이 되고 싶어 왕자형 얼굴로 표현한 것은 아닐까? 호랑이 얼굴은 윤곽이 왕(王)자 형상을 한다. 호랑이를 생각하면 동물의 왕으로 이미지가 떠오르듯이 여자가 이런 얼굴을 한다는 자체가 딱딱하고 강하여 보인다. 사회활동을 맹렬히 하는 여자는 이런 얼굴이 딱맞아 떨어진다고 볼 수 있으나 부드러운 이미지와 여성스런 기운이 다소 부족하므로 항상 유연한 생각을 해야 한다. 판매왕을 기록한 여성의 얼굴을 보면 가끔 이런 얼굴인 사람이 있다.

무기력하게 생활하는 사람을 보면 자신이 더욱 답답한 느낌을 받고 생활하는 모습이 항상 직선적이고 과감한 일을 좋아한다. 자신의 일이 남에게 거부당하거나 비협조적인 사람이 있으면 항상 마찰이 끊이지 않고 시끄럽다. 광대뼈가 조금 나와 있는 여성을 권한을 대신 위양받아서 모든 일을 말끔히 처리하고 자신의 능력을 마음껏 펼쳐보인다.

■ 직업
— 식물·세균·동물·생태·유전·환경 과학자, 병리학자.
— 고고학, 민속학연구원, 종교연구가, 심리학자 및 관련 전문가.
— 해당 자료를 수집 안전하게 데이터베이스를 관리하는 사람, 정보보호전문가, 프로그래머, 광고, 영업, 멀티미디어 관련업.

■ 배우자
— 서로간의 생활을 존중하고 이해하는 마음이 있어야 조용하고 원만하게 꾸려간다.
— 자존심이 부부간의 보이지 않는 장막을 만든다. 서로 많은 대화를 나누고 이해하는 시간을 가져라.
— 사랑이 깊은 만큼 이해하라. 여자는 사회적으로 활동하는 부분에서 많은 점수를 받아도 배우자에 관한 일이라면 문제가 생긴다. 특히 광대가 너무 튀어나오면 이런 기운이 더욱 강하다.

웃는 얼굴이 행운을 가져다준다. 부드러운 얼굴이 사람을 편안하게 하고 대인관계에 얼마나 좋은 점이 많은 줄 모른다. 항상 깐깐한 성격의 소유자라서 쉽게 선택하지 않는다. 배우자의 환경적인 구부조건보다 사람의 심성이나 도덕, 양심이 우선적으로 선택의 첫 번째로 생각한다.

본인 스스로 강한 신념과 도전을 좋아하는 여성이라고 생각하고 있을 것이다. 그렇다면 평소에 항상 웃는 얼굴을 하고 밝게 보이는 연습을 많이 하기 바란다. 배우자는 물건처럼 점유하고 이루어지는 것이 아니다. 사랑은 소유한다고 채워지는 욕망이 아니다. 서로를 넓게 이해하고 거울 속에 있는 나를 인정하는 사람이 되어야 서로 부담이 없다. 배우자에게 혼자 있는 시간을 갖게 하면 서로의 순환 적인 관계를 이어갈 수 있다.

■ 인간관계

— 미국 장애인 대통령 루즈벨트는 가장 원만한 대인관계를 형성했다. 왕이 되고 싶으면 루즈벨트처럼 해봐라.
— 일반인이 이런 얼굴을 한다면 딱딱하고 쉽게 다가설 수 없는 사람이라고 생각한다. 항상 웃는 얼굴이 필요하다.
— 여자가 이런 형이면 여자보다 남자와 더 호흡이 잘 맞는다.

항상 바쁘게 움직이지 말고 여유를 가지고 행동하라. 성공의 그래프는 인간관계와 비례하는 경우가 많다. 자신의 행동이 남에게 미치는 영향을 생각해 결정할 것을 미리 점검하고 상대를 배려하면 멀어진 사람도 돌아온다. 성격이나 스타일이 시원하고 확실한 면을 좋아하는 까닭에 여성보다 남자친구와 잘 어울리고 만나는 편이다. 눈이 작은 여성이나 항상 아래를 보면서 대화하거나 행동하는 사람은 남성적인 면보다 오히려 겁도 많고 여성적인 사람이다.

8. 목(目)자형 얼굴

— 파블로 피카소가 여기에 속한다.

— 부자도 많고 가난한 사람도 많이 있다. 그 기준은 눈에 있다.

— 유능한 사람은 진맥하지 않아도 상대의 호흡이 가쁜지 알 수
있다. 당신이 성공하고 싶다면 얼굴만 봐도 상대를 알아야 한다.

— 평생 한 우물을 파서 성공한 사람이 많이 있다. 과거보다 현대
사회에서 능력을 인정받고 발휘하는 얼굴형이다.

— 현미경처럼 아주 작은 부분을 보는 특징이 있다.

슬기로운 여자와 막무가내 여성이 여기에 속한다. 슬기로운 여성
이 갖추어야 할 조건이라면 이마가 좁지 않고 길고 둥글게 생겼으
면 좋은 여성에 해당한다. 모든 사람으로부터 사랑을 받을 자격이
있고 서로 이해하는 정신이 있으므로 존중한다. 상대의 컨디션을
잘 파악하고 헤아려 주기 때문에 항상 사랑받는 사람이다.

얼굴은 목(目)자형인데 이목구비가 조화를 이루지 못한 사람은
막무가내적인 성향이 강하다. 남의 입장을 생각하지 않고 무리한
계획을 세워 혼란을 가중시킨다. 조직의 힘을 무너뜨리는 사람이
다. 누구나 가까워지기는 쉬워도 한번 멀어지면 관계를 회복하는데
많은 시간이 지나야 원상회복이 된다. 막무가내 여자는 많은 것을
배워야하고 자신의 쓸데없는 감정이나 묵은 신념을 진공청소기를
통해서 시원하게 청소를 하는 시간이 따로 있으면 좋겠다.

■ 직업

— 건물·조경·측량 건축가, 교통·도시 설계가, 반도체 기술자.

— 약사, 간호사, 의사. 물리치료사, 언어치료사.

— 교육기관 전문가.

■ 배우자

— 똑같은 직업이 아니면 배우자와 다투는 일이 없다. 되도록이면 배우자와 동일한 직업을 피하라.

— 다른 환경이나 분위기에 눈을 돌려라.

— 자신이 외향적인 성격이라면 유(由)자형 얼굴과 궁합이 좋다.

배우자와 관계를 호전시키기 위해 신선한 충격이 있어야 하고 주변의 관계를 환기시키면 좋은 관계로 발전한다. 우리가 호흡을 하는 과정에 질소나 산소를 따로 마시는 사람은 없다. 목(目)형은 산소같이 신선한 공기는 필요하지 않아도 단 한 가지라도 믿음이 있다면 흔들리지 않고 서로의 관계가 좋아질 것이다.

남자는 적당한 유머가 필요하고 여자는 양념정도로 생각되는 수다가 서로간의 대화에 고소한 조미료 역할을 한다. 사랑하는 사람을 위해서 돈과 명예보다는 이런 인간적인 부분이 훨씬 삶의 촉진제 역할을 한다고 생각한다. 목(目)자형 얼굴의 공통적인 부분은 이렇다. 본인은 매우 애교 있고 남자를 매우 만족시키고 있다는 착각을 하는 사람이 상당히 많이 있다는 사실이다. 이런 착각에서 빨리 빠져나오기 바란다. 배우자가 마음에 들지않아 당장 관계를 끝낸다는 단세포적인 생각은 버려라. 상대를 즐겁게 해주기 위해 노력하면 두 사람의 관계는 매우 아름답게 변한다.

■ 인간관계
— 자기 자랑을 많이 하는 사람치고 덕이 많은 사람은 없다.
— 조직의 세계에서는 상당한 지위까지 올라가 명예적인 부분은 아주 좋다.
— 편협한 부분만 수정하면 리더로서 적격한 타입이다.

자기 자랑을 많이 하는 사람, 여러 사람 앞에 이런 모습으로 인식되기 바라는 사람은 없다. 자랑이 지나치면 교만으로 비쳐지지 않을까 걱정이 된다. 누가 자신의 논리에 대화와 논쟁을 되풀이한다고 해서 기분이 불쾌하다고 생각하지 말라. 대화란 항상 그런 것이다. 이런 문제로 자존심에 상처를 입었다고 생각하면 좋은 인간관계를 이어갈 수 없다.

사람은 원하는 것을 모두 얻고 살아가지 못한다. 원하는 것을 다 얻고 기분 좋은 사람이 되는 일보다 주어진 일은 기분 좋게 받아들이는 사람이 훨씬 멋있는 사람이다. 일이 생각이상으로 잘 진행되면 희망기압, 성공바람을 잘 타고 순조롭게 목적을 달성한다.

건강은 전체적인 영양결핍이 원인이 되어 발병하기보다는 편식에 의한 부분 적인 원인이 질병을 발생시킨다. 마찬가지로 인간관계도 어느 한 부분이 문제가 되어 나타나므로 항상 자신감 있는 부분보다 상대적인 관찰을 할 수 있어야 문제를 만들지 않는다.

9. 풍(風)자형 얼굴

— 가지 많은 나무 바람잘 날 없다.
— 집안에도 항상 풍파가 많아 순탄한 인생을 살아가기 힘들다.
— 초년은 좋은 편에 속하지만 중년과 말년이 힘들다.

처음에는 완벽하고 깔끔한 일처리를 좋아해서 자신의 굳은 의지로 일찍이 성공의 길로 탄탄하게 걸어간다. 이마와 턱의 구조가 발달한 사람으로 이상이 높고 욕심이 아주 많은 사람이다. 또한 조직원이 일정한 목표에 도 달하지 못하면 갈등이 심화된다. 풍자형 얼굴은 조직에서 이탈하여 때로는 거만하게 자신을 내세워 독자적인 사업을 구상하여 홀로 서기를 하지만 감정으로 출발한 사업은 오래가지 못한다. 설사 성공하더라도 자신이 스스로 투자 착오를 일으켜 모래 위에 집을 짓는 우를 범하지 않아야 한다.

만약 집안에 이런 얼굴을 하고 있는 사람이 있다면 사업보다는 끈기를 가지고 직장생활에 적응하는 자제력을 길러 길흉의 폭을 감소시켜야 한다. 성공적으로 문제를 해결했다고 생각하는 순간 주위를 반드시 돌아보라. 성공의 순간 위기는 반드시 닥쳐온다. 최고 절정에 이르는 순간을 조심하고 겸손하게 자신을 낮추면 큰 화를 모면하는 방법이 될 수 있으니 스스로 자신을 수양하고 성찰해서 무난한 인생을 살아가는 길을 선택하고 여유가 있다면 촛불을 가지고 바람 앞에 서보면 자신의 인생을 깨달을 수 있을 것이다.

■ 직업

— 미술·음악·체육 등의 이론과 실기를 교육하는 사람.

— 전화통신, 전신통신, 이동통신 기술공, 회계 사무원.

— 노무사, 재정분석가, 판촉기법 및 홍보전문가.

■ 배우자

— 집안에 산들바람이 불어오면 몸이 불편하고 칼바람이 불면 자신의 능력이 솟아오른다.

— 여자는 남편으로 고생을 많이 한다. 그래서 얼굴을 봐도 풍파가 많이 있음을 짐작할 수 있다.

어려움이 생기거나 암초에 부딪치는 일이 생기면 가장 먼저 일선에 서서 자신의 희생을 감내하고 모든 일에 솔선수범하는 사람이다. 자신이 어느 정도 희생을 했다고 생각하면 배우자에게 자신의 공치사를 자랑하고 그 대가로 배우자를 점유하고자 하는 강한 욕구를 느낀다. 배우자의 어려움을 한번 치유했다고 생각하여 영원히 배우자의 사랑을 독점한다고 착각을 하면 크게 잘못된 생각이다. 당신의 완벽한 모습은 일의 성공이 아니라 서로의 배려와 한 걸음 물러나 조용히 침묵으로 고개를 끄덕이는 자세를 잊지말아야 아름다운 가정을 가꾸어 향기나는 집안을 만들 수 있다.

■ 인간관계
— 서로를 위해서 조금은 양보하고 상대를 감싸안아야 성공한다.

— 이상은 아주 높다. 그러나 인간관계는 너무 소홀하다.

— 아름다운 무지개는 비바람이 적당할 때 아름답게 나타나는 자
연 현상이 주는 교훈을 잊지마라.

사람은 누구나 자신만의 꿈이 있다. 꿈을 실현하는 과정이 자기만
생각하는 사람은 축구경기를 해보면 얼마나 바보 같은 생각인지
알 수 있다. 인간관계란 자신의 꿈을 이루는 아주 중요한 삶의 한
부분이다. 상대를 전적으로 믿지 못하고 자기가 최고라는 생각으로
항상 모든 문제를 해결하는 방법도 자신의 힘이 결부되어 있지 않
거나 확인되지 않으면 진행하지 않고 발언을 한 많은 사람을 동지
에서 적으로 만들어버리는 결과를 초래한다.

풍자형 얼굴은 욕심이 많아 절제할 줄 아는 마음이 필요하다. 중
요한 충고를 한다면 자신의 꿈을 이루기 위해 가족이나 주위사람
들을 희생시키지 말아야 한다. 성공을 같이 하기보다는 아픔을 같
이 하고 가슴 깊숙이 가라앉아 있는 상처를 어루만질 수 있는 너
그러운 사람이 된다면 인간관계는 성공적인 사람이라고 판단한다.

10. 용(用)자형 얼굴

— 똑같은 붓이라도 충신의 손에 있으면 국가를 살리고 역적의 손
  에 붓이 있으면 국가가 멸망한다. 상사를 잘 만나야 자신의 멋
  진 능력을 발휘한다.
— 좌우가 다르면 인생도 그만큼 힘들다.
— 술과 기분을 억제하라.
— 종교생활을 열심히 해야 인생이 좋아진다.

 자신의 재능이나 능력을 한곳에 사용하는 사람과 열 가지 재주를
가지고 열 군데 사용하는 사람의 가장 큰 차이는 용도의 차이에
있다. 그릇이 작아도 최적의 장소에 사용한다면 그릇의 크기는 차
이가 있으나 용(用)에는 무한한 변화가 숨어 있게 마련이다.
 용(用)자형 얼굴은 용처럼 하늘을 날아다니고 조화를 부리는 능
력은 없지만 나름대로 소중한 능력이 있다. 단 아무리 능력이 좋아
도 사용자를 잘못만나면 힘든 인생을 살아가고 흔히 사용하는 말
로 여자는 뒤웅박팔자라고 말을 한다. 사용자와 그릇의 쓰임새 결
정이 가장 잘 어울리는 궁합이 되도록 자신을 변화시켜라.
 이런 얼굴은 좌우 비대칭에서 오는 불안감으로 현실에 대한 불만
이 가장 많 은 사람이고 기분이 좋았다가도 금방 저기압으로 떨어
지는 예측불가능 성격을 가지고 있다. 먼저 자신의 기분을 확인하
고 상대를 바라봐야 분쟁의 씨앗이 없어진다. 집에서는 생활의 쾌

적한 감각을 위해 일조·온도·습도를 잘 맞추어 사소한 일이라도 항상 꼼꼼한 면을 기르도록 해야 한다.

■ 직업
— 서비스업 관련 전문가, 호텔 관련업, 여행 관련 사무 종사자.
— 미용 및 오락 관련 서비스 종사자, 가정 보육사, 수의사, 분장사.
— 응원단원, 레크리에이션 기획자, 치어걸, 골프장 캐디.

■ 배우자
— 일은 얼마든지 자신의 뜻과 같이 할 수 있다. 하지만 결혼은 인류지 대사다, 결혼은 신중히 하라.
— 이 형은 가장 많은 영향을 미치는 것이 배우자에 관한 문제다.
— 배우자가 답답할 정도로 동작이 느린 사람이면 오히려 좋다.

 자신의 얼굴의 보면 배우자의 얼굴이나 성격이 나타난다고 비유를 많이 한다. 일을 사랑하기 때문에 결혼에는 관심이 없다고 말은 한다. 남들에게 강하게 보인다는 말을 많이 들으면 당신의 배우자도 또한 개성이 강한 사람을 만나게 되어 있다. 화가 나면 음식물이나 물건을 마구 던져 닥치는 대로 본인의 감정을 표현하면 당신은 점점 수렁에 빠지고 만다. 감정에도 길과 흉이 있다고 가정하면 좋은 감정은 밖으로 내보이고 나쁜 감정은 스스로 자제하여 나쁜 찌꺼기까지 깨끗이 소멸시키는 사람으로 변신해서 기분좋은 인생을 살아가야 한다.

■ 인간관계

— 근면과 성실은 만고불변의 진리로 잘 지킨 사람은 성공한다.

— 마음은 천사지만 행동을 악마처럼 하지 마라.

— 사람을 많이 사귀고 폭넓은 대인관계보다 자신과 잘 맞는 소수
의 인원을 관리하라.

우물 안의 당신은 세상을 바라보는 눈을 다시 가져야 한다. 우리
가 살고 있는 지구는 넓고 광활한 우주의 비하면 조그마한 땅이
라고 보지만 이 땅을 다 밟고 죽은 사람은 흔하지 않다. 우물 속에
있는 당신의 인간관계는 가장 많은 모순점이 있다고 본다. 인생의
비결을 터득하기보다는 성실의 기준과 방법을 지녀야 한다.

자신의 마음을 쉽게 열지 말고 대인관계에서는 적당한 거리와 시
간을 두고 하나하나 천천히 사람을 사귀는 습관을 지녀야 인간관
계에서 실수가 없다. 누구에게 말하지 못한 마음 속에 울분이 있다
면 액션영화의 주인공이 되어 통쾌한 복수를 하는 일보다 조용한
장소에서 다도의 미학을 배워보는 방법을 선택하기 바란다.

가장 실수를 많이 하는 부분은 음주로 대인관계에서 손실을 가져
오면 자신의 사회생활을 가로막는 원인이 된다. 항상 술을 멀리 하
고 부득이한 경우에 처하더라도 술보다는 다른 방법을 선택하여
음주문화에서 멀어지는 사람이 될수록 성공한 사람이 된다.

11. 기타

반(半)자형은 생략했다. 예를 들면 유(由)자형에 완벽하게 맞지 않아도 이와 유사한 얼굴의 모양은 반(半)자로 구분해야 하지만 너무 많은 형을 취급하게 되어 언급하지 않았다. 갑(甲)자와 유(由)자를 더하면 전(田)자형 얼굴에 가깝다. 이런 얼굴은 열 가지 형태 중에 가장 가까운 것을 참고하면 된다. 반(半)자형의 얼굴을 지금까지 기본적인 얼굴의 형태를 알 수 있는 사람은 무난히 판단할 수 있다고 생각한다.

11장. 유방(乳房)으로 보는 법

 유방은 여성에게 가장 중요한 신체의 한 부분으로서 얼굴의 미학이 사람들에게 드러내고 보여지는 아름다움이라면 보이지 않아도 자존심과 같고 말로 표현하지 않지만 보는 미학보다 곡선의 미학으로 사랑을 가장 많이 받는 부분이라고 생각한다.

 인체를 머리·가슴·복부로 구분해보면 팔은 가슴의 연결선상에서 움직이고 다리는 복부와 연결되어 전반을 움직인다. 가슴에는 안 쪽으로는 폐·심장·간·쓸개가 있고, 겉에는 유방 있다. 보통 뜨거운 정열을 가슴으로 받아들이라고 많이 이야기 한다. 이런 문구가 뜻하는 의미는 불과 같이 타오르는 에너지가 가슴에서 시작되고 젊은이의 심볼과 같은 가슴은 세상을 빠른 속도와 급진적으로 변화시키는 장소라고 보여진다. 급진적인 개혁을 원하는 사람을 보면 가슴이 넓고 모든 일에 정열적인 에너지를 방출하는 장소가 된다. 우리 주변에 성공한 리더의 가슴을 살펴보면 그 사람의 운영 스타일을 쉽게 느낄 수 있다.

옛날의 관점은 아름다운 미학의 유방보다는 생리학적이고 지정학적인 작용을 주로한다는 것을 유추할 수 있다. 유방을 미학의 근본적인 바탕으로 사용된 시기는 아마 브래지어를 착용하고 나서부터 시작된 것이라고 추측된다. 시간이 지남에 따라서 단순하고 생리학적인 보조에 개념을 벗어나 생활과 문화의 변화가 유방을 아름답게 표현하는 하나의 방법으로 자리잡고 발전해왔다.

유방의 형태나 크기, 연령의 따른 변화, 문화적인 차이나 인종에 따라 다르고 사람의 신체와 유전적인 상황이 아름다움을 결정하는 요인으로 작용한다. 사람마다 높고 낮은 변화는 조금 있겠지만 정확한 위치를 말하자면 늑골 1~2번에서 시작하여 5~6번에 자리잡고 있다. 관상학 원본을 말하는 마의 상법(相法)은 사람의 상을 밝히고 분석한 세부사항은 많아도 여자의 성기나 유방을 많이 언급하지 않았고 후대에 연구한 사람들이 차츰 관심을 갖고 연구분석하지 않았나 하는 생각이 든다.

옛날에는 여자의 가슴을 만지고 수술해서 확장하고 축소하는 생각을 했다면 인간의 길흉을 논하는 부분이 훨씬 많아졌을 부분이고 지금보다 긍정적인 생각을 더 많이 했으리라 추측해본다. 억지에 해당할지 몰라도 미학과 운명을 연결해서 새로운 창조미학이 이미 탄생했을지 모르는 일이다. 한번쯤 의심이 나거나 더 자세한 사항을 살피기 위해 선진국 사람들의 유방과 후진국 사람들의 모양을 살펴보면 쉽게 구분하고 알 수 있을 것이다.

지상에서 아름다운 여인 마릴린 먼로, 20세기 허리우드가 낳은 섹시 심볼인 먼로가 출연한 영화 '신사는 금발을 좋아한다'에서 두 번째 남편 디마지오는 먼로의 젖가슴을 가려줄 것을 요구했다. 보수적인 디마지오는 여자의 젖가슴을 밖으로 노출시킨다는 것 자체가 이해되지 않았을 정도로 답답한 사람이었으며, 먼로뿐만 아니라 유행에 따른 의상의 경우도 마찬가지로 여자의 가슴은 시대의 반영을 정확히 한다고 보여진다.

마릴린 먼로가 그 당시 영화에 파격적이고 도발적인 가슴을 보여 영화인의 흥분과 감탄을 자아내도록 만들었다. 먼로는 여자의 새로운 시대와 미를 보는 관점이 보수적이고 소극적인 사람에게 굉장한 자극제가 되어 버린 것이다. 여자의 가슴과 유방은 시대를 창조하고 이끌어가는 원동력이 되었다. 유방과 의상을 자세히 관찰하면 시대의 흐름과 개인의 생각을 읽을 수 있다.

자연의 미와 사람의 미를 부합시켜보자. 아침이면 동쪽하늘에 부상하여 온세상을 비추고 하루의 일과를 마치면 서쪽하늘로 태양이 지는 순간 서쪽 하늘에 별이 하나씩 떠오르기 시작한다. 자연이 이렇듯이 우리도 아침에 일어나 얼굴을 가다듬고 자신의 역할을 충분히 실행하고 밤이 되면 미의 최고봉을 뽐내고 자랑하기 위해 가슴의 균형을 유지한다.

얼굴이 양적인 미의 대표라고 생각하면 음적인 미의 대표는 당연히 유방이다. 아주 단순한 비교를 해보면 유방이 큰 여자와 작은 여자의 차이점은 동양과 서양의 신체적인 차이가 있듯이 유방이 작은 여자는 소극적인 자세와 무슨 일을 할 때도 항상 어떤 힘에 의해서 조금 위축되거나 망설이는 행동을 한다. 반대로 심리적인 콤플렉스를 극복하려고 강하고 직선적인 성격을 한 여성들도 상당히 많다. 반면에 유방이 큰 여자는 활동적이고 개방적이며, 일에 대한 적극성을 띠게 된다. 단 지나친 집착은 새로운 병을 만든다는 사실도 기억하기 바란다.

동양의 여성들은 서양 여성들에 비해서 가슴이 빈약하다. 동양의 전통적인 사상가들 또한 이런 아름다움을 반쯤 눈을 가리고 보거나 아니면 한쪽 눈은 감고 다른 한쪽 눈으로 감상하고 자신의 주관이 뚜렷하지 못한 분류의 무리들은 한쪽 눈으로 주위사람의 눈치를 슬며시 살펴보고 다른 눈으로 무슨 꿍꿍이 속셈을 하고 관찰한다. 이런 부류의 사람들은 참 바보스럽다. 주관이 없는 사람은 어떤 일을 해도 주인공이 되지 못한다. 설령 자신이 출연한 영화가 삼류로 취급받아도 주인공이 되어야 도전과 변화를 시도할 수 있는 의미를 모른다.

시대의 흐름을 모르거나 도외시하는 도덕군자들이 비속적이고 말을 함부로 하는 과정에서 세상의 조화를 모르고 영원히 가슴을 가리고 상투를 매고다녀야 사상의 기준이 확립된 것처럼 착각을 하는 시대의 뒤떨어진 사람들이 우리의 코를 냄새나게 한다면 그들이야 말로 수시로 변하는 상황을 알아야 한다. 물론 동양 사람이 동양적인 미를 무시하고 무조건 서양의 미를 모방하고 쫓아가고자

하는 의도는 없다. 문화·생활·지역·인종·시대·미·과학·철학 등 모두가 변한다. 변화하는 리듬에 발을 맞추지 못하면 자꾸 도태된다.

우리가 보고 느끼는 미의 기준도 이제는 당당하게 변해야 한다. 보수적인 미인관이 세상을 변화시키고 항상 천성적으로 순진함을 간직하고 있는 사람이 부러움이 대상은 아니므로 아름다운 몸과 미모가 있다면 당당하게 나서야 한다. 유행이 달라지고 사람들의 생각이 변하기 시작한다. 부끄럽고 수줍어하던 시절에서 과감한 노출하고 개성을 강조한 패션이 새로운 물결을 만들간다. 그러나 과유불급이라는 말이 있듯이 이것도 지나치면 부족함만 못하다.

시대는 서양의 미가 거리를 활보하게 되고 동양 여인들에게도 새로움을 찾게 된다. 외모나 의상에 대한 변화도 있지만 그보다 개인적으로 생각하기에는 가장 달라진 부분은 속옷 시장이 아닌가 생각한다. 100년 전 속옷과 현재를 비교하면 저절로 웃음이 나오는 부분도 있을 것이다. 현재 세계에서 가장 여성의 인권이 없는 나라가 이슬람 문화권이다. 앞으로 100년 후 이슬람 문화권에서 어떤 변화가 일어날지 궁금해진다. 여성이 달라지면 문화가 달라진다.

여자의 무한한 섹시함을 자랑하고 싶을 때는 가슴으로 어필하게 되는 본능이 있다. 보기 싫고 미운 여성이 얼굴을 내밀면 뺨은 때려도 가슴을 때릴 수 없다. 여자의 가슴은 그만큼 강한 무기가 될 수 있다. 두꺼운 갑옷을 입고 성벽을 지키는 병사도 여자의 마력이 깃든 젖가슴을 보고 가슴이 두근거리지 않는 사람은 없을 것이다.

갑옷을 뚫고 단단하고 강인한 병사의 철갑을 허물어뜨리는 것은 적병의 무기가 아니라 여자의 아름다움이 훨씬 빠를지도 모른다. 선의 미학이 사람을 유혹하면 누구나 아름다운 모습에 정신을 잃는다. 아무리 강한 남자도 미인계에 빠져들면 헤어나지 못한다.

여자의 유방을 금전관계나 경제적인 관념을 연결해서 살펴보면 유방이 적당히 탄력있으면 아주 좋은 모습으로 보고 금전운도 양호하고 이를 바탕으로 상당한 부를 축적하고 사용하는 습관도 짜임새가 있고 시원시원한 면이 많이 있다. 하지만 너무 이것만 강조하다 보면 색정에 빠진다. 색정에 빠지면 인생이 헤어나지 못한다. 유방이 너무 위로 올라간 사람은 관상학에서 아주 흉하게 판단한다. 성형수술을 하는 사람들 중에 서양 여성처럼 하는 경우가 많다. 그러나 이것은 어리석은 행위다. 내 몸이 동양인데 서양의 유방을 닮으면 관상학에 체형은 엉뚱하게 변해버린다. 서양과 동양의 체형이 근본적으로 틀리다. 그들은 상체가 짧고 하체가 길다. 그래서 유방도 상향되어야 하고 전체적인 무게 중심이 위로 올라가야 한다. 하지만 동양인의 몸의 체형은 상체가 길고 하체가 짧다. 이런 체형에 유방만 위로 올려버리면 엉터리 체형이 된다. 서양은 양(陽)에 해당하기 때문에 위로 솟아야 하고, 동양은 음(陰)에 해당하기 때문에 적당히 아래로 내려와야 한다. 이러한 이치를 모르고 무작정 서양의 미를 따라가는 사람은 비싼 수업료를 지불해야 한다.

가정과 사회의 일을 모두 무난히 소화하고 보조하는 기능이 아마 젖가슴에서 나오는 것 아닌가 싶다. 유방이 작거나 너무 쳐진 사람의 경우에는 순종적인 측면은 좋다고 보지만 사회생활이나 금전적인 경제상황은 부족한 면이 많이 있다. 유방이 생리적인 발육을 하지 못해서 작은 여자는 심리적으로 어린아이처럼 행동을 하고 싶어 하고 대인관계도 남성을 만나서 대화할 때와 동성인 여성을 만나 대인관계를 맺을 경우 상당한 차이가 있다. 여성호르몬과 유방의 형성은 밀접한 관계가 있다. 유방이 작다는 뜻은 여성호르몬이 약하다는 의미다. 유방 크기가 작아도 주변이 깨끗하고 아름다우면 아주 좋은 길상으로 표현한다.

요즘 해외에서 육체파 여성들은 유방을 별개로 보험을 들고 있는 현실만 봐도 얼마나 많은 변화의 물결이 세상을 움직이고 있는지 모른다. 이런 변화의 물결 때문인지 몰라도 우리나라 신세대 연예인들도 다양한 육체표현을 과감하게 하고 나와 숨기고 수줍어하는 여인이 아니라 자신의 미를 보여주는 시대로 접어들고 있다.

여성의 신체 곡선이 미의 보조적인 측면도 있기는 하나 또 하나의 미학을 만드는 곡선미가 더욱 돋보이게 만든다. 첫째 가슴의 볼륨, 허리의 곡선, 엉덩이의 균형과 각도는 여자의 생명과도 같다. 남성의 시선을 다른 곳에 돌리지 못하게 하고 여자의 무한한 매력을 느끼는 곳이므로 선의 미학이 시대와 조화를 생각하게 한다.

동물들 암수의 경우도 수컷은 모양과 형태가 갖추어지면 더 이상 발달하거나 커지지 않지만 암컷은 성적으로 성숙할 때까지 발달하고 임신 하면 평소와는 달리 굉장한 변화가 나타나기 시작한다.

사람도 유방의 발육은 여자의 신체적 호르몬 분비와 상당히 일치하는 경우가 많다. 성인이 되면 유관 및 유엽의 증식이 활발해지고 성적으로 성숙기를 거치면 여자는 완숙미를 자랑하고 여성호르몬인 발정 호르몬과 황체 호르몬의 작용으로 젖샘이 발달하며, 임신하면 여성 호르몬이 다량으로 분비되어 젖샘도 상당히 발육한다.

성인의 유방은 생리주기에 따라서 인체의 변화적인 리듬이 찾아온다. 어떤 사람은 유방이 부풀어 오르고 미세한 통증을 느끼는 사람이 있는가 하면 상당히 예민한 사람까지 개인의 호르몬분비와 신체리듬에 따라서 틀리게 나타나고 생리가 끝난 후 시간이 지나고 호르몬의 영향으로 유방의 증식이 시작된다.

동양은 여자의 생리주기를 음에 비유했고 달의 주기와 비슷하게 일치한다. 폐경기가 되면 퇴화기를 거쳐 모양이나 형태에도 변화가 오게 마련이다. 이런 증상은 폐경기가 끝날 때까지 주기적으로 반복한다. 여자의 유방과 자궁은 위치적으로 떨어져 있지만 서로간의 가장 민감한 반응을 보이는 곳이다.

현대 과학이 말하는 젖꼭지 변화는 임신 때는 호르몬분비에 따라서 색소 침착이 나타나 흑갈색이 되며 출산 후에도 그 색조는 그대로 남는다. 옛사람들은 과학보다는 경험의 따른 관찰력으로 분류했고 현재는 과학적으로 분석한 사항이지만 흥미롭게 과거와 일치한다. 그렇다고 모두 단정짓지 말고 개인의 유전적인 상황이나 선천적으로 타고난 사람도 있을 것으로 추정하고 너무 과신하는 일은 없어야 한다.

유방은 신이 인간에게 준 신성한 부분 중의 하나이다. 그리고 아름답게 만들어가는 노력은 더욱 중요하다. 하지만 지나치게 편협된 생각을 하거나 정신과 조화를 이루지 못하면 색정에 몸을 망치고 가정을 파괴하는 어처구니없는 일이 발생하는 일이 없기를 바랄 뿐이다. 미를 위해서 복을 파괴하는 일은 없어야 한다.

현대과학이 눈부신 발전을 거듭하고 있지만 여자의 유방암은 날로 증가한다. 인체를 미학만 강조하다보면 이에 반하여 잃어버리는 것이 있다. 유방의 생리학적인 기능을 제대로 이행하지 않았을 때 제일 중요한 건강을 잃어버리게 된다. 하늘을 날기 위해서는 깃털이 필요하고 땅위에서 활동하는 동물들은 모두 가죽이 있고 물 속에서 자유로운 물고기는 비늘이 있게 마련이다. 신이 우리에게 부여한 기능을 무시하고 인위적인 발전을 그만큼 감내해야 하고 부작용도 함께 있다는 사실을 잊지말기 바란다. 무조건 미학을 위해서 하나뿐인 생명을 버리는 일을 없어야 한다.

사주추명학에 식신(食神)이라는 단어가 있다. 식신(食神)은 여자의 유방이나 자궁의 기운을 나타낸다. 그리고 자손의 길흉을 보는 에너지원이 되기도 한다. 그래서 식신(食神)이 좋으면 자손이 좋다고 말한다.

만약 식신(食神)이 형충파해(刑沖破害)되면 자궁암이나 유방암에 걸릴 확률이 높다. 요즘 자녀는 능력 있고 멋있는 자손은 많이 나온다. 하지만 부모에게 효도하고 형제와 우애하는 사람이 드물다. 자식이 출세하고 높은 벼슬을 하고 이름을 만방에 날려도 부모에게 불효하는 자식을 어떻게 평가해야 할지. 사람으로 태어나 자신의 배만 부르면 행복한 건지 무척 씁쓸하다.

좋은 사회가 되려면 능력이 떨어져도 가정에 충실하고 부모형제에게 우애하는 사람이 더 필요하다. 유방을 미학적으로만 생각하지 말고 조물주가 우리 인간에게 필요한 생리적은 기능을 다할 때 가정도 화목하고 자녀도 효도한다. 모유를 먹고 자란 자녀와 그렇지 못한 자녀의 사회생활정도나 대인관계·정서·애정표현·가정생활·정신연령·이기적인 척도 등 많은 차이를 보인다. 모유를 먹이지 않고 자라면 입모양이 잘 발달하지 않는다. 관상학에서 입은 애정의 조건을 판단하는 곳이다. 입과 치아가 삐뚤어지면 아무리 좋은 얼굴을 타고나도 좋은 점수를 받지 못한다.

여자의 유방암이 증가하는 이유도 식생활에 따른 변화도 있겠지만 미학만 강조하다보면 이런 증상이 나타난다. 미학만 생각한 나머지 자신의 귀중한 생명을 소홀히 할 수 없다. 우연의 일치인지는 모르지만 흡연이 자유로운 일본은 유난히 피부병이 많다. 약으로 치료하는 방법보다 금연하면 몸이 건강하고 자손도 튼튼하게 된다. 아버지와 어머니 중에 지나친 흡연은 자식에게 커다란 고통을 전가시키는 원인이 된다.

폐는 오행(五行)으로는 금(金)에 해당하고, 금(金)은 피부와 머리카락을 주관한다. 어린이들의 아토피가 급증하는 원인이 흡연과 무관하지 않다. 그리고 튀긴 음식을 많이 먹으면 화기(火氣)가 충천하여 화극금(火克金)으로 피부를 해친다. 마음대로 마시고 피우면 그 벌을 자손이 받는 것이다. 사랑하는 자식이 가려워 잠을 못자고 피가 나올 때까지 손톱으로 직직 긁어야 하고 밤새워 고통 속에서 신음하는 모습을 보지 않으려면 부부가 함께 노력해야 한다. 마음대로 한 행동이 3대에 걸쳐 아토피를 유전시킨다. 90년 동안 자손을 고통 속에 지내게 할 수는 없다. 참고하면 좋은 자녀가 태어난다. 집안이 날로 번창하기 위해서는 훌륭한 자녀가 태어나야 한다.

옛사람들이 태교를 제일 중요하게 생각한 것도 집안의 운명이 자식에게 달려있기 때문에 신중하고 신중을 기했던 것이다. 사주, 관상보다 앞서서 중요시해야 할 것은 태교에 있다. 사주나 관상보다 태교를 보다 더 신중히 해야 한다. 사주나 관상에 없는 것은 태교에서 비롯되고 태교에 없는 것은 전 생의 자신이 닦아 놓은 대로 현생의 복을 가지고 태어난다.

사회가 발전하기 위해서는 장차 인재가 먼저 나오는 법이라고 했다. 좋은 사회, 아름다운 사회는 마음대로 먹고 마시고 몸을 망치는 데서 인재가 나오지 않는다. 폐는 사람의 혼을 주관하는 곳인데 폐가 망가지면 정신이 왔다갔다하고 심하게 압을 받거나 자신을 이겨내지 못하면 정신적인 질환까지 겹치게 된다.

독신 여성 중에 자궁에 수종, 근종이 있거나 자궁암에 걸리는 경우가 많다. 원인은 일에 대한 지나친 스트레스라고 하지만 과도한 음주과 흡연은 폐를 상하게 하고 폐가 약하면 여자의 자궁이 무기력하게 된다. 이런 몸을 가지고 임신하면 많은 것을 생각해봐야 한다. 내 몸이니까 내 마음대로 마시고 즐기는 순간 자손의 대한 에너지는 모두 파괴된다. 그리고 결혼하면 임신하기 위해 엄청난 정신적인 고통과 금전적인 소모를 감내해야 한다.

요즘 무정자증이 많은 것도 자신의 몸을 함부로 하기 때문이다. 건강은 가장 큰 재산인데 너무 소홀하게 다룬다. 주말에 산림욕을 해보면 쉽게 느낄 것이다. 공기가 좋은 곳에서 폐의 기운을 활성화시키며 에너지가 속구치고 활력이 넘친다. 어렵게 생각한 자별이 두렵지 않다. 관상이란 얼굴만 보는 것이 아니라 오장육부의 기능도 함께 본다. 관상학에서 제일 중요한 것은 건강이다. 우리나라 현재 7쌍 가운데 1쌍이 불임인 시대에 많은 것을 생각하게 한다.

젖꼭지 주변이 윤기를 잃으면 예상하지 못한 일이 생긴다. 일이 지체되고 가족에게 불상사가 나오는 징조는 유방 주변에 검은색이 나오기 시작하면 경계경보와 같은 흉한 일을 암시하는 것이다. 크기나 모양은 각양각색이라도 윤택한 기운이 없고 피부가 거칠어지기 시작하면 특별히 주의하라. 몸이 건강하고 직업이나 사회적인 요건이 양호하고 좋은 운으로 진입하면 젖꼭지가 핑크색으로 변한다. 결혼 전에 이런 현상이 나타나면 좋은 배우자를 만나고, 결혼 후에는 남편에게 좋은 일이 있고, 임신한 후에는 훌륭한 자녀를 얻는다. 유방만 보아도 남편운과 자녀운을 예측할 수 있다.

1. 보기 좋게 풍만한 유방

— 부부가 한 마음이 되어 행복한 가정을 만든다.
— 명랑하고 활발하여 어디를 가도 환영받는다.

— 대범하여 선두에서 팀과 조직을 이끈다.

— 작은 일도 소홀히 하지 않고 꼼꼼하게 잘 관리한다.

— 결혼생활 10년이 지나도 근검절약하는 정신을 잃지 않는다.

— 부모와 자녀가 항상 화기애애하다. 자녀운도 좋아 자식과 부모 간의 충돌도 없고, 다른 사람이 봐도 편안한 가정이라고 말한다.

— 상서(相書)에서는 풍만하고 길게 드리워졌으면 복록을 모두 갖춘다고 했다.

■ **대인관계**

— 부드럽게 이야기하고 서로를 감싸고 포용한다.

— 열린 마음으로 사람을 대하기 때문에 초면에도 쉽게 친해진다.

— 여자이지만 성격이 호탕하여 많은 사람이 좋아한다.

— 사교적인 성격이라 어색하거나 딱딱한 분위기도 잘 바꾼다.

2. 접시를 엎어놓은 것처럼 작은 유방

— 열심히 살고 근면성실하나 저축하여 모은 부분은 자신을 위해서 사용하지 못하고 가족이나 남을 위해서 많이 사용한다.

— 남자에게 관심이 없어 결혼을 늦게 하는 사람이 많다.

— 작은 일은 실수없이 잘한다.

— 부부간의 성적인 문제를 일으키지 않도록 신경을 써야 한다.

— 실력을 키우고 당당하라.

― 남자가 양 젖꼭지 사이에 긴 털이 있으면 귀자를 낳는다.

― 여성호르몬이 적다는 뜻이다. 항상 애교와 재치를 잃지 않도록.

― 이런 여자는 화가 나면 남자처럼 행동한다.

■ 대인관계

― 말로 주고 되로 받는다.

― 끈기를 가지고 열심히 정진해야 성공한다.

― 꿈만 가지고는 미래를 바꿀 수 없다. 현실에 중점을 두고 사람
을 사귀어라. 그래야 실속이 있다.

3. 좁은 가슴에 큰 유방

― 업무능력은 뛰어나나 이기적이라 자기밖에 모른다.

― 목표만 높게 잡지 말고 실현가능한 일부터 하나씩 처리하라.

― 돈이면 모든 문제를 해결할 수 있다고 생각하고, 물질적인 욕구
가 충족되면 거만해지는 사람이다.

― 남자의 유혹에 쉽게 넘어간다. 결혼은 늦게 하는 편이 좋다.

― 시작한 일은 끝까지 파고들어 매듭짓는다.

― 자신이 천사라고 생각하며 도도하고, 공주병에 빠지기 쉽다.

― 첩에게서 많이 나타나는 형태이고, 자유로운 성관계를 원하는
프리마돈나에 속한다.

― 화목한 가정을 원한다면 이런 여자는 피하는 것이 상책이다.

― 초혼에 실패하는 경우가 많다.

— 스캔들이 생기기 쉬우니 남자관계를 잘 정리하라.

— 바다와 호수의 물맛은 다르다. 우선 확실한 선을 긋고 사람을 만나라. 명확하지 못한 행동 때문에 곤혹을 치른다.

— 자녀운이 좋으면 남편에게 장애가 많고, 남편이 잘 풀리면 자녀 때문에 고생한다.

— 자녀운이 좋으려면 유아와 관련된 일을 하라.

— 이런 여자와는 정면대결하는 일은 피하는 것이 좋다.

— 자신의 목표를 위해서는 사람을 이용한다.

— 쏘는 말투 때문에 대인관계가 곤란하다. 말을 부드럽게 하라.

4. 좁은 가슴에 작은 유방

— 완벽하고 치밀하여 경직되어 보인다. 근육이 경직되면 부드럽게 마시지 하듯이 생각을 마사지 하라.

— 결정하는데 많은 시간이 걸린다. 아무리 훌륭한 사람도 실수하는 법. 실수를 두려워하지 말라. 소심한 성격이 성공을 늦춘다.

— 사랑에 너무 소극적이다.

— 이런 가슴 중에 일명 새가슴이 많다. 독립하거나 배우자를 선택할 때 부모의 반대를 무릅쓰고 자기 뜻대로 진행한다.

— 이런 사람이 상사라면 먼저 마음을 먼저 비워라.

— 유방이 작은 여자는 경제적인 고통을 겪는다. 여자의 감정은 유

방에서 나오고, 감정이 풍부해야 인생도 아름답다. 호르몬 치료
법이 있으니 전문가와 상담한 후 치료하도록.
— 능력을 향상시키고 싶으면 전문가의 조언을 들어라.

■ 대인관계
— 대인관계에 성공하으면 전문기술을 가져라.
— 어려운 사람을 만나면 그냥 지나치지 못한다.
— 동료가 어려울 때 함께 할 수 있는 사람이다. 능력도 좋고 승진
　도 좋지만 더 중요한 건 인간미라는 것을 잊지 않도록.
— 하루가 다르게 새로운 기술이 진보한다. 성공하고 싶으면 흐름
　을 빨리 파악하라.

5. 단아하며 보기 좋은 유방

— 신체와 정신이 건강하다. 그렇다고 지나치게 큰 것은 좋지 않다.
— 자신감과 능력이 있고 어려운 일도 잘 처리한다. 갈수록 눈부시
　게 발전하는 스타일이다.
— 자녀운·건강운·경제운까지 모두 좋아 부러움을 받는다.
— 사람에 따라 대소의 차이는 있으나 여자 중에 리더가 많다. 추
　진력이 좋아 기대 이상으로 큰 일을 해낸다. 그러나 눈에 맑은
　기운이 없으면 고생한다.
— 인생의 황금기를 40대로 보지 말고 20대로 보라. 귀중하고 가치

있는 인생을 살고 싶으면 20대에 건물을 지어보라. 당신의 장점이 훨씬 두드러질 것이다.

— 운이 좋은 사람은 자빠져도 행복이란 빙판에 넘어진다. 만약 게으른 습관이 있으면 빨리 고쳐라.

— 끝이 상큼하게 솟아올랐으면 관상학에서는 최하로 본다. 서양은 다르게 본다.

■ 대인관계

— 평범하지만 이런 부분이 가장 좋은 점이다.

— 항상 웃는 모습은 많은 사람들이 좋아하게 만든다. 스스로 자기계발을 하여 능력이 있는 사람이다.

— 포용력이 많다. 대인관계의 필수는 따뜻한 배려이다. 시대가 아무리 변해도 성공의 만고불변의 진리는 좋은 인간관계이다.

— 어떤 일에나 최선을 다한다.

— 테크닉은 조금 부족해도 적응력은 뛰어나다.

— 날로 발전하여 주변의 부러움을 받는다.

6. 꼭지와 꼭지 사이가 넓은 유방

— 개방적이고 활발하나 너무 넓거나 바깥쪽을 향하면 좋지 않다.

— 금전운이 매우 좋다.

— 꼭지가 넓고 유방이 풍부하면 내면세계가 깊어 급한 일에도 흔

들리지 않고 안정을 유지한다.

— 논문·사설·평론·논평 등을 좋아한다.

— 리더 중에는 의외로 독선적인 사람이 많다.

— 모습이 활기차니 유능한 사람으로 보인다.

— 사랑할 때는 상대를 편안하게 배려한다.

— 관상학에서는 1척 2촌이 가장 좋다고 한다. 하지만 사람의 체형
에 따라 다르니 고집할 필요는 없다.

■ 대인관계

— 본성이 좋고 이해심이 많으며, 활동적이고 대인관계가 원만하여
모르는 사람이 없을 정도다.

— 낙천적인 성격으로 세상을 즐겁게 살아간다.

— 주어진 일은 전력을 다하고, 상황이 호전되도록 여건을 만든다.
열심히 일하면 많은 것을 얻을 수 있다.

— 사람과 일에서 조화를 잘 이루고 편견없이 사람을 사귄다.

— 이런 여자와 함께 일하는 파트너는 행복한 사람이다.

7. 꼭지와 꼭지 사이가 좁은 유방

— 조금만 섭섭해도 마음을 몰라준다고 함부로 말한다. 자기 복을
자기가 없애는 격이다. 항상 의심이 많고 소극적이다.

— 조금만 알아도 나서기를 좋아하고, 사소한 일을 크게 만든다.

— 남자에게 지나치게 친절하다보니 남자관계가 복잡하다.

— 남들보다 열심히 일해도 금전적인 고통이 많다.

— 변덕이 심하여 한 남자를 오래 사귀지 못한다.

— 어떤 일이든 전력투구하라. 인정받아야 성공한다.

— 결혼 후 사통하는 경우도 더러 있다.

■ 대인관계

— 머뭇거리면 일과 사람을 놓친다.

— 어려운 일도 인간관계가 좋으면 얼마든지 해결할 수 있다. 상대를 배려하는 습관을 지니도록.

— 김치를 맛있게 먹고 싶다면 잘 익을 때까지 기다려야 하듯이 대인관계도 기다리면 좋은 관계를 만들 수 있다. 그러나 너무 오래 두면 묵은 김치가 된다는 것도 잊지 않도록.

— 성공한 사람일수록 고생도 많았다. 고생이 심하다고 불평하지 말라. 겨울바람이 매서울수록 봄햇살은 따사로운 법이다.

— 어디든 실력이 좋은 사람과 그렇지 못한 사람이 있기 마련이다. 인간미가 느껴지도록 노력하라.

8. 양쪽으로 벌어진 유방

— 파티만 즐기지 말고 자숙하라. 남자관계를 복잡하게 하지 마라.

— 향락에 빠지기 쉬우니 저축과 절제하는 습관을 가져라.

— 사치와 허영심을 버려라. 투자로 돈을 벌겠다는 생각은 버려라.

— 외로운 독신보다 화려한 싱글이 많다.

— 성격이 자유분방하다. 전문인이 되어라.

— 국내보다는 외국에서 꽃을 피우는 경우가 많다.

— 플레이보이 잡지 등에 나오는 여자 중에 이런 모양이 많다.

■ 대인관계

— 이성에 대한 관심이 매우 높다.

— 잘생긴 남자를 보면 물불을 못가린다.

— 사람과 관계를 돈독하게 하는 것은 좋으나 낭비가 심하면 하나는 얻고 하나를 잃어버리는 격이 된다.

— 미래지향적인 사람이 되도록 노력하라. 그리고 다른 사람의 기쁨을 자신의 기쁨으로 만드는 노력을 많이 하라.

— 삼각관계에 빠지지 않으려면 처신을 잘해야 한다.

— 중요한 것은 성격이다. 럭비공 같은 성격이 효과적인 테크닉을 발휘하지 못하게 할 수도 있다.

9. 양 꼭지가 안으로 몰린 유방

— 컴플렉스가 심하다. 몸이 매력적이면 정신도 아름답게 하라.

— 남을 못살게 하고 사랑에 대한 독점욕이 강하다.

— 다른 사람은 생각하지 않고 잘난척한다. 현실을 냉정하게 보라.

— 화를 잘내고 자기 위주로 판단한다.

— 질투가 많다. 사랑도 좋지만 이해하는 마음을 가져라.

— 끈기와 집념으로 한 곳에 집중하라. 한 분야에서 최고가 된다는 것은 쉬운 일이 아니다.

■ 대인관계

— 이익만 생각하면 큰 것을 잃는다.

— 목적을 이루기 위해서는 겉과 속이 다르다.

— 슈퍼맨은 영화 속의 인물이다. 이런 사람을 찾지 말고 주위의 사람을 소중하게 생각하라.

— 부자가 되기 위해서는 수단과 방법을 가리지 않는다.

— 서양 격언에도 포도주와 친구는 오래될수록 가치가 있다는 말이 있다. 출세나 성공하려고 친구를 버리지 말라.

10. 아래로 쳐진 유방

— 기운이 없고 짜증이 많다. 먼저 힘찬 기운을 찾아라.

— 상사의 명령에 복종하는 성격이다. 그러나 평생 명령만 받고 살 수 없다. 눈총이 아니라 은총은 받아야 성공한다.

— 예, 아니요를 분명하게 하라. 자신감 없는 의사표현이 당신의 인생을 멍들게 한다.

— 질병에 대한 저항력이 없고 육체의 피로를 쉽게 느낀다. 일과

건강을 잘 다스려 균형있는 삶을 만들도록 노력하라.

— 남편을 사랑하고 보살피는 일은 좋으나. 사랑이 깊은 만큼 기쁨
  이 크지 않아 고민이 많다.

— 20대 여자는 운이 80대를 향한다는 뜻이다. 정열적으로 살아라.

— 운이 좋지 않으면 이런 형태로 변하기도 한다.

— 여성호르몬에 문제가 없으면 전문가의 상담을 받아보도록.

■ 대인관계

— 어려운 사람을 보면 그냥 지나치지 못하고, 법이 없어도 살 수
  있는 사람이다.

— 최악의 경우에는 싸워야 된다고 생각하나, 싸움과 경쟁보다 이
  해하며 사랑하는 편이다.

— 불공평하다고 생각하면서도 자신의 일을 묵묵히 한다.

— 특별한 센스나 기교는 없어도 변함없이 다정다감하다.

— 격려와 칭찬을 아끼지 않는 사람을 만나면 인생이 달라진다.

11. 꼭지가 탄력 있는 유방

— 어려운 일도 잘 처리한다. 역경이 성공의 스승이다.

— 꽃망울이 아름답게 맺힌 모습으로 많은 사람에게 사랑받고, 모
  든 면에 잘 적응한다.

— 꼭지가 탄력 있다는 것은 몸 안의 기운이 가장 이상적으로 순

환한다는 증거다. 남편이 하는 일이 잘 되고 자녀가 순리대로 행동하니 부러울 것이 없다.

— 정열적으로 연애하고, 결혼 후에는 가정이 안정되고 자녀도 이름을 날린다.

— 부부간에 성적인 트러블이 있으면 꼭지 주변이 깨끗하지 못하고 지저분하다. 잘 관리하기 바란다.

— 미혼여성이 이곳이 거무티티한 색을 띠면 과거 있는 남자를 만나거나 유부남과 정을 통한다.

■ 대인관계

— 예절이 바르며 에너지가 좋고, 많은 사람에게 도움을 준다.

— 항상 여유가 있다. 이런 사람 중에 남자보다 훌륭하게 된 사람이 많다. 이런 여성이 상사인 조직은 훨씬 빨리 성장 한다.

— 주도적이며 발전적이고, 희망의 별이라고 부를 정도로 인간관계가 좋다.

— 마음을 터놓고 싶은 사람이 필요하면 이런 사람을 찾아보라.

— 누군가가 솔직하게 다가서면 말없이 도와준다.

12. 꼭지가 너무 아래를 향한 유방

— 원칙도 중요하지만 융통성이 필요하다.

— 모든 일을 혼자한다는 생각을 버려라. 성공한 사람들을 보면 조

직의 힘을 이용할 줄 안다.

— 자녀 때문에 평생 신경을 써야 한다.

— 남편이 능력은 있으나 운이 없어 일이 되지 않아 가정경제를 책임진다.

— 소외감을 느낄 수 있다. 사고에 변화의 바람을 불어넣어라.

— 딱부러지게 말하는 습관을 가져라. 그래야 상대방이 함부로 대하지 않는다.

■ 대인관계

— 일복은 많으나 인복이 없다. 사람을 만날 때는 가급적 일이야기는 뒤로 미루고 상대방의 기분에 맞추어 대화에 임하라.

— 일만한다는 말은 당신의 사장은 좋아할지 몰라도 남자친구는 싫어한다. 일과 사랑을 함께하라.

— 항상 침묵만 지킨다. 활력이 없으면 무의미하다.

— 넓은 눈으로 세상을 보라. 좁은 눈은 작은 일밖에 이룰 수 없다.

— 남편에게 사랑받으려면 변해라. 남편에게 사랑받는 여자가 일에서도 성공한다.

13. 좌우 크기가 다른 유방

— 일에 균형을 맞추고 동료직원을 사랑하라. 그래야 성공한다.

— 왼쪽 유방은 지혜를 뜻하고 오른쪽은 에너지원의 공급처인데

어느 쪽 하나라도 부족하면 인생이 기운다.

— 자신의 선택을 너무 과신한다.

— 젖은 자식은 건강하게 키우는 것인데 유방에 문제가 있다면 자손에게 문제가 생긴다.

— 자존심만 내세우지 말고 때로는 머리를 숙여라. 일을 엉터리로 처리하는 것보다 배우는 것이 현명하다.

— 왼쪽은 음(陰)에 해당하고 오른쪽은 양(陽)에 해당하니 한쪽이 치우치면 음양(陰陽)의 균형이 깨진다.

■ 대인관계

— 남자와 여자의 비율을 한쪽으로 치우치지 않게 조성하라.

— 한 번 기분이 상하면 오랜 시간이 흘러야 풀리는 성격이다.

— 사람을 사귈 때 스트레스를 받지 않도록 조심하라.

— 쉽게 흥분하며 분노하고 까다롭다.

— 혼자보다 집단이 훨씬 큰 힘을 발휘한다. 훌륭한 리더가 되고 싶다면 집단을 움직이는 힘을 가져라.

— 가끔 상대의 약점을 공격하는 나쁜 습관이 있다. 그러나 당신도 약점이 있다는 사실을 명심하라.

14. 아름답고 볼록한 유방

— 성적인 면만 조절하면 다방면에서 성공할 수 있다. 변명이나

실수를 인정하지 않는 사람을 제일 싫어한다.

— 이런 여성이 골프를 한다면 멋진 기록을 세울 수 있다.

— 공격적이며 적극적인 생각이 당신을 변화시키고 성공하게 만들 것이다. 아무리 아름다운 유방도 정신과 조화를 이루지 못하면 스캔들만 일어난다.

— 성적인 면이 발달하고, 남자들에게 인기가 많다.

— 누군가 방아쇠를 당겨주면 아주 뛰어난 능력을 발휘한다.

— 목표를 확실하게 세워라. 그래야 엉뚱한 곳에 떨어지지 않는다.

— 꼭지가 가늘고 삼각형형이라면 혼자 사는 것이 편안하다.

■ 인간관계

— 사람의 신분·지위·계급에 따라 잘 적응한다.

— 능력이 좋고, 탱크 같은 이미지로 성공을 거둔다.

— 적극적인 성격 때문에 남자와 팀을 이루면 오해를 부를 수 있으니 처신을 잘해야 한다.

— 마법에 걸린듯 일이 잘되면 무리한 계획을 세워도 좋다. 불가능하다고 생각한 일을 할 수 있다면 모든 기운을 모아라. 그리고 사람의 관계를 더욱 굳건히 하라.

15. 꼭지가 큰 유방

— 전체적으로 좋다. 그러나 귀를 열어두어라. 그래야 자신의 세상

을 만든다. 말을 많이 하고 싶은 사람은 귀도 활짝 열어놔야 한다. 항상 들어오는 것과 나가는 것이 조화를 이루어야 한다.

— 잘못한 일이 있으면 빨리 시인하라. 100% 완벽한 사람은 없다는 것을 알아야 많은 사람을 거느릴 수 있다.

— 시간이 지연되거나 지지부진한 일은 적성에 맞지 않는다.

— 성격이 급한 것을 천성이라고 여기지 말라. 노력하면 얼마든지 고칠 수 있다. 해녀도 처음에는 호흡이 짧아 힘들어 해도 계속하면 길어진다.

— 자신을 객관화하고, 야유가 들려오면 적당한 유머로 대처하는 지혜를 지녀라.

— 꼭지가 크며 검고 둥글며 단단해야 자녀에게 좋다. 그러나 지나치게 크면 오히려 불행을 부른다. 색욕이 지나치면 남성의 에너지를 고갈시킨다.

■ 대인관계

— 이상과 포부가 커서 일반인이 상대하기 어려운 사람이다.

— 처음 만나는 사람에게 무리한 요구를 하지마라

— 여러 사람들은 만나 대화하고, 충고를 자연스럽게 받아들여라.

— 자신이 강하다고 약한 사람을 무시하면 나중에 곤란하다. 뜻밖의 일이 생기면 한 가지만 집착하지 말고 뒷일을 생각하라.

— 교양과 아름다움을 배워라. 잘못하면 함부로 행동하는 사람으로 보여질 수 있다.

— 땅에도 지역마다 특징이 있듯이 사람도 개성이 있기 마련이다. 개성을 존중하고 화합하면 더욱 멋쟁이가 될 것이다.

17. 꼭지가 매우 작은 유방

— 꼭지가 작다는 것은 결정적일 때 자신의 주장을 못한다는 뜻이기도 하다. 성공하기 위해서 실패를 두려워 말라. 섬세한 것은 좋으나 너무나 소심하지 않도록 주의하라.
— 난산이 염려되니 몸을 잘 관리하라.
— 남편운이 나빠 불안하다. 남편에게 의지하지 말고 자신이 생활 전선에 뛰어들도록.
— 원하는 것이 무엇인지 확실하게 말하라. 우유부단하고 나약하면 성공할 수 없다.
— 시작이 중요하다. 처음부터 집중하라. 일은 보편적으로 부드럽게 하면 마지막까지 순탄하다.
— 철저한 계획으로 일을 진행해야 실수가 없다.
— 젖꼭지가 작고 너무 희면 여성호르몬 분비가 약하다는 뜻이다.

■ 대인관계
— 고민이 있으면 많은 사람과 상의하라. 감정의 통로가 있으면 당그만큼 단점을 극복하기 쉽다.
— 상대방과 교감 공감하는 것은 좋으나 핵심을 잊지 말라. 협조를

받고 싶은 것은 의사표현을 확실하게 하라.

— 의문이 있으면 질문하라. 수동적이며 피동적인 성격이 모든 일을 자신없게 만든다.

— 유방은 큰데 꼭지가 작으면 욕심 때문에 망한다. 물을 목마른 사람과 나누어 먹는 마음이 필요하다.

— 실력은 혼자서도 쌓을 수 있으나 사회생활은 혼자하는 것이 아니라는 사실을 잊지 않도록.

18. 매우 큰 유방

— 욕심이 많다. 할일이 많아도 한 가지씩 차분하게 하라.

— 낭만적인 사랑을 원하는 사람이다. 현실적인 것 같아도 실제는 그렇지 않다.

— 남편과 자녀, 친정과 시댁, 경제와 가정이 모두 당신의 손이 가야 움직이니 항상 바쁘다.

— 게으르고 잠도 많다.

— 이해타산이 맞지 않으면 결투도 불사하고, 감정의 폭발도 크다.

— 마음이 넓은 것은 좋으나 가끔 자신을 점검하라.

— 음(陰)이 극(極)하면 양(陽)이 된다. 지나치게 크면 남성호르몬이 있는 것이니 터프한 사람이 많다.

— 여자가 꼭지가 아주 작으면 자녀가 지혜롭지 못하다.

■ 인간관계

— 나를 알면 백전백승한다.

— 미움을 받는데도 분위기를 파악하지 못하거나 능력이 좋아 빨리 출세하는 두 가지 분류가 있다. 몸에 비하여 너무 크면 몸 안의 기운이 모두 유방으로 몰려 기운이 순환되지 않는다

— 대인관계는 몸이 편안해야 원만하게 할 수 있는데 그렇지 못하다. 유방이 너무 크면 우선 행동도 불편하다.

— 이런 사람들에게서 정신이 불안전한 경우를 많이 본다.

— 자신의 생각을 다른 사람에게 강요하지 말라. 항상 있는 그대로를 보여주고 받아들이는 사람이 현명하다.

19. 귀부인의 유방

정말 귀부인의 유방은 따로 있는 것일까? 관상학에서는 첫째 유방은 탄력이 있어야 한다고 했다. 탄력이란 반응이 빠르고 힘이 넘치는 상황을 설명한 것이다. 지금까지 유방의 형태를 종합하면 적당히 풍만한 유방과 불룩한 유방에 꼭지가 죽지 않고 지나치게 하향하면 불길하게 본다. 관상학에서는 부드럽고 단아한 모양을 최고로 꼽는다.

두번째는 희어야 한다고 했다. 전체가 하얗고 흰색이 아니라 꼭지부분으로 점점 내려올수록 하얀 것을 최고로 취급한다. 세번째는 유방 전체가 청결하고 깨끗한 모양을 하고 있어야 하고 꼭지는 조

금 붉은색을 띠어야 한다. 미국 전역에 우먼파워를 과시하고 전직 대통령의 아내로 대통령 재직시절 스캔들 그리고 가족관계, 정치적 입장과 정치활동에서 전세계인의 주목을 받는 힐러리를 생각하면서 상념에 잠긴다.

— 꼭지가 지나치게 희면 자식과의 인연이 박하다.

— 신비의 고지탐험에서 나오는 원시인들의 유방은 너무 밑으로 쳐져 있다. 이런 유방은 문명과 관계를 맺기 힘들다.

— 꼭지에 상처가 있거나 골이 있어도 자식과 인연이 없다.

— 유방에 혈관이 많이 드러나 보이면 자식과 인연이 없다.

— 유방이 지나치게 올라가 있으면 자신을 위해 살고, 너무 처졌으면 자식 때문에 고생한다.

— 유방의 피부가 너무 부들부들하면 질병에 대한 저항력이 약하고, 상학에서는 천하게 구분한다.

— 젊은 여자가 나이든 여자의 유방 모양이면 고생을 많이 한다.

— 60대가 20대 유방을 해도 좋지 않다. 과일도 익어야 되듯이 사람도 자연의 일부이기 때문에 나이에 맞는 형상이 좋다.

12장. 배·허리·엉덩이·다리로 보는 법

우리의 신체는 머리를 받쳐주는 목의 곡선이 있고 가슴을 이어주는 허리의 곡선이 있다. 엉덩이는 움직이고 활동하는 율동의 곡선이다. 이런 곡선과는 다르게 다리의 곡선은 전체적인 곡선미를 한층 돋보이게 만든다. 보통 다리곡선의 대표적인 동물로 학을 표현한다. 학은 고고한 선비의 모습으로 비유했고 아름다운 여자의 다리를 학처럼 생겼다고 말한다.

관상학의 관찰하는 방법 중에 동물 모습과 특징을 비유해서 길흉을 추단하는 물상법(物象法)이 있다. 여기에 학형(鶴形)은 부귀를 함께 누린다고 한다. 우리나라 500원 짜리 동전을 보라. 학의 그림이 있을 것이다. 이런 작은 변화에도 우리의 생활환경이 여성 중심으로 변해가고 있다는 의미로 볼 수 있다.

우리의 몸은 각 부위마다 아름다운 선과 곡선이 있다. 현대 여성이 원하는 신체 조건은 비율에 따라서 좋은 밸런스를 갖춘 몸매를 선호한다. 선과 곡선미가 뚜렷한 비키니 수영복을 입고 있는 해변의 여인을 보고 있노라면 누구나 감탄사 몇 개 정도는 자연스럽게 나올 만하다. 아름다운 미인과 곡선이 조화를 갖추고 있다면 누구나 입으로 자연스럽게 말을 한다.

여성이라면 개성적인 미를 좋아한다. 사람이 많이 있는 곳에서는 자신만의 튀는 미를 추구하고, 거리의 미를 리드하고, 시선을 사로잡는 미니스커트를 멋있게 입고 다니는 여자의 쪽 빠진 곡선의 아름다운 미를 볼 때면 누구나 한 번쯤 쳐다보게 된다.

여성이라면 이런 상상을 할 것이다. 많은 사람들의 시선을 집중시키고 자신의 아름다운 각선미를 자랑하고 뽐내는 즐거움이 여성들의 마음 속에 자리잡고 있다. 작은 미니스커트 속에는 이상한 여성 심리구조가 반영된다. 그보다 더 중요한 것은 아름다움과 복(福)의 관계가 비례하지 않는다는 사실이 약간 서글퍼진다.

경제가 불황일수록 미니스커트의 길이가 짧아지고 선호한다는 것은 사람의 심리적인 극복을 의상이나 신체를 이용하여 경제를 탈출하고 싶은 강한 욕망이 자리잡고 있는 것으로 보인다. 미니스커트를 발명한 메리퀸트도 이런 세계적인 열풍을 짐작하지 못했다. 5대양 6대주를 이렇게 강한 폭풍에 휩싸인 적이 인류역사에 없었을 것인데 앞으로 어떤 유행이 미니스커트보다 강한 바람이 불고 폭발적인 인기를 누릴지 기대된다.

서양의 미니스커트와 동양의 관상학이 보는 관점을 조명해보자.

몸매와 관상은 어떤 조건에서 바라보았는지 궁금하다. 서양은 감추는 미보다 신체의 일부분을 드러내고 자랑해서 자신있는 부분을 보여주는 적극적인 미를 선호하고 동양은 수줍고 내면의 미와 겸손하고 살짝 감추는 미를 좋아했다.

서양의 미는 자신을 중심으로 펼쳐지고 활동하는 미학을 중요하게 생각했다. 동양은 사회적인 추세나 틀에 따라 개인이 따라가는 경향이 많다. 그래서 수동적이고 남의 눈치를 살피는 일에 민감하다. 동양은 의상이나 색상도 튀는 색상을 피해 자신을 꾸민다. 물론 특정한 지역이나 문화에 따라서 사회가 다양한 변화를 가진다. 동양의 미학은 개성의 미학보다 종속된 느낌을 많이 받고 있다. 지금 현대 여성이 추구하는 미학은 개인만이 추구할 수 있는 새로운 미학을 추구하기 때문에 더 어렵고 힘들 수 있다.

요즘에 배꼽티가 유행하지만 미니스커트 열풍을 감당하지 못한다. 다리의 미는 동적이고 활동적인 미로 움직일 때마다 새로운 변화를 추구하지만 배꼽티는 정적으로 보여서 일시적으로 유행했고 세계적으로 관심을 받지 못했다.

선의 미학 중에 얼굴을 바치고 있는 목선이 아름다운 사람은 명예가 있고 사회적으로 인정받고 좋은 상을 가지고 있다고 본다. 목이 짧고 굵은 사람의 길흉을 판단할 때 가장 실수를 많이 한다. 식탐이 있고 많은 음식을 먹으며 잠잘 때 코를 골면서 자는 사람은 돼지 관상이라고 하여 아주 흉하게 본다. 돼지는 죽어 제사를 올리거나 고사를 지낼 때 머리가 잘려나가 상에 올라오기 때문에 일인자 위치에 올라가지 못한다. 그리고 결과가 아주 불행하다. 목의 곡선에 따라 관상을 평가하는 기준이 다르게 된다.

중국 춘추시대 월왕(BC497~465)에 대한 기록을 보면 목이 길고 입은 새의 부리와 같다. 눈은 매처럼 쳐다보며 걸음걸이는 이리와 같다. 환난은 함께 할 수 있으나 즐거움은 함께하기 어렵다고 했다. 오왕 부차에게 서시와 정단이란 두 미녀를 보내 정사를 게을리하고 그동안 와신상담(臥薪嘗膽) 세력을 키워 패왕이 되었다. 목이 길고 가늘면 수단은 매우 좋으나 이익과 즐거움을 함께하지 못한다. 반대로 목이 두텁고 짧으면 재주는 없으나 덕이 있다. 그래서 재주와 덕은 영원히 함께 하지 못하는 인간의 아쉬움이다.

목은 집으로 비유하면 기둥이나 대들보와 같은데 머리가 한쪽으로 기울어 있거나 습관적으로 턱을 괴는 사람은 가난하다. 이런 사람은 당장 교정하고 바르게 앉는 습관을 길러야 한다. 남자는 양에 해당하기 때문에 기둥이 굵고 듬직해야 하지만 여성이 남성적인 목을 한다면 생활전선에 나가 고생을 많이 한다. 영국의 대표적인 여성 대처수상의 곡선을 보면 이해가 갈 것이다.

배는 금전운을 판단하는 곳이다. 만약 살이 거칠면 평생 금전운이 좋지 않아 고생을 한다. 한편 동양에서는 신체 모든 에너지의 근본적인 힘이 배꼽 세 치 밑에 있다고 생각했다. 많은 사람들 이 생명 연장에너지로 활용하기 위해 활인술을 비롯하여 다양하고 복잡한 체조를 만들었다. 스트레스나 건강을 회복하고 질병을 예방하기 위해 많은 관심을 보이고 있는 단전호흡 등도 여기에 속한다.

배는 그만큼 중요하고 생명을 주관한다. 배는 장부를 관할하고 장부는 인체의 모든 기관과 연결되어 육체와 정신을 관장한다. 배는 곧 생명의 원천이며 길흉과 부귀를 만드는 곳이다. 허리곡선이 인생을 조화롭고 건강하게 만든다.

관상학에서는 남자와 여성을 조금 다르게 평한다. 남성은 허리가 가늘고 야들야들한 허리는 평생 풍파가 많고 복이 얇다고 기술하고 있으며, 여자는 남성과 반대로 굵고 뭉툭한 허리를 흉하게 판단했다. 단 오단(五短), 오장(五長)에 해당하는 형체는 예외로 한다. 복부와 연결되어 있는 엉덩이, 다리, 허리의 감각적인 부분이 어떤 모습과 기운이 우리에게 연결되어 있는지 살펴보자.

●장경오훼(長頸烏喙)를 이해

동양의 역사는 항상 계책이나 책략에 통달한 사람이 숨어있게 된다. 승리의 역사 뒤에는 야사로 전해오는 말도 많다. 월왕(越王) 구천(句踐) 얼굴을 보고 장경오훼(長頸烏喙)라고 말했다. 범려(范蠡)는 뛰어난 책사지만 동시에 술(術)을 겸비하고 있었다. 오나라를 멸망시키고 지금 자리에서 물러나지 않으면 필히 화를 면하지 못한다고 하여 구천을 떠나 제나라로 향한다. 후에 이름을 바꾸고 상공업에 종사하여 큰 재물을 모았다.

관상학에서 목은 얼굴을 받치고 있는 역할을 한다. 천주(天柱)·동주(棟柱)라고 한다. 목의 길이나 두꺼운 것을 추정하여 상(象)을 결정하는 중요한 부분이 된다. 목이 짧고 굵은 사람이 키가 큰 사람이 없고 가늘고 길게 늘어지면 신체가 길게 성장한다. 남성은 저경(猪頸), 여자는 봉경(鳳頸)이라는 이칭도 있다.

동물의 왕국을 본다면 유심히 관찰해보기 바란다. 동물들 중에 목과 턱이 얼마나 강한 정도에 따라 약육강식의 법칙이 정해진다. 여성호르몬의 분비에 관심이 많은 사람은 여자의 목을 관찰해보기 바란다. 질투심이나 의심이 많은 사람과 남성적 기질이 많은 사람의 차이가 어떻게 다른지 구분하고 싶으면 목을 보면 쉽게 알 수 있다. 내가 모시고 있는 리더의 목이 가늘거나 여성 같다면 모든 일에 완벽주의와 주위사람을 피곤하게 만들고 모든 노력을 자신의 공으로 돌리는 사람이라고 생각하면 된다.

입이 새의 부리처럼 뚝 튀어나와 까진 입술을 하고 있는 사람은 항상 시시비비가 끊이지 않는 사람이다. 이런 사람 중에 사기꾼도 많다. 말도 잘하고 이리저리 변명도 아주 잘하는 사람이다. 병아리 입처럼 입의 기운이 입술로 모아져 한곳에 집중된 사람은 밖으로 들어내지 않고 은근히 사람을 죽인다. 사람의 장점보다 단점을 후벼파는 특징이 강한 사람이다. 새의 부리는 이빨이 없기 때문에 마구 쪼아대는 습관을 가지고 있다.

명장 한신이 다음과 같이 말했다. 교토사(狡兎死)에 주구(走狗)를 팽(烹)하고 고조진(高鳥盡)에 양궁(良弓)이 장(藏)하고 적국(敵國)이 파(破)함에 모신(謀臣)이 망(亡)이라 하더니 천하이정(天下已定)에 아고당팽(我固當烹)이로다. 토끼를 사냥할 때 새를 사냥할 때 사냥개나 활이 필요하지만 그 일이 끝나면 쓸모없게 된다. 천하

를 통일하기 위해 계책을 내는 신하도 통일되고 나면 왕이 경계하
고 두려워하는 법이다. 관상을 이해하는 것도 중요하지만 이런 이
치를 잊지말고 기억하기 바란다. 이러한 이치는 5,000년 역사에서
빗나간 예를 찾아보기 힘들 정도로 정확한 사실에 근거한다.

■ 남성 몸매

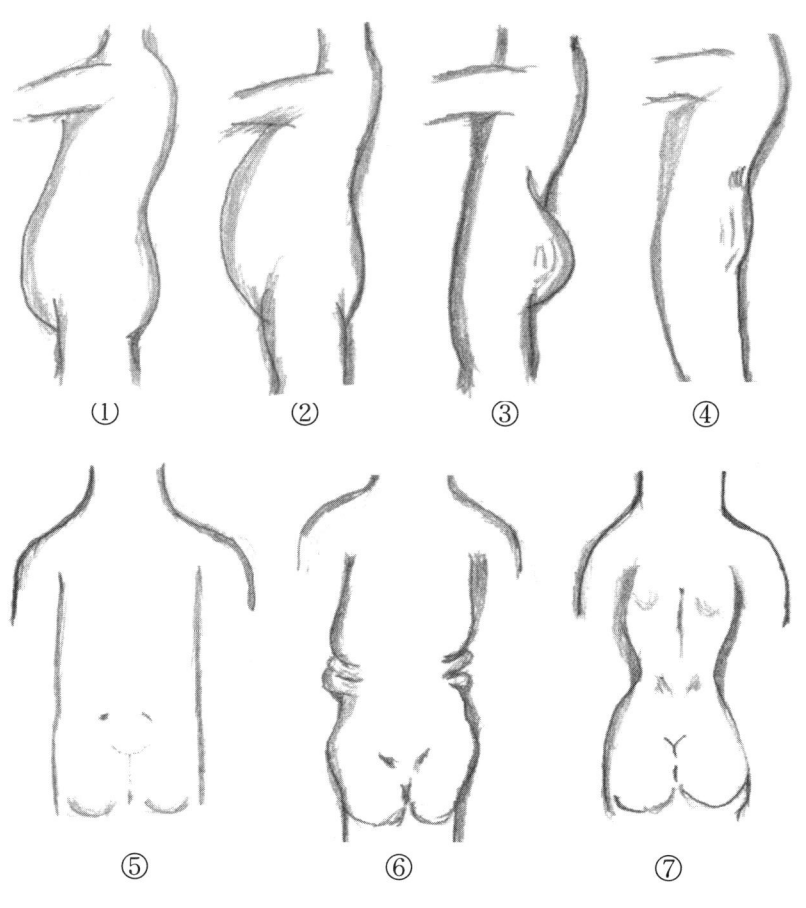

①은 부귀를 모두 겸하나 부에 가까운 몸매이다.

②는 권한이나 권위로 인생을 살아간다. 부보다는 귀함을 뜻한다.

③은 건강한 몸매로 열심히 살지만 경제적인 고통이 항상 따른다.

④는 뒷심이 약해 사람들에게 좋은 평을 듣지 못한다.

⑤는 큰 굴곡이 없는 보통사람이다.

⑥은 가난하고 힘들게 살아가는 상으로 경제적인 고통이 많다.

⑦은 실속이 없다. 몸매에 집중하다보면 머리가 부족해진다.

1. 배로 보는 법

체형에 따라 여러 가지 모양과 상태가 있다. 배의 피부상태나 현대인에게 가장 민감한 비만이다. 체지방이 너무 많으면 건강의 적 신호가 된다는 사실은 누구나 알고 있다. 복부상태는 허리둘레와 어느 정도 관련이 있으나 풍만한 상태와 꼭 비례하는 것은 아니다. 정확한 표현으로 전달해준다는 자체가 조금은 어렵지만 너무 뚱뚱하거나 얇지 않으면 좋은 상태라고 말한다. 복부에 살이 없으면 재주는 좋으나 덕이 없어 고생하는 경우가 많다. 미를 위해서 복을 버리는 어리석은 일이 없기를 바란다.

1. 이상적인 배

배는 너무 두껍지 않고 조금 두둑하게 나와야 금전운과 건강이 좋다. 복부의 양옆이 너무 나오면 복부에서 가슴, 머리로 올라가는 기운을 지체하게 만들어 건강도 심장과 혈압에 관계되는 질병이 생긴다. 허리의 굴곡은 적당히 있어야 하고 하복부는 안정되게 밑으로 내려오면 관상학에서 제일 좋은 복부로 본다. 건강, 금전, 경제적인 상황, 자녀의 사회활동, 부부의 애정관계 등 모두가 안정된 사람으로 본다. 특히 좋은 자녀를 출산하고 싶다면 우선 복부의 이상적인 상태를 만든 후에 부부가 함께 노력하면 가정의 운과 자녀를 함께 보호하는 효과가 있다.

2. 너무 얇은 배

배도 얇아 장부에 착 달라붙은 느낌이 들면 날씬해서 보기 좋을지는 모르나 인생이 풍요롭게 못하다. 건강하면 경제적으로 항상 골치아픈 일이 생기고, 경제적인 문제가 좋아지면 병원에 입원하는 일이 생긴다. 항상 건강과 금전 문제에 빠진다. 이런 배를 한 사람이 장수하면 자손과 불협화음이 끊이지 않는다. 배가 얇으면 튼튼하게 만들도록. 사람은 주어진 운도 중요하지만 만들어가는 것도 중요하다.

3. 색의 길흉

배에 검은색이 감돌면 몸에 수술이나 사고의 징조이다. 너무 누렇게 보이면 비장에 문제가 있고 욕심이 많은 사람으로 본다. 그래서 과욕 때문에 자신이 망한다. 복부의 색상이 누렇게 변하기 시작하면 투자하는 일에 반드시 변화가 올 수 있으므로 주의를 요망한다.

그리고 누런색이 오래가면 자신의 운이 다하고 있다는 신호를 몸으로 알려주고 있음을 알아야 한다. 배가 붉고 윤택하면 최고의 길상으로 판단한다. 붉다는 의미는 그만큼 건강하고 혈액순환이 좋아 사사로운 기운이 침범하지 못하고 좋은 기운이 자식을 지키고 있다고 본다. 조금 푸른색이 있는 사람은 귀하게 된다.

2 허리로 보는 법

허리는 인체의 대들보다. 인체의 중추신경이면서 뇌 다음으로 중요한 일을 담당한다. 뇌가 아무리 훌륭한 기능을 가지고 있어도 척추가 기능을 제대로 하지 못하면 몸과 정신이 필요없게 된다. 허리가 튼튼한 사람은 스포츠 분야에서 성공하는 경우가 많다. 세리, 미현, 지은, 희원 등 우리나라 여성들이 골프계를 주름잡고 있는 여자의 허리를 보면 운세를 짐작할 수 있다. 둔탁한 허리를 하고 있는 여성일 경우 약간만 신경써서 몸매를 관리하면 된다.

1. 부드럽고 탄력 있는 허리

스포츠 분야에 뛰어들면 좋다. 신체가 건강하고 정신력도 강한 사람이다. 부부의 성생활이 여기에 있다. 밤이 행복한 부부가 된다. 피부가 너무 얇거나 지저분하고 거칠면 반대로 본다.

척추와 골반은 여자의 자궁과 가장 관계가 깊다. 좋은 허리를 지니고 있다는 뜻은 좋은 자궁을 가지고 있다는 의미와 같다. 남자는 허리가 정력을 나타내는 장소로 보면 되고 또한 감미로운 부부의 성생활이 허리에 있다. 과거 관상학에서 여자의 위치나 사회적인 활동이 없는 사회였고 적극적인 성생활을 표현하는 여성을 아주 흉하게 보는 관점이 많았다. 그러나 현대인에게 이런 말은 시대착오적인 생각이라고 본다. 지금 사회는 여성이 성을 이끌고 표현하는 세상이다. 좋은 허리는 평생 안정된 가정생활을 이룬다.

2. 개미허리

허리가 가늘고 복부가 얇으면 고생을 많이 한다. 자녀운이 일정하지 않다. 보기만 좋지 실제는 문제가 많다. 결혼을 조금 늦게 해야 운이 좋아진다. 색상과 탄력이 좋고 부드러운 살결을 유지한 사람은 아주 좋은 운을 가지고 있는 사람이다.

허리가 가늘고 반면에 복부의 살이 두툼한 사람과 허리도 가늘고 복부도 작고 얇은 사람이 있다. 개미허리라고 무조건 색욕이 강하고 남자를 밝히는 사람으로 보면 실수한다. 사회적으로 성공한 여성을 보면 허리가 작지만 복부의 살이 적당히 있는 여성을 많이 볼 수 있다. 관상학에서 보는 관점은 허리가 약하고 가늘게 되어 있는 사람일 경우 중년에 크게 실패를 한다고 본다. 그리고 실패하면 다시 일어나기 힘들다. 특히 남자는 양에 해당하는데 음의 허리를 가지고 있다면 욕심내지 말고 살아가야 한다.

3. 엉덩이로 보는 법

인체를 보면 가슴에서 앞으로 나온 부분이 여자의 유방이고 골반에서 뒤로 나온 것이 엉덩이다. 유방은 앞으로 나가는 힘이고, 엉덩이는 뒤에서 밀어주는 에너지와 관계가 깊다. 두 기운이 균형을 맞추고 있다면 전진과 후진, 꿈과 성공, 행동과 이상이 조화를 이루는 사람이다. 골반의 형태에 따라 엉덩이가 달라진다. 여성에게 골반은 생명과 같은 역할을 하므로 소홀히 할 수 없는 부분이다.

1. 매우 큰 엉덩이

움직임을 가볍게 하라. 한곳에 오래 머물지 말고 가끔 몸의 에너지를 순환하라. 얼굴이 온화한 사람은 덕이 있는 사람이다. 자녀운이 좋게 보이나 오히려 나쁘게 작용한다. 때로는 순종적이다.

신체의 기운이 엉덩이에 모두 모이면 다른 부분이 그만큼 약해지기 마련이다. 체력과 힘은 있으나 순발력이 없다. 그래서 게으른 여자가 많고 행동 또한 느려서 미련하게 보인다. 행동은 강하고 배짱이 있어 보이나 결단력이 없는 사람이다. 가장 아름다운 여자의 성적인 부분이 둔감하다. 시간을 투자하여 탄력 있는 신체를 가져라. 좋은 부부관계는 서로 노력하는데서 시작한다.

2. 살집이 없고 작은 엉덩이

성격이 소심하고 생각은 많으나 실천력이 약하다. 자궁에 관한 질병에 주의해야 한다. 팔을 흔들면서 걷지 말라. 기운을 흩어지게 만든다. 변화가 자주 있거나 환란기일 때는 환경적응이 빠르다.

엉덩이는 의식주에서 주와 관계가 깊다. 살이 없다는 의미는 주거가 불안정하고 좋은 주택을 가지기 힘들다. 성격도 의심이 많고 남을 피곤하게 만들어 찾아오는 사람이나 복을 자신이 스스로 막아버린다. 엉덩이에 살집이 없는 여자는 질병이나 여러 가지 스트레스를 극복하지 못한다. 그래서 신경질적인 사람이 많다.

3. 둥글고 탄력 있는 엉덩이

건실한 생각을 많이 하고 일을 추진하는 능력이 좋다. 걸음을 걸을 때 엉덩이가 좌우로 움직이면 흉하게 본다. 긍정적인 생각을 많이 하고 주위사람과 관계가 좋다.

사람을 이끄는 매력이 있고 사교적인 성격이 많은 사람에게 인정을 받는다. 무슨 일이든 처음에는 아주 산뜻한 출발을 한다. 그러나 장기적인 업무는 끈기가 없어 용두사미 기질이 있으므로 단점을 극복하는 정신을 가져야 한다. 경제적인 여건은 좋은 편이나 이성관계를 잘 정리해야 한다. 특히 서양 여성처럼 엉덩이가 너무 올라가면 부부간의 성적인 문제로 고생을 많이 한다.

4. 좌우 크기가 다른 엉덩이

사람과 일이 항상 뒤엉켜 있다. 자기가 하는 일에 자신감이 없다. 복잡한 환경에 있으면 견디지 못하고 뛰쳐나온다. 외부 변화에 적응하는 능력이 떨어지고 심리적으로 갈등이 많은 사람이다. 이런 사람이 자신의 상사로 있다면 부하직원이 빨리 다른 부서로 이동하라. 조직은 혼자만 잘해서 성공하는 것이 아니다. 실수를 남의 탓으로 돌리지 말고 자신을 먼저 개발하라.

5. 처진 엉덩이

남편덕이 없어 생활전선에 나서야 한다. 아들보다 딸과 잘 맞는다. 부지런하지 못하고 끈기가 없어 단점을 많이 보완해야 한다. 기운이 활기차게 움직이지 않으면 일이 힘들다.

수동적이고 피동적인 행동이 마음에 들지 않는다. 그래서 항상 고민이 많다. 그리고 이런 엉덩이는 믿음이 부족해 항상 말썽을 일으킨다. 약간 이중적인 행동도 거침없이 한다. 그래서 마음을 주고받는 친구도 없고 외로운 사람이다. 이런 여자가 싸움을 하면 이판사판이라 생각하고 끝장을 본다. 이런 사람을 건드리면 도덕과 양심 따위는 생각하지 않는 특징이 있다.

6. 위로 올라간 엉덩이

아름답고 좋아 보이나 가정이 불안하다. 생각이 짧고 즉흥적이며 불륜도 서슴없이 저지른다. 활동적이고 자유로운 분위기를 좋아한다. 동양 여성이 서양 여성의 몸을 한다면 음양이 바뀌게 된다.

서양의 여성들을 보면 개성적이고 자유분방하고 솔직한 표현을 좋아한다. 우리나라 여성들도 신체의 변화와 더불어 생활이나 성격도 많이 달라졌다. 특히 부부의 성적인 생활은 엄청난 역전현상도 나타나고 있다. 이런 여성을 선택한 남성은 많은 고민을 하면서 살아가게 된다. 차라리 동양적인 관념에서 벗어나 외국인과 살아가는 것이 좋다.

4. 다리로 보는 법

다리의 굵기나 크기를 경제로 비유하면 중공업과 경공업에 비유할 수 있다. 굵고 강한다리는 중공업부분에 적성이 맞고 가는 다리는 정신적인 영역에 어울린다. 멋진 문학작품을 꿈꾸는 사람은 다리를 다이어트하라. 다리에도 하늘의 사상과 땅의 기운 그리고 사람의 기능이 모두 들어 있다.

1. 이상적인 다리

다리는 부하직원의 운세를 보는 부분이다. 무릎을 다치거나 힘이 없으면 부하에게 배신당한다. 무릎관절에 힘이 약하면 지속적인 운동으로 극복하라. 지팡이를 짚고다니면 운세가 내려간다.

상체는 건강하고 단단한 구조를 한다. 그런데 하체가 빈약하고 부실하면 사교성이 없다. 내성적이고 작은 일에도 화를 잘낸다. 덩치에 안 맞게 행동하는 사람 중에 많다. 허벅지에 살이 많아 둔감하면 하늘의 혜택을 받지 못한다. 허벅지에 살이 많은 여자는 성적인 기능도 떨어져 부부간의 성생활에 문제가 발생하기 쉽다. 복이 있는 다리는 살집이 조금 있고 포동포동하게 탄력이 있어야 한다. 허벅지가 길어야 하고 작은 행동으로 많은 수확을 기대한다.

2. 오자형 다리

교정을 통해서 바르게 잡을 수 있다. 계속해서 불운이 오거나 주기적으로 리듬이 떨어진다. 사람은 서서 걷는데 다리가 휘었다는 것은 인생도 그만큼 평탄하게 살기 힘들다는 뜻이다. 이런 다리를 한다면 빨리 교정하여 바로잡아야 일이 잘 풀린다.

3. 무 다리

자신의 주장은 무조건 받아들여져야 하고, 다른 사람이 의견을 말하면 항상 반대한다. 중노동을 하다보면 이런 다리가 되는 경우가 많으나 피부가 윤택하면 윗사람의 눈에 들어 좋은 운으로 바뀐다.

4. 다리를 흔드는 사람

나쁜 습관 중 하나다. 깊이 생각한 다음에 말을 하고 상대를 존중해야 마찰이 없다. 쓸데없이 시비를 걸고 따지기 좋아해서 말썽이 많은 사람이다. 남자와 여자가 테이블에 앉아 대화하는 모습을 유심히 지켜보면 다리를 떨면서 대화를 하는 여자는 상대를 무시한다. 다리를 떠는 행위는 자신의 운명을 스스로 망하게 한다.

■ 참고사항

— 배는 상학에서 원장견후(圓長堅厚)로 표현한다.

— 배는 심하게 밑으로 쳐진 것보다 약간 탱탱해야 부귀를 겸한다.

— 배가 너무 밋밋하게 쭉 내려가면 보기는 좋을지 몰라도 상학에
　서는 가난하게 살아간다고 본다.

— 배에는 배꼽이 있다. 배꼽은 철(凸)모양, 협소한 모양, 틀어진 모
　양은 흉하게 보고 넓고 깊으면 좋다.

— 배꼽이 지나치게 아래로 축 쳐져 있으면 복록이 없다.

— 허리는 직장비원(直長肥圓)으로 표현한다.

— 허리가 편(偏) · 세(細) · 박(薄) · 절(折) · 삭(削) 자이면 흉하게
　판단한다.

— 허리와 신장의 관계는 긴밀하기 때문에 허리가 자주 아픈 사람
　은 신장도 약해진다는 뜻이다.

— 1 · 6은 수(水)이고, 수(水)는 검은색이다. 고로 신장의 기능이
　약하면 눈 밑이 검어지고 얼굴이 전체적으로 검은색을 띤다.

— 허벅지는 견실하고 살집이 있고 두터워야 좋다.

— 장딴지는 부드러우면서 단단해야 좋다. 너무 물컹물컹하면 좋지
　않고, 너무 딱딱하거나 강해도 수고스러움이 많다.

— 장딴지는 볼과 비례하는 경우가 있다.

— 무릎은 둥글고 뼈가 각지거나 뛰어나오지 않아야 좋다.

— 무릎이 뾰쪽하면 평생 복록이 약하다. 통계결과를 보면 범죄자

100명 중 75명의 무릎이 이와 같다고 한다.

— 여자가 다리를 벌리고 걸으면 음천하다.

— 무릎은 큰데 허벅지가 가늘면 천하다.

— 무릎이 작고 뼈가 보이지 않으면 요절한다.

  소변이 비교 이레로 떨어기는 사람은 평생 운이 열리기 않는다.

— 음경에 털이 없으면 음천하게 판단한다.

— 음경이 지나치게 길면 자식과 인연이 없다.

— 음경의 길이와 성욕은 일치하는 경우가 많다.

13장. 웃음 · 걸음 · 잠자는 자세로 보는 법

1. 웃음소리로 보는 법

— 소문만복래(笑門萬福來). 웃으면 만 가지 복이 찾아온다.

— 아침에 일어나면 거울을 보고 웃어라. 그리고 자신에게 최면을 걸어라. 오늘은 모든 일이 순조롭게 진행된 것이라고. 일은 생각하는대로 진행될 것이다.

— 웃음은 감정이다. 복잡한 마음을 웃음으로 치료한다.

— 매일 웃는 사람은 행복한 사람이다.

— 얼굴의 모든 근육을 펴고 부드럽게 움직이면 관상이 달라진다.

— 평화를 조성하는데 웃음보다 뛰어난 약은 없다.

— 지옥이란 웃음이 없는 세상을 말한다.

— 바람은 기압을 따라 불어오고, 길흉은 마음의 기압이 결정한다. 웃음이 그 사람의 얼굴을 결정할 것이다.

안면근육이 움직여 다양한 모습으로 나타난다. 마음에 따라 소리와 함께 나타나기도 하고, 미소만으로도 표현이 가능하다. 웃음은 백 가지 명약보다 훌륭하다는 말이 있다. 한 번 웃을 때마다 막힌 곳을 뚫어 피로가 회복된다. 인생을 즐기려면 웃음을 알아야 한다.

웃음소리에는 사람의 다양한 감정을 전달하거나 마음 속의 기운을 배출한다. 웃음은 어렵고 힘든 문제를 해결하는 좋은 약이 되기도 한다. 나쁜 상황에서도 웃을 수 있다면 일반인과 다른 사람이다. 틀림없이 어려움을 극복하고 꿈을 실현할 수 있을 것이다.

물론 거짓웃음도 있지만 대부분은 그렇지 않다. 의도적인 웃음은 자세히 관찰하면 알 수 있다. 다양한 웃음소리를 이해하여 다른 사람과 친해지는 방법을 알아야 한다. 종소리가 멀리까지 들리는 것은 속이 비어 있기 때문이다. 사람도 욕심으로 가득차 있다면 웃음소리가 멀리 가지 않는다. 작은 종은 작은 소리를 내고, 큰 종은 큰 소리를 낸다. 즐거워서 나는 웃음소리는 누가 들어도 기분이 좋다.

■ 하하／하
어떤 일을 숨기거나 의도적인 마음이 없다.

■ 허허＼허
교양을 지키려고 노력하는 사람으로 속이 깊다.

■ 하／하／하~／
웃음이 길고 과장되게 느껴지지만 즐거움을 나타낸다. 그러나 결혼한 여성이 이렇게 웃으면 음(陰)이 양(陽)으로 변하여 남편이 하는 일마다 막힌다.

■ 허╱허╱허~╱

진실하게 느껴지지는 않지만 호의적이라는 뜻이다. 웃음소리도 나이에 맞아야 하는데 어린아이가 이렇게 웃으면 앞으로 고생이 많을 것이다.

■ 허-허-허~

높낮이가 없고 일정하게 나오는 웃음소리로 감정의 기복이 없고 안정된 사람이다. 남녀 모두 다정하게 상대방을 감쌀 줄 안다.

■ 히˘히˘히~

코맹맹이 소리로 짧게 끊어 내는 소리로 주로 어색한 분위기에서 나타난다. 마음을 감추고 있다가 자신도 모르게 나는 소리다.

■ 해˘해˘해-

바로 위의 웃음보다 강도가 세고 비위에 거슬리는 소리로 상대방을 배려할 줄 아는 마음을 길러라.

■ 헤-헤-헤╱

짧고 강하고 연속해서 나오는 웃음소리로 자기가 최고라고 생각한다. 만일 끝이 점점 낮아지면 자신의 생각을 숨기고 있다는 뜻이다. 이럴 때 하는 약속은 위기를 모면하기 위해 하는 말이다.

■ 이히히~＼ 히이이~

여성에게 많은 웃음으로 도화적인 기운이 가득차 있는 소리다. 가정이 편안하지 않고 항상 밖에서 행복을 찾으려고 한다. 만약 비음과 섞여 나오면 작용이 더욱 강하다.

■ 호~호~호

밝고 명랑하되 소리가 높지 않으면 최고의 웃음소리다. 그러나 웃을 때 손으로 입을 가리거나 간드러지면 가식적이라는 뜻이다.

■ 하하하… 하하하…

어린아이 웃음소리이다. 어른이 이렇게 웃는다면 순박하고 청순한 사람이다. 여자는 간드러지지만 않으면 좋다.

■ 흐-흐-흐~

흐뭇한 마음을 참지 못하여 입술을 조금 벌리고 웃는 모습이지만 은근히 상대를 비꼬듯이 들린다. 사람은 생각이 많으면 행동이 민첩하지 못하고 머릿속에 계산이 복잡하면 호탕하게 웃지 못한다. 음흉하거나 자신을 숨기는 사람은 습관적으로 움츠리는 현상이 있다. 이런 웃음소리가 듣기 거북하다면 경계하는 것이 현명하다.

■ 입은 가만 있고 비음으로만 웃는 사람

파안대소하거나 박장대소하는 사람은 호탕하다고 볼 수 있다. 입은 신용과 욕망을 나타내는데 이런 사람은 자신의 생각을 밖으로 표현하지 않기 때문에 실수하기 쉽다. 이 사람은 이런 사람이구나 하고 오판하거나 분위기를 잘못 파악하면 바보가 되기 십상이니 모든 부분을 한 템포 늦춰 행동하라.

■ 툭하면 코웃음을 치는 사람

상대를 이용하겠다는 뜻으로 볼 수 있다. 제잘난 맛에 살면서 거만하기 짝이 없는 사람으로 멀리하는 것이 좋다.

2 걸음걸이로 보는 법

걷는 모습이나 속도로 운을 측정할 수 있다. 얼굴이 천군만마를 거느리는 귀한 상이라도 걸음걸이가 걸맞지 않으면 비참한 최후를 맞이한다. 관상을 얼굴로만 생각하면 관상학을 이해하지 못한 것이다. 고요하면 머무름을 알아야 하고, 움직이면 마땅히 가야할 곳을 알아야 한다고 고서는 충고한다.

■ 발끝으로 살짝살짝 걷는 사람

겉과 속이 다른 사람이다. 여자는 지조가 없고 교제가 오래가지 않는다. 남자는 모든 사람을 자신의 출세수단으로 본다.

■ 고개를 숙이고 걷는 사람

운이 내려간다는 뜻이고, 평생을 이렇게 걸었다면 좋은 운을 만나지 못했을 것이다. 눈은 고요하게 하고, 몸은 자유롭게 빠르지 않게 걸어라. 그러면 운이 모공을 통해 들어와 얼굴이 밝아지고 모든 일이 순조롭게 풀릴 것이다.

■ 어깨를 삐딱하게 하고 걷는 사람

어깨는 권위나 위치를 나타내는데 이렇게 걷는다면 물이 움직이는 형상이기 때문에 한 곳에 오래 머물지 못한다. 정치가는 치명적인 약점으로 본다.

■ 뱀처럼 몸을 이리저리 흔들며 걷는 사람

특수한 경우를 제외하고는 뱀을 좋아하는 사람은 드물다. 마음을 터놓고 얘기할 사람이 없다. 관상학에서는 천한 상으로 본다.

■ 주춤주춤 걷는 사람

성패와 안정과 흩어짐이 반복되니 신경을 많이 써야 한다.

■ 말굽소리를 내며 요란하게 걷는 사람

허세가 심하고 자신을 지나치게 포장하는 사람이다. 여자가 이렇게 걸으면 가정이 안정되지 않는다.

■ 참새처럼 자작자작 걷는 사람

근면성실하나 운과 복이 없는 사람이다. 특히 다리를 약간 구부리면서 걸으면 기복이 심하고 남에게 이용만 당한다. 여기에 목소리까지 간드러지면 유흥업에 종사한다. 자영업은 어렵고 항상 서류관계를 조심하라.

■ 손을 털듯이 걷는 사람

모든 것을 털어버려야 시원하다는 뜻이다. 형제도 부모도 친구도 배우자도 돈도 모두 싫고 혼자 살아야 행복한 사람이다.

■ 가볍게 빨리빨리 걷는 사람

가볍게 빨리빨리 걸으면서 고개를 좌우로 돌리고 눈이 자주 돌아가면 사자의 먹이가 되는 영양이나 노루나 사슴에 비유할 수 있다. 포수의 사냥감이 되지 않도록 항상 조심하라.

■ 천천히 안정되게 걷는 사람

빠르지만 않으면 좋은 걸음걸이다. 여자가 이렇게 걸으면 사회활동을 잘하는 사람이다.

■ 고개를 한쪽으로 기울이고 걷는 사람

집의 기둥이 흔들거리거나 틀어진 상황이다. 고집 때문에 주위의 충고를 무시하고 독선적으로 판단하여 위기를 만드는 사람이다.

■ 항상 뭔가를 씹으면서 걷는 사람

생각이 많은 사람이다. 이런 여자는 성을 탐닉한다.

■ 씩씩하고 단단하게 걷는 사람

누가 봐도 시원하고 기분좋은 걸음이다. 성실한 사람으로 의무와 책임을 다한다.

■ 터벅터벅 걷는 사람

 현실에 미련이 없고, 삶의 양보다 질을 생각하기 때문에 현실과 정신이 충돌하기 쉽다. 의기소침한 사람으로 생각이 어느 한 곳에 얽매이기 쉽다. 이런 여자는 모성애를 자극하면 갑자기 약해진다.

■ 물건을 들었을 때 한쪽으로 기울이고 걷는 사람

 몸이 무거우면 마음도 무거울 수밖에 없다. 몸을 바로 세우고 걸어가는 습관을 갖도록 노력하라. 물건이 한쪽으로 기울면 넘어지기 쉽듯이 사람도 마찬가지다.

■ 쿵쿵소리를 내며 요란하게 걷는 사람

 불만이 많거나 일이 지연된다는 뜻이다. 마음은 지척인데 몸은 천리에 있다. 성격을 부드럽게 만들도록 노력하라.

■ 잔잔하고 조용하게 걷는 사람

 불편함이나 충돌이 없다는 뜻이다. 무리하지 않으면 모든 일이 순리대로 흘러갈 것이다.

■ 허리가 뒤로 넘어가듯이 걷는 사람

 마음은 바쁜데 시간은 촉박하다는 듯이다. 무슨 일이든지 미리 준비하여 허둥대지 않기를.

■ 몸을 앞으로 숙이고 걷는 사람

 마음이 불안하며 불만이 많은 사람이다. 남모르게 계획하거나 기획하는 일을 좋아하나, 일을 할 때 지나치지 않도록 조심하라.

■ 노래를 하거나 소리를 내면서 걷는 사람

낭만적인 사람이다. 자신만의 철학이나 사상이 확고하고, 다툼이나 경쟁을 싫어한다.

■ 얼굴을 잔뜩 찡그리고 걷는 사람

문제의 원인을 자신에게서 찾지 않고 다른 곳에서 찾는 사람이다. 인상을 펴고 크게 웃으면서 걸어라. 그래야 운이 열린다.

■ 안경이나 신체 일부분을 만지면서 걷는 사람

무언가에 열중하려는 욕망이 강한 사람이다. 약간 소심한 면도 있으나 한 곳에 집중하면 성과가 있을 것이다.

■ 삿대질을 하면서 걷는 사람

가장 나쁜 형태의 걸음이다. 싸울 때 이런 사람도 있으나 빨리 고쳐야 운이 풀린다.

■ 엉덩이를 좌우로 흔들면서 걷는 사람

일에 정열을 쏟거나 한 곳에 빠지고 싶으나 절제력이 약한 사람이다. 흥분이나 쾌감을 만끽하는 타입이다.

■ 총총대며 걷는 사람

모델처럼 걸으면 예쁘기는 하나 복이 없다. 재능은 좋으나 꿈을 이루는데 많은 어려움이 따르고, 주변의 도움이 오래 가지 않는다.

■ 허리를 구부리고 걷는 사람

남의 지시를 오래 받아온 사람이다. 사람은 기(氣)가 활발하게 움직여야 성공할 수 있으니 빨리 자세를 고쳐야 만사가 원만해진다.

■ 좌우를 천천히 보며 뚜벅뚜벅 걷는 사람

호랑이형 걸음으로 한 분야에서 이름을 남긴다. 만일 경쟁상대가 많다면 이런 걸음으로 바꿔봐라. 당신의 기운이 변할 것이다.

■ 황급하게 걷는 사람

인생은 휴식과 노동의 반복인데 이렇게 바쁘기만 하다면 평생 불쌍한 사람이 될 것이다. 항상 미리 준비하고 출발한다면 여유가 생길 것이다.

■ 두손을 주머니에 넣고 고개를 숙이고 걷는 사람

고민이나 오래 해결하지 못한 일이 있는 사람이다. 이런 자세를 계속 유지하면 운이 열리지 않는다.

■ 히죽히죽 웃으면서 걷는 사람

정상에서 벗어난 사람이다. 웃음은 만병을 치료한다지만 이런 웃음은 정신이상에서 나타나는 것이다.

3. 잠자는 자세로 보는 법

매일 태양이 동쪽 하늘에 떠올라 좋은 에너지를 우리에게 주면 열심히 각자의 일을 한다. 휴식을 취하고 시간이 흐르면 태양이 서산으로 기울어가고 하루의 일과도 끝을 맺는다. 밤이 깊어갈수록 하루의 피곤함을 씻기 위해 두 눈을 감고 깊은 잠에 빠진다.

봄과 여름, 가을과 겨울이 우리에게 또 다른 밤의 정취를 느끼게 하고 사랑하는 사람과 하는 잠자리는 모든 행복의 기본이 된다. 잠을 자고 있는 모습과 형태에 따라서 본능적이고 숨김없이 들어난다. 개인의 기운이 흘러가는 방향과 회복하는 모습에 따라서 하루의 일과를 시작하는 원동력이 된다. 잠을 자고 일어나서 몸이 가뿐하지 않은 사람이 성공하기는 어렵다. 사람은 누구나 하루 중에 1/3은 잠을 자야 활동할 수 있다. 잠자는 모습을 통해서 개인의 기운을 감지해본다. 달콤한 휴식 후에 각자 자신이 가지고 있는 일의 추진 정도나 진행상황이 달라진다.

1. 대자형으로 자는 사람

가장 보편적이고 편안하게 잠을 자는 모습이다. 성격은 개방적이고 활달하다. 이런 잠을 청하는 사람은 우선 건강하게 생활한다는 증거다. 오장육부가 하늘을 향해 우주의 기운을 재충전하고 건강한 생활을 한다. 일의 경과나 성과도 상당한 위치에 이르고 단점보다는 장점이 많은 자세다. 배는 음에 해당하기 때문에 하늘을 보고 양에 감응하고 등은 양에 해당하는데 땅인 음에 감응한다. 음과 양이 아주 조화를 이루고 있는 자세다.

두 손을 모아 가슴이나 심장에 얹고 자는 사람은 대범한 가운데 소심하고 결정력이 약한 사람이다. 사람은 본능적으로 약한 부분을 방어하기 때문에 심장이 약한 사람은 심장을 보호한다. 다리를 모으고 가지런하게 쭉 뻗고 잠을 청하는 사람은 열십자 형태가 되어 일밖에 모르는 사람이다. 다리를 너무 크게 벌리고 자는 사람은 실행력이 부족한 사람으로 말만 앞세우고 끝맺음이 없다.

2. 한쪽으로 기울이고 자는 사람

왼쪽으로 기울이고 잠을 청하는 사람은 심장·위장·대장이 건강하지 못하고, 오른쪽으로 자는 사람은 간과 쓸개가 약하다. 왼쪽으로 잠을 자는 사람은 아침에 조깅을 하고 뛰는 운동위주로 자신의 체 력을 단련하라. 신체의 리듬을 한 템포 빠르게 가져가고 모든 일에 자신을 가지고 일에 임하라. 태아가 모태 속에 10개월 동안 가장 본능적으로 있는 자세이므로 감각적이고 샤프한 일에 잘 맞다. 감각이 둔하여 항상 느린 박자를 구사하는 사람은 이런 자세로 잠자리를 바꾸는 방법도 좋다.

오른쪽으로 자는 사람은 술을 절제하고 규칙적인 신체리듬을 가져 건강한 몸을 만든 후에 주변환경을 하나씩 개선해야 인생도 달라진다. 임기응변과 변화에 탁월한 재능을 가지고 있다. 하나를 가르치면 열을 아는 수재형에서 많이 나타난다. 그러나 사람의 재능을 좋아해서 인간의 거대한 마음을 읽을 줄 모르면 그 많은 지식과 재능, 정보는 아무 소용이 없다. 인간의 마음은 가장 무궁무진한 보배나 다름없다. 중용을 알면 성공도 가까워지는 법이다.

3. イ자 모습으로 자는 사람

어려운 일에 봉착할수록 개인이 가지고 있는 투지가 살아난다. 인(イ, 人) 자형 모습은 사람과 사람의 중요성을 인식하고 혼자 있을 때보다 둘이 뭉치면 강한 힘을 발휘한다. 도덕적인 관념이 다른 자세보다 강하고 작용한다. 단 조심하고 참고해야 할 사항은 합리적인 사고방식으로 일을 해야 실수가 없다.

신체가 건강하고 정신적인 부분이 안정되어 큰 일이나 작은 일도 상사가 만족할 정도로 깔끔하게 처리한다. 이런 능력은 아주 높이 평가할만하다. 자신이 마음먹은 일에 반대여론이 심하고 방해요소가 많아도 신경쓰지 않고 끝까지 밀어부친다. 주관적인 환경을 조금 억누르고 객관적인 환경으로 발걸음을 옮겨 주위를 환기시켜라. 1.5볼트 건전지는 한정된 힘밖에 나오지 않는다. 사람은 마음의 상태에 따라서 측정할 수 없는 엄청난 힘이 나오게 되어 있다. 사람을 알면 아무리 어려운 일도 그만큼 쉬워진다.

4. 학의 다리 모양으로 자는 사람

쉽게 흥분하고 권태감을 느낀다. 경쟁이나 새로운 변화와 조류에 발맞추지 못하고 도태되기 쉽다. 쭉 뻗어 곧게 편 다리는 직선적인 성격을 나타내고 구부린 다리는 힘차게 뻗은 다리에 보조를 하지 못하고 있는 모습이다. 그래서 자신도 잘 알지 못하는 심리적인 양면성이 존재하므로 꾸준하게 자신을 관리해야 한다. 현실을 정확하게 인식하지 못하여 경제적인 부분에 항상 마이너스를 모면하기 힘들다. 외부에서 바라보는 나를 주위사람들은 반대로 여유있는 사람으로 기억한다. 지금이라도 당신은 이러한 가면을 벗어던지고 진정한 자아를 발견할 때 성공의 길로 갈 수 있다.

5. 웅크리고 자는 사람

잠을 자는 목적은 내일을 향해서 도약과 발전하기 위해 에너지를 보충하는 것이다. 그런데 웅크리고 잠을 청하는 자세 자체가 답답한 느낌을 준다. 누군가 의심하고 소심한 마음을 가지고 항상 두려움과 반대세력의 눈치나 살핀다면 아무리 좋은 자리라고 할지라도 오래 지키지 못한다. 소심한 마음으로 대업을 성취하는 법칙은 없다. 조금 더 유연하고 다양한 방법으로 모든 일에 접근해야 인간관계가 좋아진다.

건강적인 부분도 요추 · 방광 · 비뇨기과 · 자궁에 관한 부분은 세밀한 신경써야 악화되는 것을 막는다. 사고로 허리를 다친 사람들은 치료하는 과정에 이런 자세로 잠을 청한다. 이런 사람이 자신의 성격과 사회적인 성공을 위해 도약하기 위해서 양극단의 일을 동시에 처리하고 실천하는 습관을 지니면 많은 변화를 가져온다.

6. 운동하는 자세로 자는 사람

움직이고 활동하는 자세로 자는 사람은 욕심이 많다. 항상 일을 성취하고도 불만에 쌓여있고 기존의 규정이나 틀을 무너뜨리고 새로운 법칙을 세워야 만족을 하는 성격이다. 이런 사람은 장점을 개발하기보다는 단점을 보완하여 자신의 탄탄한 인생을 만들어간다.

투자도 크게 두 가지가 있다. 장기적인 부분과 단기적인 부분이 있다. 빨리 투자효과를 보고 싶은 것이 인간의 심정이다. 투자가 빠르게 나타나는 부분이 있고, 오랜 시간이 흘러 이익이 되는 부분이 있다. 이런 두 가지를 적절하게 구사하는 사람이 성공하듯이 자신의 성격처럼 일이 안된다고 실망하지 말라. 즉흥적이고 단순한 사고방식에서 벗어나 새롭게 자신을 계발하라. 아무리 튼튼한 몸을 지니고 있어도 지혜가 없으면 장미빛 설계를 할 수 없다. 몸이 건강한 사람은 정신을 단련하는 지혜도 함께 지녀야 한다.

7. 엎드려 자는 사람

언뜻 보기에 매미가 나무에 매달려 있는 모습과 비슷하다. 매달려 호소하는 느낌이 들고 자기 의지를 남들에게 말하기 위해 온 힘으로 설두히는 기운을 품고 있다. 스포츠 경기를 관람하다 보면 서로 간의 충돌이나 불상사가 났을 때 부상을 당한 사람이 아주 심한 통증을 호소하는 사람은 때굴때굴 굴러 바닥에 배를 대고 있다.

이런 자세로 잠을 자고 있는 사람은 현재의 고통에서 벗어나 새로운 세계를 개척하는 과정에 들어서고 있는 사람이다. 미래와 현재의 갈등이 정신적인 기준이 확립되지 않고 일시적으로 혼선이 일어나고 있다는 증거이다. 주의력을 집중하여 혼선과 잡념을 떨쳐 버리고 한 곳을 향해 온 힘으로 자신을 독려하고 가능성의 확률을 넓혀가야 성공한다.

챔피언이 된 사람들을 보면 누구를 막론하고 열심히 땀을 흘리지 않은 사람이 없다. 정상의 오른 사람들은 누구를 막론하고 가장 많은 땀방울을 온 몸으로 흘리며 노력하는 사람들이다. 두려움, 불안은 자신의 노력으로 얼마든지 극복할 수 있다. 일반인이라면 생각한 결과에서 역전현상이 나타나기 쉬우니 잠자는 습관을 바꿔보는 것이 좋겠다.

14장. 일상생활에서 관상을 보는 법

1. 신(神) · 기(氣) · 색(色)

　신(神)을 모르면 기(氣)를 논할 수 없다. 신(神)은 하늘과 땅, 그리고 사람이 주고받는 통신이나 마찬가지다. 텔레비전을 보다보면 어느 때는 잘 나오고 어느 때는 흐리게 나오기도 한다. 제일 중요한 것은 안테나가 없으면 무용지물에 불과하다. 다음으로 선명도에 중요한 역할을 담당하는 것이 기(氣)의 강약이다. 신(神)과 기(氣)가 소통이 잘되면 색상은 항상 좋을 것이다.

　신(神)을 모르고 기(氣)만 강조하는 어리석은 사람들은 수명을 연장하려고 애쓰나 단명하고 많은 부작용을 연출한다. 피가 응고되었다면 우선 풀어주어야 하듯이, 엉겨있는 신(神)을 푼 다음 기(氣)를 흡수해야 수명을 보호할 수 있다.

　사람의 상모(相貌)에 신기(神氣)가 형성되면 마치 초목이 태양의 정화를 얻은 것처럼 된 것을 신(神)이라고 한다. 하늘이 우로를 내리면 가지와 나뭇잎이 무성해지는 과정을 기(氣)라고 말한다. 그다음 광합성작용으로 식물의 색이 달라지며 생기가 돌기 시작한다.

신(神)·기(氣)·색(色) 중에 신(神)은 정신을 주관한다. 다른 것과 섞이지 않아 순수하고, 사람의 몸 안에 감추어져 있다. 기(氣)는 기백(氣魄)이 몸과 하나가 되어 외부로 나타나면 신(神)의 자식이 된다. 신(神)은 기(氣)의 어머니가 된 것처럼 하나가 되는 것이다. 다음으로 기색(氣色)이 상황을 살펴보고 싶다면 얼굴의 혈색을 관찰하면 된다. 아름답고 더러운 것의 근원은 신(神)에 있고, 발하는 것은 기(氣)에 있다. 청하거나 탁하게 나타나는 것이 색이다. 시작은 기(氣)에 있고, 정해지는 것은 색에 있다.

상법(相法)에 신(神)이 근본이고, 기(氣)는 그 다음이고, 색은 그 다음이라고 했다. 신(神)·기(氣)·색(色)은 강제로 할 수 없고, 한 몸으로 표리(表裏)가 서로 같다. 이 삼자를 모두 얻고 원활하면 상서로운 상이다. 만약 신(神)은 있는데 기(氣)·색(色)을 얻지 못하면 신(神)이 기(氣)를 억압하는 상태가 되어 참담하다. 또 기(氣)는 있는데 신(神)·색(色)이 부족하면 기(氣)가 발동하려고 해 막힌다. 색(色) 또한 마찬가지로 신(神)·기(氣)가 상접하여 돕지 않으면 뜨고 만다.

신(神)·기(氣)·색(色)을 분별하려면 신(神)이 수려한지 막혔는지, 기(氣)가 수려한지 막혔는지, 색(色)이 수려한지 막혔는지를 잘 살펴 원인을 찾아야 한다. 신(神)이 여유가 있으면 형(形)이 부족해도 가하나, 형(形)이 여유가 있어도 신(神)이 부족하면 불가하다. 신(神)이 여유가 있으면 귀를 얻고, 형(形)이 여유가 있으면 부를 얻는다. 신(神)은 잘 놀라지 않으나 놀라면 수명을 손상당한다. 신(神)은 급하지 않으나 급하면 착오가 일어난다. 우리가 사용하는 그릇에도 크기와 용도가 있듯이 사람도 마찬가지다. 그릇이 크면 덕도 크고, 식견이 높으면 능히 밝게 할 수 있으며 사람의 마음은 신령스럽게 된다.

2. 무법(無法)

작게 말하면 상법(相法)이지만 넓은 의미에서 보면 무법(無法)이 밝아야 대도가 된다. 무형(無形)·무집(無執)은 이해하기 힘들어도 사람은 본래 형상없이 와서 형상을 갖춘다. 그리고 다시 형상 이 없이 사라진다. 본래 왔던 그 자리는 형상이 없는 것이다. 만약 법(法)만 집착한다면 엉뚱한 결과를 초래할 것이다.

사람의 형상은 하늘과 땅을 닮았고, 그 안에서 벗어날 수 없다. 옛 사람들은 자연과 신체를 연구하여 모든 움직임과 변화를 알고자 했다. 사람이 만물의 영장임은 누구도 부인하지 않는다. 그러나 오만과 교만은 자연이 허락하지 않는다. 쌍둥이는 얼굴과 모양이 같아도 운명은 다르다. 만약 형상에 얽매인다면 상법(相法)은 미신이 되고 만다. 상(相)이 같아도 신기색(神氣色)이 다르기 때문에 조심스럽게 관찰하지 않으면 미세한 차이를 느낄 수 없다. 진정한 경지에 오르면 무형(無形)을 보고 무성(無聲)을 들어야 상(相)을 잘아는 사람이 될 수 있다.

3. 얼굴과 마음

사람은 슬프면 울고 기쁘면 웃는다. 얼굴을 찡그리면 일이 잘되지 않는다. 턱을 꽉 깨물면 강한 다짐을 한다는 뜻이고, 입술을 삐쭉거리면 못마땅하다는 뜻이다. 입술을 사람의 뇌로 생각한다면 현재 열심히 머리를 쓰고 있다는 증거다. 고개를 숙이고 거리를 걷다가 돌을 차는 행위도 불만이 있다는 표현이고, 귀를 자주 만지거나 안경을 썼다 벗었다 하는 행동도 변화를 갖고 싶다는 뜻이다.

소리가 급하게 흐르는 물처럼 높으면 마음 또한 그런 것이고, 조용하게 자던 아이가 크게 울어대는 것은 뜻하지 않는 일이 생긴다는 암시다. 앞마당에 있는 개가 거세게 짖고 으르렁거리면 불청객이 찾아온다는 뜻이고, 개미나 거미도 큰 비가 올 것을 알고 행동한다. 개도 암컷은 턱을 괼 때는 앞발을 겹쳐 예쁘게 올려놓고 눈을 깜빡거린다.

모든 행동에는 원인이 있고, 그 원인으로 인하여 결과가 나타난다. 그런데 만물의 영장인 사람은 이것을 반대로 이용하는 이상한 마음을 지니고 있으니 살얼음판을 걸어가는 생각으로 사람의 행동을 주시해야 한다. 나쁜 말로 사기는 인간만이 할 수 있는 고유한 권한인지 모른다. 신도 사기를 치지 않는데 인간의 죄가 얼마나 중한

지 가히 알 수 있다.

신체의 행동이나 움직임은 마음이 가지고 있는 기운의 발동으로 보면 된다. 사람의 신체와 얼굴을 보면 마음의 상태나 변화를 읽을 수 있다. 사람의 얼굴이 모두 제각각이듯이 우리의 마음도 모두 다르게 작용한다. 이런 수십억의 얼굴에 나타난 변화를 인정하지 않고 법(法)으로만 규정하고 관찰한다면 어리석음을 범하는 것이다.

사람의 말과 마음은 쉽게 알기 어렵다. 이는 무형(無形)이 마음이고 마음이 무형(無形)인 까닭에 형상이 없는 마음을 읽는 것이 최고 경지에 이르게 된다. 무형(無形)의 발동은 유형(有形)인 얼굴에는 매시간 매초마다 그 정도가 나타난다. 마음의 무형(無形)의 상태가 변화이고, 움직이면 얼굴이나 신체에 변화가 나타나고, 그 상태가 사람의 길흉에 관여하기 시작한다.

천지보다 큰 것이 없지만 작게는 찰나에 일어나는 티끌보다 더한 것은 없다. 사람도 천지에 감응하는 것이 마음이고 마음은 곧 유형(有形)과 함께 한다. 사람 신체도 이와 같아 머리는 하늘과 항상 교감하기를 원하고, 발은 땅과 함께 하기를 원한다. 천지가 우리에게 심어준 것이 성(性)이다. 곧 성(性)은 무형(無形)이고 사람의 마음은 무형(無形)의 집과 같다. 사람의 마음에서 중추적인 것이 성(性)이다. 무심(無心)하면 성(性)이 없는 것과 같고, 성(性)이 없으면 마음 또한 쓸 수 없다. 고로 천지(天地)·성(性)·심(心)은 일체가 되어야 한다.

우리가 살고 있는 사계절의 기운과 원형이정(元亨利貞)의 우주의 기운은 사람의 마음에 사단(四端)을 만들고 더불어 만 가지 선을 주관한다. 성(性)은 항상 그 안에서 떠나지 않는다. 제2의 천성인 습관은 천지(天地)·심(心)·성(性)을 일깨우는 또 하나의 행복한 기운이다. 얼굴과 마음이 좋은 습관과 함께 하면 사람의 땀방울이 귀하게 여겨진다. 50억 년 가깝게 지켜온 소중한 지구의 모습이 단지 사람이 살기에 불편하다고 마구 파괴하고, 자연이 마치 사람의 소유물인양 바꿔버린다. 그리고 파괴한 장소에서 행복을 논하고 인생을 논한다. 이런 사람의 얼굴이 좋아보인다고 부귀를 논한다는 자체가 엄청난 자연의 죄악일지 모른다. 다만 어리석은 중생이 아직 수양이 부족한 관계로 해답은 독자의 몫으로 남긴다.

■ 비반회(肥胖恢) 이해

공명(孔明)이 주유(周瑜)를 보고 말했다. "육체를 따라 기(氣)가 발하는데 신골(神骨)은 없고 죽을상이다. 급류가 흐르는 중에 용퇴(湧退)의 그릇이다." 상(相)을 논하되 반(胖)을 취하면 정신이 있고 기체(氣體)를 취하면 총명함을 감추어야 한다. 가령 산에는 금석(金石)이 있다면 정령이 있다. 일반적으로 살집이 너무 풍만하면 뼈가 약하고, 총명이 밖으로 드러나면 변화하지 못한다. 변(變)이라고 하는 것은 비(肥)에 있다.

비(肥)는 너무 일찍 발하면 상(喪)하기 쉽다. 비(肥)는 사(死)와 연관이 많다. 이십에 상체가 비(肥)하면 사(死)가 정해져 있고, 삼십에 신체가 비(肥)하면 사십에 위태롭다. 형(形)은 회회(恢恢 :

넓고넓은 모양)를 좋아한다. 그러나 비회(肥恢 : 지나치게 살이 찐 모양)를 가장 두려워한다. 반대로 마른 사람은 정신이 근본인데 신(神)이 쇠하면 반드시 어려움을 겪거나 사(死)한다. 살집이 있는 사람이 기(氣)가 차고 냉냉하면 반드시 망한다. 고로 기(氣)는 몸의 근본이 되고 체(體)가 충만해지는 것이다.

기기를 잘 양성하는 자는 마치 거북이가 숨쉬는 것과 같고, 주례와 모든 뼈와 아홉 구멍까지 능히 통한다. 기(氣)를 잘 양성하지 못하는 사람은 말이 숨쉬는 것처럼 소리가 요란하고 얼굴·눈·음성·색상에 희노애락이 가득찬다. 이런 사람은 크게 되지 못하고, 인생의 폭이 아주 커 일정한 삶을 살아가기 힘들다.

전세계적으로 비만이 큰 고민거리가 되었다. 현대과학이 지구 밖의 우주와 교감하는 최첨단 시대에 비만을 해결하지 못한다. 점점 사람의 몸이 커지고 뚱뚱해지는 과정은 사람의 신령스러운 기운을 쇠퇴시키고 무력화시킨다. 하늘로부터 사람 몸을 받고 세상에 나온 이유는 자신의 사명을 다하기 위해서다. 몸이 망가지고 병들면 영혼이 망각되기 쉽다.

자신의 몸을 잘 다스리면 영혼과 하나가 되고, 영육이 하나가 되어 기운이 순환해야 한다. 그래야 빠르게 흐를 때는 빨리 흐르고, 머무를 때는 조용히 머무르고, 굽어야 할 곳에서는 부드럽게 휘고, 돌아야 할 곳에서는 막히지 않는다. 높이 가야할 곳은 힘차게 솟구치고, 천천히 가야할 곳은 무리하지 않고, 부족한 것은 채우고, 넘치는 것은 덜어내며 자신을 다스린다.

만일 몸이 지나치게 비대해졌다면 눈의 총명한 기운을 잘 다스리고, 수척해졌다면 모든 일을 너그럽고 인자하게 대해야 한다. 몸과 행동과 정신이 각각 다르게 작용하는 것으로 생각하지만 모두 일체다. 단단하고 훌륭한 몸을 가지고 있어도 정신이 흐려지면 무용지물이 되고 만다. 반대로 정신이 살아서 움직이고 날카로워도 몸이 뒷받침해주지 않으면 지장이 많다. 관상학은 잠시도 쉬지않고 변화하는 몸의 징조를 살펴야 길흉을 감지할 수 있다.

4. 얼굴과 일

일의 시작은 정신에 있고, 기색은 그날의 길흉을 결정한다. 정신력에 따라 일이 순리대로 풀리기도 하고, 그렇지 못한 경우도 있다. 빈혈증이 심한 사람의 얼굴은 누렇게 뜨거나 힘이 없는 경우가 많다. 이런 사람은 평소에도 정신력이 부족하고 일을 잘 처리하기 힘들다. 마음이 있어도 기(氣)가 부족하여 생각이 많아도 행동으로 옮기기 어렵다.

사람의 에너지는 자연 속에 있고, 하늘과 땅의 에너지를 근본으로 한다. 여기서 자라는 음식과의 관계에서 발생하는 에너지와 마음에서 발생하는 여러 가지 에너지가 있다. 이런 변화를 얼굴에서 찾아야 한다. 영양이 결핍된 얼굴과 정력이 부족하여 일의 만족도가 약한 사람, 정신이 근본적으로 약한 사람과 본래는 좋으나 현재는 나쁜 사람의 구분해야 한다. 모든 부분이 결핍되지 않아도 환경에 따라 사람이 달라진다. 똑같은 조건이라도 주변환경에 따라 얼마든지 결과는 달라진다.

얼굴에 혈색이 돌지 않고, 눈에 기(氣)와 정(靜)이 없어 고요하지 않으면 사람의 혼이 일정하지 않고, 신(神)이 없게 된다. 우리는 흔히 정신만 차리면 모든 일을 할 수 있다고 말한다. 이 중요한 정신을 사용하기 위해서는 기(氣)와 함께 해야 하고, 기(氣)는 혈(血)이 맑고 깨끗해야 무한한 에너지가 된다. 피가 깨끗하고 좋으면 색은 당연히 은은하고 잔잔하게 나타난다. 모든 근본은 눈빛의 강약에 따라 인과가 다르게 나타난다. 자칫 잘못 이해하여 눈의 기(氣)를 강조하여 정(靜)을 모르면 에너지 방출이 막대하여 수명이 길지 못하다. 고요함을 알면 당연히 동(動)의 사용처를 알 수 있다.

5. 기색(氣色)

한 때 '음매 기살어, 음매 기죽어'라는 말이 유행한 적이 있다. 사람은 누구나 기(氣)가 살면 신이 나 힘들거나 피곤해도 금방 새로운 에너지로 대체되어 즐거운 인생을 살아간다. 그러나 하는 일마다 기대치에 미치지 못하면 항상 기(氣)가 죽어 모든 일에 의욕을 잃는다. 사람은 어떤 일을 하든 자신이 가지고 있는 고유한 기(氣)가 있다. 서양의 중력은 아무런 의심없이 과학이란 이름 아래 그리도 잘 믿으면서 우리의 기(氣)는 미신이 되어 휴지통에 있는 것이 참으로 안타깝다.

우리가 매일 먹는 물도 수도관이 막히면 물이 나오지 않는다. 맑고 좋은 물을 공급해도 생각뿐이지 혜택을 받을 수 없다. 사람의 신체도 아무리 좋은 에너지를 공급하고 싶어도 혈류의 흐름이 원활하지 못하면 만병의 근원이 된다. 피의 흐름은 사람의 생기와 가장 관련이 깊다. 이런 생기를 원만하게 돌리는 것이 양택(陽宅)에 해당한다. 사람은 살아있을 때 혈류에 있고 죽으면 뼈에 기(氣)가 감돈다. 이것이 음택(陰宅)에 해당한다.

기색(氣色)은 표리(表裏)와 같다. 기(氣)는 리(裏), 색은 표(表)에 해당한다. 두 가지가 조화를 이루어야 얼굴에서 빛이 나고 윤기가 흐른다. 아무리 기색이 좋아도 사람의 도리를 모르면 동물과 다름없다. 기색이 양(陽)에 해당한다면 도리는 음(陰)에 해당한다. 먼저 기색을 살핀 후 반드시 도리를 살피기 바란다.

우리는 어렸을 때 '도리도리 짝짜꿍'을 배우면서 자랐다. 사람은 태어나서 죽을 때까지 도리를 알고 살아가라는 선조들의 지혜를 배워야 한다. 짝짜꿍은 손바닥으로 왼손과 오른손으로 음양(陰陽)을 나타낸다. 음양(陰陽)이 부딪쳐 소리가 나고 왼손과 오른손이 음양(陰陽)으로 조화를 부리면 수만 가지 기이한 물건이 탄생된다. 음양(陰陽)의 조화로 성인도 현자도 나타난다. 음양(陰陽)의 조화로움을 언제나 다 알고 죽을지 어리석은 중생 걱정 하나를 더한다.

■ 얼굴의 기색은 다음과 같이 알려준다.
① 얼굴에 검은색 기운이 많으면 죽음의 기운이 있다는 뜻이다. 만

일 운전자 얼굴에 이런 증상이 나타나면 기(氣)를 환기시키거나 차를 갈아타기 바란다. 사업하는 사람의 참모가 이런 기색이 보이면 투자의 역전현상이 나타난다. 어떤 장수는 부하들의 얼굴에 화색이 돌 때 싸움에 임하면 힘들이지 않고 승리했다고 한다.

② 얼굴에 흰색 기운이 가득차면 상복을 입는 징조다. 금(金)은 흰색을 뜻하고 숫자로는 4·9를 나타내니 4일·40일·4개월 안에 이런 일이 생긴다. 평소에도 피부가 너무 희면 무정한 사람이다.

③ 얼굴에 푸른색 기운이 있으면 일이 막힐 징조다. 이런 사람은 집에서 30리나 80리 떨어진 곳에 가서 제를 올리면 막을 수 있다.

④ 얼굴에 황색 기운이 돌면 질병이 왔다는 징조다. 피는 화(火)에 해당하고 피부는 토(土)에 해당하는데 화생토(火生土) 기(氣)가 없다는 뜻이다. 자신감과 의욕이 없고 일을 두려워한다. 근력과 함께 심장의 기능을 향상시키며 많이 노력해야 한다. 노숙자들의 혈색을 관찰하면 이해할 수 있을 것이다. 얼굴이 다르고 말씨가 달라도 공통적인 특징이 있다. 이것이 기색(氣色)이다. 밥도 중요하지만 혼자 자립할 수 있는 기(氣)가 필요하다.

⑤ 살집이 좋고 기름기가 번지르르하게 보이나 맑지 않고 탁하면 꽃망울이 펴보지도 못하고 지는 것과 같다. 이런 사람은 규칙적인

운동이 필요하다. 피의 흐름이 원활해지면 탁한 기름기는 없어진다. 살에 두꺼운 층이 많으면 외부의 기(氣)와 소통이 원활하지 못하기 때문에 시류의 흐름이나 정확한 시간을 포착하기 어렵다. 이런 사람은 살을 빼고 둔감한 감각을 빨리 없애야 한다.

⑥ 눈동자의 흐름이 빠르거나 이리저리 움직이는 사람은 간음한다는 것으로 본다. 눈은 마음을 나타내는데, 눈동자가 흔들린다는 뜻은 마음이 이와 같다는 뜻이다. 다른 사람 몰래 행동할 수는 있지만 자신의 마음을 속이기 어렵다.

⑦ 얼굴이 불에 그을린 것 같은 사람은 관(官)에 갈 일이 있다는 암시다. 뾰루지도 마찬가지다. 돈은 금(金)에 해당하고, 이런 금(金)과 상극하는 것이 화(火)이다. 얼굴에 화기(火氣)가 많으면 화재(火災)로 보기도 하지만 화극금(火剋金)하여 금전운이 없다.

⑧ 얼굴이 술에 취했다가 깬 사람 같으면 형옥을 면하기 어렵다. 여기다 고개가 한 쪽으로 치우치거나 두 눈의 크기가 다르면 감옥생활을 오래 한다. 몸이 똑바르지 않은 사람은 재범의 우려도 있다.

⑨ 목소리가 지나치게 아름다우면 자신의 속마음을 남에게 말하지 못하는 외로운 사람이다. 더구나 말끝이 간드러지면 도화가 물씬 풍기는 사람이다. 이런 사람은 평생 소문을 달고 산다.

⑩ 코 끝에 반점이 있으면 재물이 티끌처럼 없어지고 만다. 예로부터 어진 사람은 산을 좋아한다고 했다. 산이 높아야 계곡에 물이 흐르고 나무도 숲을 이루어 생기가 넘치는 것이다. 코가 낮고 흐지부지하면 인덕이 없고, 너무 뾰쪽하면 주변에 사람이 없고 자신밖에 모르는 사람이다.

■ 천지인(天地人)을 살펴보고 이해한다.

천(天)의 기운이 왕성함을 얻었다면 풍수(風水)가 반드시 발하여 나타난 증상이다. 조상의 덕이 후하고 뿌리가 깊음을 알 수 있다. 이는 음택(陰宅)의 기운이 후손에게 전해져 발복한다는 의미다. 특히 천중(天中)·천정(天庭)·침골(枕骨)의 근골이 좋다.

여자가 이마가 넓고 좋은 사람은 승승장구하고, 이마가 좁으면 지금은 좋아도 고난이 기다리고 있다. 그러나 너무 넓거나 높으면 음(陰)이 양(陽)으로 변하여 남편을 무시하고 자기만 내세우는 사람이기 쉽다. 만약 이마가 반질거리면 남편이 바람을 피운다는 뜻도 된다. 혹 이마에 잔털이 많고 울룩불룩하면 치료를 받아보기 바란다. 그리고 배우자를 선택하면 실수하지 않는다.

지기(地氣)가 왕성하면 가운이 창성함을 알 수 있다. 가난한 집에서 태어나도 혼자의 힘으로 사업을 일으키고 융성해진다. 지각(地閣)과 지고(地庫)는 수성(水星)으로 이 부위가 너무 검거나 맑지 않으면 조상의 무덤에 이상이 있다는 뜻이다. 만약 이곳이 자주 가리거나 붉거나 뾰루지가 나는 사람도 마찬가지다.

인(人)은 인(仁)이다. 사람은 천지의 기운을 받고, 피를 나누지 않는 사람과 더불어 살아간다. 인화(人和)의 과정이야말로 최고의 덕목이 아닌가 생각한다. 사람의 얼굴도 천지는 좋은데 인(人)이 약하거나 함몰되면 어렵게 살아간다. 사람이 사람을 다스리기 위해서는 우선 흠이 없어야 한다.

전쟁할 때 사람의 눈은 이성을 잃고 야성으로 가득찬다. 기운이 변화를 일으키면 사람은 주체하기 힘든 상황으로 간다. 포성이 쏟아지고 총성이 여기저기서 들리면 심장이 뛰고 몸이 긴장한다. 이런 사람은 초감각으로 변하고, 눈은 야수보다 무섭게 변한다. 사람의 마음이 악마보다 무섭게 느껴진다. 평소에 사람의 감정이 폭발해 이성을 잃어버리면 얌전한 사람도 엉뚱한 행동을 한다. 천지인(天地人)은 한몸이나 다름없지만 인(人)의 작용은 인화(人和)의 기틀이 된다.

6. 배신의 상은 따로 있나

신의가 있는 사람은 앞에서나 보이지 않는 곳에서나 행동이 같다. 배(背)는 배신과 관계가 깊다. 흔히 두둑한 배짱은 앞배가 약간 나와야 좋다고 본다. 인체에서 배신과 관계되는 곳은 등쪽을 가리키는 말이고, 얼굴은 머리 뒤쪽으로 해석하기도 한다. 몰래 뒤에서 일어나는 일이기 때문에 뒤를 잘 살피면 답을 얻을 수 있다.

복부는 물주머니가 찰랑찰랑하고 부드러워야 최고로 보고, 등은 두텁고 갑옷처럼 단단해야 유혹에 잘 견딘다. 등이 없는 사람은 언제든지 등질 수 있다는 말로 해석한다. 관상학 용어로는 복부는 삼임(三壬), 등을 삼갑(三甲)이라고 한다.

두상도 마찬가지다. 앞에서 보면 반반한데 뒤가 유난히 튀어나오면 엉뚱한 행동을 하는 사람이다. 턱도 전체적으로 보기에 살집이 없거나 사각턱이면 앞에서 하는 말과 뒤에서 하는 말이 다르다. 삼국지에 나오는 제갈량도 위연을 보고 장차 배신할 상이라고 말햇고, 결국 위연은 배반하고 만다.

승부는 전략과 전술에 있지만 승패는 싸우는 장수에 있다. 장수가 배신한다면 이미 뻔한 싸움을 하는 것이다. 기업의 기술도 수없이 많은 시행착오와 시간·비용·인력·아이디어가 물거품이 된다. 국가의 존망을 결정하는 일이라면 더 큰 일이고, 기업의 생사가 달린 문제라면 사회적인 문제가 된다. 사람은 투자에 앞서 인사를 잘해야 한다. 다들 인사가 만사라고 하지만 사심없이 활용의 묘법을 찾는 사람은 쉽지 않다.

뺨의 뼈가 너무 튀어나와 양쪽 귀를 가리면 이것 또한 반골(反骨)의 상으로 본다. 뒤통수 뼈가 위로 튀어나오면(머리 중앙에 가깝다) 반골상에 해당하지만 아래에 있으면 용의 뇌라고 하여 귀하게 본다. 상서에는 안록산의 골격이 반골의 상이라고 적고 있다.

눈이 삼각형이면 이 또한 이리의 상이라고 하여 불길하게 본다. 만약 사람을 이렇게 쳐다본다면 동일하게 본다. 코는 칼날처럼 날카롭거나 매의 부리처럼 휘었어도 조심해야 한다. 얼굴에 살집이 너무 없어 뼈가 튀어나와도 마음이 교활하고 독하다. 입술은 너무 작고 얇으면 비밀을 지키지 못하는 사람이고, 웃을 때나 말할 때 이가 드러나는 사람도 중요한 계획을 누설한다. 믿었던 사람이 어느날 등을 돌리고 칼을 겨눈다면 그 충격은 상상을 불허할 것이다. 옛 현자들도 적국의 백만대군보다 더 무서운 것은 간신의 혀라고 했다. 아마 관상학에서 이런 부분을 파악하지 못하면 장님이 코끼리를 만지는 격이 될 것이다.

한 번 실수는 늘 일어나는 일이지만 배신은 돌이킬 수 없게 된다. 목이 가늘고 길면 고통은 함께 하나 즐거움은 같이 나눌 수 없다고 했다. 이런 말이 의심스러우면 목이 가늘고 긴 동물과 목이 짧은 동물을 관찰해보라. 턱이 강할수록 야생에서 어떤 방법으로 생존하는지 쉽게 알 수 있을 것이다.

피부가 지나치게 희고 얇은 여자는 음기(陰氣)가 매우 강해 보통 사람은 감당하지 못한다. 몸을 흔들면서 걷거나 쉬지 않고 중얼거리는 여자, 유방이 앞으로 튀어나오고 허리는 가늘며 엉덩이를 쭉 빼면서 걷는 여자도 위험한 사람이다. 여자가 이마가 심하게 튀어나왔으면 자신의 고집대로 일을 처리하는 사람이다. 눈동자가 자주 움직이는 사람도 위험하고, 등이 매우 얇아도 마찬가지다.

7. 미리 알아두면 좋은 것들

① 물에 빠지는 사고를 방지한다. 얼굴의 지각(地閣) 부위가 검은

색으로 변하면 물과 관계 있는 사고가 생긴다. 만일 입술까지 검게 변하면 더욱 큰 사고로 본다.

② 화재에 미리 대비한다. 화(火)는 붉은색에 해당하기 때문에 눈에 붉은 실선이 나타나거나 눈썹이나 볼이 붉게 변하면 화재를 암시한다.

③ 일하면서 부상이나 중상을 조심한다. 산근(山根)에 주름이 생기거나, 얼굴이 청황색을 띠거나, 명궁(命宮)이 빛을 잃고 양쪽 눈썹이 서거나, 아침에 일어나면 머리카락이나 수염이 유난히 뻣뻣하거나 딱딱한 느낌이 들면 부상이나 중상을 암시한다.

④ 화재로 재산이 전손된다. 콧등이 거무티티하거나 지저분하거나 검은점이 생기거나, 코 끝이나 이마가 붉은색을 띠거나, 목소리가 부드럽지 않고 날카롭거나, 몸의 털이 뻣뻣해지면 불길하다.

⑤ 형벌을 받게 된다. 눈에 붉은 실선이 생기거나, 산근(山根)이 푸른색으로 변하거나, 볼이 거칠어지고 눈썹이 곤두서거나, 아침에 피부가 유난히 딱딱하고 거칠면 일진이 않다는 증거다. 이런 날은 될 수 있으면 앞장서지 말고 말을 적게 하라. 만약 이런 날 금전이 오가면 반드시 몸을 상한다.

⑥ 타인의 모함으로 큰 타격을 입는다. 눈썹 밑이나 눈동자 주변이 혼탁하고 어둡고, 산근(山根)이 어두운 색으로 변하면 불길하다.

⑦ 집에 도적이 들어온다. 수염이나 머리카락이 푸석푸석하거나, 눈빛이 피곤으로 지친 사람 같거나, 양 볼에 붉은 점이나 무늬가 생기거나, 인당(印堂)에 검은 실선이나 붉은 점이 생기면 오늘 밤에 도둑이 들어온다는 암시다.

⑧ 중년에 큰 재물이 나간다. 안구가 돌출된 사람은 재물과 건강, 재물과 사업, 재물과 처, 재물과 자식 관계에 반드시 변화가 생긴다. 안구가 돌출되었다는 것은 태양과 달이 궤도를 이탈하고 싶다는 욕망을 표현한 것이다. 이런 사람은 아무리 쉬워 보이는 일도 욕심부리지 말고 조심해야 한다.

⑨ 부모님 건강에 이상이 있다. 일각(日角)과 월각(月角)이 빛을 잃으면 건강에 이상이 있다는 징조이고, 검푸른색을 띠면 질병으로 오래 시름한다는 암시다. 만약 갑자기 큰 종기가 생기거나, 얼굴 전체가 흰색으로 만연하면 임종이 가깝다는 징조다.

8. 초보의 첫 걸음을 이렇게 하라

1. 얼굴에서 한 가지를 보고도 전체를 판단할 수 있어야 한다.

2. 얼굴 전체를 보고 한 마디로 표현할 수 있어야 한다.

3. 많은 단점 중에 하나의 장점을 파악하라.

4. 많은 장점 중에 하나의 단점을 파악하라.

5. 규칙 중에 불규칙을 판단하라.

6. 불규칙 속에 규칙이 있음을 알아야 한다.

7. 코나 이마가 좋지 않아도 재벌이 있다는 것을 알아야 한다.

8. 이목구비가 좋아도 빈천한 자가 많다는 것을 알아야 한다.

9. 많은 얼굴 중에 상(象)이 없음을 알아야 한다.

10. 상(象)이 없다면 얼굴을 논할 수 없다는 것을 알아야 한다.

11. 마음을 먼저 움직이면 얼굴을 판단할 수 없다.

12. 마음을 움직이지 않으면 얼굴이 보이지 않는다.

13. 얼굴의 차이가 많은데도 삶의 차이가 별로 없음을 알아야 한다.

14. 미묘한 차이로도 거지와 재벌을 가릴 줄 알아야 한다.

15. 수십억 인구 얼굴이 다르게 생겨 사는 것도 제각각이다.

16. 얼굴이 달라도 사는 길이 같을 수 있다는 것을 알아야 한다.

17. 생사를 떠나 얼굴을 볼 수 있어야 한다.

18. 생사를 떠난 관상은 쓸모가 없다.

19. 초보자의 마음으로 공부하면 만물이 열린다.

20. 공부하고 싶으면 초보자의 마음을 항상 유지하라.

21. 자연보다 위대한 스승은 없다.

사람의 얼굴이 제각각 다르듯이 특징도 각각 다르다. 이렇게 많은 사람의 얼굴을 무슨 수로 통계를 내고 공통점을 찾아 비교해보겠는가? 그래서 어느 정도의 이론은 중요하다. 단 아무리 많은 이론을 동원해도 내일 일어날 일을 모두 정확하게 판단하기는 어렵다. 그래서 학(學)과 술(術)이 필요한 것이다.

무수가 때때로 키무를 반듯하게 다듬으려면 학(學)을 통해 터득하지만 손끝의 감각은 아무에게도 전해 줄 수가 없다. 밀고 당기고 부드럽고 짧게, 힘주면서 길게, 때로는 짧고 강하게 박자와 리듬을 맞추면서 일을 해야 피곤하지 않다. 그리고 이런 감각은 자신밖에 모른다. 자식에게도 물려주기 어려운 것이 술(術)이다. 유식하다고 학(學)에만 치우치면 반쪽짜리 얼굴만 보게 된다. 그러나 술(術)을 너무 강조하면 사람이 날이 넘어버린다. 근대 100년사에 그토록 많은 술사와 술가를 배출했지만 사회적으로 존경받는 사람은 없다. 이는 학(學)과 술(術)이 적당하게 조화를 이루지 못했기 때문이다.

우선 사람의 얼굴을 음양으로 보는 눈이 있어야 하고, 상중하의 삼원 비율이 어떻게 다른가를 알아야 한다. 얼굴도 튀어나온 부분은 양의 기운이 흐르고, 들어간 부분은 음의 기운이 흐른다. 음이 강해야 하는 부분에 양양이 강하면 인생을 반대로 살아가고, 양이 강해야 하는 부분에 음이 강하면 세상을 어둡게 살아간다. 부부의 얼굴, 부모와 자식의 얼굴, 형제와 자매의 얼굴, 사장과 종업원의 얼굴, 대통령과 장관의 얼굴을 비교하여 어느 쪽이 음이 강하고 어느 쪽이 양이 강한지를 파악하면 일을 쉽게 해결할 수 있다.

누구는 입이 튀어나와 영업부에 있어야 재능을 십분 발휘하고, 누구는 눈이 들어가서 연구원으로 적합하다. 어떤 사람은 코가 높거나 휘었다면 일선 현장에서 투사가 되어야 하고, 광대뼈가 튀어나온 사람은 경쟁이 강한 곳에 보내면 큰 효과를 거둘 수 있다. 이마가 넓고 훤칠한 사람이 기획이나 비서실에 근무하면 시원시원하게 일을 처리 한다. 모두 얼굴에 따라 인사를 하면 회사가 편안해진다. 가정도 그렇고 국가기관도 기관장의 얼굴이 좋으면 일이 잘 돌아가고, 나라도 수장의 얼굴이 좋으면 백성이 편안하다. 얼굴의 음양(陰陽)만 이해해도 벌써 어려운 공부는 다한 것이나 다름없다.

하늘에 태양과 달이 있다면 사람의 얼굴에는 두 개의 눈이 있다. 대지에는 높은 산이 있고, 산에서 내려오는 계곡과 물이 흐르는 강이 존재하듯이 사람도 대자연과 마찬가지로 높은 산 오악(五嶽)이 존재한다. 사람 얼굴을 대지처럼 생각할 줄 알아야 오곡의 풍성함을 느끼고 그 사람의 부귀를 추측할 수 있다. 산천초목이 무성하게 자라듯이 사람의 몸에도 털이 죽을 때까지 자란다. 또 땅 속에 지하수가 흐르듯 사람의 몸 속에도 이와 같이 혈관이 존재한다.

천지도수의 법칙이 봄·여름·가을·겨울로 반복한다면 사람의 얼굴도 이와 같이 감응하여 계속해서 뿌리고 성장하고 수확하고 감춘다. 황도(黃道)가 12궁으로 되어 있다면 우리 얼굴도 여기에 맞춰 자(子)·축(丑)·인(寅)·묘(卯)·진(辰)·사(巳)·오(午)·미(未)·신(申)·유(酉)·술(戌)·해(亥)로 나누어 봐야 한다. 땅이 구획으로 나뉜다면 구궁(九宮)의 원리에 따라 구주(九州)를 봐야 하고, 태초에 우주가 8괘로 형상을 이루었다면 우리 얼굴 속에서 이들의 형상을 구분하는 눈이 있어야 한다.

또한 우주의 기운이 갑(甲)・을(乙)・병(丙)・정(丁)・무(戊)・기(己)・경(庚)・신(辛)・임(壬)・계(癸)로 활동한다면 이는 얼굴의 찰색으로 길흉을 주관한다.

갑을(甲乙)은 청(靑), 병정(丙丁)은 화(火), 무기(戊己)는 황(黃), 경신(庚辛)은 백(白), 임계(壬癸)는 흑(黑)으로 5도적이 있음을 알아야 한다. 우주의 기운 중에 오행(五行)의 생극제화(生剋制化)와 합충파해(合沖破害)를 이해하는 것보다 어려운 일은 없다. 이런 까닭에 얼굴에 찰색의 변화가 나타나면 신(神)도 어찌할 수 없다.

하늘에 오행(五行)의 기운이 있다면 사람에게는 오관(五官)이 있다. 칠성(七星)은 칠공(七空)으로, 구궁(九宮)은 구규(九竅)로 온갖 우주의 변화와 천지자연과 만물의 상을 함께 한다. 이렇게 작은 얼굴이 우주의 조화와 다를 바가 없다. 얼굴 속에 전생도 있고, 현재 모습도 나타나고, 미래의 일을 미리 알려준다.

그리고 죽어 어디로 갈 것인지도 죽어가는 사람의 모습대로 극락과 천국으로 나뉘어진다. 가진 것은 없지만 평온하게 잠든다면 틀림없이 적덕한 사람이다. 아무리 부귀와 공명을 얻고 현생에서 떵떵거리고 살아도 죽은 모습이 고통과 몸부림에 있다면 지옥으로 떨어질 것이다. 자기가 지은대로 업을 따라 과거・현재・미래가 얼굴 속에 있고 모든 인간의 감정이 나타난다.

『음부경(陰符經)』에 이르기를 '천지는 만물지도(萬物之盜)요, 만물(萬物)은 인지도(人之盜)요, 인(人)은 만물지도(萬物之盜)'라 했다. 사람의 얼굴은 천지만물의 도(盜)를 받아 도(道)의 기운이 도도히 흐르는 것이다. 만약 도적질하는 하늘의 기운을 미리 알 수 있는 능력이 있다면 인간의 경지를 넘어선 사람이다. 하늘이 재벌을 도적질하면 재벌이 망하고, 왕조를 도적질하면 왕조가 망한다. 평범한 농부도 하늘이 재벌의 기운을 도적질하여 농부에게 주면 그도 재벌이 된다. 사람의 힘으로 이를 집행할 수만 있다면 무엇이 부럽겠는가?

그래서 천지를 이해하면 만물을 알게 되고, 천지만물을 통해서 스스로 배우면 사람의 얼굴을 이해한다. 관상학을 따로 배우지 않아도 이를 이해하면 자연히 모든 것에 통달한다. 이론에만 집착하지 말고 자연을 스승삼고, 시간과 공간을 벗삼아 계곡의 물에 취해보고 나물맛에 흥겨우면 나비따라 춤을 추고 산새 소리에 노래 부르게 된다. 이 모든 것이 나의 스승이 된다. 글자와 문자를 떠나 자연에 취하면 저절로 이해가리라 믿는다. 나는 전생에 무슨 업을 지어 현생에서 이런 얼굴과 몸을 받았고, 죽어 티끌이 될 얼굴을 하루에도 몇 번씩 씻고 바르며 관리한다. 이런 시간을 쪼개 하루에 한번이라도 마음을 수행하면 일점밖에 안되지만 관상학에서 제일 중요한 것을 얻어갈 수 있다.

하늘이 나를 낳고 땅이 길러 하늘과 땅, 사람이 일체가 되면 모든 사람에게 축복이 내린다. 사람은 전쟁과 미움보다 평화와 사랑이 훨씬 중요하다는 사실은 알고 있다. 하지만 이 작은 지구에 조용할 날이 없다. 사랑과 자비가 온누리에 퍼지기 위해서는 사람의 얼굴에 있지 않고 마음에 있다. 마음을 바꾸면 세상 모두에게 숨겨진 마음의 웃음이 얼굴에 나타난다. 일점 마음을 알면 얼굴의 오묘한 변화와 길흉을 추측할 수 있다.

9. 인생과 운명, 학(學)과 술(術), 술(酒)과 술(戌)

미래를 예측하는 방법은 여러 가지다. 하지만 이것이 만능은 아니다. 역(易)을 이용해 세상과 더불어 사는 나라가 있고, 역(易)이 없어도 행복하고 즐거운 인생을 살아가는 사람도 있다. 역(易)은 역(曆)이다. 고로 역(易)이 없는 나라는 없다고 볼 수도 있다. 세상은 역(易)도 있지만 역(易) 속에 이치도 있고 도리도 있고 도덕과 양심도 있고 천륜도 있고 인륜도 있다. 이런 것을 모르고 사주나 관상만으로 성공하는 사람은 없다.

사람은 태어나면 누구나 자신의 삶이 있고 운명이 있다. 누구나 태어나 자연에서 배우고 사람과 사람 사이에서 수많은 경험을 한다. 그리고 그많은 경험을 통해서 자신만의 감각과 판단, 정보수집을 통해 과거·현재·미래를 살아간다. 학(學)을 통해 정리정돈을 하고, 술(術)을 통해 변화를 추구하며 완성도를 높여간다. 학(學)은 세상의 모든 규칙을 알 수 있는 힘이 있고, 술(術)은 우주의 불규칙을 알아내는 힘이 있다. 그래서 학술(學術)이 필요한 것이다.

주변에 술(術)을 좋아하는 사람이 참 많다. 그리고 술(術)에 미쳐 누가 신통하다고 하면 천리를 마다하고 복비를 지참하고 정성을 다한다. 사람들 앞에서는 나는 이런 역술(易術)은 본적도 없고, 믿지도 않는다고 말을 하고서 뒷구멍을 통해 살짝 갔다온다. 술(術)은 술(酒)과 같아서 처음은 사람이 술(術)을 먹고 실수도 하지 않고, 자신의 삶과 조언을 잘 받아들인다. 하지만 시간이 지나 뜻대로 되지 않으면 술(術)이 술(術)을 먹게 되어 유명한 집을 찾아 이곳 저곳에서 소중한 자신의 운명을 남에게 맡기게 된다. 점차 시간이 지나면 술(術)이 사람을 먹는다. 역학(易學)을 찾지 않으면 일도 못하고 판단도 못해 하나뿐인 자신의 운명을 잃어버린다.

술(酒)을 많이 먹고 혼수상태가 되면 사람이 술(酒) 속에 빠져 술(戌 : 개술)처럼 행동한다. 아무데서나 소변을 보고 소리 지르고 싸우고 울고 웃고 미친개와 같다. 이때 사람의 눈을 보면 짐승의 눈으로 변해간다. 자신의 행동은 이렇게 하고 다음날 혹시 어디에 행운이 있는지 또 찾아가 물어본다.

술(術 : 역술)에 한번 발을 들여 놓으면 빠져 나가지 못한다. 술(術 : 역술)은 술(酒)과 같아서 잘못하면 술(術)이 술(戌)로 변해 인간의 본성을 잃어버리고 개(戌)처럼 행동한다. 술(術) 찾아 천하를 주유하는 사람은 술주정뱅이와 같다. 술이 깨면 허망하듯이 술(術)에서 깨어나면 또한 허망하다. 참 슬픈 일이다.

자신의 바가지는 깨진 줄 모르고 신통한 역학(易學)만 찾고 있다. 그러다 소중한 인생이 다 지나가버린다. 그리고 뒤돌아보면 허무하다는 생각을 한다. 예로부터 모사재인(謀事在人) 성사재천(成事在天)이라고 했다. 일의 성패는 하늘에 있다고 했다. 역술(易術)에 치우치면 반드시 하나를 잃는다. 사람이 마음을 잃어버리면 허수아비와 같다. 지혜로운 사람은 적선과 적덕의 힘을 알고 있다. 그리고 이런 집안은 하늘이 도와준다. 하늘이 도와주면 이루지 못할 것이 없다. 고로 하늘을 알기 전에 적선과 적덕이 필요하다.

효도를 심으면 효자 나오고, 원성을 심으면 원한이 나온다. 오늘 원수의 마음에 용서를 심으면 다음 생에 화목한 부부로 만나고, 오늘 원수를 미워하면 천 년을 다시 태어나도 불행만 커진다. 불쌍하고 어리석고 냄새나는 중생으로 태어나 자비의 마음을 열고 가면 내 마음의 향기는 천 년을 두고 이어간다. 사랑을 심었다면 사랑이 나오고 불행을 심었다면 불행이 싹튼다. 불행나무 튼튼하게 자라면 행복의 톱으로 아무리 잘라도 불행은 쓰러지지 않는다.

천성이라는 밭에 자비의 씨앗을 심으면 후손이 자비로 태어나고 선행으로 많은 사람을 살리면 그 집안 대대로 웃음과 화목이 가득한 집안이 된다. 나의 배고픔을 참고 어려운 이웃을 사랑하고 한 끼 식사를 나누어주면 후손이 음식사업으로 크게 번창할 것이다. 자신의 재물을 나누어 고통 속에 신음하는 사람을 살려주면 후손 중에 재벌이 태어나고 아무리 재벌이라도 자신의 위장만 두드리면 회사를 말아먹을 자손이 태어나 인수받는다. 마음이 뜬구름으로 가득차 있다면 부초처럼 살다가 가고, 불로소득을 심어 횡재만 노리다 구멍난 깡통만 차고 간다.

사주와 관상이 아무리 좋아도 불행을 달고 다니는 사람이 있고, 사주와 관상이 좋지 않아도 항상 웃음과 행복이 넘치는 집안이 있다. 그래서 운명은 함부로 말하지 못하는 것이다. 미래는 미제(未濟)다. 고로 사람의 마음에 따라 길흉이 다르게 나타난다. 마음은 대지와 같아 잡초를 심으면 마음에서 잡초가 자라고 곡식을 심으면 사람의 생명을 살리는 밀알이 결실을 맺는다. 내 인생의 풀만 무성하게 자라게 될지 황금물결이 가득찬 들판으로 만들지는 자신이 결정할 문제다. 사주나 관상이 불행과 행복을 만들 수 있다. 하지만 더 중요한 것은 나의 마음이다. 무엇이 사람을 만들었나, 마음이 사람을 만들었지.

10. 봄 · 여름 · 가을 · 겨울

우리가 살고 있는 곳에는 사시와 사철이 있다. 하루는 단(旦)·주(晝)·모(暮)·야(夜)로 운행하고, 일 년은 춘하추동으로 365일이 지나간다. 그리고 지구와 함께 달은 회(晦)·삭(朔)·현(弦)·망(望)으로 운행한다. 우주가 이렇게 운행하듯이 우리의 삶과 운명도 여기서 벗어날 수 없고, 흥망성쇠와 영고성쇠를 벗어나지 못한다. 사람의 길흉화복도 예외일 수 없다. 개인과 사회, 가정과 국가, 기업과 왕조 또한 자연의 순리에서 벗어난 일은 아직 인류역사에 없다. 사람의 생노병사는 신도 어찌할 수 없는 부분이 아니던가.

사주와 관상을 떠나 자연에게 고개를 숙이고 배워야 한다. 대자연의 춘하추동과 자기 삶과 연결시켜 자연 속에서 새로운 눈을 떠야한다. 우리 인생의 봄은 20대 청춘이다. 봄이 되면 대지에 씨를 뿌리고 일 년 농사를 계획하며 관리하듯이 20대에 운명의 기차표를 예약하고 열심히 달려야 한다. 봄에 씨를 뿌리지 않는 농부는 가을에 추수를 할 수 없다.

사람의 운명은 대부분 20대에 결정난다. 물론 늦게 출발해서 성공한 사람도 간혹 있다. 이런 사람은 피나는 노력으로 탄생한 제2의 인생을 살아가는 사람이다. 농사도 시기를 놓치면 회복하기 힘들듯이 사람도 청춘을 놓치면 잃어버린 시간을 되돌리기 힘들다. 봄을 놓친 사람은 여름에 수확할 수 있는 작물을 선택해야 한다.

여름은 사람에 비유하면 30대에 해당한다. 늦었지만 다시 출발하면 새로운 인생을 살아갈 수 있기 때문에 마지막 차를 타고 운명의 터널을 지나 태양이 비치는 새로운 세계를 위해 힘을 비축할 필요가 있다.

40대는 수확의 계절인 가을과 같다. 풍요로운 인생과 궁핍에 빠진 인생이 결정되는 때다. 후회해도 소용없다. 단 신이 인간을 불쌍하게 생각하여 마지막으로 기회를 부여한다. 가을의 보리와 양파, 마늘 등 마지막으로 잃어버린 기회를 제공한다. 인생도 이와 마찬가지로 봄과 여름 기회를 잃으면 가을에 이런 작물로 대체해야 한다.

겨울은 50~60대가 된다. 살아온 날을 회고하고 정리정돈이 필요한 시기다. 인생은 60부터 라고 한다. 육십갑자도 한 바퀴 돌고 인생의 2라운드로 들어가는 길목이다. 하지만 몸과 정신, 에너지가 청춘과 다르다. 그래서 항상 조심해야 한다. 왜냐하면 인생이 생노병사의 길목 중에 병사에 와있기 때문이다. 더러 노익장을 과시하는 사람이 있다. 하지만 오래 지속적으로 활동할 수는 없다. 그리고 노년에 에너지와 기운, 영혼의 힘을 한꺼번에 사용하면 수명이 오래 가지 못한다. 춘하추동은 우리에게 위대한 스승이다.

11. 관상과 성형의 관계

우리나라는 성형을 참 많이 한다. 관상과 성형에 대해서도 무척 관심이 많다. 관상을 공부한 사람 중에도 무조건 어디가 흠이 있거나 낮으면 문제가 있으니 어디를 얼마만큼 성형하라고 충고한다. 그러나 이것만은 꼭 알아야 한다. 사람에게는 두 가지 운명이 있다. 얼굴이 보기 좋고 아름다워서 성공하는 사람과 얼굴과 미모에 흠이 있어야 성공하는 사람이 있다.

주변에 얼굴이 곰보인데도 부자로 사는 사람이 많다. 분명 관상이 엉터리고 잘못됐다고 생각한다. 혹 이런 사람이 거울을 볼 때마다 심학 콤플렉스 때문에 유명 역술인에게 가서 상담하고 성형하면 복이 있으니 얼굴 고쳐보라고 충고하면 금방 성형외과를 찾는다. 그리고 성형하고 나서 돈이 빠져나가 인생이 멍들기 시작한다.

자신이 없으면 말하지 말아야 한다. 말 한마디에 남의 소중한 복을 다 날려버린다. 이런 죄를 어떻게 감당할 것인가? 이런 부분은 관상학 어디에도 나오지 않는다. 오로지 참선과 수행을 통해서 채득되는 부분이다. 말이나 글로 전해줄 수 없는 부분이다. 조선시대 유명한 백운학술사도 눈 하나를 희생하고 수행하여 술사가 되었다.

병신이나 추함 속에 자신의 재복과 행복이 들어 있다. 반대로 9가지 모두 균형을 이루고 아름답게 생겼는데 한 가지가 부족해서 기운이 막힌 사람이 있다. 이런 경우는 살짝 건드려만 줘도 운이 좋아진다. 이래서 관상이 어렵다.

한 쪽 다리로 불편하게 다니거나 한 손으로 세상을 살아가는 사람도 마찬가지다. 몸이 불편해서 성공한 사람들은 모두 그 복이 거기에 들어 있기 때문에 그렇다. 이것의 기준과 답은 없다. 오로지 자신의 수행과 참선, 그리고 깨달음을 통해서 체득된다. 책을 통해서 공부하지만 책을 버려야 책 속에 없는 것을 얻을 수 있다.

12. 얼굴의 기운

얼굴이 활짝 피지 않고 눈과 입이 처져 있으면 보수적이며 완고한 사람이다. 주변에 있는 사람들을 살펴보면 금방 알 수 있을 것이다. 혹 윗사람이 어떤 사람인가 궁금하다면 얼굴을 보면 성격·취향·스타일·생각·고집·인간관계·정서 등 전반적인 부분이 얼굴에 나타난다.

이보다 더 중요한 것은 먼저 단정짓지 말아야 한다. "저 사람은 나에게 잘 해줬기 때문에…" 긍정적인 생각을 바탕으로 얼굴을 관찰하면 엉뚱한 판단을 할 수 있다. 한 쪽으로 기울지 않고 고요한 상태에서 판단해야 한다. 사사로운 마음이 먼저 발동하면 엉뚱한 시각을 갖게 되고, 노란안경을 쓰고 보면 세상이 모두 노랗게 보이는 법이다. 아무리 나를 괴롭히는 사람도 냉정하게 생각하면 나의 스승이 되는데 감정싸움만 한다면 소중한 정력과 시간과 인생을 낭비하는 결과밖에 안된다.

『음부경(陰符經)』에 '인(人)은 이기기성(以奇期聖)하고 아(我)는 이불기기성(以不奇期聖) 하나니'라는 말이 있다. 사람들은 기이함으로 성인되기를 기약하지만 나는 기이하지 않음으로 성인되기를 기약한다는 말이다. 기이한 생각을 먼저 하면 사물의 밝고 어두운 면을 관찰하기 힘들다는 뜻이다. 관상학에서 사심은 만사를 엉터리로 만든다. 얼굴을 살피기 전에 이런 기운을 제거하지 않으면 엉뚱한 말로 한 사람의 인생을 망가뜨릴 수 있으니 조심해야 한다.

음식을 만들 때도 자신의 개인적인 입맛만을 기준으로 하면 많은 사람의 입을 즐겁게 할 수 없다. 사견이 첨가되면 마음이 한 쪽으로 기울었다는 의미이고, 생각·판단·예측·관찰·감각이 무뎌지고 예리한 약육강식의 법칙에서 도태되는 것은 당연하다. 상대의 얼굴을 보고 응대하는 법을 알아야 한다.

어떤 사람은 호탕하게 웃으면서 즐겁게 대하지만 어떤 사람은 왕처럼 받들면서 힘들게 대해야 한다. 상대가 어떤 사람인가에 따라 내가 달라지고, 상대가 물어보면 원하는 방법을 생각해야 한다. 천명의 고객이 모두 다른 생각과 행동으로 움직이면 나는 마땅히 이에 따라 응해야 한다. 그래서 상도(商道)에 능통하면 막히지 않고 머무르지 않는다고 했다. 물은 머물러 오래가면 썩게 마련이다. 상도(商道)는 물과 같이 흘러야 바다처럼 크게 저장하는 법이다.

13. 눈빛

뜨거운 사막이나 매우 어두운 곳은 사람이 살기 어렵다. 해가 없으면 살기 힘들고, 달이 없으면 정서나 마음이 황폐해지기 쉽다. 사람이 자연의 일부이듯이 사람의 눈에도 해와 달이 있다. 남자는 왼쪽이 양(陽)이고, 오른쪽이 음(陰)이다. 여자는 반대로 보면 된다. 태양은 권위와 야망으로 보고, 달은 덕과 지혜로 본다. 그리고 부모의 음양(陰陽)을 눈으로 본다. 영웅이나 위대한 능력을 지닌 사람들의 눈에서 나오는 예리한 빛은 관상학에서는 백미로 본다.

『음부경(陰符經)』에 '심생우물(心生于物)하고 사우물(死于物)하나니 기재어목(機在於目)이니라' 라는 말이 있다. 사람의 마음이 물건에서 나오고 물건에서 죽으니 기틀이 눈에 있다는 뜻으로 눈은 만물의 기틀이 되고 근본이 된다는 말이다.

그렇다고 무조건 예리하다고 좋은 것은 아니다. 사람도 엄하면서 친근감이 있어야 하듯이 눈빛도 날카롭되 반감이 들지 않아야 한다. 눈빛이 특별하면 인생을 정열적으로 살지는 몰라도 그 기운이 소진되어 단명하고, 너무 어두우면 능력을 발휘하지 못한다.

남자의 정력은 눈빛과 비례하고, 여성도 눈꼬리가 많이 좌우한다. 여자는 음(陰)에 해당하기 때문에 눈빛이 예리하면 업무적인 능력은 찬사받을지 몰라도 가정은 태평할 날이 없다. 음양(陰陽)은 순역(順逆)으로 흐르기 때문에 착각하면 안된다.

건강하고 일을 자신있게 처리하는 사람과 매사 의욕이 없는 사람은 눈빛으로 금방 확인할 수 있다. 이것을 무시하고 코가 좋으니 금전운이 좋고, 이마가 넓으니 승진한다는 식의 엉터리 말을 하면 안된다. 눈빛은 부귀와 수명, 위엄과 권한 등 모든 것의 근본임을 알아야 한다.

14. 치아

관상학에서 보는 이는 28개이고, 사랑니를 더하면 32개가 된다. 이는 고르고 많으면 좋다고 본다. 덧니는 교정받는 것이 좋다. 덧니는 결정적인 순간에 일을 지연시키고 판단을 흐리게 만들어 인생을 후퇴하게 만든다. 덧니가 있는 사람은 화약을 지고 불에 들어가는 식의 엉뚱한 성격이 있으므로 수양하는 마음이 없으면 화를 면하기 어렵다. 그리고 잇몸이 보이는 사람은 적당하게 웃는 습관을 지녀라. 잇몸이 보이는 것은 치부를 보이는 것과 같게 본다.

— 말할 때 이가 보이지 않는 사람이 법무부장관·국방부장관·검찰총수·감사원장·경찰청장이면 국민이 편안하다.
— 말할 때 입술이 자주 움직이는 사람은 거짓말을 잘 한다.
— 이가 누렇고 보기 흉하면 일이 순탄하지 않고 진로를 자주 바꾼다.
— 이가 깨끗하고 윤택하면 운이 좋아진다.
— 송곳니가 너무 뾰쪽하고 날카로우면 신경질이고 성생활도 변태

적인 경우가 많다.

— 송곳니가 지나치게 날카롭고 돌출한 사람은 심성이 교활하다고
  한다. 이런 사람은 불리한 상황이 되면 돌발행동을 한다.

— 대문니 사이가 떨어진 사람은 금전적으로 고생이 많다.

  이가 가지런하지 않으면 뒤에서 하는 일을 좋아한다. 일본사람
  들이 불만을 앞에서 말하지 않고 뒤에서 수근대는 것은 들쑥날
  쑥한 이 때문이다.

— 입술이 아주 얇은데 이까지 가지런하지 못하면 사람을 속이는
  기술이 뛰어나다.

15. 언어

사람의 말에는 영혼이 있고, 그 영혼은 쉬지 않고 움직인다. 따라
서 아무렇게나 말하면 안된다. 사람의 머리는 하늘의 기운과 매초
마다 소통한다. 그래서 나쁜 생각을 많이 하면 하늘에서 망하는 기
운을 내려온다. 하늘의 기운을 받아 좋은 말과 좋은 소리를 내는
것은 복을 짓는 지름길이다. 말은 한 번 나가면 주워 담지 못하니,
혀와 입술의 소중함을 알아야 한다. 원수도 좋은 말로 대하다 보면
사랑이 생기고, 부모나 부부간에도 나쁜 말이 오가다보면 미움이
생기기 마련이다.

입이 크고 거친 사람은 남의 단점이나 아픈 곳만 지적하고, 입이
상하 비율이 좋고 입술이 긴 사람은 말을 삼가고 참신하다. 입술이

짧고 얇은 사람은 말이 급하며 경솔하고, 이가 작은 사람은 허언을 자주하거나 남을 속인다.

입술은 출납관(出納官)이라고 하여 금전이나 물품의 사용을 본다. 출납의 주인공은 입술에 해당하기 때문에 입술의 색이 매우 중요하다. 입술은 길고 선홍빛이 감돌면 좋으나, 약간 검은색을 띠거나 검은점이 있으면 아주 흉하게 본다. 혀가 짧은 사람은 평생 경제문제로 고통을 당한다.

말의 경중·고저·장단·리듬·트릭·청탁·말투·단어를 잘 분석하면 그 사람의 마음을 읽을 수 있다. 말이 입에서 나오지만 결정은 마음이 하기 때문이다.

16. 뼈는 어떻게 비유하나

관상학에서 뼈는 금석(金石)에 비유한다. 쇠나 돌은 단단해야 최고로 취급받듯이 사람도 뼈가 무르면 진격에 속하지 못한다. 모가 나거나 돌출하지 않고 원만해야 한다. 수척하면 뼈가 나와 있는 것으로 잘못 알기 쉬우니 세밀하게 관찰해야 실수하지 않는다.

뼈와 살은 칭(稱)이라고 한다. 저울이 한 쪽으로 기울면 제기능을 할 수 없듯이 뼈와 살은 서로 감싸야 맑고 깨끗한 기운이 나타난다. 그리고 기(氣)와 혈(血)이 상응하여 인체를 구성하면 아주 좋다. 뼈가 차갑고 위축된 사람은 가난하거나 요절한다. 이마의 골격은 살집보다 뼈의 형태로 정해지기 때문에 진격(眞格)을 가리는데 중요한 기준이 된다.

사람의 뼈는 직선으로 뻗을 때는 힘차게 나가야 하고, 구부러질 때는 물흐르듯이 조용하고 부드러워야 한다. 사람의 다리는 종골(踵骨)에서 지탱하고, 걸을 때 충격을 흡수하기 위해 반원을 이룬다. 척추뼈는 경추부(頸椎部)·흉추부(胸椎部)·요추부(腰椎部)·요천부(腰薦部)로 되어 구부리거나 펴거나 좌우로 회전할 수 있다.

견갑골(肩胛骨)이나 쇄골(鎖骨)은 백만대군을 호령하는 기상이 서려 있어야 한다. 대퇴골(大腿骨)의 경골(脛骨)과 비골(腓骨), 상완골(上腕骨)은 하나로 되어 있으나 요골(橈骨)과 척골(尺骨)로 나뉘어진다. 하나가 둘을 낳는 일생이법(一生二法)의 기운이 흐르는 것이다. 어떤 곳은 90~180도나 360도의 회전이 자유롭다.

신체의 기능은 하늘이 준 모습으로 있어야 가장 자연스럽고 편안하다. 뼈는 군주에 해당하고, 살은 신하에 해당한다. 군신이 중화를 이루어야 태명성대가 찾아오듯이 사람의 뼈와 살도 중용을 유지해야 최고로 본다.

— 뼈, 살, 기혈의 관계를 잘 살펴야 한다. 뼈와 살이 잘 감싸고 그 안에서 기혈이 뒤틀리지 않고 안정되게 움직일 때 뼈, 살, 기혈은 일체가 된다. 이런 상호간에 원만한 관계가 잘 이루어지면 귀하다고 한다.

— 뼈는 종횡으로 튀어나오지 않아야 길상으로 본다.

— 뼈는 잘 이루어졌는데 살이 감싸지 못하고 기혈이 좋은 경우

수명은 오래가게 된다.

— 뼈와 살은 좋으나 기혈이 없으면 난관을 헤쳐나가는 능력이 약하다.

— 뼈와 기혈은 좋은데 살이 약하면 재능은 좋지만 중후함이 약해 복록의 한계가 있다.

— 상학(相學)에서 사용하는 뼈의 명칭은 다음과 같다.

■ 호서골(虎犀骨) : 코에서 천중(天中)까지의 부위.

■ 금궐옥산골(金闕玉山骨) : 천중(天中)에서 산림(山林)까지의 부위.

■ 옥탁골(玉琢骨) : 머리 정수리에 조그맣게 올라온 뼈.

■ 원면골(貝免骨) : 정수리 위에 있는 부드럽거나 딱딱한 뼈.

■ 수성골(壽星骨) : 귀 뒤에 있는 뼈.

■ 모도골(慕道骨) : 산림과 우측 구릉이 풍만한 모양.

■ 신우골(神佑骨) : 정수리 위가 높고 둥근 모양.

■ 침골(枕骨) : 후두부.

#문곡골(文曲骨: 偃月枕) : 만곡(彎曲)이 형성되어 맨 윗부분이 아래를 향하고 있는 모양.

#품자골(品字骨: 三星枕) : 위에 하나 아래에 두개가 볼록하게 솟아오른 모양.

#금골(金骨) : 하나의 뼈가 둥글게 솟아오른 모양.

#목절골(木節骨) : 나무의 마디처럼 보기 흉하게 솟아오른 모양.

#금수골(金水骨) : 달 모양을 뒤집어 놓은 모양.

#사각골(四角骨) : 네 귀퉁이에 해당하는 부위가 솟아오른 모양.

#오악침(五嶽枕) : 네 귀퉁이에 중앙까지 솟아 오른 모양.

#쌍룡골침(雙龍骨枕) : 중앙을 대칭으로 양쪽이 솟아 오른 모양.

#차축침(車軸枕) : 차바퀴 회전축처럼 솟아오른 모양.

#연광침(連光枕) : 세 개의 뼈가 상하 나란히 솟아오른 모양.

#숭방침(崇方枕) : 사각형으로 모가 나서 솟아오른 모양.

#옥준침(玉樽枕) : 상하로 두개가 솟아오른 모양.

#횡산일자침(橫山一字枕) : 뫼산(山) 자(字)로 솟아 오른 모양.

#열환침(列環枕) : 두개의 둥근 환 모양을 하고 있다.

#요고침(腰鼓枕) ; 허리둘레처럼 솟아 오른 모양.

#연주침(連珠枕) : 구슬이 연속해서 있는 모양.

■ 금성골(金城骨) : 변지(邊地) 부분에 있는 이마의 뼈.

■ 천주골(天柱骨) : 인당(印堂)부터 천정(天庭) 부분까지의 부위.

■ 옥량골(玉梁骨) : 관골에서 귀까지 해당하는 부위.

■ 외치역마골(外馳驛馬骨) : 관골에서 귀밑 수염까지의 부위.

■ 부귀골(富貴骨) : 관골과 천창(天倉)이 삽을 꽂아놓은 모양.

■ 복서골(伏犀骨) : 천정(天庭)에서 천중(天中)까지 부위.

■ 천개골(天蓋骨) : 천중(天中)에서 백회(百會)까지 이르는 부위.

■ 뇌개골(腦蓋骨) : 백회(百會) 뒷부분.

■ 옥루골(玉樓骨) : 백회(百會) 아랫부분.

■ 장군골(將軍骨) : 눈썹과 귀의 중간 윗부분.

■ 은둔골(隱遁骨) : 산림(山林) 부위 뼈가 일어난 모양.

■ 성선골(成仙骨) : 중악이 풍성하고 융성하게 솟아오른 모양.

17. 살을 어떻게 보나

살은 피와 뼈를 감싸는 소중한 부분이다. 토(土)는 만물이며 만물을 이루는 기운이 있다. 풍성하나 남음이 없고, 마르나 부족하지 않아야 치우치지 않는다. 남음이 많으면 양(陽)이 음(陰)을 이기고, 부족하면 음(陰)이 양(陽)을 이긴다. 음양(陰陽)은 서로 상승하는 도(道)가 있어야 비로소 한 몸을 이룬다. 살은 튼튼하고 실해야 귀하고, 반듯하면서 솟아야 기운의 흐름이 흩어지지 않는다.

사람이 살이 찌고 뚱뚱하면 기(氣)가 짧고, 지나치게 과하면 헐떡거리고 막힌다. 뼈가 너무 작아도 문제가 생기고, 살이 너무 많아도 기가 막힌다. 피부는 건강상태에 민감하게 반응한다. 좋은 일이 있으면 얼굴 활짝피고, 나이가 들면 피부에 검은꽃이 핀다. 피부가 부드럽게 감싸지 않으면 고귀한 상(相)이 될 수 없다.

성(性)도 피부가 너무 무겁거나 두꺼우면 습해져 발기불능이나 조루증이 나타난다. 사람의 욕망은 화(火)에 해당하고, 습(濕)은 성(性) 문제를 나타낸다. 따라서 매우 마른 사람이 조열한데 무리하면 단명하기 쉽다.

지나치게 뚱뚱하면 성생활에 문제가 생긴다. 요즘 사람들을 보면 비만과의 전쟁이 아니라 성(性)과 전투를 벌이는 느낌이 든다. 우리 몸도 불을 잘 피울 수 있어야 기운이 잘 트이고 가벼워진다. 살이 뼈와 근육을 잘 감싸면 귀함을 함부로 들어내지 않고, 지나치면 건강과 수명을 단축시킨다. 다른 사람에게 존경받는 귀한 기운과 생명을 해치는 기운도 반드시 중화를 이루어야 한다.

18. 피부와 피의 관계

피부가 양(陽)이면 근육은 음(陰)이다. 피가 근육 속에서 원활하게 소통되면 근육을 성장시키는 원동력이 된다. 사람이 피부와 피가 없다면 생존할 수 없다. 피의 관계를 살피기 위해 가장 예민한 눈동자의 모세혈관을 보기도 하고, 입술을 살피기도 한다. 몸이 차가워지거나 수영장에 오래 있으면 입술이 파랗게 변한다. 찬 기운이 돌거나 심장의 힘이 약해지면 삿된 기운이 침범하여 혈기가 변화를 나타내기 때문이다. 심한 공포를 느끼거나 심장병 환자의 입술을 보면 쉽게 이해할 수 있을 것이다.

찰색을 보기 전에 피혈(皮血)을 잘 살펴야 한다. 피부는 밖으로 나타난 색이고, 기의 근본이 된다. 피부가 매끄럽지 않고 꺼칠꺼칠하면 색이 명확하지 않다. 피가 왕성하지 않으면 기(氣) 또한 부족하고, 피부가 매끄러우면 피도 왕성하다는 뜻이다. 피부가 매끄럽고 정결하며 미세한 부분까지 같은 색을 띠면 매우 좋다. 피부는 맑고 깨끗하며 윤택하고 붉은색이 감돌아야 평생 우환이 없다.

— 피부는 현재 상태의 길흉을 나타낸다. 골격이 격국(格局)을 나

타낸다면 피부는 기질을 나타낸다.

— 피부가 좋아도 주름이 종횡으로 많으면 운이 열리지 않는다.

— 피부가 둔감하면 사람도 우둔하다.

— 피부가 너무 얇고 야들야들하면 복록도 얇다.

— 피부에 종기가 자주 나면 피가 탁하다는 뜻이고, 장부에 문제가 있다는 예고이다.

— 피부가 매끈하고 깨끗하면 생각과 행동도 정밀하다.

— 여성이 남성의 피부, 남성이 여성의 피부 같으면 신고하다.

— 얼굴색이 깨끗한데 몸 전체의 피부가 지나치게 좋지 않거나 반대로 몸 전체 피부는 좋으나 얼굴색이 지나치게 좋지 않으면 길흉이 교차하기 때문에 일생이 순탄하지 않다.

— 살이 지나치게 비대하거나 야윈 사람은 뇌력이 약하다. 살찐 사람은 뇌력을 좋게 하려면 식사량을 줄이고, 야윈 사람은 식사량을 늘려야 원하는 목적을 달성할 수 있다.

19. 지문

지문은 신이 내려준 부호로, 하늘이 개인의 운명을 모두 다르게 표현한 것이다. 세상에 똑같은 지문은 없다. 지문은 손의 일부분이다. 고로 지문 하나로 사람의 모든 것을 평가할 수는 없다. 자칫 통계학의 오류로 엉뚱한 말을 하는데 삼가해야 한다.

20. 풍채

 태초에 하나의 기운에서 음양(陰陽)이 나뉘고, 음양(陰陽)은 사상 (四象)으로 발전하고, 사상(四象)에서 팔괘(八卦)가 탄생했다. 우주 어디를 가도 8가지 기운이 있고, 지구의 모든 생명체는 8가지로 구 분한다. 미세한 원자나 원소의 구조를 보더라도 모두 8주기를 띤다. 더 작게는 우리의 유전자까지 영향을 받지 않는 것이 없다.

 우주의 기운으로 사람의 형태를 8가지로 구분하면 다음과 같다. 첫째는 수천만을 다스리는 위엄있는 사람이다. 두번째는 덕과 지혜 를 갖춰 존경과 흠모를 받는 사람이다. 세번째는 백성을 잘 다스리 며 맡은 임무를 사심없이 하는 깨끗한 사람이다. 네번째는 백성의 분류로 항상 고달프고 먹고 살만 하면 일이 커져 결말이 힘든 사 람이다. 다섯번째 처자식과 떨어져 외로이 살거나 누구하나 의지할 사람이 없는 사람이다. 여섯번째 작은 지식으로 떠들면서 최고라고 생각하는 사람이다. 일곱번째 남을 이용하면서 거짓으로 세상을 흉 폭하게 만드는 사람이다. 여덟번째 의식은 있으나 항상 수심이 깊 고 고독한 사람이다.

 풍도(風度)는 그럴듯한데 행동이 괴이하고 사사로운 사람은 졸렬 한 무리다. 반대로 풍도(風度)는 떨어져도 행동이 바르면 보통 이 상의 사람이다. 미성년자의 책임은 모두 부모에게 전가되듯이 똑같 은 얼굴도 누구와 사느냐에 따라 많은 변화를 가져온다. 환경이 사 람과 동일하다는 뜻이다. 교통사고가 많은 나라 사람들의 행동과 사고율이 낮은 나라 사람들의 행동은 다르다. 선진국 사람들의 풍채와 후진국 사람들을 비교하면 쉽게 알 수 있다. 진정한 풍도는 마음에서 우러나와야 자연스러움을 유지할 수 있다.

사람은 지역과 기후, 환경에 따라 풍도가 달라지기도 한다. 그래서 어느 지역 태생인가에 따라 길흉을 다르게 보기도 한다. 산과 물, 사람의 인심이 어우러져 영웅과 호걸을 배출한다. 풍수(風水)는 우주의 신(神)이다. 바람과 물이 없다면 생명이 존재하지 않기 때문이다. 생명이 존재하면 우주의 기(氣)가 모인다. 환경과 지역에 따라 사람의 모습이 다르고 언어·풍습·관습 등 모든 생활이 달라진다.『춘향전』의 한 대목으로 지역의 특징을 살펴보자.

'그렇지야, 영웅호걸이 삼길 때는 산수정기를 타고나는 법인디, 산세를 두고 일러도 서울산세 시골산세가 다르니, 내 이를 게 들어봐라. 경상도 산세는 산이 웅장허기로 사람이 나며는 정직허고, 전라도 산세는 촉허기로 사람이 나며는 재주있고, 충청도 산세는 순순허기로 사람이 나며는 인정있고, 경기도를 올라 한양터를 보며는 자른목이 높고 백운대 떳다. 수락산 떨어져 북주되고, 종남산이 안산이요, 관악산이 청룡, 만리재 백호라, 동작이 수구를 막혀 천부금탕이 되었으니 만호장안이 이 아니냐? 사람이 나며는 선할 때 선하고 악하기로 들면 별악지상이라…'

■ 탁한 가운데 청한 사람

― 용모가 추하게 보이는데 자세히 관찰하니 인당(印堂)에 흠이 없고 넓으며 활달하고, 눈동자가 수려하고 안광이 있을 때, 귀의 윤곽이 좋고, 치아가 옥처럼 깨끗하고 좋은 사람이다.

― 관하당 중에 개의 하당이 좋으면 비록 용모는 추하니 탁한 중에 청기가 있는 사람이다.

― 신기가 온전하면 비록 용모가 추하더라도 탁한 중에 청하다.

― 용모가 아름답지 않으나 자세히 보면 눈동자의 동공이 깊고 목소리가 맑고 깨끗하면 품행과 행실이 좋은 사람이다.

■ 청한 가운데 탁한 사람

― 용모가 준수하고 조화를 이룬 것 같은데 자세히 관찰하니 귀의 색이 붉은색이 감돌지 않고, 눈이 튀어나오고 신기가 없고, 눈이 큰 사람과 치아가 가지런하지 못하고, 얼굴이 어려보이고 위엄이 없는 사람이다.

― 용모가 준수하고 깨끗한데 털이 없고 너무 매끄러우면 이것은 탁하고 흉을 나타낸다. 털은 호르몬작용과 밀접한 관계를 가지고 있기 때문에 털이 없으면 첫째 의(義)가 없고 둘째 신(信)이 부족하다. 가마는 정 중앙에 있는 것이 좋다. 만약 왼쪽으로 치우쳤다면 태아시절 아버지와 관계가 소홀함을 알 수 있고 오른쪽으로 치우쳐 있으면 어머니의 마음이 일정하지 않음을 알 수 있는 것이다. 좌우로 쏠리면 유전상태 또한 좋지 못하다.

— 용모는 준수하게 생겼는데 음식을 먹을 때 지저분하게 입가에 흔적이 많거나 걸을 때 몸을 흔들며 걷고 말을 할 때 함부로 하고 눈동자를 좌우로 자주 움직이는 사람은 탁한 사람이다.

— 용모는 준수하게 생겼는데 목소리가 작고 상체가 짧다. 그리고 하체가 길게 생기고 팔이 짧은 사람은 탁한 사람이다.

21. 6가지 나쁜 것과 천한 행동

6가지 나쁜 것은 다음과 같다. 첫째, 양의 눈처럼 사람을 똑바로 쳐다보는 행동은 사람이 어질지 못하다. 둘째, 입술이 이를 가리지 않아 드러나면 화합하지 못한다는 증거다. 셋째, 목젖이 너무 튀어나오면 처자식이 재액을 당한다. 넷째, 머리가 작으면 가난하고 녹이 없다. 다섯째, 삼정(三停)이 고르지 않고 각각 다르다. 여섯째, 뱀의 걸음처럼 이리저리 몸을 꼬면서 행동하거나 참새 걸음처럼 짧으면서 빠르게 조잡하게 걷는다.

6가지 천한 행동은 다음과 같다. 첫째, 나쁜 마음에 대한 수치심과 부끄러움이 없다. 둘째, 사람을 만날 때마다 바보처럼 웃는다. 셋째, 나설 자리와 물러날 자리를 모른다. 넷째, 슬퍼해야 할 장소에서 웃고 웃을 장소에서 운다. 다섯째, 자신의 능력을 지나치게 자랑한다. 여섯째, 말에 믿음이 없다.

22. 10가지 살(殺)과 공(空)

십살(十殺)이 있는 사람은 많은 노력과 정성을 들여 아래와 같은 행동을 없애야 한다. 십살(十殺)은 가난하며 흥망이 끊이지 않는다.

① 얼굴이 항상 술취한 것처럼 붉다.

② 혼자 중얼댄다.

③ 가래도 없는데 캑캑대며 토한다.

④ 눈에 붉은 실선이 있다.

⑤ 정신이 혼탁하다.

⑥ 승냥이나 이리처럼 소리를 낸다.

⑦ 옆 수염은 있으나 코 밑에는 수염이 없다.

⑧ 음식을 먹을 때 땀을 많이 흘린다.

⑨ 해오라기처럼 코를 들고 하늘을 쳐다본다.

⑩ 겨드랑이에서 여우처럼 냄새가 난다.

십공(十空)은 얼굴에 10가지 공망(空亡)을 말하는 것으로 몸과 마음을 잘 다스려 어려움을 극복해야 한다.

① 이마가 뾰쪽하면 천공(天空)이라 한다. 조상의 업을 지키지 못하고 소년시절에 어려움이 많다.

② 턱이 뾰쪽하면 지공(地空)이라 한다. 늙어서 처자를 떠나 홀로

외롭게 살아간다.

③ 콧구멍이 하늘을 향하면 인공(人竏)이라 한다. 중년에 반드시 패한다.

④ 산근(山根)이 낮고 함몰되면 육친이 무정하고 늙어서까지 고생이 많다.

⑤ 구레나룻은 많은데 콧수염이 듬성듬성하면 친구가 있어도 의리가 없다.

⑥ 성곽이 없는 것처럼 얼굴의 윤곽이 분명하지 않으면 힘이 없어 지키기 어렵다.

⑦ 털이 짧고 뭉쳐 있으면 도전의식은 강하나 위아래가 없다.

⑧ 누당(淚堂)이 구덩이가 깊게 패인 것 같으면 처자식을 극한다.

⑨ 눈에 신광(神光)이 없으면 요절한다.

⑩ 오래 살 수 있는 골상이나 눈썹이 없으면 독단독행하고, 인내력이 약하며 형제간에 우애가 없다.

얼굴과 몸의 관계는 매우 중요하다. 예를 들어 얼굴이 짧고 크면 목도 짧고 굵어야 좋다. 그렇지 않고 목이 길면 조화를 이루지 못하여 좋은 상이 못된다. 이런 사람은 사업을 해도 얼굴만 사장이지 가짜 사장이다. 반대로 얼굴이 작고 얇은데 목이 두껍고 몸체가 크면 간사하고 은혜를 모르는 사람이다. 관상이라고 무조건 얼굴만 보고 판단하는 것이 아니라 몸과 함께 보아야 한다.

■ 일찍 재물운을 타고난 사람의 상(相)

준두(準頭)가 살짝 살이 있고 원만하게 생겼고 마치 대롱을 자른 모양이어야 하고 이마는 활달하고 생겼다. 귀는 두텁고 윤곽이 확실하고 머리에 착 달라붙어야 좋다. 귀의 색은 백색으로 부드럽고 유연해야 한다.

■ 중년에 재물운을 타고난 사람의 상(相)

천정(天庭)이 두텁고 밝으며 깨끗하다. 산림(山林)이 좋고 윤택하고 이 부위가 살짝 벗겨지면 대외적인 관계가 좋아진다. 눈썹이 수려하고 눈이 길게 찢어져 있고 흑백이 분명하게 생겼다면 어려운 난관을 뚫을 수 있고 코가 둥글고 윤택하면 상업이 크게 융성한다.

■ 만년에 재물운을 타고난 사람의 상(相)

코는 대롱을 자는 모양으로 생겼지만 살집이 약하고 지각(地閣)이 둥글고 살집이 있어 두텁다. 수염은 황색이고 수염은 드물게 난다. 만약 코가 두텁고 수명이 오래가면 귀함도 있게 된다. 고서(古書)에 이르기를 "세무 농발재상(世無濃髮宰相: 세상사람 중에 머리카락이 진하게 된 재상이 없고) 갱무독발건아(更無禿髮健兒: 또 머리카락이 없는 아이치고 건강한 아이가 없다)"고 했다.

■ 대부의 운을 가진 사람의 상(相)

코가 현담(懸膽)과 대롱을 자른 모양이고 산근(山根)이 솟아올라 있어야 한다. 년상(年上), 수상(壽上)이 풍륭하고 귀는 크고 살집이 머리에 달라붙어야 한다. 귀두는 홍색이 나오고 윤택하고 소리는 큰 종이 울리는 것처럼 멀리 가고 삼갑(三甲), 삼임(三壬)이 있어야 하고 허리는 둥글고 등은 두터워야 한다. 지각(地閣)은 두텁고 얼굴 부위는 항상 홍자색 기운이 있고 윤택하면 최고로 본다.

■ 중부(中富)의 재운(財運)을 가진 사람의 상(相)

오장(五長), 오단(五短), 오로(五露), 오소(五小)등 각종 격국(格局) 자가 여기에 속한다. 오악(五嶽), 삼정(三停)이 평등하고 골고루 발달 되어 있다. 혹은 봉안이나 사자코가 여기에 속한다. 얼굴은 빛나고 윤택하고 홍황색으로 가득 차게 된다.

■ 소부(小富)의 재운(財運)을 가진 사람의 상(相)

예로부터 소부(小富)는 재근(在勤)에 있다고 했다. 중부나 대부의 상보다 구분하기 어렵지만 품행이 단정하고 음식을 먹을 때 식복이 있게 먹는다. 일반인에 비해 손이나 다리의 등이 두터운 사람이 많다. 얼굴이 두텁고 안광이 빛나고 동공에 힘이 있다. 만약 깜깜한 밤에 어떤 사람을 보았는데 까만 눈동자의 동공이 보인다면 그는 틀림없이 성공을 기약할 수 있는 사람이다.

15장. 여자를 보는 법

1. 여자의 복

■ 머리는 둥글고 이마는 평탄해야 좋다

여자의 머리가 모나지 않고 둥글면 마음이 어질고 도덕심이 강하다. 만약 후두부까지 둥글고 원만하면 부유하며 애정이 깊다. 또 이마가 평평하고 고르면 총명하고 현숙하여 행복한 가정을 이룬다.

■ 뼈는 가늘고 피부는 매끄러워야 좋다

여자는 음(陰)에 해당하기 때문에 유연하고 뼈와 살은 부드럽고 깨끗해야 한다. 남자처럼 얼굴이 크고 두꺼우면 경제활동을 하고 부부간에 애정문제로 고생한다.

■ 입술은 붉고 이는 희면서 빛나야 좋다.

신체가 건강하고 이가 좋다는 것은 소화작용에 문제가 없다는 뜻이다. 입술이 파랗고 지저분하면 식록이 좋아도 감당하지 못하고 신의가 부족한 사람이다.

■ 눈동자는 흑백이 분명하고 눈썹은 길어야 좋다.

눈썹이 긴 사람은 감정이 안정되고 마음이 넓다. 시부모와 남편의 형제와 우애가 두텁다. 눈동자의 흑백은 신(神)과 가장 관계가 깊고, 신(神)이 안정되면 사사로운 시비에 관여하지 않는다.

■ 손가락은 가늘고 손바닥은 두터워야 좋다.

손가락은 가늘며 곱고, 손바닥은 적당히 두텁고 부드러우며 유연하면 인간미가 있다.

■ 말소리는 작고 부드러우며 튀지 않아야 좋다.

말소리가 담장을 넘으면 좋지 않다. 특히 웃음소리가 멀리까지 나가면 아주 흉하다. 음성은 샘물이 졸졸졸 흐르듯 끊어지지 않고 조용해야 좋다.

■ 즐겁게 웃되 아양떨지 말고 이가 전부 드러나면 좋지 않다.

웃음은 행복을 부르는 최고의 무기인데 경박스럽게 날려버리면 불행이 찾아온다. 여자의 웃음에는 무한한 매력이 있다. 남성의 마음을 설레게 하는 것도 웃음의 힘이다.

■ 걸음은 완만해야 하고 앉을 때나 누울 때는 조용해야 좋다.

여자가 남자처럼 걷거나 몸을 이리저리 흔들면서 걸으면 가정에 문제가 생긴다. 앉을 때도 풀썩 앉거나 일어설 때도 벌떡 일어나지 않도록 조심해야 한다.

■ 신기(神氣)가 맑고, 피부는 향이 나는듯 정결해야 좋다.

사람은 교양과 예의가 있어야 존경을 받는다. 마음이 아름다우면 얼굴에 나타난다.

2 여자의 팔기(八忌)·구악(九惡)·십천(十賤)

여자는 팔기(八忌)·구악(九惡)·십천(十賤)으로 구별하고, 여기에 해당하는 사람은 더 엄격하게 구분했다. 사회의 변화에 따라 관상학을 보는 관점도 변했다. 귀천도 중요하지만 소질에 따라 사회 활동이 더 중요하진 것이다. 요즘은 사회 곳곳에서 결혼보다는 자신의 일을 즐기며 사는 여성이 늘어나고 있다.

음양(陰陽)은 남녀를 차별하는 것이 아니다. 만약 관상학이 음양(陰陽)의 차별에서 만들어졌다고 생각한다면 이런 연구는 더 이상 가치가 없을 것이다. 어떤 부분은 내가 좋아하지만 상대에게 고통을 주는 일도 있다. 하지만 이것을 일방적인 기준을 삼아 함부로 남용하면 다른 사람을 죽이는 일이다. 상법(相法)은 음양학(陰陽學)이므로 한쪽으로 치우쳐 세상을 바라보면 안된다.

3. 자세로 보는 여자의 성격

사람은 행동하고 움직이는 동작이 따로 있으며 고요하게 머무르고 자신의 기운을 조용히 안정시킬 때가 있다. 행동하고 움직이는 것은 생각한 결과를 실천으로 옮기는 행위이다. 앉아서 조용히 생각하는 행위는 자신의 마음을 나타내는 것이다. 따라서 움직일 때와 앉아 있는 모습을 관찰함으로 사람의 기운을 측정하고 생각한 결과를 추측할 수 있다.

활동하고 걷는 모습이 동적이고 양적이라고 생각하면 정적이면서 고요한 기운이 앉아있는 자세를 나타내고 현재의 생각을 읽을 수 있는 기본이 된다. 동정의 조화와 중용을 잃지 않으면 현재 생활에 많은 장점을 활용할 수 있다. 여자는 음에 해당하기 때문에 뼈가 툭 튀어나오거나 피부가 거칠어지지 않도록 항상 관리해야 한다.

1. 가장 안정된 자세

다리 살결이 곱고 희며 매끄러운 여자는 아주 좋은 자세로 본다. 종아리 사이가 벌어지지 않고 가지런하면 더욱 좋다. 겉으로 보이는 자세가 소극적으로 생각할 수 있으나 내심 강한 자신의 의지를 보이고 있다. 이런 사람은 원리원칙에 입각한 행동을 원한다. 이런 여성과 데이트를 즐기는 남성은 자유분방한 만남보다는 여성에게 최대한의 예의를 표하고 약속한 장소나 시간에 만나야 서로간의 충돌을 피한다.

그러나 눈동자가 약간 위로 향하고 있는 여자는 겉으로 표현은 얌전하지만 속으로 전혀 다른 생각을 하는 사람이다. 결혼 전에 이중생활을 했을 가능성이 많다. 요조숙녀인 척 내숭을 많이 떠는 스타일이다. 다리가 짧으면서 가지런한 여자는 부지런하고 현실성이 강한 여성이다. 그러나 개방적인 성격은 아니고 보수적인 성향이 짙은 편이다. 무릎이 둥글고 예뻐야 좋은 다리로 보고 뾰족하거나 날카로운 무릎을 하고 있는 사람은 나쁘게 본다.

2. 옆으로 앉은 자세

왼쪽다리를 살짝 들어 오른쪽 다리에 옆으로 포개 앉는 모습은 뜻이 높고 고귀하다. 솔선수범하고 매사를 적극적으로 처리하는 성격이 강하여 남자와 연애할 때 보면 여성이 훨씬 적극적이고 대담한 포즈를 취한다. 두 다리를 모두 땅에 딛지 않고 한 다리는 허공을 향하기 때문에 이상이 보통 사람에 비하여 높다. 전통적인 사상을 혁파하는 기운도 강하여 미풍양속을 해치는 경향도 있다. 이러한 자세는 지나치면 남자를 유혹하는 것처럼 보인다. 만약 다리가 너무 길게 쭉 뻗은 여자는 이상만 높지 몸이 게으르고 모든 일을 말로 하려는 성질이 강하다.

다리가 너무 굵고 퉁퉁한 여자는 미적 감각이 떨어지는 경우가 많다. 자신은 굉장히 날카롭고 섹시한 옷을 입고 쇼핑한다고 생각하지만 주위사람들이 촌스럽게 평가한다. 그리고 체면이 없는 사람이다. 오른쪽 다리를 왼쪽으로 포개는 자세는 보수적인 성격이 강하다. 생각 이상으로 내성적인 성격이므로 조심스럽게 접근해야 한다. 연애도 피동적인 성격이 강하고 충실하지 못하다. 이런 여성에게 마음을 빼앗기지 않도록 조심해야 한다. 연애할 때와 결혼하는 남자가 달라 이런 여자는 보통 사람에 비하여 남다른 결혼관을 지니고 있다.

3. 오른쪽 다리를 조금 나오게 가지런한 자세

두 다리를 가지런하게 모으고 있어 보기에는 좋아보인다. 그러나 이런 여자는 부에 대한 환상을 가지고 있다. 자신이 부유한 사람처럼 살고 싶다는 욕망이 지나쳐 자기밖에 모르는 사람이 될 수 있다. 강한 결단력을 지니고 있게 보이지만 실제로는 남의 말을 듣고 움직이는 사람이다. 자신의 행동에 비난이나 잘못된 말을 듣지 않기 위해 남의 말을 잘 경청하는 듯한 거짓 행동을 한다. 외출할 때 모자나 가방을 지니고 다니는 여자는 이런 환상이 더욱 심하다.

4. 다리를 X자로 꼬는 자세

통상적으로 집안에서 여성이 하는 요리나 집안의 가사를 소홀히 하는 사람이다. 외출을 좋아하고 저축보다 소비성향이 많은 사람이다. 자신이 주변에서 스포트라이트를 받지 못하면 심한 스트레스를 받아 심하면 정신적인 질병까지 이르게 된다. 자신의 재능이 강한 사람은 사회적으로 이름을 날리고 그 분야에서 성공한 사람으로 두각을 나타낸다. 이런 자세를 하고 있는 사람들의 공통점은 다리를 많이 떨고 있다.

심리적으로 강하고 단순한 부분을 좋아하고 성과가 빠르게 나타나는 일에만 관심을 쏟아서 그렇다. 개방적이고 사교적인 면이 강해 많은 사람을 만난다. 가정보다는 사회활동을 통해서 자신의 장점을 이루어가면 좋다. 부부간의 생활은 맞벌이와 그렇지 못한 부부간의 생활에 차이가 많이 있다. 맞벌이 부부는 확실한 부부관계 규정하고 남편 중심으로 생활하는 여자는 가끔 논쟁을 한다.

5. 八字형 자세

매사를 낙관적으로 보는 사람으로 일에 대한 열정이 넘쳐흐른다. 보수보다는 진보적인 성향이 있고 모든 일을 긍정적으로 대하는 성격이라서 하는 일에 자기만족을 할 줄 아는 사람이다. 팔을 끼고 있는 여자는 보수적 성향 이 강한 사람이다. 손을 가지런하게 무릎 위에 올려놓고 있는 여자는 지키는 기질보다 공격성이 강한 사람이다. 이런 자세는 동물이 공격적인 자세를 취하고 돌진하는 형태를 취하기 일보 직전의 자세다. 몸이 조금 앞으로 나와 있으면 마음 속으로는 아주 강한 힘을 내포한다. 이럴 때 이런 사람과 마찰을 일으키지 않도록 주의해야 한다. 자신의 마음을 너무 깊숙이 숨기고 있기 때문에 사회활동에 조직원과 다툴 수 있으니 항상 열린 마음으로 활동하기 바란다.

16장. 고객을 응대하는 법

1. 귀를 보고 판단한다

■ 귀가 작은 사람

귀가 작은 사람은 주변의 일이나 다른 것에 관심이 많지만 상대를 이해하는 마음은 부족하다. 자기가 아는 정보가 최고라고 생각하며 고집이 강하기 때문에 충돌하기보다는 자세하게 설명해줘야 한다. 만약 고객의 일행 중에 귀가 큰 사람이 있다면 그 사람에게 어떠냐고 물어보면 쉽게 해결된다. 귀가 작은 사람은 남의 말에 쉽게 동요되는 특징이 있다.

■ 귀가 큰 사람

귀가 큰 사람은 평범하게 보여도 정보를 많이 갖고 있다. 이런 사람에게는 무엇이든 먼저 물어보는 것이 편하다. 기능이나 가격·성능·특징·유행 등을 구체적으로 질문하라. 이런 사람에게는 지나친 설명이나 쓸모없는 과정을 밟지 않도록. 귀가 큰 사람은 판단하는데 시간이 오래 걸리기 때문에 짧고 간단하게 응대한다.

■ 귀가 뒤로 넘어간 사람

귀가 뒤로 넘어간 사람은 결정적인 순간에 자신의 의견을 강하게 말한다. 이런 사람은 인내심이 약하기 때문에 시간의 여유를 두고 응대하면 된다. 또 건방진 면이 있고, 자기 잘난 맛에 사는 사람이 적절하게 사용하면 된다.

■ 귀가 위로 올라간 사람

이런 사람은 재주가 많고 취미가 다양하여 긴장을 늦추면 실수하기 쉽다. 또 덕은 부족해도 재주가 뛰어나 도사나 만물박사에 해당한다. 적당히 넘어가지 말고 예와 아니오를 확실하게 답하라. 사정하거나 약한 모습을 보이지 마라. 자기 잘난 맛에 사는 사람이다.

2 입을 보고 판단한다

■ 입이 큰 사람

입은 식욕을 나타내나 고객으로 대할 때는 물건을 갖고 싶어 하는 욕망으로 본다. 입은 부귀·수명·변재(辯才)를 나타내므로 크고 두툼하며 단단하면 아주 좋은 입으로 평가한다. 입이 크면 욕망도 강하고 마음도 넓으며 신망있는 사람이니 영원한 고객이 될 수도 있다. 사회생활도 잘하며 식객이 날로 늘어나는 사람이다.

■ 입이 작은 사람

 입이 작은 사람은 까다로운 고객이다. 말을 잘하나 자기 위주이고 잘해 줄 때와 실수할 때 변화가 심하니 흠을 잡히지 않도록 조심해야 한다. 이런 사람은 긴장해서 설명해야 하고, 믿을 수 있도록 "저 여기서 10년 장사했어요"라고 하거나, 제품의 기능 등을 확실하게 설명할 필요가 있다.

■ 입이 튀어나온 사람

 영화나 드라마에 나오는 왈가닥 여사에 해당한다. 자기가 아는 정보와 다르면 끝까지 우기는 편이다. 이것은 이래서 나쁘고 저것은 저래서 좋지 않다고 말한다. 항상 오리처럼 꽥꽥대며 피곤한 사람이니 다퉈봐야 시간만 낭비할 뿐이다. 만일 어떤 물건에 관심을 보이며 물어보면 간단하고 짧게 대답하라. 공격적이며 부정적이고 비평가 기질이 다분하니 필요 이상의 말은 삼가하라.

■ 윗입술이 얇은 사람

 냉정하고 획기적인 사람이다. 자존심이 강하고 자기 일이 최고라는 자부심이 강하니 이런 점을 이용한다. "이 물건은 기능은 최고인데 가격이 조금 비싼데…"라거나 "생각한 물건이 있으십니까?"라고 물으면서 최고와 상대적으로 다음 것을 제시하면서 응대하라.

■ 아랫입술을 깨무는 사람

 설명을 들으면서 이런 행동을 하면 마음 속으로 결정했다는 뜻이

다. 만일 머뭇거린다면 어떤 물건이 마음에 드냐고 질문하라. 물건
은 마음에 드는데 가격을 말하기 곤란하다는 의미도 있으니 "에누
리 없는 장사가 어디 있겠습니까?"라고 말하면서 협상하면 된다.

■ 위아래 입술을 모두 깨무는 사람

상대방보다 자신의 마음을 더 믿는다는 뜻이니 설명이나 가격협
상이 중요한 것이 아니다. 이런 사람에게 설명은 무의미하니, "하나
골라보세요"라고 말한 뒤 물건을 고르면 설명하는 것이 낫다. 사람
들은 자신의 마음을 몰라주면 무의식 중에 입술을 깨물게 된다.

■ 입술이 풍만하고 아름다운 사람

입술의 각이 분명하면 말을 잘 하지만 입이 크고 길면서 풍만하
면 웅변가 기질이 있는 사람이다. 말을 함부로 하지 않지만 궁금한
점은 꼭 물어본다. 이런 사람은 물건을 사지 않고 그냥 지나쳐도
친절하게 대하면 방문한 집을 꼭 찾는다.

3. 코를 보고 판단한다

관상학에서 코를 재백궁(財帛宮)이라고 하듯이 현금상태를 알 수
있다. 다음은 관록궁(官祿宮)을 본다. 재백(財帛)·관록(官祿)·명
궁(命宮)은 나와 트라이앵글을 이룬다. 세 가지가 모두 빛나면 최
고로 보고, 두 가지 이상이면 그 다음이고, 한 가지만 좋아도 양호
하다.

■ 코가 휜 사람

물건으로 위세하고 싶어하는 사람이니 "아무나 볼 수 있는 물건이 아닙니다"라거나 "안목이 전문가 이상이시네요" 하면서 띄워주면 대화가 쉬워진다.

■ 코가 작은 사람

실용적이며 합리적인 선택을 하는 사람이다. 기능이나 가격을 비교하면서 설명하면 알아서 선택할 것이다. 그러나 꼭 코의 윤기를 살펴야 실수가 없다. 코가 작아도 윤기가 있다면 상황이 좋다는 뜻이다. "가격은 중저가이지만 정말 실속 있는 물건입니다"라는 한마디에 마음이 움직인다. 대개 코가 작은 사람은 물건을 꼼꼼히 살피지 못하니, 이런 점을 알고 응대하면 좋은 결과가 있을 것이다.

■ 코가 큰 사람

얼굴에서 상하좌우의 균형을 맞춰주는 위치가 코다. 그래서 관상학을 심변관(審辨官)이라고도 한다. 사람의 수완을 보기 위해서는 코의 모양이 중요하다. 코가 크면 보기에는 투박하고 엉성해 보이지만 예리한 관찰력이 있어 물건을 잘 보는 사람이다. 돈도 의미가 있어야 쓰는 사람이다. 쉽게 생각하지 말고 조목조목 설명하면서 작은 것도 놓치지 말고 응대하라. 코가 높고 크면 개성이 강하다.

■ 콧구멍이 하늘을 향한 사람

자기 잘난 맛에 사는 사람이라 대하기 힘든 유형이지만 맞장구를 쳐주면서 은근히 자존심을 건드려라. 고가의 물건으로 기를 죽인 후 유도하면 된다. 허세를 부리더라도 이해하면서 양념 같은 말로 분위기를 띄워라.

■ 코가 틀어진 사람

 돈을 사용하는 방법이 그르다는 뜻이다. 상대를 곤란하게 방법을 아는 사람이다. 이런 사람은 적극적으로 응대하지 말고 기다렸다가 질문을 하거나 관심을 보이면 설명하라. 만일 틈을 보이면 약점을 물고 늘어지는 타입이니 조심하라.

4. 이마를 보고 판단한다

■ 이마가 튀어나온 사람

 말이 많으면 물건을 사지 않는 타입이니 불필요한 말은 하지 말고 요점만 말하되 머뭇거리지 말고 빨리 말하면 도움이 된다. 이마는 생각을 행동으로 옮기는 기운이 강한 곳이다. 가격도 깎아 주겠다는 말을 쉽게 하면 의심이 많아 실패한다. 이런 사람은 물건이 마음에 들면 용감해지는 특징이 있어 가격에 구애받지 않는다.

■ 이마가 좁은 사람

 생각이 많아 행동력이 떨어진다. 이런 고객에게 많은 물건을 진열하고 설명하면 오히려 더 갈팡질팡하는 결과를 초래한다. 이것저것 질문하고 설명을 듣고 싶은 마음은 간절한데 말이 잘 나오지 않고 머뭇거리는 사람이 많다. 이런 사람이 한 가지 질문을 하면 나머지도 시원시원하게 설명하라. 물건을 판 후에는 보관방법이나 필요한 사항을 꼼꼼하게 설명하라.

■ 이마가 반짝이는 사람

나는 제일 좋은 물건을 사러 왔습니다. 아니면 나는 싼 물건을 싫어합니다라는 의미가 있다. 이마는 관록궁(官祿宮 : 사업관계)이다. 번들거리면서 윤이 자르르 흐르면 최고로 본다. 현재 상황이 다른 사람에 비해 여유가 있다는 뜻이다. 만약 이마는 좋은데 코가 작은 사람은 돈을 쓰는데 인색한 사람이다. 부자로 살면서 이마는 넓고 좋은데 코가 이마에 비해 작은 사람은 돈을 쓰는데 이해할 수 없는 면이 있는 사람이다. 이마가 넓은 사람과 좁은 사람도 윤택하면 현재 상황이 좋다는 뜻이다. 이런 고객을 놓치지 마라.

■ 이마가 넓은 사람

상품에 대한 이해력이 뛰어나니 기능 · 가격 · 최신유행 · 작동법 · 사용자 연령 · 사용 장소 등을 자세하게 설명하라. 그러나 이마가 넓으면서 울퉁불퉁하면 여기에 해당하지 않는다. 누구나 어려운 문제에 직면하다가 번개처럼 생각나거나 모르는 것을 이해할 때 자신도 모르게 이마를 만지거나 친다. 이런 기운이 있다는 것은 직감이나 이해와 관계가 있다는 뜻이다. 이마가 윤택하지 않고 칙칙하게 생겼다면 저가의 물건을 권유하고 넓고 시원시원하게 생겼고 윤택하면 고가의 물건을 공략하면 된다.

■ 이마가 둥근 사람

 일반적인 것보다 특별하면서 꼭 필요한 물건을 좋아하는 타입이다. 실용적인 것을 좋아하면서 예술적 가치가 있다고 생각하면 쉽게 산다. 따라서 최소한 한 가지는 특이한 면이 있어야 응대하는데 지장이 없다. 자신의 선택을 자랑스러워하기 때문에 이런 칭찬을 섞어가면서 대화하면 좋다. "보통 사람은 볼 줄 모르는데…" "혹시 같은 업종에 있습니까?" 등 상대의 자존심을 살려줘라.

■ 이마가 삐뚤어진 사람

 처음에는 조용히 설명을 듣다가 그냥 가버리거나, 사소한 일로 시비를 걸어온다. 이런 사람은 많은 관심보다 점진적으로 다가서야 부작용이 없다. 시간이 흐를수록 관심을 보이는 유형이므로 처음부터 적극적인 응대는 서로를 불편하게 만든다. 색상도 밝고 화려한 것보다 보통 사람이 좋아하지 않는 것을 좋아하는 삐딱한 형이다.

■ 짱구 이마인 사람

 이중적인 성격이 강한 사람으로 까다롭지만 시원시원하기도 하다. 깐깐하면서 결정된 일은 번복을 싫어하는 유형이다. 설명을 듣고 결정을 하는 과정은 힘들어도 일단 OK사인이 떨어지면 모든 일이 일사천리로 진행된다. 설명과 결정하는데 생각하지 말고 딱 부러지게 말하라. 의심이 있기 때문에 생각하는 몸짓이나 계산기를 두드리는 습관을 좋지 못하다. 이마가 짱구인 사람은 아주 잘 나가는 사람이거나 침체된 사람 중에 하나다.

5. 눈을 보고 판단한다

■ 눈이 튀어나온 사람

결론부터 말하라. 기운이 발산하기 때문에 과정을 들을 시간이 없다. 무슨 일을 하든 항상 급하다. 고객 응대뿐만 아니라 부부간의 관계도 눈이 튀어나온 사람은 일방통행을 좋아한다. 대화 중 이해한다고 고개는 끄덕여도 결론은 자신이 생각한대로 움직인다. 그리고 마음먹은 것은 꼭 하고 만다. 그리고 후회한다. 이런 고객일수록 숨김없이 말한다는 생각을 심어주면 쉽게 응대할 수 있다.

■ 눈이 들어간 사람

생각이 깊으면 행동은 느려진다. 눈이 들어간 사람은 이것저것 생각하느라 시간을 소비하는 사람이다. 옆에 있는 일행이 말을 해도 또 생각하고 결정하지 못하는 성격이다. 의심도 많고 생각도 많아 말도 없는 편에 속한다. 모델 번호나 기종을 먼저 물어보는 것이 응대하기 쉽다. 무작정 설명이나 최신유행을 말하기보다는 구체적이고 자세한 질문을 하기 바란다. 가격도 몇 천 원이나 몇 백 원까지 말하고 그냥 지나치지 말아야 응대하기 쉽다.

■ 눈이 가는 사람

눈이 가늘고 긴 사람은 모든 정보나 기능, 가격을 알고 방문하는 경우가 많다. 이런 사람에게 대충 설명하면 안된다. 그도 전문가 이상의 수준이라는 것을 알고 응대하라. 시중에 잘 알려지지 않는 정보를 슬쩍 말해주면 쉽게 마음을 연다.

■ 눈이 큰 사람

부리부리한 눈과 구별해야 실수가 없다. 눈이 큰 사람은 매우 감성적이다. 호소나 도와달라고 하면 쉽게 응해준다. 감성적인 반면 냉정한 성격도 소유한다. 물건을 설명할 때도 날카롭고 예리하게 응대하면 아무 의심없이 쉽게 결정한다. 눈이 반짝이면 잘 도와줄 것처럼 생각하지만 그렇지 않다.

■ 눈에 항상 물기가 있는 사람

관상학에서 이런 여자는 평생 불륜 등 애정문제로 고통을 당한다고 본다. 사주추명학에서도 물이 많은 여자는 밤에 음란하다고 본다. 이런 고객은 유혹에 약하다. A라는 물건을 사려고 쇼핑하다가 B까지 사는 유형이다.

6. 눈썹을 보고 판단한다

■ 눈썹이 휘날리는 사람

아무리 말이 없고 얌전해보여도 시간이 없고 급한 사람이다. 이런 무언의 기운을 사용한다는 뜻이다. 제품이나 다른 설명을 하다가 빨리 결론에 도달하는 방법을 써야 실수가 없다.

■ 눈썹이 가지런한 사람

모든 설명을 들은 후 결정하겠다는 뜻이다. 긴 시간이든 짧은 시간이든 일단 설명이 끝나야 자신의 마음을 열고 물어보는 고객이다. 이런 고객은 결정이 느리기 때문에 강약 중 강약을 적절하게 이용하기 바란다. 눈썹 끝이 약하면 결정할 때 머뭇거리는 성격이기 때문에 약간 강한 말을 사용해야 효과가 있다. "이 가격에 사시면 이익보는 겁니다" "더 싸게 파는 곳은 없어요."

■ 눈썹이 올라간 사람

과시욕이 강한 사람이니 사모님이나 여사님, 선생님 등으로 불러주며 깍듯하게 대하면 효과가 좋다. 자기 잘난 맛에 사는 사람은 감칠맛 나게 해주면 된다.

■ 눈썹 끝이 없거나 아주 짧은 사람

이런 눈썹은 외로운 사람이니 친절이 최대 무기다. 형제자매나 선후배처럼 따뜻하게 대하면 효과가 좋다. 그러나 결단력이 약하기 때문에 적절한 시기에 확실하게 가격을 말하라. 따뜻한 인간미를 느낄 수 있도록 대하면 좋은 단골이 될 것이다.

■ 독수리 눈썹인 사람

개성도 강하고 창조력도 뛰어나 평범한 물건을 싫어한다. 새는 기류를 이용해 하늘을 날듯이 이런 눈썹을 한 사람도 분위기를 잘 탄다. 평범한 방법으로 하지 말고 적극적으로 대하라.

■ 눈썹 속에 점이 있는 사람

총명하고 똑똑하지만 알고보면 바보스런 면이 있다. 일반적인 정보보다 특이한 정보로 승부하라. 눈썹 속에 있는 점은 항상 변수에 약하다는 뜻이다.

■ 눈썹이 움직이는 사람

재치 있고 사교적인 성격이라 금방 친해지는 사람이다. 화가 나면 범죄형으로 변할 수도 있으니 인상을 찌푸리거나 작은 말다툼이 생기면 안된다. 끝까지 즐겁고 유익했다는 이미지를 심어줘라.

■ 눈썹과 눈썹 사이가 좁은 사람

의심이 많아 가만히 듣고 있는 것 같아도 딴청을 부리거나 심술 궂은 사람이다. 여자는 질투심이 강하고 잘 틀어진다. 혹 얻기는 하나 오래가지 못하고 혹 항상 초조해 하는 성격이다. 이런 사람은 결론을 좋아하기 때문에 설명은 짧고 간단하게 응대하고 상대의 자존심을 높여주고 칭찬을 많이 하라. 보수적인 강하기 때문에 자신을 드러내지 않는다. 이런 사람에게 설명을 싱싱하게 하는 것도 하나의 방법이 된다.

■ 눈썹 가운데가 끊어졌거나 희미한 사람

눈썹은 인체 호르몬과 깊은 관계가 있다. 가운데가 끊어 졌다는 의미는 신체 호르몬 균형이 불규칙하다는 뜻이다. 고로 마음이 일정하기 않고 항상 변덕이 있고 상대를 얕잡아 보는 습관이 있다. 그리고 거짓말도 아주 잘 한다. 이런 고객은 적극적인 대응보다 스스로 결정할 때까지 기다려라.

■ 눈썹이 아주 진한 사람

호르몬 분비가 왕성하다. 고로 남자 고객은 남자가 응대하지 말고 여성이 친절하고 나긋나긋하게 대하면 기분좋게 물건을 팔 수 있다. 반대로 눈썹이 진한 여자는 잘 생긴 남자가 미소를 살짝 머금으면서 공손하게 대하면 된다.

■ 눈썹이 아주 가는 사람

성장과정 중에 돈에 대한 남다른 과거가 있다. 그래서 설명이나 기능적인 부분을 짧고 단순하게 설명하라. 이런 기능은 얼마, 새로운 신제품은 얼마에 가능하다는 금액으로 승부하라.

7. 머리모양을 보고 판단한다

■ 머리숱이 많은 사람

답답할 정도로 머리카락이 많은 사람은 융통성이 없고 딱딱한 사람이다. 자기 생각은 맞고 다른 사람의 생각이나 입장은 고려하지 않는다. 나이가 많은 사람일수록 고집이 세고 답답하다는 느낌을 많이 받는다. 머리카락은 머리를 보호하는 중요한 기운의 결집체로 생각하면 된다. 머리카락의 상태가 곧 뇌의 기운과 연결된다. 머리 스타일을 알면 그 사람 취향을 알 수 있다는 말은 허언이 아니다. 이발을 오래한 사람은 머리카락의 상태나 느낌으로 그 사람을 전부 파악할 정도로 우리 인체의 기운과 직결되는 곳이다.

■ 깍두기 스타일을 한 사람

영화나 드라마에 깍두기 머리는 대부분 조직폭력배 상징이기도 하다. 힘과 의리는 좋지만 고도의 두뇌를 사용하는데 그만큼 어렵다는 의미도 된다. 긍정적인 기운보다 상대를 부정적으로 보지만 건드리지 않으면 해치지 않고 피해도 없다. 반면 예술이나 이런 방면에 있는 사람들은 긴 머리카락을 가지고 있다. 사람의 행위와 머리카락의 관계가 깊다는 것을 알 수 있다. 짧은 머리카락은 말 그대로 단순하고 짧게 대답하면 된다. 물건이 마음에 든다. 그런데 가격이 문제가 된다면 어떻게든 협상하려고 한다. 깍두기 머리는 자기가 마음에 드는 물건을 사지 못하면 직성이 풀리지 않는다. 짧고 강한 쾌감을 좋아하는 습관이 있다는 사실을 기억하라.

■ 대머리인 사람

유전학적으로 여자는 대머리가 없다고 한다. 단 폐경기에 접어들면 여성호르몬의 분비가 없기 때문에 가끔 나이 많은 할머니에게 나타난다. 다른 말로 남성호르몬과 대머리는 밀접한 관계가 있다는 뜻이다. 다혈질이고 감성적인 부분이 많다. 화끈하고 폭발적인 에너지를 사용한다. 그러나 젊은 사람이 대머리가 되면 상대하기 피곤한 사람이다. 설명을 듣고 침묵으로 일관 해도 머리는 쉴새없이 돌아간다. 그리고 관심있으면 "다른 제품 없어" 라고 말한다. 물론 음흉하다고 말할 수도 있다. 하지만 하늘의 기운과 직접 통하기 때문에 머리가 매우 좋은 사람이다. 이런 사람에게는 수를 쓰지 마라.

■ 파마머리를 한 사람

머리카락을 물리적인 힘으로 지지고 볶아 새로운 형태로 만들어 버린다. 단순하게 생각하고 질문하면 되는데 상대의 반응에 따라 우월해지고 싶은 심리적인 요인이 있다. 튀고 싶고 새로운 물건을 찾는 사람들이다. 여성도 주변 환경이나 심리적인 요인이 겹치면 미용실을 찾아 새로운 변화를 시도한다. 고로 파마머리는 새로운 시도라고 생각하고 응대하라.

8. 턱을 보고 판단한다

■ 아래턱이 두꺼운 사람

공작이나 모사를 즐기는 사람이다. 물건을 흥정하거나 관심을 보이면 속아주는 재치가 필요하다. 턱이 두 개 있다는 느낌을 받으면 밀고 당기다가 적당한 시기에 손을 들면 된다. 전략가나 기획팀에 근무하면 좋은 성과를 올리기도 한다. 자기가 생각하고 있는 부분이 진행 중에 맞아떨어지면 쾌감을 많이 느끼는 사람이다.

■ 턱이 반타원형인 사람

조용하고 낭만적인 풍경을 좋아하기 때문에 시끄럽게 말하거나 강요하면 가버린다. 이런 사람은 "천천히 구경하시고 궁금하시면 물어보세요" 하면서 편안하게 응대한다. 그리고 질문하면 시원시원하게 답하면 좋은 결과를 얻을 수 있다. 직업도 미용사·화가·문학가·연예인 작가 등에 잘 맞는다.

■ 턱이 원형인 사람

모든 것을 화합하고 덕으로 해결하는 상이다. 어린아이의 턱을 보면 참고가 될 것이다. 부모의 사랑을 받고 자라기 위해 비록 어리지만 턱이 각지지 않고 원형에 가까운 모습을 한다. 이런 고객은 특별하게 모나지 않고 돌출행동을 하지 않기 때문에 모든 것을 순리대로 말하면 된다. 턱은 그 사람의 끈기와 가장 민감하게 작용하기 때문에 모습에 따라 적절하게 응대하기 바란다.

■ 턱이 뾰쪽한 사람

모든 사물에 관심이 많고 이것저것 설명 듣기를 좋아한다. 약간의 마마 병이 있어서 비위를 잘 맞추면 가격이 비싸도 쉽게 결정하는 단점도 있다. 하지만 이런 고객은 천방지축으로 날뛰기 때문에 잘못하면 충돌도 많다. 혼자 쇼핑하면 틀림없이 마마병이고 일행이 함께 있으면 설명은 하되 결정은 옆에 있는 일행의 도움을 받으면 쉽게 응대할 수 있다.

■ 턱이 사각형인 사람

물건과 기분, 그리고 가격까지 맞아야 웃는 모습을 보이는 사람이다. 이런 고객은 "내가 말이야 우리 사는 동네사람들 모두 단골 시켜 줄 수 있어" 나하고 잘해보자는 제의를 한다. 물건을 하나 사도 차나 음료를 대접해 주면 아주 좋아한다. 모두 상대하기 좋은 고객만 응대하면 부자가 되지 않을 사람이 없다. 세상에는 각양각색의 사람이 살고 있다.

9. 체형을 보고 판단한다

① 먼저 자신이 오행(五行) 중 어디에 속하는지를 파악한다.

② 생(生)하고 극(剋)하는 이치를 파악한다.

③ 자신과 상대의 오행(五行)의 기운을 살핀다. 내가 상대를 돕는 오행(五行)이면 "내가 권해서 후회하는 사람은 없었어요"라거나 "손님에게는 이것이 제격입니다" 식의 적극적인 응대가 필요하고, 내가 극하는 오행(五行)일 때는 유도만 잘하면 어떤 물건이든 팔 수 있다. 상대가 나를 극하는 오행(五行)일 때는 아무리 설명해도 통하지 않으니 비위를 잘 맞춰야 하고, 상대가 나를 생하는 오행(五行)일 때는 가만히 있어도 알아서 선택하고 가격도 최고로 받을 수 있다.

④ 결정적인 역할을 하는 사람을 파악한다.

⑤ 내가 이기는 오행(五行)부터 설명한다. 나를 알고 상대에게 응대하면 하루종일 즐겁다.

⑥ 물건을 파는 계절과 오전·오후·밤을 알아야 한다. 하늘의 때를 이용하면 훨씬 수월하다. 같은 색이나 기능도 시간이나 계절에 따라 변하기 때문이다.

⑦ 얼굴의 찰색을 살핀다. 좋으면 그 사람의 컨디션이 현재진행형으로 아주 좋다는 뜻이다. 인상을 쓴다거나 찡그린다면 한 가지라도 마음에 들지 않아 망설인다는 뜻이다.

⑧ 상대의 목소리로 현재의 마음 상태를 파악한다. 가격을 물어보

면 협상하자는 뜻이고, 기능을 물어보면 설명을 원하는 것이니 심리나 동작을 빨리 파악해야 한다.

⑨ 말투나 동작을 보고 설명을 원하는지 협상을 원하는지를 빨리 파악해야 한다. 엉덩이를 빼거나 발을 한 발 뒤로 놓고 있으면 설명만을 원한다는 뜻이다.

1. 나는 목형체(木形體)

나를 알아야 상대를 알 수 있다. 자신이 어떤 성격과 구조를 가지는지 참고하기 바란다.

목(木)은 생명을 나타낸다. 그래서 상대의 자존심을 자극하지 못하고, 아쉬운 말을 잘 하지 않는다. 적극적인 마케팅보다는 이런 일을 할 필요가 있을까 하는 자존심 섞인 중얼거림을 많이 한다. 이런 생각을 빨리 없애고 확실한 목적과 목표의식을 갖고 행동에 임해야 한다.

목(木)은 자존심을 나타낸다. 그러나 마케팅에서 자존심을 중요하지 않다는 것을 인식해야 한다. 지구의 허파라고 자랑하는 그 곳에 당신이 있다. 조직에도 당신 같은 허파가 필요하다. 숲 속의 나무는 대부분 반듯하게 위로 솟아 있지만, 가끔 예술품처럼 이러저리 구부러진 것을 볼 수 있다.

목형체(木形體) 사람의 대부분은 협상과 타협보다는 정해진 가격에 따라 사고파는 것을 좋아한다. 물건도 빨리 사야하고 필요없는 설명을 많이 하면 짜증을 낸다. 휘거나 구부러진 나무는 희소성의 원리가 적용된다. 이런 나무는 예술적인 가치를 부여하는 것이지 상업적인 행위에는 뒤떨어진다. 이런 목형체(木形體)는 직업을 바꾸는 것이 좋다.

당신의 꿈을 실현하며 사회활동을 생기 있게 하려면 아침에 일찍 일어나는 습관이 중요하다. 인시(寅時 : 3시 30분~5시 30분)가 되면 태양이 준동을 시작한다. 인(寅)은 오행(五行)으로 목(木)이며 생명이 꿈틀대고 기운이 강하게 작용하기 때문에 나와 자연이 주는 시간의 감응이 필요하다.

목(木)은 인(仁)의 성분이 있어 상대를 편안하게 하지만 결정적인 협상에서는 단점을 보인다. 응대하기 힘든 고객이라도 목형체(木形體)라면 어진 성향이 있기 때문에 끝까지 비위를 잘 맞춰주면 성사된다. 다. 목(木)은 또한 성장을 나타내기 때문에 자신의 문제나 발전적인 독려는 제일 강한 오행(五行)에 해당한다.

목(木)은 청명하고 밝아야 꽃을 피우며 아름다운 모습을 한다. 항상 자신의 몸과 정신 상태를 잘 점검하기 바란다. 나무는 항상 위로 성장하기 때문에 뿌리를 내리지 못하고, 성장만 한다면 바람에 견디지 못할 것이다. 더구나 쓸데없이 잎사귀만 무성하다면 정신을 집중하지 못하는 버릇이 생긴다. 마음을 안정시키고 직장에 뿌리를 내린 후에 열심히 일하면 좋은 결과가 따른다. 그러나 스트레스에 약해 어느날 갑자기 변화를 일으키기도 하고, 나무(木)는 한번 쓰러지면 쉽게 일어나지 못하는 특징이 있으니, 의지를 잃지 않도록 신경써야 한다.

목형체(木形體)는 풍수(風水)의 영향을 많이 받는다. 좋은 집이나 직장, 대인관계에 뿌리를 내리기 시작하면 쉬지 않고 성장한다. 나무를 자꾸 옮기거나 흔들면 성장하는데 지장이 많다. 마음을 안정시키고 큰 뿌리나 작은 뿌리를 빨리 안정시켜야 성장할 수 있다.

■ 목형체(木形體) 고객

나무(木)는 일반적으로 뻗어나가는 성질이 강하다. 이것은 수없이 많은 나무의 성질을 일반적으로 지칭하는 말이다. 목형체(木形體) 고객도 성격이 모두 다르지만 일반적으로 여기에 해당하는 고객은 직선적인 의미를 많이 갖는다.

하나의 목적, 하나의 물건을 생각하고 구입하는 경우가 많다. 고전적인 이미지에 중후하고 디자인이 예쁘고 단아한 모양을 많이 선호한다. 이런 고객은 많은 설명과 물건의 비교가 필요하지 않다. 질문에 정확하게 대답만 해주면 된다. 이것이 목(木)의 질서정연하고 일정한 법칙이다. 이것만 가지고 융통하지 못하면 바보라는 소리를 듣게 된다.

세상은 변한다. 우리가 사는 세계는 끊임없이 춘하추동의 반복변천으로 움직인다. 숲에 많은 나무가 있지만 자신의 기운을 발하는 꽃은 모두 다르다. 이것은 나무(木)의 일차적인 분화과정이 다르다는 뜻이다. 이런 변화를 신체로 느끼려면 그 사람이 갖고 있는 밝음과 어두움을 알아야 한다. 다음으로 키가 크다 작다는 의미를 새긴다. 나무도 두드리면 소리가 다르듯이 목소리에서 나오는 특징도 파악한다.

　나무(木)가 태양이 가지고 있는 발산과 팽창의 기운만 섭취한다면 나무의 성장은 끝이 없어야 하나, 각기 나무마다 자신의 성장점이 있다. 이는 태양에서 발산하는 빛의 양기(陽氣)를 흡수하여 음기(陰氣)로 저장하여 지구로 다시 보내는 달의 공이 매우 크다. 식물의 성장은 달빛에 의하여 응축되고 적정한 부분에서 멈춘다. 만약 지구에 달이 없다면 상상할 수 없는 일이 생길 것이다. 태양 빛은 뜨겁고 강렬하지만 달빛은 은은하며 생명의 저장능력을 갖춘다. 사람의 음(陰)적인 부분, 즉 심성이나 마음의 결정체는 달의 기운으로 생성된다.

　같은 목형체(木形體)라도 키가 크면 당연히 목(木)의 기운이 강하지만, 키가 작으면 금(金)의 기운이 많은 사람이라는 것을 알아야 한다. 얼굴이 목(木)인데 약간 마르고 붉은 기운이 있다면 화기(火氣)가 있다. 기운에 따른 변화를 추정하기 바란다.

2. 나는 화형체(火形體)

　불(火)은 밝고 명랑한 성격으로 항상 활동하고 움직임이 강하다. 불(火)은 태양처럼 밝게 비추는 특징이 있기 때문에 상대방에게 깍듯이 예를 지키고 고객의 다양한 입맛을 잘 맞춘다. 너무 자세한 특징과 필요 이상의 말은 오히려 마이너스가 되기 때문에 상황에 따라 브레이크와 클러치를 조절하는 습관이 필요하다.

불(火)은 처음에는 서서히 타오르기 시작하다가 불꽃이 맹렬해지면 일에 대한 정열도 대단해진다. 조직에 대한 상승작용을 가장 강하게 해주는 위치가 된다. 기분이 좋아 술이라도 한 잔 들어가면 세상이 모두 자기 것인양 취해버리는 사람이다. 속전속결을 좋아하는 성격 때문에 느긋하고 여유있는 모습이 필요하다. 척보면 누가 어떤 물건을 구입할지 알 수 있다고 자랑하는 사람이다.

단기간에는 가장 강하다. 하지만 중장기는 자기 뜻대로 되지 않으니 지구력을 키우기 바란다. 인체의 혀는 오행(五行)의 화(火)에 속하므로 당신은 언변이 유달리 뛰어나기 때문에 순간적인 반응이 다른 오행(五行)에서 찾아보기 힘들다. 유창한 말솜씨는 당신을 자만하게 만들지 모른다. 불(火)은 가까이 있어 따뜻하면 모든 사람이 좋아하지만, 너무 멀면 춥고 반대로 너무 가까우면 뜨거워 사람이 멀어진다.

불(火)은 밤(水)에 열기가 약하고 편하게 쉬어야 하는데 무리한 일을 하면 몸이 쉽게 망가지는 특징도 있다. 일도 좋지만 일보다 더 중요한 것이 건강이다. 화형체(火形體)는 유난히 얼굴에 잔주름이 많다. 이는 화(火)가 금(金 : 신체 피부)을 극하는 이치에 따라 나타나는 증상이다. 화장품도 지속적인 수분을 공급하면 얼굴이 고와지고 주름이 없어진다는 광고도 이와 같은 이치라고 생각한다.

화형체(火形體)는 발산하는 작용이 크기 때문에 얼굴이 튀어나오기 쉽다. 얼굴이 약간 다르더라도 튀어나온 부분을 잘 보면 어떤 기능이 강한지 쉽게 알 수 있다. 그래서 화형체(火形體)인 청춘남녀는 정열적인 사랑을 좋아하여 부모의 반대를 무릅쓰고 자신의 주장만 강하게 내세운다.

결혼하여 열기가 없어지면 장점이 단점으로 보이며 실망을 많이 한다. 가장 정열적인 사랑을 하지만 냉정한 이혼도 가장 많다. 세상의 이치는 한 번 뜨거워지면 반드시 한 번 차가워진다. 감정이 너무 강한 탓에 이성을 조율하는 능력을 배양하고 차분해질 때 말하는 습관을 들이면 좋다.

■ 화형체(火形體) 고객

불(火)은 밝고 화려하다. 제품도 눈에 띄며 개성이 넘치는 것을 좋아한다. 물건 하나를 사도 남에게 자랑하고 싶은 심리가 짙게 깔려 있다. 첨단을 좋아하고 기능적인 세부사항을 꼼꼼히 체크한다. 매장의 크기나 분위기에 좌우되는 성격이 강하니 충동구매가 가장 많다. 설명을 잘 해주면 기분이 좋아 쉽게 결정한다. 불(火)을 뜻하는 주역(周易)의 괘(卦)는 리(離)로 밖은 강한 양(陽)으로 되어 있지만 속은 음(陰)으로 되어 있다. 강하고 똑똑하고 잘난체 하지만 마음은 음(陰)이니 여성적이며 모성애가 강하다.

화(火)는 순발력은 강하나 한 곳에 집중하는 힘이 약하기 때문에 까다로운 사람은 불이 전부 탈 때까지 기다려야 한다. 그러면 스스로 힘이 소진해 물건을 선택한다. 불(火)이 활활 타오를 때 모습을 살펴보면 잠시도 가만있지 않고 이러저리 왔다갔다하여 예측하기 힘들다. 그래서 화형체(火形體) 고객은 물건을 골라놓고도 반복한다. 이런 사람에게 속았다는 느낌을 주면 당장 달려와 따지고 환불을 요구한다. 세상 것 끝까지 따지는 손님이다.

그러나 화(火)는 예에 해당하기 때문에 이 선을 넘지 않으면 가장 좋은 손님이 된다. 이런 손님을 단골로 만들면 많은 사람에게 광고해준다. 단순하게 물건 하나 판다는 짧은 생각으로 작은 이익에 연연하는 일이 없기 바란다. 어느 한 부분이 다른 물건에 비하여 개성적으로 보이면 예술적인 가치를 높게 평가하기도 한다.

3. 나는 토형체(土形體)

토(土)는 땅을 나타내므로 도시 냄새가 없어 보이는 순진한 사람처럼 보인다. 그래서 누구를 만나도 이익에 둔감한 것처럼 보여 몇 번 만나지 않아도 금방 친해진다. 토(土)는 중용(中庸)을 뜻하기 때문에 선택할 때도 신중하고 설명을 들어도 담담하다. 일의 진행 사항도 열심히 하는 것처럼 보이지 않는다. 그러나 발 빠르게 진행하고 느리다고 생각하지만 실제는 빠르다.

토(土)는 하늘로 올라가면 안개나 운무처럼 자신을 잘 나타내지 않는다. 겉에서 판단하는 면과 실제는 다르기 때문에 조용히 미래를 준비한다. 알고보니 어느덧 남모르게 자신의 실력을 배양하는 무서운 사람이다.

예전에 텔레비전에서 봤던 '순간의 선택이 10년을 좌우한다' 는 문구가 토(土)의 성분이 섞인 내용이다. 변하지 않고 한결같이 고객을 정성껏 대한다는 기업정신이 있었기에 천천히 움직이지만 소리없이 첨단을 연구하는 기운이 바로 토(土)에 해당한다.

신(信)은 토(土)의 성분으로 이루어진 결과물이기 때문에 믿고 장사하기 위해서는 이런 사람을 잘 볼 줄 알아야 한다. 어렸을 때 시골에서 살아본 사람은 가끔 이런 경험을 해보았을 것이다. 어떤 물건을 혼자 표시하고 묻어두었다가 시간이 지난 뒤에 확인해보면 쉽게 찾을 수 없다. 땅이란 그만큼 속을 알기 어렵다는 뜻이다.

차림새도 별로 신경쓰지 않는다. 그런데 지갑을 보면 다시 생각하게 한다. 우리 주변에 부자가 제일 많이 있고 성공하는 사람도 가장 많다. 토형체(土形體) 얼굴은 경제를 잘 다스린다. 아마 장관의 얼굴에도 이런 기운이 있다면 각자에게 맞는 역할을 담당하면 우리 국민의 고통을 덜어줄 것이다.

토(土)는 오행(五行)의 중간자 역할을 담당하기 때문에 직업도 중개를 담당하거나 유통·통역·도소매업·음식업으로 성공하는 사람이 많다. 어디를 가도 잘 적응하기 때문에 적성이라고 말하지 않아도 스스로 알아서 대처한다.

나무(木)가 아무리 자라도 하늘까지 올라가지 않고, 꽃이 아무리 화려해도 오래가지 않는다. 토(土)가 없다면 세상이 어떻게 되겠는가를 생각해보라. 생사의 중용도 토(土)가 담당한다.

■ 토형체(土形體) 고객

첫거래가 마음에 들면 한결같은 마음으로 오래도록 거래한다. 항상 말이 없어도 자신의 결정에 대해 부정하거나 쉽게 마음을 다른 곳으로 결정하지 않는 특징이 있다.

토(土)는 준비를 나타낸다. 겉모습이나 형상은 아니지만 항상 마음 속으로 철저하게 미래를 대비하는 모습은 완벽에 가까운 오행(五行)의 기운 중 하나다. 그래서 대충 질문하고 힐끗 보는 것 같아도 속으로는 모든 것을 준비했기 때문에 호기심 정도로 생각하지 말고 적극적으로 행동하라.

만일 가격이나 기능을 물어보면 옛날 제품과 새 제품의 기능을 설명해주면 결정을 빨리 내린다. 토(土)는 중용을 지키기 때문에 이 중용의 저울이 움직이도록 설명하거나 흔들어 주어야 고객의 마음을 쉽게 돌출해낸다. 넉살이 좋으면 쉽게 움직일 수 있다. 틀린 말이라도 하다보면 눈빛이 교감되고 입가에 웃음이 생기면 일단계는 성공한 것이다.

토(土)는 얼굴의 변화나 긍정적인 면을 잘 나타내지 않기 때문에 설명하는 중에 이런 변화가 없어도 흔들리면 안된다. 함께 온 사람이 있을 때는 칭찬이나 긍정적인 말을 하면 은근히 도움되는 말을 해준다. 물과 기름은 섞이지 않지만 계면활성제가 들어가면 다른 반응을 보이듯이 토(土)는 친구나 동료의 힘을 빌리면 쉽게 설득되는 면도 있다.

4. 나는 금형체(金形體)

모든 일을 완벽하고 정확하게 처리하려는 마음이 강하고, 항상 변화와 개혁의 원인이 되는 문제를 발견한다. 금(金)의 기운이 강한 가을은 많은 결실이 나타나는 시기다. 그래서 결과를 중요시한다. 과정을 무시하고 일을 진행하기 때문에 군인이나 폭력배 같은 성향이 짙다. 반면 자신이 신세를 지거나 한번 인연을 맺은 사람은 배반하지 않는다.

다른 사람이 불가능한 일에 도전하고 싶은 욕망을 느끼고 항상 이상이 높아 현실적인 감각이 없다는 평도 한다. 자신의 이상을 실현하고 싶다면 현실에서 부딪히는 문제점을 해결하는 능력도 함께 배양하면 더욱 좋다.

금형체(金形體)는 보스기질이 강하여 남의 밑에서 직장생활을 한다는 것이 몹시 자신에게 거부감을 일으킬 수 있으니 사상누각이 되지 않게 기초를 튼튼히 쌓아야 안전한 미래를 살아 갈 수 있다. 실리를 찾기 때문에 검소하지 않은 사람을 가장 미워하고, 자신과 함께 하는 리더라도 방탕하면 용납하지 않고 사표를 던진다.

한번 고집을 부리면 누가 설득해도 자신의 주장을 번복하지 않는 무쇠 같은 성질이 있다. 금(金)은 차갑고 딱딱하듯이 이런 사람의 첫인상도 날카롭고 차가워 사람이 쉽게 접근하지 못하는 단점도 있다. 오행(五行) 중에 가장 욕심이 많고 물욕이 강한 특징이 있다. 동방은 인(仁)이요, 서방은 물질이다. 고로 물욕이 가장 많다.

우리 속담에 작은 고추가 맵다는 말이 있다. 매운 성분은 금(金)으로 분류하는데 작을수록 매운맛을 응축하는 기운이 강하다. 자연현상이나 사람이나 다르지 않다. 금형체(金形體)는 작을수록 강하고 다부지다.

봄과 여름은 성장과 화려함의 계절이지만 가을은 만물이 성숙하고 결실을 만들어간다. 사람도 금(金)의 기운이 강한 사람은 일찍 조속해지고 어른노릇을 한다. 형제가 아무리 많아도 부모를 대신하거나 맏이 노릇을 하는 사람의 키를 보면 쉽게 알 수 있다. 금(金)은 철학이요 사상이다. 그래서 어떤 철학자나 사상가 영향을 많이 받아 학창시절 간접적인 책을 통해 위대한 스승을 만나고 평생 자신의 이념으로 받아들인다.

근본적으로 상행위는 자신의 체형과 맞지 않을 수 있다. 그래서 고민도 많이 한다. 자신의 말과 권위에 복종하고 움직여야 하는데 장사를 하다보면 이 사람 저 사람한테 치여 당하다 보면 마음에 독이 생기고 금(金)의 숙살지기(肅殺之氣 : 만물을 수장시키는 기운)가 발동한다.

하늘에는 세상에서 가장 강한 경금(庚金)이 있다. 이 기운은 세상에 베지 못할 것이 없고, 복종시키지 못할 것이 없지만 세상에서 가장 유연하고 부드러운 을목(乙木)과 사랑을 한다. 이른바 을경합금(乙庚合金)이다. 경금(庚金)은 을목(乙木)에게 다시 배워야 한다. 세상에서 이처럼 강한 힘도 부드러움 앞에서는 힘을 쓰지 못한다.

■ 금형체(金形體) 고객

오행(五行) 중에 유일하게 위협이나 접근하기 곤란한 기운이 내재되어 있다. 보통 사람보다 딱딱하게 말하기 때문에 자신도 모르게 반감이 든다. 이런 고객만 있다면 하루종일 스트레스만 쌓일 것이 분명하다.

금(金)은 불(火)을 필요로 한다. 열심히 설명하고 정열적으로 일하는 모습을 보면 자신도 모르게 빠져든다. 물건을 물어봐도 툭 던지는 말이 거부감 있게 물어보고 이것저것 설명해줘도 효과가 없는 것처럼 느껴지는 금형체(金形體)는 겉만 보고 판단하면 엉뚱한 결과가 나타난다는 사실을 기억하라.

금(金)은 칭찬에 약하다. 목에 힘을 주고 경직된 목소리로 말해도 조금만 높여주고 인정해주면 금방 달라진다. 금형체(金形體)는 여자에 약하기 때문에 같은 일행 중에 여자의 외모나 미인이라는 말을 해주면 응대하기가 훨씬 편해질 것이다.

금(金)은 화(火)가 와야 변화를 일으키고 자신의 그릇을 사회에 사용하는데 쓸모있게 된다. 신체에서 화(火)는 얼굴이 맑으면서 붉은색을 띠면 권한이 있다는 말이고, 머리카락이 살짝 빠지고 이마에 윤이 나면 금전적으로 넉넉한 상태라는 뜻이다.

금(金)은 변명을 싫어한다. 이것은 이래서 안되고 저것은 저래서 안된다는 말만 늘어놓으면 다시는 오지 않는다. 상당한 기분파이기 때문에 필요없이 충돌하는 일은 없어야 한다. 틀려도 좋으니 빨리 결정하고 확실하게 답해야 한다. 그리고 금(金)은 잘못을 인정하면 더 이상 추궁하지 않는다.

5. 나는 수형체(水形體)

우리가 살고 있는 세상을 다른 세상의 복제할 수 있는 기운이 오행(五行)에 있다면 가장 기능이 강한 것이 수(水)이다. 모든 생명의 시작이 여기에 있고 사람의 정신과 육체가 함께 존재한다. 식물에서 수(水)의 위치를 살펴보면 딱딱한 금(金) 속에 씨의 핵으로 모든 정보를 감추고 자신을 깊이 감추고 있다. 씨앗은 천 년이 지나도 조건만 갖추면 옛 모습을 다시 복제한다.

수형체(水形體)는 무슨 방법을 써서라도 자신이 갖고 싶은 것은 복제하고 마는 놀라운 능력이 있다. 우리의 뇌에도 식물의 씨앗처럼 기억하지 못한 자신의 모든 정보가 있다. 다만 우리가 모르고 살아갈 뿐이다. 전생최면도 뇌의 수(水)를 자극하는 한 가지 방법으로 생각한다.

사람이 지닌 6가지의 초인간적인 신비한 신력(육신통 : 천안통·천이통·타심통·숙명통·누진통·신족통) 중 하나인 숙명통(宿命通)은 사람들이 가장 궁금한 전생을 알려주는 능력이다. 숙명통(宿命通)의 비밀은 뇌에 감추어져 있다는 생각을 한다. 천 년 또 천 년 전의 기록된 뇌의 신비한 기억 중에 수(水)는 우리가 모르는 부분을 기록하고 있을 것이다. 수(水)는 응축하는 힘이 가장 강하다.

수(水)는 지혜를 뜻한다. 그래서 오행(五行) 중 가장 머리가 좋다. 누구에게 묻지 않고 스스로 연구하고 스스로 처리한다. 물은 형체나 틀이 없듯이 사람에 따라 상황에 맞게 잘 처신한다.

물은 순발력이 없어 처음에 차갑고 시큰둥한 반응을 보인다. 그러나 시간이 흘러 적응하면 고체·액체·기체로 변하듯이 사람도 다양한 연출을 한다. 그래서 수형체(水形體)는 처음에는 두각을 나타내지 못하지만 나중에는 자신의 것으로 바꿔버린다.

물이 조용하고 잠잠한 것처럼 항상 말이 없고 조용한 모습이 특징이다. 만약 바람이라도 불어 급한 일이 있을 때는 움직이면 태풍과 같이 요란하게 변한다. 수(水)는 물을 뜻하기 때문에 땀을 많이 흘리는 특징도 있다.

바다에는 육지 생물과 같이 수많은 종이 살아 움직인다. 우리 뇌도 바다처럼 헤아릴 수 없는 아이디어가 있듯이 수(水)는 어려운 문제에 직면해 방법을 찾지 못할 때 도움을 요청하면 자신의 전문 분야가 아니어도 방법을 찾아낸다.

물은 계곡을 흘러 시내를 이루고 강, 바다로 가듯이 혼자서는 큰 일을 하지 못한다. 물은 부드럽지만 힘차게 흐르기 시작하면 무서운 힘이 있다. 부드러운 가운데 강한 힘을 엉뚱한 곳에 사용하지 말고 꼭 조직과 함께 움직이기 바란다. 입을 무겁게 하지 말고 순발력을 길러 자신의 장점을 잘 활용하기 바란다.

수(水)는 밤을 나타내기 때문에 야간에 자신의 기운이 살아나고 힘이 솟아나는 특징도 있다. 해질 무렵부터 힘이 나오기 때문에 오전에 너무 무리하지 말고 힘을 비축했다가 오후에 분발하라.

■ 수형체(水形體) 고객

물은 깊은지 얕은지 건너봐야 알 수 있다. 물이 고요하게 있을 때 세상의 모든 고요처럼 느껴진다. 조용한 고객을 만났다면 아마 수(水)의 기운이 많은 사람이다. 이런 사람은 물건에 관한 설명을 해도 판매 가능성이 있는지, 아니면 아이쇼핑인지 분간하기가 매우 어렵다. 수형체(水形體)의 속을 빨리 파악하는 기술이 있다면 아마 상술의 비법이 아닌가 생각한다. 자칭 수재나 천재 고객에 해당하기 때문에 스스로 선택하고 결정할 때까지 기다려야 한다.

물(水)은 바람이 불어야 움직이므로 바람역할을 하면 쉽게 동요된다. 태연한 척 하지만 세일기간이 얼마남지 않았다고 압박하거나, 오늘 처음 들어온 물건이라고 하면 설명하기가 훨씬 편해진다.

수형체(水形體)는 관심 있는 물건을 A인데도 B를 물어보면서 비유하는 경향이 강하다. 알다가도 모를 사람이다. 우리가 한 번도 본 적도 없고 알 수 없는 신묘한 형이상학적인 동물 용은 물 속에 산다. 물(水)이란 그만큼 변화를 살피기 어렵다는 것이다. 동이면서 정이고 정이면서 동으로 변해간다. 고체이면서 액체이고 액체이면서 기체로 화하는 능력이 신묘하기 때문에 고객이 어떤 생태로 있는지를 놓치지 말고 변화를 예리하게 관찰하기 바란다.

물은 낮은 곳으로 흘러가는 특징이 있다. 사람도 수(水)의 기운이 있는 사람은 물건을 흥정하고, 자신이 마음에 들 때까지 물건의 가격을 내리는 성질이 강하다. 그러니 미리 얼마 깎아준다고 선수를 쳐야 뒤탈이 없다. 항상 자신이 똑똑한 고객이란 사실을 알려주고 "당신 같은 사람만 있다면 우리는 남는 것이 없다"고 하면 스스로 만족하고 다시 찾아온다.

주역(周易)에서 물(水)을 나타내는 감(坎)을 보면 외부는 음효(陰爻)로 되어 있고, 가운데는 양효(陽爻)로 되어 있다. 겉은 부드럽고 유연하지만 속은 강한 기운이 흐르고 있다. 그래서 수형체(水形體)는 갈수록 강해지고 까다롭게 변한다. 이런 특성을 빨리 파악하고 대처하기 바란다.

찾기 쉬운 명당

신비한 동양철학 44

풍수지리의 모든 것 !

이 책은 가능하면 쉽게 풀려고 노력했고, 실전에 도움이 되도록 했다. 특히 풍수지리에서 방향측정에 필수인 패철(佩鐵)사용과 나경(羅經) 9층을 각 층별로 간추려 설명했다. 그리고 이 책에 수록된 도설, 즉 오성도, 명산도, 명당 형세도 내거수 명당도, 지각(枝脚)형세도, 용의 과협출맥도, 사대혈형(穴形) 와겸유돌(窩鉗乳突) 형세도 등은 국립중앙도서관에 소장된 문헌자료인 만산도단, 만산영도, 이석당 은민산도의 원본을 참조했다.

· 호산 윤재우 저

명리입문

신비한 동양철학 41

명리학의 필독서 !

이 책은 자연의 기후변화에 의한 운명법 외에 명리학도들이 궁금해 했던 인생의 제반사들에 대해서도 상세하게 기술했다. 따라서 초보자부터 심도있게 공부한 사람들까지 세심히 읽고 숙독해야 하는 책이다. 특히 격국이나 용신뿐 아니라 십신에 대한 자세한 설명, 조후용신에 대한 보충설명, 인간의 제반사에 대해서는 독보적인 해설이 들어 있다. 초보자들에게는 더할 수 없이 훌륭한 길잡이가 될 것이다.

· 동하 정지호 편역

사주대성

신비한 동양철학 33

초보에서 완성까지

이 책은 과거 현재 미래를 모두 알 수 있는 비결을 실었다. 그러나 모두 터득한다는 것은 어려울 것이다.역학은 수천 년간 동방의 석학들에 의해 갈고 닦은 철학이요 학문이며, 정신문화로서 영과학적인 상수문화로서 자랑할만한 위대한 학문이다.

・도관 박흥식 저

해몽정본

신비한 동양철학 36

꿈의 모든 것 !

막상 꿈해몽을 하려고 하면 내가 꾼 꿈을 어디다 대입시켜야 할지 모를 경우가 많았을 것이다. 그러나 이 책은 찾기 쉽고, 명료하며, 최대한으로 많은 갖가지 예를 들었으니 꿈해몽을 하는데 어려움이 없을 것이다.

・청암 박재현 저

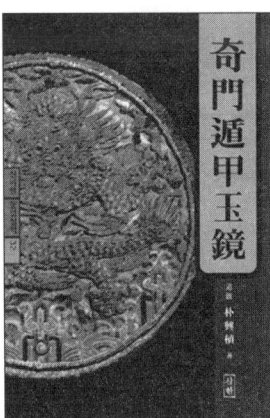

기문둔갑옥경

신비한 동양철학 32

가장 권위있고 우수한 학문 !

우리나라의 기문역사는 장구하지만 상세한 문헌은 전무한 상태라 이 책을 발간하기로 했다. 기문둔갑은 천문지리는 물론 인사명리 등 제반사에 관한 길흉을 판단함에 있어서 가장 우수한 학문이며 병법과 법술방면으로도 특징과 장점이 있다. 초학자는 포국편을 열심히 익혀 설국을 자유자재로 할 수 있도록 하고 개인의 이익보다는 보국안민에 일조하기 바란다.

· 도관 박흥식 저

정본·관상과 손금

신비한 동양철학 42

바로 알고 사람을 사귑시다

이 책은 관상과 손금은 인생을 행복으로 이끌기 위해 있다는 관점에서 다루었다. 그야말로 관상과 손금의 혁명이라고 할 수 있을 것이다. 여러분도 관상과 손금을 통한 예지력으로 인생의 참주인이 되기 바란다. 용기를 불어넣어 주고 행복을 찾게 하는 것이 참다운 관상과 손금술이다. 이 책으로 미래의 좋은 예지력을 한번쯤 발휘해 보기 바란다. 이 책이 일상사에 고민하는 분들에게 해결방법을 제시해 줄 것이다.

· 지창룡 감수

조화원약 평주

신비한 동양철학 35

명리학의 정통교본!

이 책은 자평진전, 난강망, 명리정종, 적천수 등과 함께 명리학의 교본에 해당하는 것으로 중국 청나라 때 나온 난강망이라는 책을 서낙오 선생께서 설명을 붙인 것이다. 기존의 많은 책들이 격국과 용신으로 감정하는 것과는 달리 십간십이지와 음양오행을 각각 자연의 이치와 춘하추동의 사계절의 흐름에 대입하여 인간의 길흉화복을 알 수 있게 했다.

· 동하 정지호 편역

龍의 穴·풍수지리 실기 100선

신비한 동양철학 30

실전에서 실감나게 적용하는 풍수지리의 길잡이!

이 책은 풍수지리 문헌인 조선조 고무엽(古務葉) 태구승(泰九升) 부집필(父輯筆)로 된 만두산법(巒頭山法), 채성우의 명산론(明山論), 금랑경(錦囊經) 등을 알기 쉬운 주제로 간추려 풍수지리의 길잡이가 되고자 했다. 그리고 인간의 뿌리와 한 사람의 고유한 이름의 중요성을 풍수지리와 연관하여 살펴보아야 하기 때문에 씨족의 시조와 본관, 작명론(作名論)을 같이 편집했다.

· 호산 윤재우 저

천직·사주팔자로 찾은 나의 직업

신비한 동양철학 34

역경없이 탄탄하게 성공할 수 있는 방법!

잘 되겠지 하는 막연한 생각으로 의욕만 갖고 도전하는 것과 나에게 맞는 직종은 무엇이고 때는 언제인가를 알고 도전하는 것은 근본적으로 다르고, 결과 또한 다르다. 더구나 요즈음은 I.M.F.시대라 하여 모든 사람들이 정신까지 위축되어 생기를 잃어가고 있다. 이런 때 의욕만으로 팔자에도 없는 사업을 시작했다고 하자, 결과는 불을 보듯 뻔하다. 그러므로 이런 때일수록 침착과 냉정을 찾아 내 그릇부터 알고, 생활에 대처하는 지혜로움을 발휘해야 한다.

· 백우 김봉준 저

통변술해법

신비한 동양철학 ㉑

가닥가닥 풀어내는 역학의 비법!

이 책은 역학에 대해 다 알면서도 밖으로 표출되지 않아 어려움을 겪는 사람들을 위한 실습서다. 특히 틀에 박힌 교과서적인 역술의 고정관념에서 벗어나, 한차원 높게 공부할 수 있도록 원리통달을 설명하는데 중점을 두었다. 실명감정과 이론강의라는 두 단락으로 나누어 역학의 진리를 설명했기 때문에 누구나 쉽게 이해할 수 있다. 역학계의 대가 김봉준 선생의 역서 「알기쉬운 해설·말하는 역학」의 후편이다.

· 백우 김봉준 저

주역육효 해설방법上·下

신비한 동양철학 38

한 번만 읽으면 주역을 활용할 수 있는 책!

이 책은 주역을 해설한 것으로, 될 수 있는 한 여러 가지 사설을 덧붙이지 않고 주역을 공부하고 활용하는데 필요한 요건만을 기록했다. 따라서 주역의 근원이나 하도낙서, 음양오행에 대해서도 많은 설명을 자제했다. 다만 누구나 이 책을 한 번 읽어서 주역을 이해하고 활용할 수 있도록 하는데 중점을 두었다.

· 원공선사 저

사주명리학의 핵심

신비한 동양철학 ⑲

맥을 잡아야 모든 것이 보인다!

이 책은 잡다한 설명을 배제하고 명리학자들에게 도움이 될 비법만을 모아 엮었기 때문에 초심자가 이해하기에는 다소 어려운 부분도 있겠지만 기초를 든든히 한 다음 정독한다면 충분히 이해할 것이다. 신살만 늘어놓으며 감정하는 사이비가 되지말기를 바란다.

· 도관 박흥식 저

동양철학전문출판 삼한

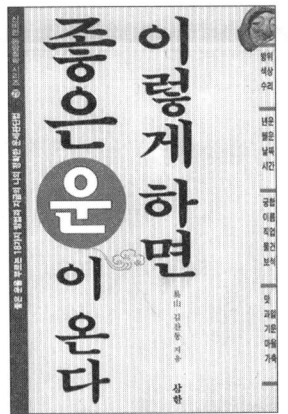

이렇게 하면 좋은 운이 온다

신비한 동양철학 ㉗

한 가정에 한 권씩 놓아두고 볼만한 책!

좋은 운을 부르는 방법은 방위·색상·수리·년운·월운·날짜·시간·궁합·이름·직업·물건·보석·맛·과일·기운·마을·가축·성격 등을 정확하게 파악하여 자신에게 길한 것은 취하고 흉한 것은 피하면 된다. 간혹 예외인 경우가 있지만 극소수에 불과하고 대부분은 적중하기 때문에 좋은 효과를 본다. 이 책의 저자는 신학대학을 졸업하고 역학계에 입문했다는 특별한 이력을 갖고 있기 때문에 더 많은 화제가 되고 있다.

·역산 김찬동 저

말하는 역학

신비한 동양철학 ⑪

신수를 묻는 사람 앞에서 말문이 술술 열린다!

이 책은 그토록 어렵다는 사주통변술을 이해하기 쉽고 흥미롭게 고담과 덕담을 곁들여 사실적인 인물을 궁금해 하는 사람에게 생동감있게 통변하고 있다. 길흉작용을 어떻게 표현하느냐에 따라 상담자의 정곡을 찔러 핵심을 끄집어내고 여기에 대한 정답을 내려주는 것이 통변술이다. 역학계의 대가 김봉준 선생의 역작이다.

·백우 김봉준 저

술술 읽다보면 통달하는 사주학
신비한 동양철학 ㉗
술술 읽다보면 나도 어느새 도사!

당신은 당신 마음대로 모든 일이 이루어지던가. 지금까지 누구의 명령을 받지 않고 내 맘대로 살아왔다고, 운명 따위는 믿지도 않고 매달리지 않는다고, 이렇게 말하는 사람들이 많다. 그러나 그것은 우주법칙을 모르기 때문에 하는 소리다.

· 조철현 저

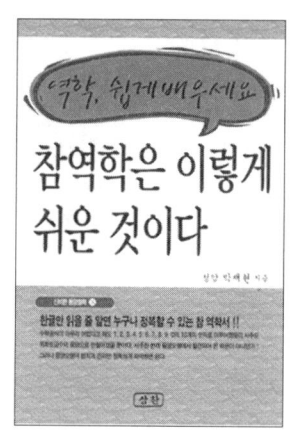

참역학은 이렇게 쉬운 것이다
신비한 동양철학 ㉔
음양오행의 이론으로 이루어진 참역학서!

수학공식이 아무리 어렵다고 해도 1, 2, 3, 4, 5, 6, 7, 8, 9, 0의 10개의 숫자로 이루어졌듯이, 사주도 음양과 목, 화, 토, 금, 수의 오행으로 이루어졌을 뿐이다. 그러니 용신과 격국이라는 무거운 짐을 벗어버리고 음양오행의 법칙과 진리만 정확하게 파악하면 된다. 사주는 단지 음양오행의 변화일 뿐이고, 용신과 격국은 사주를 감정하는 한가지 방법에 지나지 않는다.

· 청암 박재현 저

동양철학전문출판 삼한

나의 천운 운세찾기

신비한 동양철학 ⑫

놀랍다는 몽골정통 토정비결 !

이 책은 역학계의 대가 김봉준 선생이 놀랍다는 몽공토정비결을 연구·분석하여 우리의 인습 및 체질에 맞게 엮은 것이다. 운의 흐름을 알리고자 호운과 쇠운을 강조했으며, 현재의 나를 조명해보고 판단할 수 있도록 했다. 모쪼록 생활서나 안내서로 활용하기 바란다.

·백우 김봉준 저

쉽게푼 역학

신비한 동양철학 ❷

쉽게 배워서 적용할 수 있는 생활역학서 !

이 책에서는 좀더 많은 사람들이 역학의 근본인 우주의 오묘한 진리와 법칙을 깨달아 보다 나은 삶을 영위하는데 도움이 될 수 있도록 가장 쉬운 언어와 가장 쉬운 방법으로 풀이했다. 역학계의 대가 김봉준 선생의 역작이다.

·백우 김봉준 저

역산성명학

신비한 동양철학 ㉕

이름은 제2의 자신이다 !

이름에는 각각 고유의 뜻과 기운이 있어서 그 기운이 성격을 만들고 그 성격이 운명을 만든다. 나쁜 이름은 부르면 부를수록 불행을 부르고 좋은 이름은 부르면 부를수록 행복을 부른다. 만일 이름이 거지 같다면 아무리 운세를 잘 만나도 밥을 좀더 많이 얻어 먹을 수 있을 뿐이다. 이 책의 저자는 신학대학을 졸업하고 역학계에 입문했다는 특별한 이력을 갖고 있기 때문에 더 많은 화제가 되고 있다.

· 역산 김찬동 저

작명해명

신비한 동양철학 ㉖

누구나 쉽게 배워서 활용할 수 있는 체계적인 작명법 !

일반적인 성명학으로는 알 수 없는 한자이름, 한글이름, 영문이름, 예명, 회사명, 상호, 상품명 등의 작명방법을 여러 사례를 들어 체계적으로 분석하여 누구나 쉽게 배워서 활용할 수 있도록 서술했다.

· 도관 박홍식 저

관상오행

신비한 동양철학 ⑳

한국인의 특성에 맞는 관상법!

좋은 관상인 것 같으나 실제로는 나쁘거나 좋은 관상이 아닌데도 잘 사는 사람이 왕왕있어 관상법 연구에 흥미를 잃는 경우가 있다. 이것은 중국의 관상법만을 익히고, 우리의 독특한 환경적인 특징을 소홀히 다루었기 때문이다. 이에 우리 한국인에게 알맞는 관상법을 연구하여 누구나 관상을 쉽게 알아보고 해석할 수 있도록 자세하게 풀어놓았다.

· 송파 정상기 저

물상활용비법

신비한 동양철학 31

물상을 활용하여 오행의 흐름을 파악한다!

이 책은 물상을 통하여 오행의 흐름을 파악하고, 운명을 감정하는 방법을 연구한 책이다. 추명학의 해법을 연구하고 운명을 추리하여 오행에서 분류되는 물질의 운명 줄거리를 물상의 기물로 나들이 하는 활용법을 주제로 했다. 팔자풀이 및 운명해설에 관한 명리감정법의 체계를 세우는데 목적을 두고 초점을 맞추었다.

· 해주 이학성 저

운세십진법 · 本大路

신비한 동양철학 ❶

운명을 알고 대처하는 것은 현대인의 지혜다 !

타고난 운명은 분명히 있다. 그러니 자신의 운명을 알고 대처한다면 비록 운명을 바꿀 수는 없지만 충분히 향상시킬 수 있다. 이것이 사주학을 알아야 하는 이유다. 이 책에서는 자신이 타고난 숙명과 앞으로 펼쳐질 운명행로를 찾을 수 있도록 운명의 기초를 초연하게 설명하고 있다.

· 백우 김봉준 저

국운 · 나라의 운세

신비한 동양철학 ㉒

역으로 풀어본 우리나라의 운명과 방향 !

아무리 서구사상의 파고가 높다하기로 오천년을 한결같이 가꾸며 살아온 백두의 혼이 와르르 무너지는 지경에 왔어도 누구하나 입을 열어 말하는 사람이 없으니 답답하다. IMF라는 특수한 상황에서 불확실한 내일에 대한 해답을 이 책은 명쾌하게 제시하고 있다.

· 백우 김봉준

동양철학전문출판 삼한

명인재

신비한 동양철학 43

신기한 사주판단 비법!

살(殺)의 활용방법을 완벽하게 제시하는 책!

이 책은 오행보다는 주로 살을 이용하는 비법이다. 시중에 나온 책들을 보면 살에 대해 설명은 많이 하면서도 실제 응용에서는 무시하고 있다. 이것은 살을 알면서도 응용할 줄 모르기 때문이다. 그러나 이 책에서는 살의 활용방법을 완전히 터득해, 어떤 살과 어떤 살이 합하면 어떻게 작용하는지를 자세하게 설명하고 있다.

· 원공선사 지음

사주학의 방정식

신비한 동양철학 18

가장 간편하고 실질적인 역서!

이 책은 종전의 어려웠던 사주풀이의 응용과 한문을 쉬운 방법으로 터득할 수 있게 하는데 목적을 두었고, 역학의 내용이 어떤 것이며 무엇이 어디에 속하는지를 알고자 하는데 있다.

· 김용오 저

원토정비결

● ●

신비한 동양철학 53

반쪽으로만 전해오는 토정비결의 완전한 해설판

지금 시중에 나와 있는 토정비결에 대한 책들을 보면
옛날부터 내려오는 완전한 비결이 아니라 반쪽의 책이
다. 그러나 반쪽이라고 말하는 사람이 없다. 그것은 주
역의 원리를 모르기 때문이다. 따라서 늦은 감이 없지
않으나 앞으로의 수많은 세월을 생각하면서 완전한 해
설본을 내놓기로 한 것이다.

· 원공선사 저

내가 보고 내가 바꾸는
DIY사주

● ●

신비한 동양철학 40

내가 보고 내가 바꾸는 사주비결 !

이 책은 기존의 책들과는 달리 한 사람의 사주를 체계
적으로 도표화시켜 한 눈에 파악할 수 있고, DIY라는
책 제목에서 말하듯이 개운하는 방법을 제시하고 있다.
초심자는 물론 전문가도 자신의 이론을 새롭게 재조명
해 볼 수 있는 케이스 스터디 북이다.

· 석오 전 광 지음

동양철학전문출판 삼한

남사고의 마지막 예언

신비한 동양철학 29

이 책으로 격암유록에 대한 논란이 끝나기 바란다

감히 이 책을 21세기의 성경이라고 말한다. 〈격암유록〉은 섭리가 우리민족에게 준 위대한 복음서이며, 선물이며, 꿈이며, 인류의 희망이다. 이 책에서는 〈격암유록〉이 전하고자 하는 바를 주제별로 정리하여 문답식으로 풀어갔다. 이 책으로 〈격암유록〉에 대한 논란은 끝나기 바란다.

· 석정 박순용 저

진짜부적 가짜부적

신비한 동양철학 7

부적의 실체와 정확한 제작방법

인쇄부적에서 가짜부적에 이르기까지 많게는 몇백만원에 팔리고 있다는 보도를 종종 듣는다. 그러나 부적은 정확한 제작방법에 따라 자신의 용도에 맞게 스스로 만들어 사용하면 훨씬 더 좋은 효과를 얻을 수 있다. 이 책은 중국에서 정통부적을 연구한 국내유일의 동양오술학자가 밝힌 부적의 실체와 정확한 제작방법을 소개하고 있다.

· 오상익 저

한눈에 보는 손금

신비한 동양철학 52

논리정연하며 바로미터적인 지침서

이 책은 수상학의 연원을 초월해서 동서합일의 이론으로 집필했다. 그야말로 완벽하리만치 논리정연한 수상학을 정리한 것이다. 그래서 운명적, 철학적, 동양적, 심리학적인 면을 예증과 방편에 이르기까지 아주 상세하게 기술했다. 이 책은 수상학이라기 보다 한 인간의 바로미터적인 지침서 역할을 해줄 것이다. 독자 여러분의 꾸준한 연구와 더불어 인생성공의 지침서가 될 수 있을 것이다.

· 정도명 저

만세력 | 사륙배판 · 신국판
사륙판 · 포켓판

신비한 동양철학 45

찾기 쉬운 만세력

이 책은 완벽한 만세력으로 만세력 보는 방법을 자세하게 설명했다. 그리고 역학에 대한 기본적인 내용과 결혼하기 좋은 나이 · 좋은 날 · 좋은 시간, 아들 · 딸 태아감별법, 이사하기 좋은 날 · 좋은 방향 등을 부록으로 실었다.

· 백우 김봉준 저

동양철학전문출판 삼한

수명비결

신비한 동양철학 14

주민등록번호 13자로 숙명의 정체를 밝힌다

우리는 지금 무수히 많은 숫자의 거미줄에 매달려 허우적거리며 살아가고 있다. 1분 ·1초가 생사를 가름하고, 1등 · 2등이 인생을 좌우하며, 1급 · 2급이 신분을 구분하는 세상이다. 이 책은 수명리학으로 13자의 주민등록번호로 명예, 재산, 건강, 수명, 애정, 자녀운 등을 미리 읽어본다.

· 장충한 저

운명으로 본 나의 질병과 건강상태

신비한 동양철학 9

타고난 건강상태와 질병에 대한 대비책

이 책은 국내 유일의 동양오술학자가 사주학과 더불어 정통명리학의 양대산맥을 이루는 자미두수 이론으로 임상실험을 거쳐 작성한 표준자료다. 따라서 명리학을 응용한 최초의 완벽한 의학서로 질병을 예방하고 치료하는데 활용한다면 최고의 의사가 될 것이다. 또한 예방의학적인 차원에서 건강을 유지하는데 훌륭한 지침서로 현대의학의 새로운 장을 여는 계기가 될 것이다.

· 오상익 저

오행상극설과 진화론

신비한 동양철학 5

인간과 인생을 떠난 천리란 있을 수 없다

과학이 현대를 설정하여 설명하고 있으나 원리는 동양
철학에도 있기에 그 양면을 밝히고자 노력했다. 우주에
서 일어나는 모든 일을 과학으로 설명될 수는 없다.
비과학적이라고 하기보다는 과학이 따라오지 못한다고
설명하는 것이 더 솔직하고 옳은 표현일 것이다. 특히
과학분야에 종사하는 신의사가 저술했다는데 더 큰 화
제가 되고 있다.

· 김태진 저

사주학의 활용법

신비한 동양철학 17

가장 실질적인 역학서

우리가 생소한 지방을 여행할 때 제대로 된 지도가 있
다면 편리하고 큰 도움이 되듯이 역학이란 이와같은
인생의 길잡이다. 예측불허의 인생을 살아가는데 올바
른 안내자나 그 무엇이 있다면 그 이상 마음 든든하고
큰 재산은 없을 것이다.

· 학선 류래웅 저

동양철학전문출판 삼한

쉽게 푼 주역

신비한 동양철학 10

귀신도 탄복한다는 주역을 쉽고 재미있게 풀어놓은 책

주역이라는 말 한마디면 귀신도 기겁을 하고 놀라 자빠진다는데, 운수와 일진이 문제가 될까. 8×8=64괘라는 주역을 한 괘에 23개씩의 회답으로 해설하여 1472괘의 신비한 해답을 수록했다. 당신이 당면한 문제라면 무엇이든 해결할 수 있는 열쇠가 이 한 권의 책 속에 있다.

· 정도명 저

핵심 관상과 손금

신비한 동양철학 54

사람을 볼 줄 아는 안목과 지혜를 알려주는 책

오늘과 내일을 예측할 수 없을만큼 복잡하게 펼쳐지는 현실에서 살아남기 위해서는 사람을 볼줄 아는 안목과 지혜가 필요하다. 시중에 관상학에 대한 책들이 많이 나와있지만 너무 형이상학적이라 전문가도 이해하기 어렵다. 이 책에서는 누구라도 쉽게 보고 이해할 수 있도록 핵심만을 파악해서 설명했다.

· 백우 김봉준 저

진짜궁합 가짜궁합

신비한 동양철학 8

남녀궁합의 새로운 충격

중국에서 연구한 국내유일의 동양오술학자가 우리나라 역술가들의 궁합법이 잘못되었다는 것을 학술적으로 분석·비평하고, 전적과 사례연구를 통하여 궁합의 실체와 타당성을 분석했다. 합리적인 「자미두수궁합법」과 「남녀궁합」 및 출생시간을 몰라 궁합을 못보는 사람들을 위하여 「지문으로 보는 궁합법」 등을 공개한다.

· 오상익 저

좋은꿈 나쁜꿈

신비한 동양철학 15

그날과 앞날의 모든 답이 여기 있다

개꿈이란 없다. 꿈은 반드시 미래를 예언한다. 이 책은 프로이드의 정신분석학적인 입장이 아닌 미래판단의 근거에 입각한 예언적인 해몽학이다. 여러 형태의 꿈을 체계적으로 정리했으니 올바른 해몽법으로 앞날을 지혜롭게 대처해 보자. 모쪼록 각 가정에서 한 권씩 두고 이용하면 생활하는데 많은 도움이 될 것이다.

· 학선 류래웅 저

동양철학전문출판 **삼한**

완벽 만세력

신비한 동양철학 58

착각하기 쉬운 썸머타임 2도 인쇄

시중에 많은 종류의 만세력이 나와있지만 이 책은 단순한 만세력이 아니라 완벽한 만세경전으로 만세력 보는 법 등을 실었기 때문에 처음 대하는 사람이라도 쉽게 볼 수 있도록 편집되었다. 또한 부록편에는 사주명리학, 신살종합해설, 결혼과 이사택일 및 이사방향, 길흉보는 법, 우주천기와 한국의 역사 등을 수록했다.

・백우 김봉준 저

周易・토정비결

신비한 동양철학 40

토정비결의 놀라운 비결

지금 시중에 나와 있는 토정비결에 대한 책들을 보면 옛날부터 내려오는 완전한 비결이 아니라 반쪽의 책이다. 그러나 반쪽이라고 말하는 사람이 없다. 그것은 주역의 원리를 모르기 때문이다. 따라서 늦은 감이 없지 않으나 앞으로의 수많은 세월을 생각하면서 완전한 해설본을 내놓기로 했다.

・원공선사 저

현장 지리풍수

신비한 동양철학 48

현장감을 살린 지리풍수법

풍수를 업으로 삼는 사람들이 진(眞)과 가(假)를 분별할 줄 모르면서 24산의 포태사묘의 법을 익히고는 많은 법을 알았다고 자부하며 뽐내고 있다. 그리고는 재물에 눈이 어두워 불길한 산을 길하다 하고, 선하지 못한 물(水)을 선하다 하면서 죄를 범하고 있다. 이는 분수 밖의 것을 망녕되게 바라기 때문이다. 마음 가짐을 바로 하고 고대 원전에 공력을 바치면서 산간을 실사하며 적공을 쏟으면 정교롭고 세밀한 경지를 얻을 수 있을 것이다.

· 전항수 · 주관장 편저

완벽 사주와 관상

신비한 동양철학 55

사주와 관상의 핵심을 한 권에

자연과 인간, 음양(陰陽)오행과 인간, 사계와 절후, 인상(人相)과 자연, 신(神)들의 이야기 등등 우리들의 삶과 관계되는 사실적 관계로만 역(易)을 설명해 누구나 쉽게 이해할 수 있도록 썼으며 특히 역(易)에 대한 관심과 흥미를 갖게 하고자 인상학(人相學)을 추록했다. 여기에 추록된 인상학(人相學)은 시중에서 흔하게 볼 수 있는 상법(相法)이 아니라 생활상법(生活相法) 즉 삶의 지식과 상식을 드리고자 했으니 생활에 유익함이 있기를 바란다.

· 김봉준 · 유오준 공저

해몽·해몽법

신비한 동양철학 50

해몽법을 알기 쉽게 설명한 책

인생은 꿈이 예지한 시간적 한계에서 점점 소멸되어 가는 현존물이기 때문에 반드시 꿈의 뜻을 따라야 한다. 이것은 꿈을 먹고 살아가는 인간 즉 태몽의 끝장면인 죽음을 향해 달려가고 있는 인간이기 때문이다. 꿈은 우리의 삶을 이끌어가는 이정표와도 같기에 똑바로 가도록 노력해야 한다.

· 김종일 저

역점

신비한 동양철학 57

우리나라 전통 행운찾기

주역을 무조건 미신으로 치부해버리는 생각은 버려야 한다. 주역이 점치는 책에만 불과했다면 벌써 그 존재가 없어졌을 것이다. 그러나 오랫동안 많은 학자가 연구를 계속해왔고, 그 속에서 자연과학과 형이상학적인 우주론과 인생론을 밝혀, 정치·경제·사회 등 여러 방면에서 인간의 생활에 응용해왔고, 삶의 지침서로써 그 역할을 했다. 이 책은 한 번만 읽으면 누구나 역점가가 될 수 있으니 생활에 도움이 되길 바란다.

· 문명상 편저

명리학연구

신비한 동양철학 59

체계적인 명확한 이론

이 책은 명리학 연구에 핵심적인 내용만을 모아 하나의 독립된 장을 만들었다. 명리학은 분야가 넓어 공부를 하다보면 주변에 머무르는 경우가 많아, 주요 내용을 잃고 헤매는 경우가 많다. 그러므로 뼈대를 잡는 것이 중요한데, 여기서는 「17장. 명리대요」에 핵심 내용만을 모아 학문의 체계를 잡는데 용이하게 하였다.

· 권중주 저

쉽게 푼 풍수

신비한 동양철학 60

현장에서 활용하는 풍수지리법

산도는 매우 광범위하고, 현장에서 알아보기 힘들다. 더구나 지금은 수목이 울창해 소조산 정상에 올라가도 나무에 가려 국세를 파악하는데 애를 먹는다. 그러므로 사진을 첨부하니 많은 도움이 되길 바란다. 물론 결록에 있고 산도가 눈에 익은 것은 혈 사진과 함께 소개하니 참고하기 바란다. 이 책을 열심히 정독하면서 답산하면 혈을 알아보고 용산도 할 수 있을 것이다.

· 전항수 · 주장관 편저

올바른 작명법

신비한 동양철학 61

세상의 부모들에게 가장 소중한 것이 무엇이냐고 물으면 누구든 자녀라고 할 것이다. 그런데 왜 평생을 좌우할 이름을 함부로 짓는가. 이름이 얼마나 소중한지를. 이름의 오행작용이 사람의 일생을 어떻게 좌우하는지를 모르기 때문이다. 세상만물은 음양오행의 영향을 받지 않는 것이 없다. 봄이 가면 여름이 오고, 여름이 가면 가을이 오고, 가을이 가면 겨울이 오고, 겨울이 가면 봄이 오는 것 또한 음양오행의 원리다.

• 이정재 저

신수대전

신비한 동양철학 62

흉함을 피하고 길함을 부르는 방법

신수를 보는 방법은 여러 가지가 있는데 대부분이 주역과 사주추명학에 근거를 둔다. 수많은 학설 중에서 몇 가지를 보면 사주명리, 자미두수, 관상, 점성학, 구성학, 육효, 토정비결, 매화역수, 대정수, 초씨역림, 황극책수, 하락리수, 범위수, 월영도, 현무발서, 철판신수, 육임신과, 기문둔갑, 태을신수 등이다. 역학에 정통한 고사가 아니면 제대로 추단하기 어려운데 엉터리 술사들이 넘쳐난다. 그래서 누구나 자신의 신수를 볼 수 있도록 몇 가지를 정리했다.

• 도관 박흥식

음택양택

신비한 동양철학 63

현세의 운·내세의 운

이 책에서는 음양택명당의 조건이나 기타 여러 가지를 설명하여 산 자와 죽은 자의 행복한 집을 만들 수 있도록 했다. 특히 죽은 자의 집인 음택명당은 자리를 옳게 잡으면 꾸준히 생기를 발하여 흥하나, 그렇지 않으면 큰 피해를 당하니 돈보다도 행·불행의 근원인 음양택명당에 관심을 기울여야 한다.

· 전항수·주장관 지음

이런 집에 살아야 잘 풀린다

신비한 동양철학 64

운이 트이는 좋은 집 알아보는 비결

힘든 상황에서 내 가족이 지혜롭게 대처하고 건강을 지켜주는, 한마디로 운이 트이는 집은 모두의 꿈일 것이다. 가족이 평온하게 생활할 수 있는 집, 나가서는 발전을 가져다 줄 수 있는 그런 집이 있다면 얼마나 좋을까? 그런 소망에 한 걸음이라도 가까워지려면 막연하게 운만 기대해서는 안 된다. '호랑이를 잡으려면 호랑이 굴로 들어가라' 는 속담이 있듯이 좋은 집을 가지려면 그만한 노력이 있어야 한다.

· 강현술·박흥식 감수

사주에 모든 길이 있다

신비한 동양철학 65

사주를 간명하는데 조금이라도 도움이 되었으면 하는 바람에서 이 책을 쓰게 되었다. 간명의 근간인 오행의 왕쇠강약을 세분해서 설명했다. 그리고 대운과 세운, 세운과 월운의 연관성과, 십신과 여러 살이 운명에 미치는 암시와, 십이운성으로 세운을 판단하는 방법을 설명했다.

· 정담 선사 편저

사주학

신비한 동양철학 66

5대 원서의 핵심과 실용

이 책은 사주학을 체계적으로 공부하려는 학도들을 위해 꼭 알아야 할 내용과 용어를 수록하는데 중점을 두었다. 이 학문을 공부하려고 찾아온 사람들에게 여러 가지 질문을 던져보면 거의 기초지식이 시원치 않다. 그런 상태로 사주를 읽으려니 제대로 될 리가 없다. 이 책으로 용어와 제반지식을 터득하면 빠른 시일에 소기의 목적을 이룰 수 있을 것이다.

· 글갈 정대엽 저

주역 기본원리

신비한 동양철학 67

주역의 기본원리를 통달할 수 있는 책

이 책에서는 기본괘와 변화와 기본괘가 어떤 괘로 변했을 경우 일어날 수 있는 내용들을 설명하여 주역의 변화에 대한 이해를 돕는데 주력하였다. 그러나 그런 내용을 구분할 수 있는 방법을 전부 다 설명할 수는 없기에 뒷장에 간단하게설명하였고, 다른 책들과 설명의 차이점도 기록하였으니 참작하여 본다면 조금이나마 도움이 될 것이다.

· 원공선사 편저

사주특강

신비한 동양철학 68

자평진전과 적천수의 재해석

이 책은 『자평진전(子平眞詮)』과 『적천수(滴天髓)』를 근간으로 명리학(命理學)의 폭넓은 가치를 인식하고, 실전에서 유용한 기반을 다지는데 중점을 두고 썼다. 일찍이 『자평진전(子平眞詮)』을 교과서로 삼고, 『적천수(滴天髓)』로 보완하라는 서낙오(徐樂吾)의 말에 깊이 공감한다.

청월 박상의 편저

복을 부르는방법

신비한 동양철학 69

나쁜 운을 좋은 운으로 바꾸는 비결

개운하는 방법은 여러 가지가 있으나, 이 책의 비법은 축원문을 독송하는 것이다. 독송이란 소리내 읽는다는 뜻이다. 사람의 말에는 기운이 있는데, 이 기운은 자신에게 돌아온다. 좋은 말을 하면 좋은 기운이 돌아오고, 나쁜 말을 하면 나쁜 기운이 돌아온다. 이 책은 누구나 어디서나 쉽게 비용을 들이지 않고 좋은 운을 부를 수 있는 방법을 실었다.

· 역산 김찬동 편저

인터뷰 사주학

신비한 동양철학 70

쉽고 재미있는 인터뷰 사주학

얼마전까지만 해도 사주학을 취급하는 사람들은 미신을 다루는 부류로 취급되었다. 그러나 지금은 하루가 다르게 이 학문을 공부하는 사람들이 폭증하고 있는 것으로 보인다. 젊은 층에서 사주카페니 사주방이니 사주동아리니 하는 것들이 만들어지고 그 모임이 활발하게 움직이고 있다는 점이 그것을 증명해준다. 그뿐 아니라 대학원에는 역학교수들이 점차로 증가하고 있다.

· 글갈 정대엽 편저

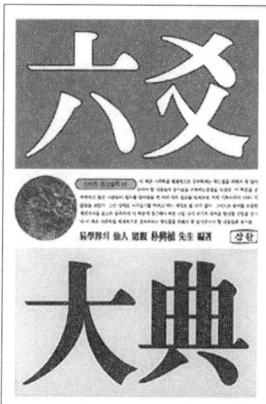

육효대전

신비한 동양철학 37

정확한 해설과 다양한 활용법

동양의 고전 중에서도 가장 대표적인 것이 주역이다. 주역은 옛사람들이 자연의 법칙을 거울삼아 인간이 생활을 영위해 나가는 처세에 관한 지혜를 무한히 내포하고, 피흉추길하는 얼과 슬기가 함축된 점서)인 동시에 수양·과학서요 철학·종교서라고 할 수 있다.

• 도관 박흥식 편저

사람을 보는 지혜

신비한 동양철학 73

관상학의 초보에서 완성까지

현자는 하늘이 준 명을 알고 있기에 부귀에 연연하지 않는다. 사람은 마음을 다스리는 심명이 있다. 마음의 명은 자신만이 소통하는 유일한 우주의 무형의 에너지이기 때문에 잠시도 잊으면 안된다. 관상학은 사람의 상으로 이런 마음을 살피는 학문이니 잘 이해하여 보다 나은 삶을 삶을 영위할 수 있도록 노력해야 한다.

• 이부길 편저

음파메세지(氣) 성명학

신비한 동양철학 51

새로운 시대에 맞는 새로운 성명학

지금까지의 모든 성명학은 모순의 극치를 이루고 있다.
이제 새로운 시대에 맞는 음파메세지(氣) 성명학이 탄
생했으니 차근차근 읽어보고 복을 계속 부르는 이름을
지어 사랑하는 자녀가 행복하고 아름다운 삶을 살아갈
수 있도록 하는데 도움이 되었으면 한다.

· 청암 박재현 저

정법사주

신비한 동양철학 49

독학과 강의용 겸용의 책

이 책은 사주추명학을 연구하고자 하는 분들에게 심오
한 주역의 이해를 돕고자 하는 의도에서 시작되었다.
음양오행의 상생상극에서부터 육친법과 신살법을 기초
로 하여 격국과 용신 그리고 유년판단법을 활용하여
운명판단에 첩경이 될 수 있도록 했고 추리응용과 운
명감정의 실례를 하나 하나 들어가면서 독학과 강의용
겸용으로 엮었다.

· 원각 김구현 저